黑龙江省"十四五"职业教育规划教材

智慧仓配运营

赵春杰　主编

化学工业出版社

·北京·

内容简介

本教材聚焦智慧仓储与配送领域，围绕仓配企业实际业务流程，遵循循序渐进的教学规律，由浅入深全面覆盖仓储与配送核心的理论知识与操作技能。本教材以物流业务流程为主线，以岗位能力提升和职业素养培养为核心，共设计了10个教学项目、32个学习任务，每个任务中都包括目标导向、任务引领、知识建构、任务执行、成效考量等环节，理论融入实践，旨在通过理论学习与实践操作相结合的方式，提升学习者的专业素养和综合能力。本教材配有电子课件、电子教案、微课、动画等数字资源，供参考使用。

本教材适用于高职高专院校现代物流管理、供应链运营、电子商务等相关专业的学生，也可作为物流企业员工培训教材和行业从业者的自学用书。

图书在版编目（CIP）数据

智慧仓配运营 / 赵春杰主编. -- 北京：化学工业出版社, 2025. 1. -- ISBN 978-7-122-47265-6

Ⅰ. F25-39

中国国家版本馆CIP数据核字第2025QV6717号

责任编辑：王 可
文字编辑：罗 锦
责任校对：宋 夏
装帧设计：张 辉

出版发行：化学工业出版社
（北京市东城区青年湖南街13号　邮政编码100011）
印　　装：高教社（天津）印务有限公司
787mm×1092mm　1/16　印张 22¼　字数 554 千字
2025年6月北京第 1 版第 1 次印刷

购书咨询：010-64518888　　　售后服务：010-64518899
网　　址：http://www.cip.com.cn
凡购买本书，如有缺损质量问题，本社销售中心负责调换。

定　价：58.00元　　　　　　　　　　版权所有　违者必究

编写人员名单

主　编	赵春杰	黑龙江农业经济职业学院
副主编	许继英	黑龙江农业经济职业学院
参　编	袁　平	黑龙江农业经济职业学院
	夏　凡	黑龙江农业经济职业学院
	李　叙	牡丹江大学
	乌达巴拉	哈尔滨职业技术大学
	徐世玉	黑龙江农业经济职业学院
	王　姗	成都农业科技职业学院
	张亚杰	成都农业科技职业学院
	张群艳	北京络捷斯特科技发展股份有限公司
主　审	张丽霞	黑龙江农业经济职业学院

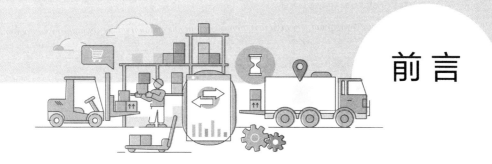

前言

　　智慧物流通过在多个环节实现信息化、自动化和智能化处理，大幅提高物流效率，降低物流成本，促进产业低碳化发展，是现代物流发展的重要趋势。智慧仓储与配送作为智慧物流的重要组成部分，通过深度融合互联网、物联网、大数据、云计算、人工智能等前沿信息技术，实现对仓库管理和配送流程的高效优化，为智慧物流的全面构建奠定了坚实基础，发挥着至关重要的作用。

　　本教材聚焦智慧仓储与配送领域，以项目为引领，以任务为导向，从强化操作技能培养的视角出发，融入仓储与配送管理的前沿知识与技术，在帮助学生巩固理论知识的基础上，注重操作技能的培养，提升学生解决实际问题的能力，全面塑造具备扎实理论基础、精湛操作技能以及高尚职业素养的复合型技能人才。针对高职高专教育的特点，本教材在编写过程中力求体现以下特色：

　　1. 立足"智慧物流"，突出"思政"引领

　　本教材紧跟智慧物流的发展趋势，融入人工智能、大数据、云仓等前沿技术，围绕仓储与配送的各个环节，从布局规划、入库、存储、补货、流通加工、出库到配送，全方位覆盖，确保学生能够全面掌握相关技能。在传授专业知识与技能的同时，高度重视学生正确价值观、职业道德和社会责任感的培养。通过引入党的二十大报告相关内容，引导学生树立正确的职业观、价值观，培养学生的爱国情怀、工匠精神和社会责任感，实现技能培养与思政教育的有机结合。

　　2. "岗课赛证"融通，重构教学任务

　　教材紧密围绕智慧物流企业的实际运营需求，以培养学生的职业能力为核心目标，结合职业技能竞赛和职业资格证书考试要求，以智慧物流业务流程为主线，采用项目式、案例式等先进教学方法，精心设计了10个教学项目、32个学习任务，全面覆盖了智慧仓储与配送领域的各个关键环节，旨在全面提升学生的专业素养和职业能力。

　　3. 校企合作编写，深化产教融合

　　校企合作，工学结合，是当今职业教育发展的重要方向。教材在编写过程中积极邀请企业专家参与，将物流企业的实际工作案例和业务流程融入教材内容中。通过项目式教学、案例教学等教学方法，让学生在真实项目中学习和实践，提高他们解决问题的能力和团队合作能力，不仅有助于学生更好地适应职场需求，还能有效促进校企融合。

　　本教材由赵春杰担任主编，许继英担任副主编，袁平、夏凡、李叙、乌达巴拉、徐世玉、王姗、张亚杰、张群艳参与编写。具体编写分工如下：项目一、项目三、项目六、项目七由赵春杰编写，项目二由徐世玉、许继英、张群艳编写，项目四由许继英、乌达巴拉编写，项目五由袁平编写，项目八由李叙、张群艳编写，项目九由王姗、张亚杰编写，项目十由夏凡编写。赵春杰负责全书的统稿工作，黑龙江农业经济职业学院张丽霞教授担任主审。在此，向所有为本书编写付出劳动和作出贡献的专家、学者表示衷心的感谢。

　　本书在编写过程中，参考了国内外相关专家、学者在现代物流知识领域内的研究成果，在此，对他们表示诚挚的谢意。由于编者的能力和时间有限，书中难免存在一些不足之处，恳请广大读者提出宝贵的意见和建议，以便我们不断完善和提高。

编　者
2024 年 11 月

目录

篇一　智慧仓储管理

项目一　走进智慧仓储 —— 002
　　任务一　智慧仓储认知 —— 002
　　任务二　智慧仓储基本技术认知 —— 013
　　任务三　智慧仓储标准与规范认知 —— 025

项目二　智慧仓储布局与规划 —— 037
　　任务一　智慧仓库选址规划 —— 037
　　任务二　仓储布局与储存规划（库内存储规划） —— 046
　　任务三　仓储运营流程规划 —— 057
　　任务四　智慧仓储设施设备规划 —— 064
　　任务五　智慧仓储仿真布局规划综合实训 —— 078

项目三　智慧仓储作业流程管理 —— 086
　　任务一　智慧入库作业流程管理 —— 086
　　任务二　智慧在库作业流程管理 —— 095
　　任务三　智慧出库作业流程管理 —— 107
　　任务四　仓库作业安全管理 —— 114
　　任务五　智慧仓储作业管理综合实训 —— 128

项目四　智慧仓储库存管理与控制 —— 136
　　任务一　库存管理与需求预测 —— 136
　　任务二　库存控制 —— 142

项目五　智慧仓储成本与绩效管理 —— 155
　　任务一　智慧仓储成本分析 —— 155
　　任务二　智慧仓储绩效管理 —— 163

篇二　智慧配送管理

项目六　智慧配送认知 —— 178
- 任务一　智慧物流配送认知 —— 178
- 任务二　智慧配送装备认知 —— 189
- 任务三　配送的结构模式及经营组织 —— 203
- 任务四　配送业务流程认知 —— 210

项目七　智慧配送作业管理流程 —— 219
- 任务一　订单处理与配送计划制订 —— 219
- 任务二　补货作业与拣货作业 —— 229
- 任务三　流通加工 —— 242
- 任务四　送货作业 —— 254

项目八　智慧配送成本与绩效管理 —— 265
- 任务一　智慧配送成本分析 —— 265
- 任务二　智慧配送绩效评估 —— 278

篇三　智慧仓储与配送新技术应用

项目九　智慧仓储与配送新技术应用 —— 290
- 任务一　人工智能技术的应用 —— 290
- 任务二　物流大数据的应用 —— 300

项目十　智慧仓储与配送实践 —— 309
- 任务一　智慧云仓认知 —— 309
- 任务二　电商配送管理 —— 317
- 任务三　冷链配送管理策略与实践 —— 327

参考文献 —— 345

中俄双语微课资源展示

 云仓认知

 云仓模式

 云仓发展现状

 云仓未来趋势

 仓储选址规划

 仓储品类分区

 库内存储规划

 仓储运营流程规划

 仓储设施设备规划

 仓储制度的方

 仓储制度的圆——人员管理制度

 仓储制度的圆——设备使用和养护制度

 仓储制度的圆——物料保管使用制度

 仓储制度的圆——作业规范制度

 仓储制度的圆——作业安全管理规范

 精确收货入库

 精当储位上架

 精心高效拣货

 精准盘点清理

 精材 5R 打包

 精敏出库配送

 奇妙的组合——配送初识

 涌动的脉搏——配送业务流程规划

 优秀的指挥官——配送车辆调度

 精妙的运营——配送成本构成及控制

价值的提升——配送作业绩效评价

中文微课资源展示

 冷链物流你好
 冷链物流的现在
 冷链物流的未来
 冷链物流运作组织

 无人送货
 店仓一体化
 冷链物流流程控制
 冷链物流设备应用

 冷链物流信息技术应用
 冷链运输合理化
 众包物流
 快递自提点

 智能快递柜
 社区仓微仓
 "买买买"背后的物流大数据
 大数据在物流行业的应用及影响

 物流大数据的挖掘思路
 Amazon:物流大数据的成功运用
 菜鸟网络:物流是基础,关键还是大数据
 京东物流:物流与大数据的激情碰撞

 人工智能对物流行业的影响
 智能化仓储系统认知
 WMS——智能化仓储的技术核心
 无人仓-智能化仓储系统的落地应用

 无人仓的关键设备——自动化立体库(ASRS系统)
 无人仓的关键设备——高密度穿梭车系统

篇一

智慧仓储管理

项目一
走进智慧仓储

任务一　智慧仓储认知

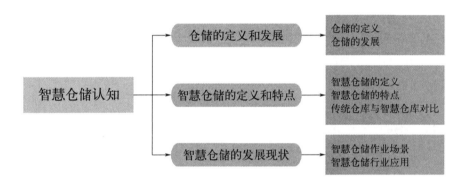

目标导向

通过本任务的学习,可以达成以下目标:

知识目标	1. 了解仓储的定义与功能,理解智慧仓储的概念与特点; 2. 理解智慧仓储体系的基本构成; 3. 理解智慧仓储的作业内容,掌握智慧仓储管理的内容及主要方法; 4. 认识和把握智慧仓储的发展现状与趋势。
能力目标	1. 能够根据不同的行业特点,准确分析企业所面临的痛点; 2. 能够针对企业背景,准确匹配智慧仓储的应用场景,使企业作业效率更高、准确率更高、成本更低。
素质目标	1. 利用信息化手段搜索智慧仓储的相关资料,提升信息搜索能力; 2. 提升案例分析能力; 3. 激发创新精神,强化科技自立自强意识; 4. 促进数字素养与技能提升,加快数字中国建设。

任务引领

优品北京仓主要为天猫平台的商家提供商品的存储保管等服务,具有较大面积的仓库,其存储商品涉及服装、食品、电子、生活用品等多种类型的商品,且存储商品的周转天数普遍较短,如表 1-1 所示。电商行业受各个大促的影响经常会出现短期内订单量暴增的现象,另外,因库存商品管理方面的疏忽,"货不对位"的现象屡见不鲜,在订单拣选准确性、效率方面也存在一些问题,无法很好地满足客户的需求。因此需要通过相关仓储技术、设备的应用来更好地满足客户需求。结合所学知识与企业案例背景,分析该仓库实现升级所适用的智慧仓场景类型。

表 1-1 优品北京仓库信息

仓库面积 /m^2	20000+	出库类型	拆零出库
存储商品种类 / 种	12000 左右	业务类型	线上订单
产品类型	服装、生活用品、食品等	订单特点	多批次小批量

知识建构

在数字经济蓬勃发展的时代背景下,智慧仓储作为物流行业与信息技术深度融合的典范,正逐步成为推动产业升级、提升供应链效率的关键力量。随着物联网、大数据、人工智能等先进技术的不断融入,智慧仓储不仅实现了仓储管理的智能化、自动化,还极大地提高了仓储作业的效率与精准度,为企业的快速发展注入了强劲动力。因此,深入认知智慧仓储,不仅是对当前物流行业发展趋势的准确把握,更是对未来仓储管理创新与发展方向的积极探索。

一、仓储的定义和发展

(一)仓储的定义

在现代物流体系中,仓储是一个不可或缺的构成要素,它不仅是商品流通链条中的关键枢纽,也是支撑物流运作效能的重要支柱。在高度社会化的生产分工与专业化背景下,仓储环节对于确保社会化再生产过程的连续性与高效性具有决定性作用。为了维持社会生产活动与消费需求之间的动态平衡,在特定时间段内,必须科学规划并储备适量的物资,作为缓冲与调节,有效应对市场波动,保障社会经济活动的稳定运行与持续发展。

仓储是指利用仓库及相关设施设备进行物品的入库、储存、出库的活动。"仓"即仓库,为存放、保管、存储物品的建筑物和场地的总称,可以是房屋建筑、洞穴、大型容器或特定的场地等,具有存放和保护物品的功能。"储"即存储、储备,表示收存以备使用,具有收存、保管、交付使用的意思。"仓储"是利用特定场所对物资进行存储、保管以及相关活动的总称。

现代"仓储"不是传统意义上的"仓库""仓库管理",而是经济全球化与供应链一体化背景下的仓储,是现代物流系统中的仓储,它表示一项活动或一个过程,在英文中对应的词是"warehousing"。它是以满足供应链上下游的需求为目的,在特定的有形或无形的场所,运用现代技术对物品的进出库、库存、分拣、包装、配送及其信息进行有效地计划、执行和控制的物流活动。

（二）仓储的发展

随着现代物流技术的发展和设备的更新应用，仓储向智慧化方向不断发展，从发展过程来看主要经历了四个阶段，如图 1-1 所示。

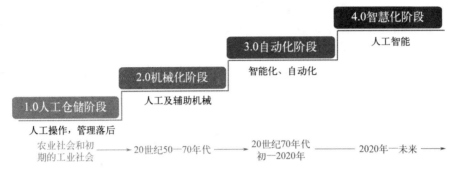

图 1-1　仓储的发展历程

1. 人工仓储阶段

人工仓储阶段是仓储系统发展的原始阶段，在这一阶段，仓库物资的运输、存储、管理和控制主要靠人工来实现，效率很低。但是在当时的背景下，人工仓储技术在相应社会生产力下具有投资少、收益快等优点，也促进了物流的发展。

2. 机械化阶段

机械化阶段，物资的运输、仓储、管理和控制主要是依靠人工及辅助机械来实现的。物品可以通过各种各样的传送带、工业输送车、机械手、起重机、堆垛起重机和升降机来移动和搬运，用货架托盘存储物品，通过人工操作机械存取设备，用限位开关、螺旋机械制动和机械监视器等控制设备来运行。机械化满足了人们对速度、精度、高度、重量、重复存取和搬运等方面的要求，具有实时性和直观性的优点。

3. 自动化阶段

自动化技术对仓储技术的发展起到了重要的促进作用。从 20 世纪 50 年代末开始，相继出现了自动导引车（AGV）、自动货架、自动存取机器人、自动识别和自动分拣等系统。到 20 世纪 70 年代，旋转体式货架、移动式货架、巷道式堆垛起重机和其他搬运设备都加入了自动控制行列，但只是各个设备的局部自动化并各自独立应用，被称为"自动化孤岛"。

随着计算机技术的发展，工作重点转向物资的控制和管理，要求实时、协调和一体化。计算机之间、数据采集点之间、机械设备的控制器之间以及它们与主计算机之间的通信可以及时地汇总信息，仓库计算机及时地记录订货和到货时间，显示库存量，计划人员可以方便地做出供货决策，管理人员随时掌握货源及需求。

信息技术的应用已成为仓储技术的重要支柱。到 20 世纪 70 年代末，自动化技术被越来越多地应用到生产和分配领域。"自动化孤岛"需要集成化，于是便形成了"集成系统"的概念。在集成化系统中，整个系统的有机协作，使总体效益和生产的应变能力大大超过各部分独立效益的总和。集成化仓库技术作为计算机集成制造系统（computer integrated manufacturing system, CIMS）中物资存储的中心受到人们的重视，通过计算机技术把分散在产品设计制造过程中各种孤立的自动化子系统有机地集成起来，形成适用于多品种、小批量生产，实现整体效益的集成化和智能化的制造系统。

4. 智慧化阶段

随着现代工业生产的发展，柔性制造系统、计算机集成制造系统和工厂自动化对自动化仓储提出了更高的要求，搬运仓储技术要具有更可靠、更实时的信息，工厂和仓库中的物流必须伴随着并行的信息流。

人工智能技术的发展必将推动自动化仓库技术向更高阶段即智能自动化方向发展。在智能自动化物流阶段，生产计划做出后，系统会自动生成物流和人力需求，查看存货单和购货单，规划并完成物流。如果库存物品不够，无法满足生产要求，那么系统会自动推荐修改计划以便生产出等值产品。在自动化仓储技术的基础上持续深入研究，实现它与其他信息决策系统的无缝集成，并逐步向智能和模糊控制的方向发展，在这一进程中，人工智能起到了关键的推动作用，引领仓储技术迈向了智慧仓储的新阶段。

智慧仓储的应用，保证了货物仓库管理各个环节数据输入的速度和准确性，确保企业及时、准确地掌握库存的真实数据，合理保持和控制企业库存，通过科学地编码，还可方便地对库存货物的批次、保质期等进行管理。射频数据通信、条码技术、扫描技术和数据采集越来越多地应用于仓库堆垛起重机、自动导引车和传送带等运输节点，移动式机器人也作为柔性物流工具在柔性生产、仓储和产品发送中日益发挥着重要作用。实现系统柔性化、采用灵活的传输节点和物流路线是实现物流和仓储智能化的趋势。

二、智慧仓储的定义与特点

（一）智慧仓储的定义

智慧仓储是智慧物流的重要节点，是指仓储数据接入互联网系统，通过对数据的提取、运算、分析、优化、统计，再通过物联网、自动化设备、仓库管理系统（WMS）、仓库控制系统（WCS），实现对仓储系统的智慧管理、计划与控制。

智慧仓储是一种仓储管理理念，是通过信息化、物联网和机电一体化共同实现的智慧物流仓储新业态。通过合理运用无线射频识别（RFID）相关的技术及相关网络技术等，对仓储管理过程实现信息化，能够对入库、盘点、出库等过程的相关数据进行采集并加以利用，从而降低仓储成本、提高运营效率、提升仓储管理能力，使仓储管理更加智慧化。智慧仓储是对传统的仓库管理系统进行的相应改造，能够在一定程度上提高仓库相关流程的工作效率，并能够实现在不接触货物的情况下对其进出仓库检查，以及质量检查信息与后台数据库的连接，进而提高库存效率。

因此，智慧仓储是指运用软件技术、互联网技术、自动分拣技术、光导技术、射频识别、声控技术等先进的科技手段和设备对物品的进出库、存储、分拣、包装、配送及其信息进行有效地计划、执行和控制的物流活动。简言之，智慧仓储是指通过智能软硬件、物联网、大数据等智能化技术手段，提高仓储系统智能化分析决策和自动化操作执行能力，提升仓储运作效率的现代化物流环节。

（二）智慧仓储的特点

1. 仓储管理信息化

在仓储作业中，会产生大量的货物信息、设备信息、环境信息和人员信息等，如何实现对信息的智能感知、处理和决策，利用信息对仓储作业的执行和流程进行优化，是智慧仓储研究的重点之一。智慧仓储是在仓储管理业务流程再造基础上，利用 RFID、网络通信、信息系统应用等信息化技术，以及大数据、人工智能等管理方法，实现入库、出库、盘库、移库管理的信息自动抓取、自动识别、自动预警及智能管理功能，以降低仓储成本、提高仓储效率、提升仓储智慧管理能力。

2. 仓储运行自动化

仓储运行自动化主要是指硬件部分如自动化立体仓库系统、自动分拣设备、分拣机器人以及可穿戴设备技术的应用。自动化立体仓库系统包括立体存储系统、穿梭车等，分拣机器人主要包括关节机器人、机械手、蜘蛛手等。智慧仓储设备和智能机器人的使用能够提高作业的效率，提高仓储的自动化水平。智能控制是在无人干预的情况下能自主地驱动智能机器实现控制目标的自动控制技术。对仓储设备和机器人进行智能控制，使其具有像人一样的感知、决策和执行的能力，设备之间能够进行沟通和协调，设备与人之间也能够更好地交互，可以大大减轻人力劳动的强度，提高操作的效率。自动化与智能控制的研究应用是最终实现智慧仓储系统运作的核心。

3. 仓储决策智慧化

仓储决策智慧化主要是指互联网技术如大数据、云计算、人工智能（AI）、深度学习、物联网、机器视觉等的广泛应用。利用这些数据和技术进行商品的销售和预测，以及智能库存的调拨和对个人消费习惯的发掘，能够实现根据个人消费习惯进行的精准推销。目前技术比较成熟的企业如京东、菜鸟等已运用大数据进行预分拣。在仓储管理过程中，各类仓储单据、报表快速生成，问题货物实时预警，特定条件下货物自动提示，通过信息联网与智能管理，形成统一的信息数据库，为供应链整体运作提供可靠依据。

素质园地

智慧仓储作为现代物流业的重要组成部分，其发展与数字经济和实体经济的深度融合息息相关。党的二十大报告中关于"促进数字经济和实体经济深度融合"的阐述强调了数字经济在当今社会发展中的重要性，以及这种融合对于促进经济发展的深远影响。报告明确指出，"加快发展数字经济，促进数字经济和实体经济深度融合，打造具有国际竞争力的数字产业集群"。这一政策不仅关乎国家未来的发展和国际竞争中的战略主动，也是建设现代化产业体系的必然要求。

（三）传统仓库与智慧仓库对比

智慧仓储的应用不仅显著提升了仓库管理各环节数据输入的速度与准确性，确保企业能够及时、精准地掌握库存的真实状况，从而合理调控库存水平，还通过精细化的科学编码系统，轻松实现对库存货物批次、保质期等关键信息的有效管理。尤为突出的是，智慧仓储引入了"货到人"拣选方式，这一创新模式颠覆了传统的"人到货"作业流程，它利用先进自动化设备将货物精准移动至工作站，由人工或智能设备直接进行拣选作业，实现了"货动，人不动"的高效运作。

"货到人"拣选方式在智慧仓储中的应用，极大地缩短了拣选作业人员的行走距离，相较于传统模式,其拣选效率实现了成倍提升,同时有效降低了人员的工作强度,减轻了因长时间行走和重复劳动带来的身体负担。这种变革不仅提升了仓库的运营效率和准确性,还为企业带来了显著的成本节约和人力资源优化,是机器人智慧仓内不可或缺的核心竞争力之一。因此,智慧仓储及其"货到人"拣选方式相较于传统模式,展现出了无可比拟的优势与广阔的应用前景。智慧仓库与传统仓库的对比见表1-2。

表1-2 智慧仓库与传统仓库对比

对比项目		传统仓库	智慧仓库
不同点	存储设备	静止状态的货架	可移动货架
	搬运设备	手推车、叉车等	AGV、仓储机器人等智能设备
	拣选人员	根据订单、扫描枪等信息在拣选区寻找货物	等候在工作站旁由人工或智能设备进行拣选作业
相同点	原则	将相关性强的商品就近存储,出库频率高的靠近出入口处存放	
	目的	缩短拣选路程、减少拣选时间、提高作业效率	

三、智慧仓储的发展现状

(一)智慧仓储作业场景

1. P2P 智能搬运

P2P(point to point)是指点到点的搬运,广泛适用于工厂场景,例如将物料从流水线的 a 处搬运至 b 处。根据项目不同,P2P 搬运场景的复杂程度不同。该搬运方式在智能工厂被广泛采用,在智能工厂中经常会存在上下游物料供应的业务,上游多个产线产出的物料,需要运送给下游多个产线使用,如图 1-2 所示。

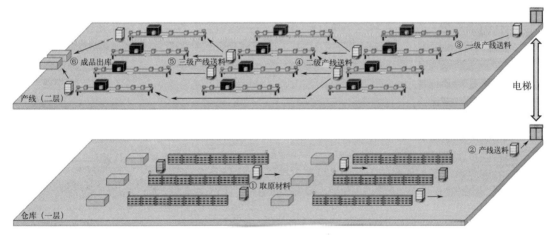

图 1-2 智能 AGV 作业场景——P2P

2. GTP 货到人

GTP(good to person)货到人作业模式,替代传统人工仓人找货的模式,由仓储机器人根据订单任务将要拣选的货品货架主动搬运到拣货点,拣货人员在拣货点完成拣货,机器人再将货架搬运到下一个拣货点或搬回库存区,如图 1-3 所示。

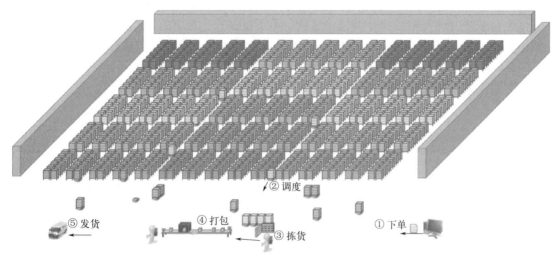

图 1-3　智能 AGV 作业场景——GTP

3. OTP 订单到人

OTP（order to person）订单到人作业模式，是指仓储机器人载有包装箱的拣选货架到各拣选站点，由区域拣选员进行拣货，在拣选站完成按订单"播种"。拣选完成后机器人载包装箱到操作台直接进行复核、打包与发运，如图 1-4 所示。

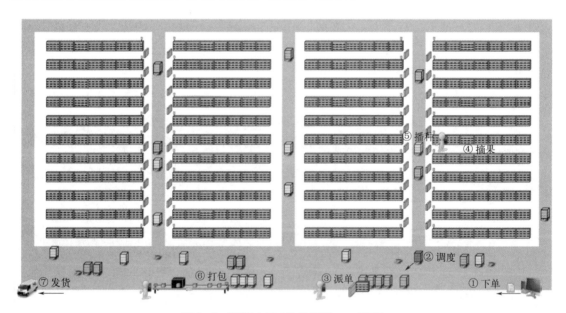

图 1-4　智能 AGV 作业场景——OTP

4. GTP 和 OTP 作业模式对比分析

由于 GTP 和 OTP 作业模式应用场景比较相似，在某些场景，会综合应用两种作业模式。因此对两种模式进行对比分析。

（1）智慧仓场景特点

GTP 作业模式使得拣选区无法使用高层空间，自动化程度高，更适用于库存量适中、库存天数周转适中、订单量适中、订单弹性低、客单件数适中、最小存货单位（SKU）适中的业务。而 OTP 的人工参与度高，因此，更适用于库存量大、库存周转天数短、订单量大、订单弹性高、客单件数高、SKU 复杂的业务。

（2）智慧仓存储系统

GTP 直接采用搬运式物料架作为存储单元，每个物料架由方形多层隔板货架组成，物料架的每层都由若干个物料箱构成，每个物料箱就是一个仓位。OTP 则采用传统的横梁货架，货物以托盘的形式存放于货架之上，横梁货架下层为拣选区，上层为存储区。

（3）智慧仓工作站

GTP 通常会设立单独的工作站用于呼叫 AGV 搬运货架与分拣货物，一般将工作站设立于"货到人"区域前方，尽可能地缩短 AGV 的搬运距离，以便提高工作效率。而 OTP 则无须单独设立智慧仓工作站。

（4）智慧仓输送方式

GTP 作业模式下，AGV 直接将存储区的货架运至工作站，由工作人员进行下架与播种，再由 AGV 将播种完成的货物运至打包台。而 OTP 作业模式下，AGV 运送的是订单物料架，其由方形多层隔板货架构成，每层都有若干个周转箱，代表不同的订单，并且 AGV 将订单物料架运至不同存储区的不同位置，由该位置的工作人员将所需货位放入相应的订单框，完成拣货，AGV 再将满载货物的物料架运至打包台。

（二）智慧仓储行业应用

1. 电商行业

随着电子商务行业的迅猛扩张，其支撑体系的完善成为不可或缺的一环，其中，仓储管理与配送服务作为物流体系的核心组成部分，其高效运作与电商行业的整体竞争力紧密相联。电商领域的竞争格局日益深化，其本质逐渐演化为后端物流效率与质量的比拼。相较于传统零售业，电子商务对仓储配送物流体系的依赖程度显著增强，这要求物流链条必须实现高度的信息化、自动化与智能化，以精准匹配电商行业高速、灵活、个性化的服务需求。因此，构建与电商发展相匹配的现代化物流体系，不仅是行业持续健康发展的关键，也是提升企业市场竞争力、优化消费者体验的重要途径。

电商仓储体系直接对接终端消费者，对订单履行的效率与精确度提出了更为严苛的标准。鉴于此，仓储运作需实现高度的精细化，确保能够准确无误地依据客户订单完成商品的精确拣选与高效打包流程。传统行业仓储主要服务于门店渠道，对拣选准确性的要求并未达到电商仓储的严苛程度。同时，各门店的发货频率、时间在大多数情况下都是按照预定计划来执行的；门店产生的订单商品种类以及数量，也与电商客户存在较大差别。电商仓储物流与传统零售物流的对比分析见表 1-3。不同商业模式下，物流需求也呈现出多样性。因此，电商仓储在设计与运营上需更加注重灵活性与响应速度，以满足电商市场快速变化与高度个性化的需求特点。

表 1-3　电商仓储物流与传统零售物流的对比分析

项目	电商仓储物流	传统零售物流
客户	经常未知 / 数量很多	重复客户 / 数量不多
订单量	频次高 / 订单数量多	频次低 / 一次性大批量

续表

项目	电商仓储物流	传统零售物流
订单行数	一般较少	量多（≥100）
订单实时性	及时处理	约定时间配货
订单精准性	要求非常高	要求高
订单波动性	波峰波谷差异大	差异一般
退换货	量大且随时退	量小，需按约定时间退货
商品备货量	少	多

2. 服装行业

近年来，随着电子商务渠道的蓬勃兴起及线上线下融合趋势的加剧，线上订单处理的仓储与配送体系面临着前所未有的高标准挑战。众多服装企业不仅稳固了传统的实体店与零售网络布局，还积极构建多元化营销渠道网络，旨在通过这一全渠道销售策略，将庞大的服装产品线高效地触达每一位消费者。

在服装行业的线上运营中，依据订单规模的不同，可清晰地划分为B2B（企业对企业）与B2C（企业对消费者）两大运营模式：B2B模式聚焦于服务那些以网店运营为主的线下门店、零售店铺或大型网络销售平台。这些企业客户往往单次订单量巨大，对供应链的高效协同与库存管理提出了严苛要求。相较于B2B，B2C模式则直接面向个体消费者，其在线销售店铺接收的订单多以单品或小批量形式出现，订单量虽小，但频次高、个性化需求强，考验企业的快速响应与精准服务能力。

服装产业正经历着从传统经销与门店销售模式向新兴电商模式的深刻转型，众多企业开始开设自己的网上旗舰店或电商品牌。面对电子商务的快速发展，物流中心每天接收客户下达的海量订单，也进一步加大了物流中心的作业压力。

基于服装行业多渠道营销策略的深化以及物流运作中的关键环节，当前服装物流展现出以下显著特点：

（1）时效性要求高。线上销售直接面向消费者，客户对订单时效性要求较高。

（2）品种较多。季节性强，ABC管理法应用较其他行业更多。应当满足大批量整箱入库、小批量多品项出库的要求。

（3）订单频次较高。订单极易呈现"小批量多批次"的特征。

（4）订单重合率高。出库订单所包含的商品之间会存在一定的重合。

3. 医药行业

医药流通领域的仓储管理体系，其核心聚焦于药品的入库与出库流程的高效执行，同时，严格遵循并执行在库药品的《药品经营质量管理规范》（简称GSP），确保药品存储与养护的质量安全。智慧仓库的建设在此基础上，不仅强调作业流程的精细化与精准度，还依赖于高度智能化的作业系统支撑，以实现更高效、更精准的药品管理。

医药行业的产品特性显著，首先体现在其物理形态上，药品往往体积小、重量轻却价值不菲。其次，药品的时效性需求尤为突出，寿命周期短暂且受有效期严格限制，这要求从生产到消费的全链条必须高效运转，以满足用户对时间的高敏感度。再者，药品的存储与包装需求特殊，这源于其独特的化学与物理性质，对仓储环境提出了更为严苛的要求。正是基于医药产品的这些特殊性，相比其他行业，医药仓储物流体系展现出了独特的运作特点：

（1）规范的行业作业要求及相似度较高的作业流程。国家已对医药行业的作业内容进行了严格、明确的规定，仓储作业过程中有较为规范的行业作业要求，因此业内不同企业之间的仓库流程具有高度相似性。

（2）单仓单一货主情况比例较高，部分存在多仓多货主管理要求。针对医药第三方物流企业来说，不同的货主对货品的管理存储要求不同。例如，某医药公司要求自己的货品必须和其他货主的货品分库存放、不得与其他药品混放、托盘必须定期擦洗、药箱不得有任何污染印记等。因此此类按照单仓单一货主进行统一管理的比例较高。

（3）注重药品批号及效期管理。药品作为特殊商品，关乎人的生命健康，因此在日常管理过程中，加强药品批号及效期管理，确保药品质量、保证药品疗效极其重要。而且同一种药品会有多种批号，而国家对药品的批号管理相当严格，必须准确掌握每一批号药品的进销存。

（4）出库订单通常品项较多，订单间产品重合率较低。由于不同的药品品名代表不同的产品种类，同一药品批号不同也代表着不同的产品种类。因此，医药行业的物流中心每天处理的出库订单品项较多，不同订单间产品的重合率较低。

（5）严格的质量管理要求。按照规定，药品从卸下送货车进入库房等待验收一直到拣货复核离开仓库，都不允许接触地面。除了仓储作业规范性操作外对药品的养护、室内空调、温湿度仪器的使用记录等都有明确详细的管理规定。

（6）电商需求。电商作为医药物流热点，在传统面向众多配送门店的业务模式上，业务需求呈现出"小批量多批次"的特点。

任务执行

步骤一：行业仓储特点分析

天猫超市作为阿里巴巴集团旗下的领先线上购物平台，其订单处理、商品构成以及面向消费者的服务展现出高度专业化的特点，具体如表1-4所示。

表1-4 天猫超市北京仓仓储特点分析

仓储层面	特点
订单	➢ 以线上订单为主 ➢ 订单包含商品数量较多 ➢ 订单波峰波谷差异大 ➢ 订单精准性要求高
消费者	➢ 以终端消费者为主 ➢ 消费者数量众多 ➢ 消费者遍布范围广
商品	➢ 商品种类多，涵盖服装、食品、生活用品等多种类型 ➢ 每种商品的存储数量少
作业过程	➢ 商品类别众多，管理困难 ➢ 订单处理不及时、拣选准确性难以保障 ➢ 出入库需求量大 ➢ 订单拣选难度大，消耗大量的人力资源

步骤二：智慧仓适用场景分析

通过对优品北京仓存储商品的特点以及作业痛点等内容的分析，结合 AGV 智慧仓三种作业模式适用的不同场景，进行如表 1-5 所示分析。

表1-5　优品北京仓与各类型智慧仓作业模式匹配分析

类型	智慧仓场景特点	匹配程度	适用智慧仓
P2P	➢ 智能工厂上下游产线对接场景 ➢ 物料出 / 入库柔性对接 ➢ 自动化流水线之间柔性嫁接	不匹配	×
GTP	➢ 商品种类众多，分散存储，寻找难度大，出错率高 ➢ 人工成本高；空间利用效率低	匹配程度一般	×
OTP	➢ 订单数量多、订单作业量极大 ➢ 订单分区 ➢ 仓库面积大	匹配程度较高	√

步骤三：预期效果分析

基于步骤二的详尽分析，我们可以清晰地得出结论：优品北京仓因其特定的运营需求与条件，高度契合 OTP 作业模式的实施要求。针对这一模式的引入，表 1-6 是对优品北京仓采用 OTP 作业模式后预期效果的深入分析。

表1-6　优品北京仓预期效果分析

仓储层面	效果分析
存储商品管理	可将仓库按照存储商品种类的不同，进行区域划分，实现"订单到人"的作业模式
作业效率	工作站、货架均可同时进行多种商品的拣选作业，可快速完成订单商品的拣选作业，且极大地减少了搬运次数
人员投入	人员分布在不同存储区域内，由机器人在不同存储区域之间行走，减少人员在仓库内的行走路程、降低作业强度，减少人员投入
运营成本	提高拣选效率，减少错误率，减少了因重新拣选或退货产生的额外成本

成效考量考核表

班级		姓名		学号		
任务名称		智慧仓储认知				
评价项目	评价标准	分值 / 分	自评（30%）	互评（30%）	师评（40%）	合计
考勤	旷课、迟到、早退、请假	7				
职业素养	制订计划能力强，严谨认真	5				
	主动与他人合作	5				
	采取多样化手段解决问题	5				
	责任意识、服从意识	5				

学习过程	能够准确分析行业仓储特点	15				
	能够准确分析智慧仓储的适用场景	20				
	能够准确分析智慧仓储的预期效果	15				
完成情况	按时提交任务活动	5				
	任务活动完成程度	5				
	任务活动的答案准确性	5				
	创新意识	8				
得分		100				

任务二　智慧仓储基本技术认知

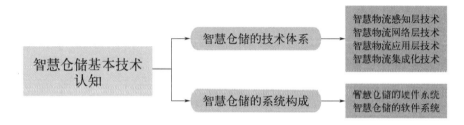

目标导向

通过本任务的学习，可以达成以下目标：

知识目标
1. 了解智慧仓储的技术体系，掌握智慧仓储技术的体系架构；
2. 了解智慧仓储系统的基本构成，掌握各设备与系统的功能作用。

能力目标
1. 能够熟练应用仓储系统；
2. 能够分析企业向智慧仓储转型的技术要求和实现过程。

素质目标
1. 利用信息化手段搜索智慧仓储技术和设备的相关资料，提升信息搜索能力；
2. 强化科技创新意识；
3. 促进数字素养与技能提升，加快数字中国建设。

任务引领

传统大型物流企业 A 在行业内拥有悠久的历史和深厚的底蕴，其仓储网络遍布全国多个省市，拥有众多大型仓储设施。长期以来，该企业依靠稳定的仓储能力和高效的配送服务赢得了市场的广泛认可。然而，随着智慧物流时代的到来，市场竞争日益激烈，客户对仓储服务的需求也在不断变化，对仓储效率、智能化水平及数据管理能力提出了更高要求。该企业现有的仓储设施虽然规模庞大，但大多采用传统仓储模式运营，机械化程度有限，自动化设备应用不广泛。仓库内货物堆放较为随意，空间利用率不高；拣选、包装、出库等作业环节主要依赖人工操作，效率低下且易出错；同时，仓储管理系统相对落后，数据收集、处理和分析能力不足，难以支撑企业实现精细化管理和决策。面对这一挑战，该企业决定向智慧仓储转型，以提升自身竞争力，适应市场发展的新趋势。请思考并讨论企业 A 转型发展的实现步骤。

知识建构

在当今数字化转型的大潮中，智慧仓储作为物流行业智能化升级的重要一环，正逐步揭开其高效、精准、自动化的神秘面纱。而支撑这一切的背后，是一系列前沿且强大的基础技术。从物联网的广泛应用到大数据的深度挖掘，从人工智能的智能决策到自动化设备的精准执行，这些技术共同编织了一张智慧仓储的网，让仓储管理变得更加智能、灵活和高效。

一、智慧仓储的技术体系

智慧物流技术，以其高度的智能化、自动化及信息化特性，为智慧仓储技术体系的发展注入了强大的活力与动能。从精准高效的物流调度系统，到广泛应用的物联网感知技术，再到深度挖掘的大数据分析平台，智慧物流技术的每一项革新与突破，都在悄然改变着智慧仓储的面貌，促进其从传统的静态存储向动态、智能、协同的仓储管理模式转变。因此，对智慧物流技术的深入剖析是十分必要的。

智慧物流是基于物联网技术在物流领域的应用而提出的。参考物联网的三层体系结构，智慧物流系统由底至顶一般划分为感知层、网络层和应用层三个层次。感知层负责信息的采集和初步处理；网络层负责信息的可靠传输；应用层负责数据的存储、分析与应用。本书在智慧物流系统层次划分的基础上，按照智慧物流信息管理流程及应用需求对每个层次进行细化，将智慧物流信息技术划分为三个层次十二个模块，如图1-5所示。

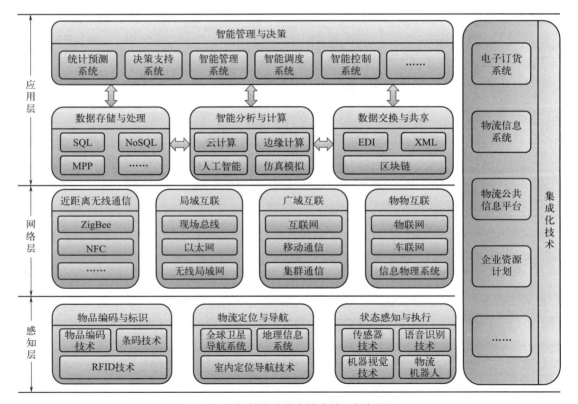

图1-5 智慧物流信息技术体系框架图

（一）智慧物流感知层技术

感知层是智慧物流系统实现对货物、物流设施设备、运行环境感知的基础，是智慧物流的起点。具体而言，又可划分为物品编码与标识、物流定位与导航、状态感知与执行三个方面的功能目标，分别对应于三类技术。

1. 物品编码与标识技术

《物流术语》（GB/T 18354—2021）中，物品特指经济与社会活动中实体流动的物质资料。此处的物品泛指智慧物流系统中各种有形或无形的实体，主要包括流通的物品、物流设施、物流设备、企业资产等，是需要信息交换的客体。物品编码与标识主要解决智慧物流环境下的物品数字化管理问题，所涉及的技术主要包括物品编码技术、条码技术和RFID技术等。

当前，全球范围内通用的物品编码体系是GS1编码体系，其为供应链中不同层级的贸易项目（产品与服务）、物流单元、资产、参与方、服务关系、单据以及其他特殊领域提供全球唯一的编码标识及附加属性代码。然而，受编码池的限制，其中的全球贸易代码只能对某一类商品进行编码（典型应用是商品条码），而不能实现对单件商品的唯一标识，已经不能满足智慧物流建设与发展的需要。产品电子代码（electronic product code, EPC）的出现较好地解决了这一问题。EPC编码是对GS1编码的补充，可以实现对零售商品、物流单元、集装箱、货运包装等所有实体对象的唯一有效标识，被誉为具有革命性意义的新技术。

物品编码本身只是一组字符，需要有效的载体承载并与物品绑定才能实现对物品的标识。在实际应用过程中，GS1编码以条码符号作为数据载体，而EPC编码则以RFID电子标签作为数据载体。随着智慧物流的不断发展，EPC编码的应用范围将会不断扩大。

2. 物流定位与导航技术

物流定位与导航技术主要解决货物运输过程的透明化以及室内物品、设备的定位导航问题，涉及的技术主要有全球卫星导航系统（global navigation satellite system, GNSS）、地理信息系统和室内定位导航技术等。

GNSS主要用于解决物流室外作业场景中的定位问题，如运输工具定位、在途货物定位、集装箱定位等，一般结合地理信息系统（GIS）使用。目前，全球有四大卫星导航系统供应商，包括美国的全球定位系统（global positioning system，GPS）、俄罗斯的格洛纳斯卫星导航系统（global navigation satellite system, GLONASS）、我国的北斗卫星导航系统（Beidou navigation satellite system, BDS）和欧盟的伽利略卫星导航系统（Galileo navigation satellite system, GALILEO）。当前，我国以GPS和BDS的应用为主，发展趋势是BDS将会逐步取代GPS。GNSS的应用领域主要包括运输车辆自主导航、地面车辆跟踪和城市智能交通管理、船舶远洋导航和进港引水、船只实时调度与导航等。

GNSS与GIS的结合可以很好地解决智慧物流系统中的室外定位问题。但智慧物流系统中有很多作业场景位于室内，例如，仓库、配送中心等，需要室内定位导航技术的辅助，从而解决卫星信号不能穿透建筑物的问题，为室内物品和设备的定位导航提供技术支撑。

室内定位导航技术主要划分为基于无线通信基站的定位、惯性导航定位、地磁定位、基于图片（视频）的机器视觉定位等几种类型。常用的定位技术主要有4G基站定位技术、5G

基站定位技术、蓝牙定位技术、Wi-Fi 定位技术、超宽带（ultra wide band, UWB）定位技术和 vSLAM（visual simultaneous localization and mapping，基于视觉的同步定位与地图构建）技术等。其中，5G 基站定位技术、UWB 定位技术和 vSLAM 技术是当前关注的热点和重点。实际应用中，一般是多种技术综合使用，以达到较好的定位和导航效果。

3. 状态感知与执行技术

状态感知是指依靠传感器及其相关技术使计算机设备能够"感知"物流运作的情境，通过分析与计算，使物流系统能够自适应情境的变化，并主动做出准备或反应。状态感知能力的提升是智慧物流的重要基础，所涉及的技术主要包括传感器技术、语音识别技术、机器视觉技术以及物流机器人技术等。状态感知能力同样是物流机器人的基础能力，能够进一步提高智慧物流前端执行的智能化程度。

传感器从仿生学的角度，使机械像人类或动物的感觉器官一样能对外界环境变化进行感知。当前使用的传感器主要是智能传感器，对外界信息具有一定的检测、自诊断、数据处理以及自适应能力，是微型计算机技术与检测技术相结合的产物。在智慧物流系统中，传感器处于最前端，是感知、获取与检测各种信息的窗口。它的作用是延伸、扩展、补充或代替人听觉、视觉和触觉等器官的功能，是实现感知与自动控制的重要环节。在某些场景中，传感器被作为部件嵌入智能设备，例如，无人叉车、无人配送车等，用于感知设备本身和周边的环境信息；在另外的一些场景中，无线传感器组成无线传感器网络（wireless sensor networks, WSN），采集某个区域范围内的特定环境参量，例如，仓储环境监控、园区安防监控等。

语音识别技术，也被称为自动语音识别（automatic speech recognition, ASR），其目标是将人类语音中的词汇内容转换为计算机可读的输入符号，例如，按键、二进制编码或者字符序列。在物流领域，语音识别技术已经在分拣系统和智能客服中开始应用。

机器视觉主要用计算机来模拟人的视觉功能，但并不仅仅是人眼的简单延伸，更重要的是具有人脑的一部分功能——从客观事物的图像中提取信息，进行处理并加以理解，最终用于实际检测、测量和控制。在智慧物流系统中，机器视觉主要用于物流作业现场的人员和车辆管理，以及物流各作业环节的物品形状识别、尺寸检测、自动化数量检测、包装质量检测等，也包括前述的 vSLAM 技术。

物流机器人属于工业机器人的范畴，是智慧物流系统的前端执行机构。广义的物流机器人包括仓库物流机器人、无人驾驶物流车等多种形式；狭义的物流机器人主要指在仓库内执行装卸、搬运、分拣、包装以及拆码垛等功能的机器人。使用较为普遍的物流机器人主要有自动导引车（automated guided vehicle, AGV）、自主移动机器人（autonomous mobile robot, AMR）、有轨穿梭车（rail guided vehicle, RGV）和搬运机械臂四种类型。

（二）智慧物流网络层技术

智慧物流网络层是智慧物流系统的神经网络，连接着感知层和应用层，其功能为"传送"，即通过通信网络进行信息传输。网络层包含接入网和传输网，分别实现接入功能和传输功能。传输网由公网与专网组成，典型传输网络包括电信网（固网、移动通信网）、广电网、互联网、专用网（数字集群）；接入网包括光纤接入、无线接入、以太网接入、卫星接入等各类接入方式，实现底层的物品、人员、物流设施、物流设备等的无缝接入。根据应用场景可以划分为近距离无线通信技术、局域互联技术、广域互联技术和物物互联技术等。

1. 近距离无线通信技术

近距离无线通信技术，又称近间隔无线通信技术。其范围很广，在普通意义上，只需要通信收发双方经过无线电波传输信息，并且传输间隔限制在较短的范围内，通常是几十米内，就可以称为近（短）间隔无线通信，具有低成本、低功耗和对等通信等特征和优势。智慧物流系统中，近距离无线通信技术主要用于解决系统终端人员、物品、设备、设施等之间有限距离或有限范围内的无线通信问题，涉及的技术主要包括蓝牙（bluetooth）、ZigBee、Z-Wave、红外（IrDA）、UWB、近场通信（near field communication, NFC）、RFID 等。

智慧物流环境下，由于近距离无线通信的应用非常多样化，且要求各不相同，所以多种标准和技术并存的现象会长期存在。例如，需要宽带传输的视频、高速数据可以采用 UWB 技术；对速率要求不高但对功耗、成本等有较高要求的无线传感网可以采用 ZigBee、Z-Wave 及与其相似的技术；对于非常近距离的标签无线识别应用，则可采用 NFC、RFID 等无线通信技术。

2. 局域互联技术

此处的局域是指仓库、货场、配送中心、物流园区、转运中心、港口码头、货运机场等智慧物流系统中的有限区域和空间。局域互联技术着眼于解决这些区域的组网和通信问题，涉及的技术主要有现场总线技术和局域网技术。

现场总线一般用于解决工业现场的智能化仪器仪表、控制器、执行机构等现场设备间的数字通信以及这些现场控制设备和高级控制系统之间的信息传递问题。智慧物流系统中，作业现场的智能化设备越来越多，需要应用现场总线技术将其连接为一个整体，从而发挥协同效应，提高现场作业效率。

局域网是现代物流实现办公自动化和作业自动化的基础条件，按其接入方式可分为有线和无线两种。有线方式以以太网技术的应用最为普遍，其传输速度快，性能稳定，框架简易，并且具有封闭性，一般用于物流企业内部、室内作业现场和物流数据中心组网等。无线方式以 Wi-Fi 的应用最为普遍，例如 Wi-Fi6 覆盖了 2.4GHz、5GHz 两个频段，允许与多达 8 个设备通信，最高速率可达 9.6Gbit/s。与有线接入方式相比，Wi-Fi 无须布线，健康安全，组网简单，能够较好地支持终端的移动性。

3. 广域互联技术

智慧物流环境下，物流系统覆盖的范围经常跨城、跨省、跨区甚至跨国。城际、省际乃至全球性的信息交互是智慧物流系统正常运转的基础，所以需要互联网、移动通信和集群通信等技术的支持。

互联网打破了空间限制，降低了信息交换的成本，提升了信息的聚合效应，具备通信、社交、网上贸易、云端化服务、资源共享、服务对象化等多种功能，是信息社会的重要基础。互联网与物流的结合，不断创新物流经营和服务模式，将各种运输、仓储等物流资源在更大的平台上进行整合和优化，扩大资源配置范围，提高资源配置有效性，全面提升物流效率。

互联网虽然实现物流各主体之间广域互联，但无法充分满足物流对移动性的要求，在一定程度上也限制了智慧物流的发展。移动通信技术的进步为智慧物流发展注入了新的动力。

随着5G技术的推广应用，国内物流行业将迎来新的发展机遇，智慧物流市场前景广阔。

互联网和移动通信网都是面向大众的公共通信网络。但在智慧物流系统中，货柜码头、大型转运站等某些特殊的场景，需要有专用的通信网络用于现场的指挥和调度。所以，仍然需要集群通信系统这一专用通信网络技术的支持。

4. 物物互联技术

物物互联是智慧物流区别于传统物流的典型特征，也是智慧物流的重要基础，涉及的技术主要包括物联网、车联网、信息物理系统等，目的是实现"物"与"物"之间的相互通信和协同运作。

物联网技术被誉为信息科技产业的第三次革命。物联网的出现推动着现代社会智慧化程度的不断提高，"智慧地球""智慧城市""智慧生活"等概念不断被提出。物联网技术同样推动着现代物流向智慧物流发展，是智慧物流系统建设的基础支撑技术之一。

车联网（internet of vehicles, IoV）的概念源于物联网，即车辆物联网，是以行驶中的车辆为信息感知对象，借助新一代信息通信技术，实现车与×（×表示车、人、路、服务平台）之间的网络连接，提升车辆整体的智能驾驶水平，为用户提供安全、舒适、智能、高效的驾驶感受与交通服务，同时提高交通运行效率，提升社会交通服务的智能化水平。车联网的发展推动着我国智慧物流的变革。随着车联网理念的引入、技术的提升、政策的支持，相信未来的车联网将给中国物流业带来革命性的变化，我国智慧物流将迎来大发展的时代。

信息物理系统（cyber physical system, CPS）是将计算资源与物理资源紧密结合与协调的产物，它将改变人类与物理世界的交互方式。作为物联网的演进，CPS已经受到工业领域的广泛关注，并已在多个环节得到应用和体现。工业4.0制造必然需要物流4.0服务，CPS系统绝不仅仅适合工业领域，物流领域仍然适用。CPS在物流领域具有重要而广阔的应用前景。

（三）智慧物流应用层技术

应用层相当于智慧物流系统的大脑，接收来自感知层的数据并进行智能分析与决策，辅助完成智慧物流相关业务或形成执行指令反馈给感知层，控制相应的自动化设备。智慧物流系统中，应用层直接影响和决定着系统智慧的高低。按照所发挥的功能，智慧物流应用层可以划分为数据存储与处理、智能分析与计算、数据交换与共享以及智能管理与决策四个组成部分。

1. 数据存储与处理

数据存储与处理是数据应用的基础，其主要目标是将原始的物流数据上升到信息层次。智慧物流环境下，物流数据类型繁多，来源复杂，信息量大，更新速度快，物流大数据时代已然来临。

大数据时代的关键不仅是帮助人们分析有价值的信息，更重要的是如何将这些有价值的信息存储下来，为未来或当下提供有效的信息。大数据的出现同时伴随着信息产业的发展，促进存储技术的革新。面对数据量庞大、结构复杂的物流数据，应该采用什么样的方式来存储，也是信息行业一直努力探索的目标。现如今应用的存储模型主要有NoSQL、MPP（大规模并行处理）、分布式和云计算存储等。

在大数据处理方面，按照数据处理模式，可以划分为仅批处理、仅流处理和混合处理三种框架。仅批处理框架的典型代表是Apache Hadoop，其处理引擎为MapReduce；仅流处理框架的典型代表是 Apache Storm 和 Apache Samza；混合处理框架主要有 Apache Spark、Apache Flink 等。

2. 智能分析与计算

智能分析与计算以数据存储与处理为基础，在某些应用场景中，两者相互交叉、互为支撑。智慧物流系统中，智能分析与计算技术主要用于挖掘物流信息背后隐藏的规律，将信息上升到知识层次，为智能管理与决策提供支撑，涉及的技术主要有云计算技术、边缘计算技术、人工智能技术和模拟仿真技术等。其中，云计算和边缘计算技术主要提供算力；人工智能技术则主要提供算法，结合物流大数据可以充分实现物流系统的智能；而模拟仿真技术则提供了模型验证与优化的工具，能够提升物流系统智能进化的速度。

云计算是智慧物流发展的基础性技术之一。一方面，云计算具有超强的数据处理和存储能力；另一方面，智慧物流系统中无处不在的数据采集，需要大范围的支撑平台以满足其规模需要。然而，随着云计算、大数据、人工智能等技术的快速发展，以及各种应用场景的不断成熟，越来越多的数据需要上传到云端进行处理，给云计算带来更多的工作负载，同时，由于越来越多的应用需要更快的反应速度，边缘计算应运而生。

边缘计算将计算资源移到了靠近物或数据源头的网络边缘，能够就近提供边缘智能服务，从而满足智慧物流系统在敏捷连接、实时业务、数据优化、应用智能、安全与隐私保护等方面的关键需求。典型的边缘智能平台有 ParaDrop、Cloudlet、PCloud、Firework 和海云计算系统等。目前的主要应用有基于边缘计算的智慧交通应用、基于边缘计算的工业控制应用、基于边缘计算的视频监控智能分析应用等，这些应用将会进一步促进智慧物流的发展。

仿真模拟技术为物流系统中各种模型、方案的验证评估提供了必要的技术手段。尤其是虚拟现实（virtual reality, VR）和增强现实（augmented reality, AR）技术的出现，更进一步拓展了仿真模拟技术的应用范围，增强了仿真模拟的感知性、沉浸感、交互性和构想性，在物流系统仿真、物流数字孪生系统和物流实训等方面均有着广泛的应用。

3. 数据交换与共享

数据交换与共享技术是打破物流信息孤岛，促进物流数据流通，形成数据聚合效应的重要基础。虽然数据库、物流信息平台等技术在很大程度上扩大了数据共享范围，提升了数据共享能力，但针对智慧物流环境下的数据异构、自动交换、数据安全、数据溯源和可信性验证等问题，仍需要电子数据交换（electronic data interchange, EDI）、可扩展标记语言（extensible markup language, XML）和区块链等相关技术的支持。

EDI 将计算机和通信网络高度结合，能够快速处理并传递商业信息，形成了涌动全球的"无纸化贸易"。EDI 应用水平已经成为衡量一个企业在国际国内市场上竞争力大小的重要标志。EDI 对于提高智慧物流系统中各企业间的信息交互效率，推动物流全球化的发展具有重要作用。

然而，EDI 技术是在大公司的推动下发展起来的，其准入门槛相对较高，这就意味着有很多企业将失去很多机会和优惠条件。特别是随着电子商务的快速发展，企业与企业之间、企业与用户之间的信息交换越来越频繁，所以需要一种新的数据标准格式作为数据的载体，而且它应该是经过检验的国际标准，具有开放性，并且与平台、语言无关。XML 可以满足这样的要求。所以 XML 成为 EDI 的替代者。

无论是 EDI 还是 XML，其所交换的内容仅仅是信息。同时，它们在数据可信性验证方面也存在着明显的不足。而区块链技术为物流数据乃至价值的传递提供了新的解决方案。区块链本质上是一个共享数据库，存储于其中的数据或信息，具有"不可伪造""全程留痕""可以追溯""公开透明""集体维护"等特征。基于这些特征，区块链技术奠定了坚实的"信任"基础，创造了可靠的"合作"机制，在智慧物流领域具有广阔的应用前景。

4. 智能管理与决策

智能管理与决策面向物流管理和作业人员，是对智能分析与计算结果的应用，同时也需要数据存储与处理和数据交换与共享技术的支撑。

智能管理与决策技术主要表现为各种形式的物流软件，主要包括统计预测系统、决策支持系统、智能管理系统、智能调度系统、智能控制系统等，一般集成在各种物流业务管理系统中，如仓储管理系统、运输管理系统和配送管理系统等，成为各系统的智能核心。

（四）智慧物流集成化技术

所谓集成化，即是把某些东西（或功能）集在一起，使形成的新对象具有被集成对象的全部属性和功能，甚至衍生出新的功能。物流集成化技术中"集成"的对象主要是技术和功能，集成的结果能够满足特定领域、特定场景或特定业务的全部需求，部分技术在层次上也贯穿了智慧物流的感知层、网络层和应用层。物流集成化技术的典型代表有电子订货系统、物流信息系统、企业资源计划和物流公共信息平台等。

二、智慧仓储的系统构成

智慧仓储系统是一种通过计算系统控制，能够对仓库和物资位置进行全面掌握，利用RFID、网络通信、信息系统应用、人工智能等现代化技术及先进的管理方法，实现入库、出库、盘点、移库等业务操作自动化的系统。它具有自动抓取、自动识别、自动预警及智能管理等功能，从而能够降低仓储成本，提高仓储效率，提升仓储智能管理。整个工作过程中不需要人工的直接参与，大大提高了工作效率。

在智慧仓储之中，其实现功能的模块主要包括硬件系统、软件系统等。其中，硬件系统指的是仓储基础设施的建设，包括智能拣选系统、自动存取系统、智能搬运系统、智能分拣系统等基础设施的建设；软件系统指的是其相应的管理系统，主要包括订单管理系统、仓库管理系统、仓库控制系统等。

（一）智慧仓储的硬件系统

在对仓储布局进行合理规划的前提下，企业可以投入智能化的硬件设施来提高仓储的运作效率，这些新型硬件设备的使用不仅会提高仓储的自动化水平和物流运作效率，还会给企业带来可观的经济效益。智慧仓储的硬件系统主要包括智能拣选系统、自动存取系统、智能搬运系统、智能分拣系统等，如图1-6所示。

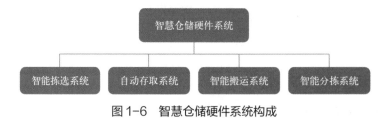

图1-6　智慧仓储硬件系统构成

1. 智能拣选系统

智能拣选是指将自动识别、导航定位、人工智能、自动化控制等技术应用于货物拣选过程中，能够辅助人工拣选或无人化拣选。其具有拣选效率高，拣选差错率低，可以实现少人或无人化运作的特征，能够有效提升配送中心运行效率，减少运营成本，降低拣选人员劳动强度，在当前仓储配送中心运作中得到了普遍应用。智慧拣选可分为"人到货"拣选系统和"货到人"拣选系统两类。

"人到货"（P2G）拣选是传统的拣选方式，即装载货物的货架静止不动，拣选人员带着拣货台车等容器到拣货区拣货。"人到货"常用的解决方案是拣选人员借助 RF 枪、语音拣选系统、电子标签拣选系统等进行拣选；近些年出现了新型智能拣选装备，如智能眼镜、腕表等智能终端，以及将智能终端（如 ipad 等）配备到拣选小车上辅助进行拣选作业。

"货到人"（G2P）拣选，即在物流拣选过程中，人不动，货物被自动输送到拣选人面前，供人拣选。相比传统的"人到货"拣选方式，"货到人"拣选能够有效提升拣选效率，提升拣选准确性，大大降低劳动强度，改善作业环境，是当前拣选系统的发展趋势。"货到人"拣选系统的典型应用包括 miniload、多层穿梭车、类 kiva 机器人、autostore、旋转货架等，在大型配送中心中已有较多应用。

2. 自动存取系统

自动存取系统主要包括自动化立体仓库系统和穿梭车式密集仓储系统。

自动化立体仓库系统（automated storage and retrieval system, AS/RS）由高层货架、巷道堆垛起重机、入出库输送机系统、自动化控制系统、计算机仓库管理系统及其周边设备组成，可对集装单元货物实现自动化保管和计算机管理。AS/RS 系统以托盘单元为存储对象，对于以料箱存储为对象的 AS/RS 系统也称为 miniload 系统。

穿梭车式密集仓储系统是基于高密度货架、穿梭车及升降机、输送机等设备，配合仓库管理系统完成货物出入库作业，具有较高空间利用率和存取效率的仓储系统。与 AS/RS 系统相比，存储密度和效率更高，系统柔性更强。穿梭车密集仓储系统同样可以使用托盘单元或料箱存储单元。

3. 智能搬运系统

智能搬运，是在机械化装卸搬运装备的基础上，引入传感定位、人工智能、自动控制等技术手段，能够自动化、智能化完成货物搬移、升降、装卸、短距离输送等作业的物流装备。智能搬运装备是对传统机械设备的升级，通过导航、定位以及多重传感器的部署，使得机械设备可以自动感应识别作业位置并精准对接，完成无人自动存取搬运的功能；同时能够实现装卸搬运过程的智能化控制，以及与整个物流运作过程的柔性化衔接。

典型的智能搬运装备主要包括巷道式堆垛机、自动导引车、搬运机械臂等。巷道式堆垛机是通过运行机构、起升机构和货叉机构的协调工作，完成货物在货架范围内的纵向和横向移动，实现货物的三维立体存取的设备。巷道式堆垛机是立体仓库中用于搬运和存取货物的主要设备，是随立体仓库的使用而发展起来的专用起重机。巷道式堆垛机的主要用途有三个：①能高效存取货物，适应不同尺寸货物，提高仓库空间利用率和存取效率。②提升仓库管理水平，配合仓库管理系统实现自动化作业，减少人为错误。③优化仓库空间利用，在高层货架间作业，实现密集存储，节省仓库空间，降低仓储成本。

4. 智能分拣系统

智能分拣系统是按照预先设定的计算机指令对物品进行分拣,并将分拣出的物品送达指定位置的机械设备系统。它主要由自动输送机构、自动分拣机构以及感知和控制机构等构成。其中,自动输送机构包括带式输送机、链式输送机、辊筒输送机、垂直输送机等样式;自动分拣机构包括浮动式、推杆式、转动导向块、滑块式、带台式、转向台式、托盘式、翻盘式、底开式、链条式、斜轮式和机器人式等类型的分拣转向装置。智能分拣系统由中央计算机控制,应用大量传感器、控制器和执行器,能够自动完成货品的进出库、装卸、分类、分拣、识别、计量等工作,在现代物流运作中具有十分重要的作用,是生产制造和物流运作过程中,组成机械化、连续化、自动化、智能化流水作业线的不可缺少的组成部分,是自动化仓库、配送中心、大型货场的生命线。

(二)智慧仓储的软件系统

仓储管理作为整个仓储系统的核心部分,除了提供基本仓储管理功能外,还需要基于大数据平台建立库存预警、库存策略优化、库存分类分析等统计分析模型,为库存管理、生产运维提供辅助决策。

智慧仓储体系的一个最大的特点就是多功能集成,除了传统的库存管理外,还要实现对流通中的货物进行检验、识别、计量、保管、加工以及集散等功能,这些功能的顺利实现,都依赖智慧仓储软件系统。智慧仓储的软件系统主要包括订单管理系统(OMS)、仓库管理系统(WMS)、仓库控制系统(WCS)等,如图1-7所示。

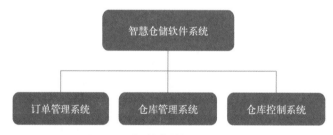

图1-7 智慧仓储软件系统构成

订单管理系统是供应链管理系统(SCM)的一部分,通过对客户下达的订单进行管理及跟踪,动态掌握订单的进展和完成情况,提升物流过程中的作业效率,从而节省运作时间和作业成本,提高物流企业的市场竞争力。订单管理系统的主要功能是通过统一订单提供用户整合的一站式供应链服务,订单管理以及订单跟踪管理能够使用户的物流服务得到全程的满足。订单管理系统是供应链管理链条中不可或缺的部分,通过对订单的管理和分配,使生产管理、采购管理、仓储管理和运输管理有机结合,稳定有效地实现供应链管理中各个环节的作用,使仓储、运输、订单成为一个有机整体,满足物流系统信息化的需求。订单管理系统具有根据商户下达的各种指令进行管理、查询、修改、打印等的功能,同时可将业务部门处理信息反馈至商户。订单管理系统一般包括订单处理、订单确认、订单状态管理(包括取消、付款、发货等多种状态,以及订单出库和订单查询)等功能。

仓库管理系统是通过入库业务、出库业务、仓库调拨、库存调拨和虚仓管理等功能,对批次管理、物品对应、库存盘点、质检管理、虚仓管理和即时库存管理等功能综合运用的管理系统，能有效控制并跟踪仓库业务的物流和成本管理的全过程，实现和完善企业的仓储信息管理。该系统可以独立执行库存操作，也可与其他系统的单据和凭证等结合使用，可为企业提供更为完整的企业物流管理流程和财务管理信息。

仓库控制系统是介于仓库管理系统和可编程逻辑控制器（programmable logic controller, PLC）之间的一层管理控制系统，可以协调各种物流设备如输送机、堆垛起重机、穿梭车及机器人、自动导引车等物流设备之间的运行，主要通过任务引擎和消息引擎，优化分解任务、分析执行路径，为上层系统的调度指令提供执行保障和优化，实现对各种设备系统接口的集成、统一调度和监控。

由此可见，通过完善的设计，合理的硬件及软件配置，并根据具体的功能要求，智慧仓储完全可实现仓储的智能输送、存储、定位、提醒等功能，从而提高企业仓储的运行效率，自动盘点，降低管理成本。

任务执行

传统大型物流企业 A 向智慧仓储转型发展的具体实现需要考虑企业自身现状和需求情况，并综合考虑目前已存在的智慧仓储技术和设备等因素。

步骤一：现状评估与需求分析

企业 A 在推进智慧仓储转型时，必须首先深入剖析自身的现状，包括仓储设施状况、技术基础，以及现有业务流程的优缺点，以确保转型策略能够精准对接企业的实际需求和发展方向。表 1-7 所示为企业 A 的现状评估与需求分析。

表 1-7 企业 A 的现状评估与需求分析

	评估项目	评估内容
仓储设施评估	物理条件与布局	➢ 评估仓库的建筑结构、承重能力、通风条件等物理特性是否满足智慧仓储的需求； ➢ 分析仓库布局是否合理，是否存在空间浪费或作业流程不畅的问题
	设施老化与更新	➢ 检查仓储设施的使用年限、维护状况及是否需要更新改造
技术需求分析	信息系统建设	➢ 检查企业现有的信息系统是否完善，分析系统之间的集成度、数据共享能力和数据分析能力，以确定是否需要升级或引入新的系统
	自动化与智能化水平	➢ 评估企业在自动化和智能化方面的投入和成果，包括自动化设备的使用情况、智能算法的应用程度等
业务流程分析	流程效率与瓶颈	➢ 分析现有业务流程中的各个环节，识别出效率较低或存在瓶颈的环节
	流程优化与重组	➢ 基于对现有业务流程的分析结果，提出流程优化和重组的方案； ➢ 考虑业务流程与智慧仓储系统的无缝对接和集成，确保转型后的仓储体系能够顺畅运行并满足业务需求

步骤二：仓储设施建设与升级

企业还需密切关注并综合考虑目前已存在的智慧仓储技术和设备的最新进展，以期在转型过程中能够充分利用这些技术红利，实现传统仓储模式的全面升级和智能化改造。表 1-8 为企业 A 的仓储设施改造。

表1-8　企业A的仓储设施改造

技术和设备		建设与升级
仓储设施改造	自动化升级	引入自动化立体仓库、智能分拣系统、自动导引车等自动化设备
	物联网部署	在仓库内安装RFID、传感器等物联网设备，实现物品追踪和环境监测
	网络基础设施	升级或新建高速、稳定的网络基础设施，支持数据传输和处理
信息系统构建	WMS系统升级	选择或定制符合企业需求的智能仓储管理系统（WMS），实现库存精准管理、作业流程优化等功能
	数据集成与交换	建立统一的数据平台，实现WMS与其他业务系统［如企业资源计划系统（ERP）、运输管理系统（TMS）］的数据集成与交换
	大数据分析平台	构建大数据分析平台，对仓储运营数据进行深度挖掘，为决策提供数据支持

步骤三：业务流程优化

要实现从传统仓储向智慧仓储的顺利过渡，单纯的技术引入和设备升级是远远不够的。在这一转型过程中，业务流程优化作为核心驱动力，扮演着至关重要的角色。引入业务流程优化，不仅是智慧仓储建设的基础性工作，更是确保新技术、新系统能够有效融入并发挥最大效能的关键步骤。通过对现有仓储业务流程的全面审视与深入分析，识别并消除冗余环节，优化作业流程，不仅能够提升作业效率，减少错误与延误，还能促进信息流通的顺畅，为智慧仓储的智能化决策与自动化执行奠定坚实基础。表1-9为企业A的业务流程优化内容。

表1-9　企业A的业务流程优化内容

业务流程优化		优化内容
流程再造	标准化作业流程	基于智能仓储系统，重新设计仓储作业流程，实现标准化、自动化操作
	任务分配与调度	利用智能调度系统，实现仓储任务的自动分配和智能调度
人员培训与转型	技能培训	对仓储人员进行自动化设备操作、信息系统使用等方面的技能培训
	角色转型	引导仓储人员从传统作业向数据分析、系统维护等新型岗位转型

成效考量考核表

班级		姓名		学号		
任务名称		智慧仓储基本技术认知				
评价项目	评价标准	分值/分	自评（30%）	互评（30%）	师评（40%）	合计
考勤	旷课、迟到、早退、请假	7				
职业素养	制订计划能力强，严谨认真	5				
	主动与他人合作	5				
	采取多样化手段解决问题	5				
	责任意识、服从意识	5				

学习过程	能够准确分析企业现状与业务需求	15						
	能够针对企业仓储设施提出相应建设升级方案	20						
	能够全面分析企业业务流程并提出优化流程	15						
完成情况	按时提交任务活动	5						
	任务活动完成程度	5						
	任务活动的答案准确性	5						
	创新意识	8						
得分		100						

任务三 智慧仓储标准与规范认知

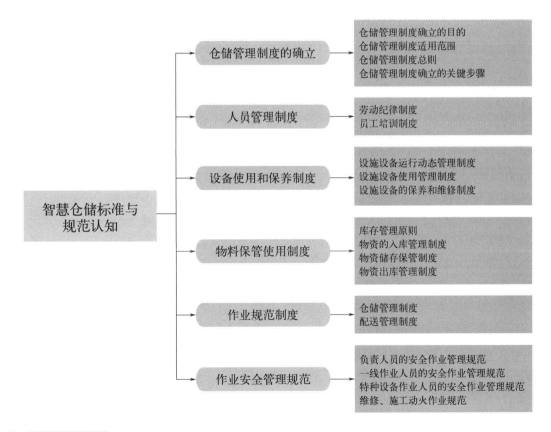

目标导向

通过本任务的学习，可以达成以下目标：

知识目标	1. 掌握智慧仓储的人员管理与设备管理制度； 2. 掌握智慧仓储的物料保管使用制度； 3. 掌握智慧仓储的作业规范制度与安全管理规范。
能力目标	1. 能够灵活运用智慧仓储的各项管理制度； 2. 能够对企业仓储业务开展实地调研并输出有价值的调研成果。
素质目标	1. 利用信息化手段搜索智慧仓储技术和设备的相关资料，提升信息搜索能力； 2. 培养团队协作配合的责任意识； 3. 培养安全、规范操作的职业素养。

任务引领

小瓜是一名刚刚毕业的大学生，成功应聘至西安市 B 物流公司的仓储部担任物料保管职务。面对仓储领域内错综复杂的业务操作，他有些无所适从。仓储部经理向他提出了宝贵的建议：首要任务是深入了解仓储部门的各项规章制度，以此为基石，逐步掌握仓储业务流程及物料管理的精髓。同时，经理鼓励他进行企业内部深入调研，特别是聚焦于公司智慧仓储管理的实践案例，旨在通过分析这些案例，提炼出高效的管理规范与制度框架。基于此，请探讨小瓜应如何规划并执行其调研工作，以及他应如何对收集到的智慧仓储管理案例进行深入分析，从而为未来的职业生涯奠定坚实的基础。

知识建构

随着科技的不断进步，各种先进的技术如物联网、大数据、人工智能等被广泛应用于仓储领域，使得仓储管理从传统的模式向智能化、高效化转变。然而，要实现智慧仓储的可持续发展和广泛应用，建立明确的标准与规范至关重要。标准与规范不仅能够确保智慧仓储系统的稳定运行、数据的准确性和安全性，还能促进不同企业之间的协同合作，提升整个行业的发展水平。

一、仓储管理制度的确立

制度是由以书面形式表达的、以一定规范方式公示的、非针对个别事务处理的、内部工作规范的总称，是一种对所有职工具有普遍约束力的政策性文件。制度的制订应符合国家相关法律法规的规定，应有利于促进公司管理水平的提高。公司各职能中心及各公司根据公司的发展战略及管理工作的需要，在广泛调研论证的基础上，提出制度制订的计划，报总管理部审定实施。总管理部也可责成职能中心及各公司制订相关制度。各职能中心认为有必要对现有的制度和流程进行修改，或有必要起草新的制度时，应向总管理部提交方案。

（一）仓储管理制度确立的目的

（1）更好地发挥仓储对材料的调配功能，规范公司仓储的材料管理程序，促进公司仓储的各项工作科学、安全、高效、有序、合理地运作。

（2）确保公司资产不流失和各工程项目所需材料的品牌、型号、规格以及质量符合要求，保证仓储材料供应不延误工程项目的进度，较准确地做好各工程项目成本决算。

（二）仓储管理制度适用范围

适用于仓储管理岗位人员。

(三）仓储管理制度总则

为加强仓储工作的管理，提高采购工作的效率，制订仓储管理制度。所有的仓储管理人员及相关人员均应以仓储管理制度为依据开展工作。

（1）通过制订仓储管理制度及操作流程规定，指导和规范仓储人员的日常工作行为，对有效提高工作效率起到激励作用。

（2）加强仓储库存管理，明确货物出、入库手续及流程，提高资金、货物使用率，保证仓储安全。

（3）仓储员负责做到名称、型号、规格、配套、积压、报废、数量、资金"八清楚"及存储、防护工作。

（4）仓储员负责单据追查、保管、入账。

（四）仓储管理制度确立的关键步骤

撰写、下发、培训、检查是仓储制度确立的四个关键步骤。

1. 制度撰写

（1）此项目负责人是业务部门的员工，通过调研论证进行文件撰写，由所属上级领导审核、批准。

（2）制度文本包括：规章草案和起草说明。

制度草案应包括：制订的宗旨、依据、适用范围、管理部门（岗位）、实体内容、执行程序、奖惩办法、监督、执行办法、施行日期等；

起草说明的内容主要包括：制订的目的和依据、指导思想和原则、起草过程、需要解释的政策界限和有关问题等。

（3）制度的审定，制度草案定稿后，由起草单位主管领导签署送审报告，将送审稿、起草说明一并送总管理部，总管理部组织相关专业组进行规范性审查和合法性审查。在审查中有下列情况之一的，退回起草单位修改：体例和结构不符合规定要求的；内容与法律、行政法规相抵触的；制度规范内容与上级公司制度规范内容相抵触的。

（4）审定合格后进行撰写。

2. 制度下发

此项目负责人是文件控制人，根据撰写人提供的发送范围直接发送对应部门，对应使用部门接口人自行打印盖章下发。

制度下发应包括发文单位、文号、规章名称、通过形式、通过日期、生效日期和签署人等内容。

3. 制度培训

此项目的负责人是对应部门负责人，培训本部门相关人员并执行文件。

4. 制度检查

此项目负责人为区域标准化实施组，负责检查员工的知悉度和打印文件。

制度流程管理是现代企业科学管理的精髓之一，也是从"人治"走向"法治"的主要表现，建立科学合理的制度流程来管理企业不仅是效率提升、风险下降的有力保障，也是企业由小到大、由弱到强的必经之路。

二、人员管理制度

（一）劳动纪律制度

（1）公司执行每周40小时工作制，日工作时间为8小时；
（2）公司员工必须遵守公司规定的作息时间上下班，不得迟到早退；
（3）公司员工必须遵守考勤制度，由专人负责考勤；
（4）考勤人员必须严格把关，不得徇私舞弊，如有发现扣除当天工资；
（5）中途离开公司，须凭中途离开准假单，报考勤人员登记后离厂，否则作早退缺勤处理；
（6）无故缺勤作旷工处理，连续旷工3天以上或全年累计15天以上者，解除劳动合同；
（7）库场内严禁吸烟；
（8）工作时间不得干私活，不得吃零食，工作和午餐时间不准喝酒（业务接待除外）；
（9）工作时间不准擅自离开工作区域，不准串岗、脱岗、打瞌睡、睡觉；
（10）上班时间佩戴胸卡，按规定必须穿工作服或其他劳动防护用品；
（11）公司员工必须无条件服从所属部门、负责人在其职权范围内的工作调动管理，不服从调动分配和管理的，分管部门主要领导有权通知其待岗或下岗处理。

（二）员工培训制度

（1）公司员工培训工作，由公司统一归口管理，在各职能部门密切配合下进行。
（2）根据企业生产、经营、管理的需要，提出主管专业技术、管理人员的培训计划和要求，报公司总经理审定后组织实施。
（3）各部门根据公司生产、经营、管理的需要，制订年度员工培训需求计划，并报公司总经理审批、备案。
（4）对于计划外培训项目，各有关部门在组织实施前，须将追加培训项目计划报公司总经理审批后备案。
（5）坚持"先培训，后上岗"的培训制度。新录用的员工、转岗的员工、新设备操作人员，必须先培训，经考核具备上岗位所需基本条件，并取得上岗合格证书后，方可上岗。
（6）各类培训，无论外委培训还是内部培训，必须进行培训有效性评价，以保证培训的有效性、保证员工技能的提高。

三、设备使用和保养制度

设备使用和保养制度是为加强公司仓储物流部设备设施的管理，保障设备设施正常使用而制订的，适用于仓储公司及公司仓储物流部对使用的设备设施的管理。仓储设施设备主要包括电动叉车、手动液压车、手推车、扫描枪、货架、托盘等货物存储设备、运输设备，以及库房温湿度自动调控设备等。

管理和使用好机器设备和工具，使机器设备和工具经常处于完好状态，延长其使用寿命，是仓储管理工作的一项重要内容。仓储设备管理工作的内容主要是指设备的维护保养、检查修理，以及日常的登记、保管工作。为了保证有效地实现设备管理目标，必须坚持以预防为主，维护保养与计划检修并重的原则，正确使用，精心保养，做好使用、保养、修理等工作。

(一）设施设备运行动态管理制度

设备运行动态管理，是指为了使各级维护与管理人员能准确掌握设备运行状况，并相应制订措施而做的管理。

（1）建立健全系统的设备巡检措施。仓储部对每台设备，依据其结构和运作方式，制订巡检点、内容、正常运行的参数标准，并针对设备的具体运行特点，对设备的每一个巡检点，确定明确的检查周期，一般可分为时、班、日、周、旬、月检查点。

（2）巡检保证体系。设备操作人员负责使用设备日常使用前的巡检点检查，机务员负责设备的平时巡检任务。

（3）信息传递与反馈。

① 设备操作人员巡检时，如果发现设备不能继续运转需紧急处理，应立即通知机务员，由机务员负责处理。

② 机务员进行的设备点检，要做好记录。

（4）动态资料的应用。

① 针对巡检中发现的设备缺陷、隐患，应提出安排检修的项目，纳入检修计划。

② 巡检中发现的设备缺陷，如情况紧急，为了不影响仓储活动，应及时处理，如不能及时处理，应由机务员确定解决方案统一处理。

③ 重要设备的重要缺陷，需由仓储部经理等主要领导组织研究，确定解决方案和处理方案。

（二）设施设备使用管理制度

（1）设备使用前操作人员应在人事部门的安排下，由机务员负责培训。

（2）使用人员只有会操作，清楚日常保养知识和安全操作知识，熟悉设备性能，具有操作上岗证，才能上岗操作。

（3）操作人员在操作过程中，如发现设备有异常现象，应立即通知机务员检修。

（4）操作人员要严格按操作规程工作，认真遵守交接班制度，准确填写规定的各项运行记录。

（5）未经领导批准，不准拆卸或配用其他人员的机器零件和工具。

对不遵守操作规程或玩忽职守，使仓储设备受到损失者，应酌情给予经济处罚。

（三）设施设备的保养和维修制度

（1）设施设备的使用、保养和维修必须落实"四定"：定人员、定职责、定任务、定管理。人员变动时，必须履行交接手续。

（2）设施设备负责人及操作人员必须进行岗前培训和考核，合格后方可操作；操作时必须严格遵守相应的技术安全规则。

（3）所有设施设备必须按规定用途和性能使用，不得带故障、超负荷或超高、超速作业。

（4）设施设备的管理必须严格落实定期检查制度。设施设备负责人根据设施设备的维修保养计划每天对设施设备进行日常检查，发现问题如实记录，及时上报处理。

（5）设施设备所有保养、维修必须进行认真登记，并及时将登记归档备查。

（6）所有设备设施的保养、维修必须事先逐级上报领导进行审批，审批内容包括：设备设施的现状，申请保养、维修的部位，维修方式及维修费用预算等；待企业负责人批准后方可实施。

四、物料保管使用制度

（一）库存管理原则

1. 库存合理原则

仓库的库存应根据公司计划和资金情况，以及各类物资的生产周期情况，合理使用资金，防止盲目购进、超储超压、脱销脱供等情况的发生，对库存实行控制管理，适时调查库存结构和数量。

2. 凭证收货、发货原则

仓库管理员应根据管理制度规定专人负责，按凭证办理收发业务，做到无合理性凭证不收发物资。仓库管理人员对物品进、出仓，应当即办理手续，不得事后补办；应保证账物相符，经常核对，并随时接受单位主管或财务部稽核人员的抽点。

3. 货物进出原则

坚持无进无出、先进先出原则，批次清晰，确保各类物资不积压、不损坏。

4. 四清原则

即账、物、卡、数量相符清楚，规格批次清，质量性能清，主要用途清。

（二）物资的入库管理制度

1. 摆放合理

入库后的各物资摆放整齐，分类合理，做到有物必有类、有类必有区；严禁把尺寸大小相似或性能上相互影响的物资放到一起。按各品种不同的要求进行保管、存放，如有露天存放的物资应根据不同性质和要求进行覆盖和衬垫，使其不受雨水浸泡和阳光曝晒。做到在保质期内不锈蚀、不变质、不失效、不损坏。

2. 核对验收

仓库管理人员会根据客户当月当日物资采购计划、送货通知单对交库的各类物资进行验收，凡与计划品种、数量不相符的，向客户的相关人员问明情况方可验收。仓库管理人员按规定，根据客户开具的本次送货单予以验收，否则严禁入库。当实交数超出本次送货单上的数量时，应联系客户的相关部门补开多出部分的送货单，才能予以验收入库。

3. 检查登账

各类物资入库时，仓库管理人员必须看包装是否完好，标记是否清楚，入库品种、数量、型号是否与送货单相符。发现问题及时通知客户的相关采购人员查实核对。并同供方当面交接清楚。各种原始凭证不得涂改，入库前必须对入库物资、逐项清点、核对，属工程用料应在入库单等单据上标明工程名称，并及时登账建卡。

（三）物资储存保管制度

1. 手续严密

存货的入库和出库手续必须完整严密，工作人员严格按照规定的程序和方法进行操作。

2. 账物相符

存货收、发、存的品种和数量必须正确，会有专人负责，不发生错收、错发的事故。仓库保管员对自己所分管的物资进行数量上的核准，做到每月小盘点，每季大盘点，保持账、物、卡三相符。同时做到规格批次清，质量性能清、主要用途清。存货的保管由专人负责，做到安全、完整，卡与实物相符，堆放整齐，品质完好。

3. 保障安全

公司各仓库内禁带火种、严禁烟火，各库门窗要按防盗要求关锁，并做好防水、防潮工作。班前、班后搞好检查，及时关好电闸、水、气阀门。做到防火、防盗、防水、防潮、防破坏。

4. 特殊物品特殊保管

有特殊要求的各类物资必须按特殊要求进行保管、存放。

5. 库容整洁

各仓库应每天清扫，做到库容整洁、地面无杂物，各类物资定点存放。

6. 文明服务

仓库管理人员必须做到不说脏话粗话，服务态度端正，服务意识明确，不乱写乱画，不乱扔乱倒，不损坏公物。

(四) 物资出库管理制度

（1）各类物资出库时必须凭主管单位签发的出库单、发货清单从仓库中领出，仓库保管人员要同领用单位人员一起当面点清数量，并按规定办理有关手续，避免超数量发货。

（2）出库物资必须有出库单，否则不准出库。一次领不完一批的，可根据客户需要随时另开出库单，原出库单不出库。

（3）涉及容器周转的仓库，要坚持以一换一的容器交换制度，特殊情况也必须打欠条，并按时归还。

五、作业规范制度

仓储作业主要包括仓储管理、配送管理，所以仓储规范制度从以下两方面进行编制与实施。

(一) 仓储管理制度

首先是入库制度：

（1）严禁故意损坏或污染产品；严禁出、入库周转箱着地或拖行；严禁硬性挤压、乱丢、乱扔货品等恶意行为。

（2）入库商品在搬运过程中，应按照商品外包装上的标识进行搬运；商品堆码要科学、标准，符合安全第一、进出方便、先进先出、节约仓容的原则；若未按规定进行操作，因此造成的商品损坏由收货人承担。

（3）入库商品进行验收、进仓库明细账、有效期管理及分类管理。

（4）入库商品明细必须由收货员和仓库管理员核对签字认可，做到账单和货量相符。商品验收无误后，仓库管理员依据验收单及时记账，详细记录商品的名称、数量、规格、入库时间、单证号码、验收情况、存货单位等。若不按照该制度执行验收，造成的经济损失由仓库管理员承担。

其次是存放制度：

（1）合理安排货位，商品分类存放。商品入库验收后，要根据商品的性能、特点和保管要求，安排适宜的存储场所，做到分区、分库、分类存放和管理。

（2）存放在同一仓库的商品，必须性能不抵触，养护措施一致，灭火方法相同。严禁互相抵触、污染、串味的商品，养护措施和灭火方法不同的商品存放在一起。仓库不能存放危险品、毒品和放射性商品。

（3）配送人员装货时要保证重量准确、标签不出现错误，对设备爱惜、不乱扔、不乱放，按操作要求正确使用设备；严禁利用工作便利，不开提货单就带走货物。

（4）仓库中存放的商品还应注意防火、防盗、防潮、防鼠等工作，否则造成的经济损失必须由责任人承担。

（5）仓储管理员对员工做好清扫的安全教育，对可能发生的事故（如触电、挂伤、碰伤、尘埃入眼、坠落、灼伤）等不安全因素进行警告和预防。

（6）仓储管理区的环境卫生定期清理，按照要求完成工作用具、清洁用具等的归位和整理，保证库区周围环境无积水、无杂物、无污染；保持仓库地面整洁、门窗、墙面、货架、货柜等物品卫生清洁。

再次是出库制度：

（1）按收货流程进行单据流转时，须明确公司收单部门，做到不迟交、漏交、错交公司相关单据。

（2）输单人输单要认真、准确；出库时间选择要正确。

（二）配送管理制度

（1）在主管的领导下，严格遵守执行公司的各项管理制度，熟悉运输配送流程，认真完成各项运输配送任务，并对运输物品短缺损坏负责。

（2）配送收货应该按规定的质量标准和验收项目验收，严格按照货物清单，不少点、多点，并对配送产品短少损坏负责，配送管理员管好所有配送物品的单据，遗失给予相应处罚。

（3）搬运货品装车时须轻拿轻放，要严格遵循货物放置要求，确保货物堆放有序，无挤压、被损坏的可能。

（4）配送收货员配送收货时要注意：穿着整洁的工作服，保持个人卫生整洁。

六、作业安全管理规范

仓储安全作业管理是指在商品进出仓库装卸、搬运、储存、保管等过程中，为了防止和消除伤亡事故，保障职工安全和减轻繁重的体力劳动而采取的措施。

安全作业管理要从作业设备、场所和作业人员两方面进行管理，一方面消除安全隐患、减小不安全的系统风险；另一方面提高作业人员的安全责任心和安全防范意识。

下面我们分别介绍不同岗位的安全作业管理规范：

（一）负责人员的安全作业管理规范

（1）各平台（物流中心）负责人为所在单位安全管理第一责任人。

（2）负责对一线作业人员进行安全培训；统筹安排仓库安全防范工作；对仓库安全存在

违规问题进行监察、纠正，督促其限期落实整改。

（二）一线作业人员的安全作业管理规范（包括仓管员、仓库主管、装卸工、保安等）

（1）参加安全培训，按规定佩戴劳动保护用品，严格执行各项作业规范，确保自身安全；

（2）仓管员（或主管）、监查员是仓库安全管理直接责任人，负责对不安全作业行为进行劝诫、制止、整改，对仓库财产安全进行日常检查、防范；

（3）保安负责仓库人员车辆进出库登记检查、日常巡逻、秩序维护、异常报告及应急处置；

（4）所有人员车上作业、进出立体库货架间巷道必须佩戴安全帽（帽带必须扣在颌下）；

（5）远离高举的货叉、正在进行装卸货的车辆，不得在货堆、货架、车辆下休息；

（6）禁止任何人搭乘叉车（夹包车）代步、滑行液压叉车；

（7）夜间或在光线较暗的仓库作业时，所有人员须穿戴反光服；

（8）禁止私自搭接电线、使用大功率电器（功率超过500W）。

（三）特种设备作业人员的安全作业管理规范（包括叉车工、夹包工、电梯操作工、电工）

（1）特种设备作业人员（叉车工、夹包工、电梯操作工、电工）必须持证上岗；岗前需由仓库主管对其实际操作能力进行测试、培训。

（2）公司按照国家相关规定，结合本公司工种，免费为员工配发必要的劳动防护用品，包括：工作服、安全帽、安全带、安全反光服、手套、鞋套、防暑药品等。

（3）叉车安全驾驶三不准：不准超速、不准载人行驶、不准急转弯。

（4）叉车安全驾驶五注意：注意转弯减速鸣笛、注意出入门洞限高、注意坡道行车、注意轻叉轻放、注意停车手刹拔钥匙。

（5）人车隔离操作：叉车频繁进出作业区应设置隔离带进行人车隔离，防止无关人员进入。

（6）叉车充电操作：叉车充电需设专区，采取隔离带与存储货物隔离开；配备消防器材及排气扇等通风设施；充电前应佩戴耐酸、绝缘的个体防护用品，检查电源接零装置，确保导线、仪表正常；调整电压、电流不超负荷，开启通风设备；充装电解液小心谨慎，防止液满或溅出；充电结束后切断电源，放好电线。

（7）电梯操作：货梯严禁载人运行；对于配置货物电梯或液压升降机的楼库应配置持证人员操作。

（8）电工操作：配电房上锁专管；确保检查设备、工具、测量仪表和绝缘用具的安全可靠，禁止上端接线；接线规范，绝缘保护、线路规整。

（四）维修、施工动火作业规范

（1）动火审批：所有维修施工可能产生火花、明火或高温的作业行为均须动火审批，仓库主管人员或安全员根据施工内容在动火证上填写各项风险防范预案、安排动火监督责任人，动火证需分公司负责人签字、安全风险管理部审批。

（2）动火资质审查：施工物料及人员进场前，仓库主管人员或安全员核查施工人员的焊工资质证书、身份证并存档备案，资质不符者禁止施工；资质核查无误后进行动火安全预案培训。

（3）动火条件准备：五级风以上天气，禁止露天、高空动火作业；施工如需接电必须由公司现场评估用电负荷、接线规范、用电计量方式，确保安全用电；施工现场使用雪糕筒或警戒线带进行隔离，无关人员严禁靠近。

（4）动火检查监管：施工开始前，仓库主管、动火监督责任人根据动火证上的风险防范预案落实检查，确保符合条件后再发放动火证，允许开始施工；动火中，动火责任人现场蹲防，并在动火凭证上做检查记录。

（5）动火后清场：每次动火作业结束时，由施工人员、仓库主管人员、动火监督责任人巡视、清理现场，切断电源，整理好作业工具，确认无残留火种后，方可离开；动火监督责任人在动火证上做出动火总结，相关动火文件材料存档备查。

素质园地

俗话说，没有规矩，不成方圆。通常而言，制度就是规矩、规范，具有一定的约束力。"安全就是效益"，熟知各项操作规程安全制度，认真学习有关操作规范，在每日的工作中相互监督、相互提醒、相互检查，查找漏洞和薄弱环节，消除不安全因素的存在，杜绝事故隐患，从小事做起，就能筑起安全大堤。

任务执行

为了迅速融入公司业务环境并精通仓储领域的管理精髓与制度框架，小瓜采取了系统而有序的学习路径。他首先深入研究了已有的仓储管理制度，其次，理解了公司各项规章、操作流程及管理要求，为日后的工作奠定了坚实的基础。随后，为了进一步拓宽视野并吸收行业最佳实践，小瓜决定针对公司发起一项调研活动。通过精心策划的调研方案，他旨在深入了解公司的智慧仓储管理模式、技术应用、流程优化以及制度保障等方面的先进经验，以期将这些宝贵的知识与见解融入公司的仓储管理中，推动业务效率与质量的双重提升。

步骤一：学习规章制度

首先，小瓜从部门秘书处获取了仓储部的全部规章制度、操作手册、安全规范等文件资料。深入研究了已有的仓储管理制度，细致理解了各项规章、操作流程及管理要求，具体内容包括：人员管理制度、设备使用和保养制度、物料保管使用制度、作业规范制度和作业安全管理规范，其对应的详细原则内容见表1-10。并在学习过程中，将不理解的条款或实际操作中可能遇到的问题记录了下来，以便后续请教。

表1-10 智慧仓储标准与规范认知

仓储管理	仓储制度
人员管理制度	劳动纪律制度
	员工培训制度
设备使用和保养制度	设施设备运行动态管理制度
	设施设备使用管理制度
	设施设备的保养和维修制度
物料保管使用制度	库存管理制度
	物资的入库管理制度
	物资的储存保管制度
	物资出库管理制度

续表

仓储管理	仓储制度
作业规范制度	仓储管理制度
	配送管理制度
作业安全管理规范	负责人员的安全作业管理规范
	一线作业人员的安全作业管理规范
	特种设备作业人员的安全作业管理规范
	维修、施工动火作业规范

步骤二：开展实地调研

小瓜为了进一步拓宽视野并吸收行业实践，将目光投向了公司内部的智慧仓储业务模块，主动发起了一项调研活动。表 1-11 是小瓜的实地调研内容。

表1-11　企业 B 智慧仓储调研内容

调研活动		调研内容
访谈调研	安排访谈	与仓储部经理、资深物料保管员、仓库管理员、信息技术支持人员等进行一对一或小组访谈
	访谈内容	询问他们关于智慧仓储管理的具体实践，如自动化设备的运用、RFID 技术的应用、WMS 的使用情况、库存管理策略、异常情况处理等
	记录要点	详细记录访谈中的关键信息、成功案例、面临的挑战及解决方案
现场观察	实地走访	在仓库现场观察物料存储、搬运、分拣、打包、出库等全过程，特别注意智慧仓储技术的实际应用
	体验操作	在安全允许的情况下，尝试操作一些自动化设备或系统，了解其工作原理和效率提升点
数据分析	收集数据	从 WMS 系统中导出库存周转率、错误率、响应时间等关键指标的数据
	分析对比	将收集到的数据与行业标准或公司历史数据进行对比分析，评估智慧仓储管理的成效

步骤三：总结调研成果并完成调研报告

小瓜完成实地调研后，总结已有的调研成果，并针对调研结果完成调研报告的撰写，根据报告提出智慧仓储管理的改进。表 1-12 为小瓜的调研成果总结。

表1-12　企业 B 调研成果总结

调研总结		具体内容
整理资料	分类整理	将访谈记录、观察笔记、数据分析结果等按主题分类整理
	提炼要点	从资料中提炼智慧仓储管理的核心要素、成功经验和待改进之处
撰写报告	报告框架	设计报告框架，包括引言、调研方法、调研结果、案例分析、问题与挑战、建议与改进方案等部分
	撰写内容	基于整理的资料，详细撰写各部分内容，特别是案例分析部分，要深入剖析一两个典型案例，阐述其成功之处和可借鉴的经验
汇报交流	准备汇报	制作 PPT，准备向仓储部经理及团队汇报调研成果
	交流讨论	在汇报过程中，积极听取领导和同事的意见和建议，进行深入的交流和讨论
后续行动	实施改进	根据调研结果和讨论意见，制订并实施具体的改进计划，推动仓储部向更高效的智慧仓储管理迈进
	持续学习	保持对新技术、新方法的关注和学习，不断提升个人专业能力，为仓储部的持续改进贡献力量

 成效考量

成效考量考核表

班级			姓名		学号	
任务名称			智慧仓储标准与规范认知			
评价项目	评价标准	分值/分	自评（30%）	互评（30%）	师评（40%）	合计
考勤	旷课、迟到、早退、请假	7				
职业素养	制订计划能力强，严谨认真	5				
	主动与他人合作	5				
	采取多样化手段解决问题	5				
	责任意识、服从意识	5				
学习过程	能够了解智慧仓储的库存管理制度	10				
	能够针对智慧仓储业务开展实地调研	20				
	能够熟练完成调研工作并输出完整的调研报告	20				
完成情况	按时提交任务活动	5				
	任务活动完成程度	5				
	任务活动的答案准确性	5				
	创新意识	8				
得分		100				

项目二
智慧仓储布局与规划

任务一　智慧仓库选址规划

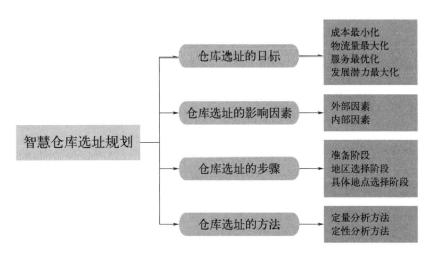

目标导向

通过本任务的学习，可以达成以下目标：

知识目标	1. 了解仓库选址的目标； 2. 理解影响仓库选址的因素； 3. 掌握仓库选址的步骤； 4. 掌握选址的定量和定性方法。
能力目标	1. 能够使用现代信息技术和工具（例如 Excel 规划求解工具）进行实际选址问题的模拟和解决方案的设计； 2. 能够运用重心法等定量方法进行选址决策分析。
素质目标	1. 培养数据分析能力； 2. 提升团队协作能力。

任务引领

A企业在工程机械制造领域表现突出,准确捕捉到其产品市场需求的急剧攀升态势。为了更好地整合供应链资源,优化物流体系降低成本,企业计划设置一个关键的集中配送与采购集散中心,以高效连接全国各地供应商网络,增强响应客户需求的速度与产品交付效率。

经初期评估,北京(3,5)和天津(1,2)两座城市成了集散中心的理想选址。为了科学选址,A企业决定采用重心法这一物流优化算法,旨在寻求实现总运费最小化或者平衡点最优化的集散中心位置方案。此举不仅能最大限度地削减物流支出,更能有效保障整个供应链的稳定性与响应敏捷性,进而有力支撑公司业务的持续高速增长,提升其在市场竞争中的地位和实力。所收集的数据如表2-1所示。

表2-1 基础数据表

地点	X	Y	运输总量	单位运费/元
东营	3	8	2000	0.4
秦皇岛	8	2	3000	0.4
沧州	2	5	2500	0.6
张家口	6	4	1000	0.6
承德	3	6	1500	0.6

知识建构

进入21世纪,信息技术推动下的现代物流在社会经济体系中的作用愈发显著,物流仓储作为关键环节,正经历重大转型,被视为挖掘第三利润源泉的关键途径。仓库在物流体系中占据核心地位,其选址质量直接影响整个物流网络的效率发挥。

仓库选址,是在一个多源头多需求点的经济区域内,通过科学规划选出适合建立仓库的地理位置的过程。理想的选址方案旨在实现商品从仓库接收、储存、分拣到配送至各需求点的全程物流效益最佳。

一、仓库选址的目标

(一)成本最小化

成本最小化是仓库选址决策中最常用的目标,与仓库选址规划有关的成本主要有运输成本与设施成本。

1. 运输成本

运输成本取决于运输数量、运输距离与运输单价。运输数量如没有达到运输批量,就不能形成规模经济,从而会影响总的运输成本。当仓库的位置设计合理时,总的运输距离就小,运输成本就会下降。而运输单价取决于运输方式与运输批量,与仓库所在地的交通运输条件和顾客所在地的交通运输条件直接有关。

2. 设施成本

与设施相关的成本包括固定成本、存储成本与搬运成本。

固定成本是指那些不随设施的经营活动水平而改变的成本。如设施建造成本、税金、租金、监管费和折旧费都属于固定成本。设施建造成本与土地成本有关，取得土地使用权的费用与仓库选择的地点直接相关，即使采用租赁经营方式，土地成本也会在租金中体现出来。

存储成本是指那些随设施内货物数量变化而改变的成本。也就是说，如果某项成本随设施中保有的库存水平增加或减少，该项成本就可以归为存储成本。典型的存储成本有仓储损耗、某些公用事业费、库存占用的资金费用、库存货物的保险费等。

搬运成本是指随着设施吞吐量变化的成本。典型的搬运成本有存取货物的人工成本、某些公共事业费、可变的设备搬运成本等。

（二）物流量最大化

物流量是反映仓库作业能力的指标。而反映物流量的主要指标是吞吐量和周转量，从投资仓库来看，这两个指标用来测量仓库的利用率，物流量越大，效益越高。如在港口经营管理中，需要不断挖掘潜力，提高港口吞吐量。但从整个物流系统来看，吞吐量与周转量无法适应现代物流的多品种、小批量、高频度的趋势，如仓库与顾客距离越远，则周转量越大，费用也越高。即如以吨公里最大为决策目标时，仓库选址应与客户的距离越远越好，这显然违背设置仓库的根本目的。因此，在仓库选址决策中，是在成本最小化的前提下，考虑物流量最大化。

（三）服务最优化

与仓库选址决策直接相关的服务指标主要是送货时间、距离、速度和准时率。一般来说，仓库与客户的距离越近，则送货速度越快，订货周期也越短，而订货期越短，准时率也越高。

（四）发展潜力最大化

由于仓库投资大、服务时间长，因此，在选址时不仅要考虑在现有条件下的成本、服务等目标，还要考虑将来发展的潜力，包括仓库生产扩展的可行性及顾客需求增长的潜力。

二、仓库选址的影响因素

仓库选址的影响因素众多，涵盖了外部因素和内部因素两大方面。这些因素共同决定了仓库的最佳位置，以确保物流效率、成本控制和满足客户需求。

（一）外部因素

1. 宏观政治与经济因素

宏观政治因素包括国家长远发展战略、政权稳定性、法制健全程度以及贸易政策等。这些因素决定了投资环境的安全性和稳定性。宏观经济因素如税收政策、关税和汇率等直接影响企业的运营成本和市场竞争力。优惠的税收政策能够降低企业税负，而关税和汇率则影响产品的进出口成本。

2. 基础设施与环境

基础设施因素涵盖物流、通信、交通等方面。良好的交通网络和通信设施能够降低物流成本，提高物流效率。环境因素包括自然环境（如气候条件、地形地貌等）和社会环境（如城市规划、生产要素供应、劳动力成本等）。这些因素关系到仓库建设的可行性和运营成本。

3. 竞争对手的发展情况

竞争对手的布局和战略对企业的选址决策具有重要影响。根据竞争对手的分布和自身产品或服务特点，企业可以选择靠近竞争对手以便共享资源和市场，或是选择远离竞争对手以避免过度竞争或建立差异化优势。

（二）内部因素

1. 企业发展战略

仓库选址决策应与企业长远发展战略保持一致，如对于制造业企业，若致力于实用型产品的规模化生产，可能倾向于选择生产成本低廉的地区；而对于研发创新型产品的企业，则可能偏向于选择物流便利、信息传输快速但成本相对较高的地区建立物流设施。

2. 产品或服务特性

不同类型的产品和服务对物流设施的需求各异，如连锁便利店和超市因其商业模式和目标市场不同，在仓库位置、面积、周边人口密度等方面有不同的选址要求。

三、仓库选址的步骤

选址是一项重要而复杂的活动，也有一定的规律可循，选址程序分为三个阶段，即准备阶段、地区选择阶段和具体地点选择阶段。选址的一般程序如图 2-1 所示。

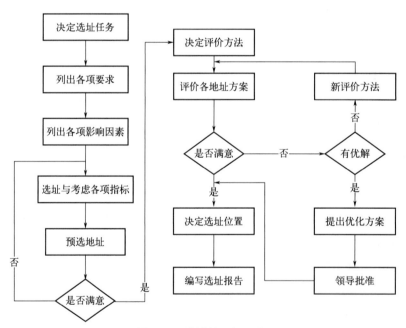

图 2-1 选址的一般程序

（一）准备阶段

准备阶段的主要工作是对选址目标提出要求，并提出选址所需要的技术经济指标。这些要求主要包括以下几个方面的内容。

（1）企业生产的产品品种及数量（生产纲领或设施规模）。

（2）要进行的生产、储存、维修、管理等方面的作业。

(3)设施的组成、主要作业单位的概略面积及总平面草图。
(4)计划供应的市场及流通渠道。
(5)需要资源（包括原料、材料、动力、燃料、水等）的估算数量、质量要求与供应渠道。
(6)产生的废物及其估算数量。
(7)概略运输量及运输方式的要求。
(8)需要的职工概略人数及等级要求。
(9)外部协作条件。

（二）地区选择阶段

地区选择阶段的主要工作是调查研究、收集资料，走访行业主管部门和地区规划部门，收集并了解有关行业规划、地区规划对设施布点的要求和政策，报告本设施的生产（服务）性质、建设规模和场址要求，征询选址意见。在可供选择的地区内调查社会、经济、资源、气象、运输、环境等条件，对候选地区做分析比较，提出对地区选择的初步意见。

（三）具体地点选择阶段

在具体地点选择阶段要对地区内若干候选地址进行深入调查和勘测，查阅当地的有关气象、地质、地震、水文等部门调查和研究的历史统计资料，收集供电、通信、给排水、交通运输等资料，研究运输线路以及公用管线的连接问题，收集当地有关建筑施工费用、地方税制、运输费用等各种经济资料，经过研究和比较后提出数个候选地址。

各阶段都要提出相应的报告，尤其在最后的阶段要有翔实的报告和资料，并附有各种图样，以便领导和管理部门决策。小型物流设施的选址工作可以简化，各阶段可以合并。

四、仓库选址的方法

选址的方法很多，具体采用何种方法解决选址问题，取决于实际情况中各种因素的影响，有时也需要将几种方法混合使用，才能取得较好的效果。以下简要介绍一些常用的方法。

（一）定量分析方法

定量分析方法一般用可量化的描述成本的数学公式作为目标函数进行优化选址，常以物流过程总费用最小为目标，通过设定一些参数、变量，并对问题作一定的假设，建立一个比实际情况简单的模型，通过求解模型得出方案。比较典型的定量分析方法包括重心法、线性整数规划等。

1. 重心法

重心法属于静态连续选址模型，一般适用于为工厂、车站、仓库或零售/服务设施选址，主要考虑的因素是运输总费用最低。

设有一系列点分别代表生产地和需求地，各自有一定量货物需要以一定的运输费率运向一个位置待定的仓库，或从仓库运出，那么仓库应该位于何处呢？重心法先以各点到该点的运量乘以到该点的运费费率，再乘以到达该点的距离，再求出上述乘积之和（总运输成本）最小的点即得到仓库位置。

$$\min \text{TC} = \sum_{i=1}^{n} W_i R_i d_i$$

式中　TC——待选址设施点到 n 个节点的运输总成本；
　　　W_i——待选址设施点到节点 i 的运输总量；
　　　R_i——待选址设施点到节点 i 的运输费率；
　　　d_i——待选址设施点到节点 i 的距离。

解下面两个方程，可以得到工厂位置的坐标值。其精确重心的坐标值为：

$$\overline{X} = \frac{\sum_{i=1}^{n} \frac{V_i R_i X_i}{d_i}}{\sum_{i=1}^{n} \frac{V_i R_i}{d_i}} \quad \overline{Y} = \frac{\sum_{i=1}^{n} \frac{V_i R_i Y_i}{d_i}}{\sum_{i=1}^{n} \frac{V_i R_i}{d_i}}$$

式中　(X_i, Y_i)——已知的供给点和需求点坐标；
　　　$(\overline{X}, \overline{Y})$——待选址设施的坐标。

则距离 d_i 可以由下式得到：

$$d_i = \sqrt{(\overline{X} - X_i)^2 + (\overline{Y} - Y_i)^2}$$

$$TC = \sum_{i=1}^{n} W_i R_i d_i = \sum_{i=1}^{n} W_i R_i \sqrt{(\overline{X} - X_i)^2 + (\overline{Y} - Y_i)^2}$$

2. 线性整数规划

线性整数规划的一般形式为：

$$\max z = \sum_{j=1}^{n} C_j X_j$$

$$\begin{cases} \sum_{j=1}^{n} a_{ij} x_j = b_i \ (i=1,2,\cdots,n) \\ x_j \geqslant 0 (j=1,2,\cdots,n) \\ x_j \text{为整数（部分或全部）} \end{cases}$$

如果所有变量都限制为整数，则称为纯整数规划。如果仅一部分变量限制为整数，则称为混合整数规划。整数规划的一种特殊情形是 0-1 规划，它的变量仅限于 0 或 1，0-1 规划在整数规划中占有重要地位，因为许多实际问题，例如指派问题、选地问题、送货问题，都可归结为此类规划。

（二）定性分析方法

定性分析方法通常也称为"多准则决策""综合因素评价"，是将专家凭经验、专业知识做出的判断以数值形式表示的方法。根据选址时需考虑的各种影响因素（准则），通过综合的定性分析，建立评价指标体系。常采用因素分析法、加权因素评分法、模糊综合评判法、风险型方法、德尔菲（Delphi）法等评价方法对各个备选方案进行指标评价，从中选择相对最优方案。

1. 因素分析法

因素分析法（factor analysis method）是一种将各候选方案的成本因素（经济因素）和非成本因素（非经济因素）同时加权并加以比较的方法。列举各种影响因素，将这些因素分为客观因素和主观因素两类，客观因素能用货币来评价，主观因素是定性的，不能用货币表示。

确定主观因素和客观因素的比重，从而反映主观因素与客观因素的相对重要性。确定客观量度值，再确定主观评比值和主观量度值，最后将客观量度值和主观量度值进行加权平均，得到位置量度值，即是选址方案的整体评估值，最大者入选。

因素分析法是将选址所涉及的经济因素和非经济因素按照相对重要程度统一起来。设经济因素和非经济因素重要程度之比为 $M:N$，经济因素的相对重要性为 M，非经济因素的相对重要性为 N，则：

$$M = \frac{M}{M+N}, \ N = \frac{N}{M+N}, \ 且 M+N=1$$

2. 加权因素评分法

此方法要考虑影响选址的各个因素，确定各因素的重要程度，并给各因素打分。选址步骤如下：

（1）决定一组相关的选址决策因素。

（2）对每一因素赋予一个权重以反映这个因素在所有权重中的重要性。

（3）对所有因素的打分设定一个共同的取值范围，一般是 1～10 或 1～100。

（4）对每一个备择地址，对所有因素按设定范围打分。

（5）用各个因素的得分与相应的权重相乘，并把所有因素的加权值相加，得到每一个备择地址的最终得分。

（6）选择具有最高总得分的地址作为最佳的选址。

3. 德尔菲法

德尔菲法又称专家调查法，常用于预测工作，也可用于对设施选址进行定性分析，与其他专家法的区别在于：用"背对背"的判断代替"面对面"的会议，即采用函询的方式，依靠调查机构反复征求每个专家的意见，经过客观分析和多次征询，使各种不同意见逐步趋向一致。

任务执行

步骤一：计算直线距离

为了运算方便，将供应商名称简化成字母数字，东营：P1；秦皇岛：P2；沧州：P3；张家口：P4；承德：P5。集散中心备选地，北京：X1；天津：X2。

如图 2-2 所示，在 H3 单元格中输入公式"=SQRT(POWER($D$3-B3,2)+POWER($E$3-C3,2))"，即可得到两点间的距离。

H3　fx =SQRT(POWER($D$3-B3,2)+POWER($E$3-C3,2))

	A	B	C	D	E	F	G	H	I
1		坐标值		仓库坐标值		总运输量	运输费率	距离	运输成本
2	地点	Xi	Yi	X	Y				
3	P1	3	8			2000	0.4	8.54400375	
4	P2	8	2			3000	0.4		
5	P3	2	5			2500	0.6		
6	P4	6	4			1000	0.6		
7	P5	3	6			1500	0.6		

图 2-2　计算两点间距离

由于 D3 和 E3 的单元格在公式中保持不变，因此需要加上绝对引用符号 $，并向下拖动单元格 H3 至 H7，得到相应的距离，如图 2-3 所示。

	A	B	C	D	E	F	G	H
1		坐标值		仓库坐标值		总运输量	运输费率	距离
2	地点	Xi	Yi	X	Y			
3	P1	3	8			2000	0.4	8.54400375
4	P2	8	2			3000	0.4	8.24621125
5	P3	2	5			2500	0.6	5.38516481
6	P4	6	4			1000	0.6	7.21110255
7	P5	3	6			1500	0.6	6.70820393

图 2-3　各点的距离

步骤二：计算单线运输成本

运输成本 = 总运输量 × 运输费率 × 距离，在 I3 单元格输入“=F3*G3*H3”得到相应的运输成本，并向下拖动单元格 I3 至 I7，得到相应的运输成本，如图 2-4 所示。

	A	B	C	D	E	F	G	H	I
1		坐标值		仓库坐标值		总运输量	运输费率	距离	运输成本
2	地点	Xi	Yi	X	Y				
3	P1	3	8			2000	0.4	8.54400375	6835.203
4	P2	8	2			3000	0.4	8.24621125	9895.4535
5	P3	2	5			2500	0.6	5.38516481	8077.74721
6	P4	6	4			1000	0.6	7.21110255	4326.66153
7	P5	3	6			1500	0.6	6.70820393	6037.38354

图 2-4　各点的运输成本

步骤三：计算运输总成本

在 I8 单元格输入求和公式“=SUM(I3:I7)”，即对 I3、I4、I5、I6、I7 五个单元格进行求和，得到运输总成本，如图 2-5 所示。此时的运输总成本是在仓库坐标值为（0，0）情况下得出的，因此需要进入第四步规划求解。

I8　fx =SUM(I3:I7)

	A	B	C	D	E	F	G	H	I
1		坐标值		仓库坐标值		总运输量	运输费率	距离	运输成本
2	地点	Xi	Yi	X	Y				
3	P1	3	8			2000	0.4	8.54400375	6835.203
4	P2	8	2			3000	0.4	8.24621125	9895.4535
5	P3	2	5			2500	0.6	5.38516481	8077.74721
6	P4	6	4			1000	0.6	7.21110255	4326.66153
7	P5	3	6			1500	0.6	6.70820393	6037.38354
8								运输总成本	35172.4488

图 2-5　计算运输总成本

步骤四：计算最优解

在 Excel 中点击“数据 - 模拟分析 - 规划求解工具”。选择需要求解最大值或是最小值；更改可变单元格，选择求解方法为非线性，点击“确定”即可求解。

设置目标函数为 I8，选中最小值；可变单元格选中 D3 和 E3，求解方法选择非线性求解，点击“求解”，如图 2-6 所示。

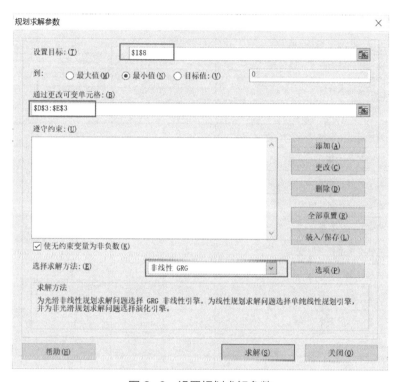

图 2-6　设置规划求解参数

通过规划求解工具求出最终的集散中心为（2.622849025，4.867715152），此时运输总成本最低为 13958.1166，如图 2-7 所示。

	A	B	C	D	E	F	G	H	I
1		坐标值		仓库坐标值		总运输量	运输费率	距离	运输成本
2	地点	Xi	Yi	X	Y				
3	P1	3	8	2.622849025	4.867715152	2000	0.4	3.15490907	2523.92725
4	P2	8	2			3000	0.4	6.09405799	7312.86959
5	P3	2	5			2500	0.6	0.63674185	955.112781
6	P4	6	4			1000	0.6	3.4868436	2092.10616
7	P5	3	6			1500	0.6	1.19344536	1074.10083
8								运输总成本	13950.1166

图 2-7　规划求解结果

步骤五：选择合理地点

求得的最佳集散中心备选地坐标为（2.622849025，4.867715152），通过对比两个集散中心备选地北京（3，5）、天津（1，2）可知，北京（3，5）是接近最佳备选地坐标的，故选择北京作为集散中心地成本较低，代入公式总成本为：14333.1166。

成效考量

成效考量考核表

班级		姓名		学号		
任务名称			智慧仓库选址规划			
评价项目	评价标准	分值/分	自评（30%）	互评（30%）	师评（40%）	合计
考勤	旷课、迟到、早退、请假	7				
职业素养	制订计划能力强，严谨认真	5				
	主动与他人合作	5				
	采取多样化手段解决问题	5				
	责任意识、服从意识	5				
学习过程	能够准确计算直线距离	10				
	能够准确计算单线运输成本	10				
	能够准确计算总成本	10				
	能够准确计算最优解	10				
	能够准确选择合理地点	10				
完成情况	按时提交任务活动	5				
	任务活动完成程度	5				
	任务活动的答案准确性	5				
	创新意识	8				
得分		100				

任务二　仓储布局与储存规划（库内存储规划）

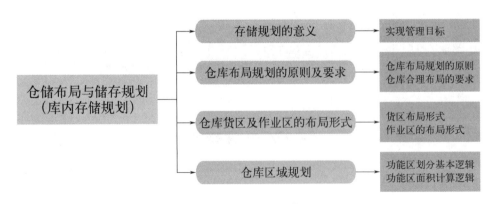

目标导向

通过本任务的学习，可以达成以下目标：

项目二 智慧仓储布局与规划

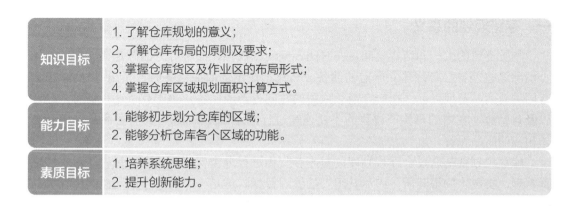

任务引领

A 企业初步在保税区内选定一栋新建的仓库。该库总面积为 1.08 万 m²（180m×60m），分为两跨（每跨 5400m²），中间各有约 1100m²（各两层）的办公室，可自行装修。外部有 4m 宽的站台，设有装卸平台。库高 9m，可安装五层重型货架。库内有喷淋消防设施，所有消防安全设施由园区统一提供，并负责维护和管理。图 2-8 为该仓库的平面图。

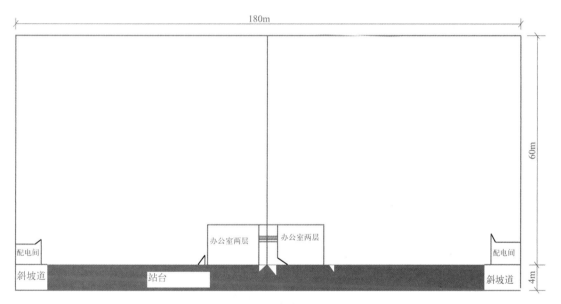

图 2-8　仓库平面图

假设仓库所需的重型货架区面积约为 6017m²（8571/10×2.6×2.7），收货暂存区面积约为 186m²（130×1.3×1.1），发货暂存区面积约为 279m²（130×1.5×1.3×1.1），恒温区面积约为 669m²（953/10×2.6×2.7）。如果你是 A 企业仓库货位规划团队中的成员，无须给出精确规划图，仅提供初步的方案图即可，你该怎么做？

知识建构

进行仓库建设，必须有一个总体规划。它是从空间和时间上，对仓库的新建、改建和扩建进行全面系统的规划。规划合理与否，对仓库的设计、施工与运用，对仓库作业质量和仓库安全，对仓储作业效率和保证供应，对节省投资与运行费用等，都会产生直接和深远的影响。

一、存储规划的意义

物质资料的生产和消费之间，在时间、空间、数量、品种等方面总是在一定的差异。为了消除这些差异，必须建立一定的储备。马克思在论述商品储备时曾指出："商品在它能够有同种新商品替换以前，在一个或长或短的时间内形成储备。由于有了这种储备，流通过程以及包括流通在内的再生产过程的不断连续进行，才得到保证。"而有了商品储备，必然要求相应的商品保管。

库存规划就是通过合理规划库区对库存货物进行分类保管、建立保管秩序对物品进行定置管理，实现"物得其所，库尽其用"的管理目标。这是一个仓库空间利益和库存物品处置成本之间如何进行平衡的问题。它不仅直接影响仓库进库作业的流畅性，还将直接对进出库作业和保管作业的成本产生影响。仓库存储规划主要包括仓库货区布局、空间利用以及堆码衬垫等内容。

二、仓库布局规划的原则及要求

（一）仓库布局规划的原则

仓库布局需要遵循的原则包括：

（1）尽可能采用单层，因为这样不仅造价低，资产的平均利用率也高。

（2）使货物在出入仓库时是直线或直接流动，以避免逆向操作和低效运作。

（3）采用市郊的物料搬运设备及操作流程，物料搬运设备在操作流程中可以提高仓库运作效率。

（4）在仓库里采用有效的存储计划。必须将货物置于最大限度地进行仓储操作和避免低效率运作的场地，简单地说，在对所储存货物提供足够的便利与保护的同时，要尽量充分利用已有空间。

（5）在物料搬运设备大小、类型、转弯半径的限制下，尽量减少过道所占空间，还必须考虑产品所造成的一些限制条件。

（6）尽量利用仓库的高度。也就是说，有效地利用仓库的容积。

（二）仓库合理布局的要求

仓库合理布局的要求包括：

（1）要根据仓库作业的程序，方便仓库作业，有利于提高作业效率。

（2）要尽可能减少储存物资及仓储人员的运动距离，以提高劳动效率，节约仓储费用。

（3）要有利于仓库作业时间的有效利用、各个作业环节的有机衔接，尽量减少人员、设备窝工，防止物资堵塞。

（4）要有利于充分利用仓库面积和建筑面积空间，提高仓库的利用率和仓库的经济效益。

（5）要有利于仓库各种设施、储运机械效用的充分发挥，提高设备效率，提高劳动效率。

（6）要有利于安全，应符合三防（防水、防火、防爆）要求。

三、仓库货区及作业区的布局形式

（一）货区布局形式

仓库货区布置分为平面布置和空间布置。货区布局的目的一方面是提高仓库平面和空间利用率,另一方面是提高物品保管质量,方便进出库作业,从而降低物品的仓储处置成本。

1. 平面布置

平面布置是指对货区内的货垛、通道、垛间距、收发货区等进行合理的规划,并正确处理它们的相对位置。平面布置的形式可以概括为垂直式和倾斜式。

(1)垂直式布局

指货垛或货架的排列与仓库的侧墙互相垂直或平行,具体包括横列式布局、纵列式布局和纵横式布局。

① 横列式布局,是指货垛或货架的长度方向与仓库的侧墙互相垂直。这种布局的主要优点是:主通道长且宽,副通道短,整齐美观,便于存取查点,如果用于库房布局,还有利于通风和采光。如图2-9所示。

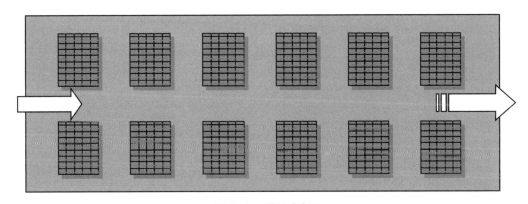

图2-9 横列式布局

② 纵列式布置,是指货垛或货架的长度方向与仓库侧墙平行。这种布局的优点主要是可以根据库存物品在库时间的不同和进出频繁程度安排货位:在库时间短、进出频繁的物品放置在主通道两侧;在库时间长、进出库不频繁的物品放置在里侧。如图2-10所示。

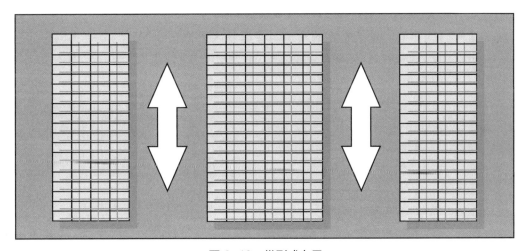

图2-10 纵列式布局

③ 纵横式布局,是指在同一保管场所内,横列式布局和纵列式布局兼而有之,可以综合利用两种布局的优点。如图2-11所示。

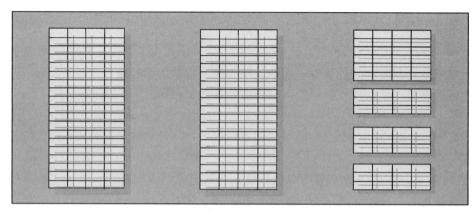

图 2-11 纵横式布局

（2）倾斜式布局

指货垛或货架与仓库侧墙或主通道呈 60°、45° 或 30° 夹角。具体包括货垛倾斜式布局和通道倾斜式布局。

① 货垛倾斜式布局，是横列式布局的变形，它是为了便于叉车作业、缩小叉车的回转角度、提高作业效率而采用的布局方式。如图 2-12 所示。

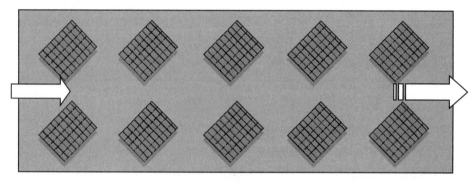

图 2-12 货垛倾斜式布局

② 通道倾斜式布局，是指仓库的通道斜穿保管区，把仓库划分为具有不同作业特点，如大量存储和少量存储的保管区等，以便进行综合利用。这种布局形式，仓库内形式复杂，货位和进出库路径较多。如图 2-13 所示。

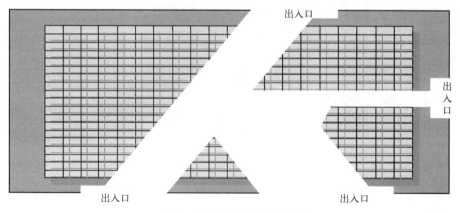

图 2-13 通道倾斜式布局

2. 空间布局

空间布局是指库存物品在仓库立体空间上的布局，其目的在于充分地利用仓库空间。空间布局的主要三种表现形式：平面仓库、立体仓库、自动仓库。

（1）平面仓库

指平面布局、自然码放、无高层货架的普通仓库，包括平房仓库、楼房仓库和露天货场等，是一类较为传统的仓库。因此，平面仓库所具有的特点仍符合某些领域实际运用的需要。面对这样的情况，如何提高平面仓库存储效率，提高仓库操作人员工作效率，将成为企业管理者所面对的重要问题之一。面对繁多的出入库流程和信息，以及平面仓库错综复杂的获取和货物的码放，传统的手工管理和普通的信息管理系统无法快速、直观地提取有效信息，成为提高平面仓库存储及作业效率的瓶颈。将管理信息系统与可视化技术相结合，用简单的图形和颜色直观地表示库存状态和信息，有助于提高平面仓库的存储和作业效率，使之达到现代化高效物流系统的要求。

（2）立体仓库

也称为高架仓库，一般采用几十层高的货架储存单元货物，用相应的物料搬运设备进行货物的入库和出库作业。能够将仓库的空间利用率尽可能地提高，也能够尽可能地降低土地的购置成本费用。并且使用立体仓库存储货物时，能够在有限的空间范围内对货物进行集中存储，这样对于一些特殊的仓库环境，有特殊需要的货物，就能够进行统一的管理。例如需要温度控制的话，就能够对货物进行统一升温或者降温处理，在提高效率的同时降低能源额外损耗。

（3）自动仓库

自动化立体仓库（AS/RS）是物流技术的革命性成果，可以在计算机系统控制下完成单元货物的自动存取作业，是利用自动化存储设备同计算机管理系统的协作来实现立体仓库的高层合理化，并结合不同类型的仓库管理软件、图形监控及调度软件、条形码识别跟踪系统、搬运机器人、AGV 小车、货物分拣系统、堆垛机控制系统、货位探测器等构成完整的现代化立体化仓储管理系统。自动化立体仓库由高层货架、托盘（货箱）巷道堆垛机、输送机系统、AGV 系统、自动控制系统、库存信息管理系统（WMS）等几个部分组成。

总之，自动仓库是采用高层货架及有轨巷道堆垛机，配合多种周边设备，实现自动存取和货物管理的一种现代化仓库，采用更多计算机控制和管理技术使自动仓库的功能得到最大限度的发挥，可为企业提供从存储、自动化输送、自动化生产到货品配送的完整物流自动化解决方案。

（二）作业区的布局形式

仓库作业区布局优先原则是商品的快速移动，即布局时，必须尽量缩短收货、储存、拣货、发货各步骤之间的移动距离，使移动过程尽可能通畅连续。

一般商品的流动有三种形式：直线形流动、U 形流动和 T 形流动。直线形布局（图 2-14）收发货作业区的方向不同，多用于邻近工厂货物的接收和收发货车辆类型不同的情况。U 形布局（图 2-15）是在仓库一侧设置相邻的两个收发货站台，收发货站台可根据需要作为收货站台或发货站台，必要时可以在仓库的两个方向发展。这种布局形式易于控制和做完全防范，且环境保护问题也小。T 形布局（图 2-16）是在直线型布局基础上增加了存货区域，以满足快速流转和储存两个功能，并可根据需要增加储存面积。此种仓库使用的范围比较广。

图 2-14 直线形布局

图 2-15 U 形布局

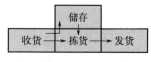
图 2-16 T 形布局

四、仓库区域规划

（一）功能区划分基本逻辑

从仓库内部构成来看，一个完整的仓库必须具备收、存、发及包装功能，具体功能分区有：现场办公区、叉车充电区、员工素养区、收货暂存区、备货验货区、发货区、木架制作区、空容器区、溢出爆仓区、包装作业区、包材存放区、存储区（其中存储区含阁楼区、高位区、地面区三大区域）。

存储区也是所有区域中最大的一块区域，占整个仓库的 60%～70%。

存储区以外的部分又称作辅助功能区域，所占的比例较小，同时也十分重要。仓库筹建前期规划的好坏，对仓库后期作业效率的提升起着举足轻重的作用。比如现场办公区要离阁楼较近，方便对阁楼人工作业的管控；员工素养区及叉车充电区一般规划在现场办公区板房侧面，便于班前班后会议，极大节省叉车作业员的行走时间；发货场地常常规划于阁楼正面，隔一条通道，提高阁楼的人工备货作业效率，也便于其他区域的叉车备货作业。在布局上限制，以人工行走路径最短为优先，叉车备货为辅助。

存储区附近应该设置溢出爆仓区，闲时可当作待上架货品暂存区使用，也可当作临时地面库位使用，最重要的是在爆仓的时候能灵活应对，存储货品于对应的区域附近，否则在仓库大平面的角落暂存，对于找货和转运都是相当费时费力的事。其他区域也类似。总之要充分考虑所有可能需要的区域及面积，需要统筹规划，全盘考虑。

（二）功能区面积计算逻辑

在绘制仓库库内布局图前，需要对仓库每个区域的面积进行详细计算，才能保证仓库运作正常。

存储区域过小，会导致货品不够放，需要转移到其他区域，严重时会导致爆仓；区域过大，会降低货架和地面库的利用率，造成浪费。作业区域过小，会增加作业人员的操作难度，影响士气；区域过大，会降低作业效率，造成空间浪费。

1. 地面库

计算地面库面积时，先筛选出需要存储的物料，然后根据单个料框可存放的备件个数和地面堆放层数，计算出每种物料需要的存储面积，最后可求和计算出每一类物料的区域面积。再计算区域面积的时候还要考虑区域内部的通道面积。

地面库面积计算示例

需要建储某类物料 3000 个，已知每个物料料框能存放 30 个，并且单层堆放，那么可以得出需要 100 个料框库位。已知料框的占地面积等于 1.2m×1.2m

等于 $1.44m^2$，则至少需要 $144m^2$ 料框存储区域。算上料框之间的间隙以及通道面积，大概需要 $200m^2$ 的存储区。

2. 阁楼区

阁楼区主要存放小体积物料以及部分呆滞件（存于二层板区）。储存于阁楼区的物料有两种存放状态，一种是存放于料盒中（分为大、中、小料盒），一种是直接放在板上（纸盒包装件、塑料包装件以及裸件）。阁楼区域的面积与摆放的货架类型、货架组数和通道面积有关，不同类型货架的组数是由所需要的库位类型及相应库位数决定的。存于料盒的物料，库位类型即大料盒、中料盒、小料盒；直接存于板上的物料，库位类型即隔板。隔板库位的长度按规定设计成横梁长度的四分之一或二分之一，库位宽度即货架的深度，库位高度即隔板层与层的间隔。

物料存放于料盒还是板上，与其形态有关；存放于哪一种料盒，与其建储数量和建储体积以及包装标准收容数（SNP）关。原则上是优先将同一种物料全部存于一个料盒中，或少量的同一类料盒，优先选择小料盒。

存放于料盒的物料，根据建储数量，及每种料盒可存放数，可计算出所需要的料盒数。根据所有同种料盒物料所需要的料盒数，可计算出该料盒尺寸对应的货架所需要的组数。存放于隔板区的物料，可根据容积率估计值，计算出每种物料需要的库位数，从而算出需要的隔板区库位数。最后，将所有不同尺寸的货架，有规律地排布在图纸上，画出通道，就得到了最终阁楼区所需要的面积。

3. 高位区

高位区的料框区主要存放体积较大、整框出库的大件，流速偏低；板层区，主要存放车口、车窗之类的面积较大、厚度较小的物料。高位区的面积计算方式与阁楼区类似，也是根据不同货架类型的货架组数以及通道面积确定的。在计算不同货架的组数之前，先要明确划分在高位区的每一种物料所对应的库位类型，是料框、板层还是托盘。由物料的建储数量和 SNP 信息可计算出每一种物料需要的库位数，从而得出每一类货架需要的组数。最后，将所有不同尺寸的货架，有规律地排布在图纸上，画出叉车拣货通道，就得到了最终高位区所需要的面积。

4. 收货区

收货区包括收货暂存区和验收区，叉车将货车上的货物卸在暂存区，然后作业员进行数量、种类信息的核对以及质量的检查。收货区的面积是由仓库每天的入库量决定的，库量大、频次高的仓库，收货区所需要的面积就相对较大。

5. 验货区

验货区是对拣选好的物料进行数量和去向验证的区域，地面、阁楼、高位区备好的物料都会在这个区域集中进行验货。验货区面积由仓库每天的出库量决定。出库量大、品种多的仓库，所需要的验货区面积就相对较大。

6. 发货区

发货区是物料进行装车前的最后一个区域，包括发货通道和发货口，发货口处需要进行物料装车数量的核对。发货区面积也是由仓库每天的出库量决定的。出库量大、品种多的仓库，所需要的发货区面积就相对较大。

7. 库内办公室

库内办公室的面积由工作室、会议室、机房、杂物间、厕所等构成，有些仓库的办公室设为两层，上层为员工宿舍。

任务执行

步骤一：决定仓库各区域大致的面积和长宽比例

所租用的仓库的出入口位置已经确定，按照任务的要求，仓库所需的重型货架区、收货暂存区、发货暂存区、恒温区，可以规划出如图2-17所示示意图。

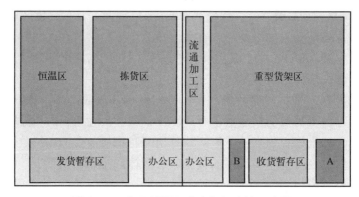

图2-17　各区域面积大小与长宽比示意图

A—异常货物暂存区；B—质检货物暂存区

步骤二：规划物流动线

仓库的出入口位于同侧，因此采用U形动线，如图2-18所示。

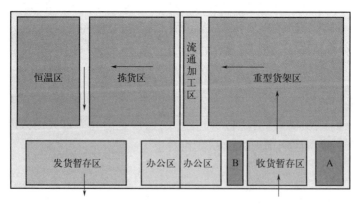

图2-18　仓库物流动线

步骤三：布置刚性区域

刚性区域就是作业区域中面积较大且长宽不易变动的区域。根据作业流程顺序，安排各区域位置。物流作业区域是由进货作业开始，根据物料流程前后关系依次安排相应位置。其中作业区域中面积较大且长宽不易变动的区域，应首先安排在建筑平面中，如图2-19所示。

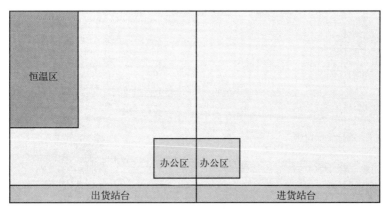

图 2-19　刚性区域布置图

步骤四：插入柔性区域

柔性区域是指虽然面积较大但长宽比例容易调整的区域，如托盘料货架、流动货架与集货区等。柔性区域还应包括面积较小且长宽比例容易调整的区域，如理货区、暂存区、流通加工区等。

步骤五：完成概略布置

根据以上步骤，逐步完成各区域的概略布置，然后以区域模板置入相对位置，并作适当调整，最终得到如图 2-20 所示的仓库区域规划图。

成效考量考核表

班级			姓名		学号	
任务名称		仓储布局与储存规划（库内存储规划）				
评价项目	评价标准	分值/分	自评（30%）	互评（30%）	师评（40%）	合计
考勤	旷课、迟到、早退、请假	7				
职业素养	制订计划能力强，严谨认真	5				
	主动与他人合作	5				
	采取多样化手段解决问题	5				
	责任意识、服从意识	5				
学习过程	能够对仓库进行合理分区	10				
	能够规划物流动线	10				
	能够掌握仓库布局规划原则及要求	10				
	能够掌握货区及作业区的布局形式	10				
	能够完成简易的仓库规划	10				
完成情况	按时提交任务活动	5				
	任务活动完成程度	5				
	任务活动的答案准确性	5				
	创新意识	8				
得分		100				

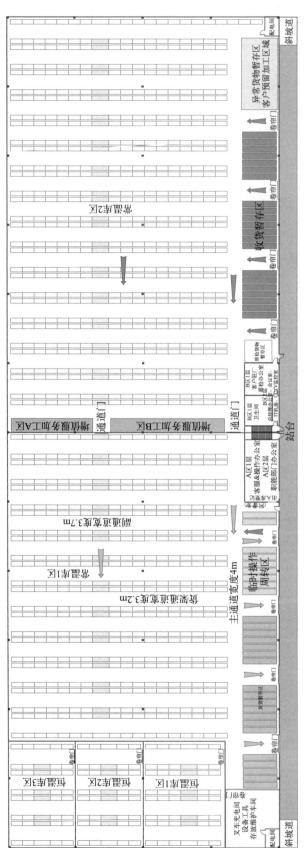

图 2-20 仓库区域规划图

任务三 仓储运营流程规划

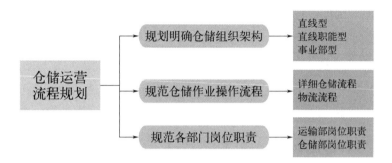

目标导向

通过本任务的学习,可以达成以下目标:

知识目标	1. 理解仓储运营中组织架构的重要性; 2. 熟悉仓储作业的基本流程; 3. 明确仓储部门内不同岗位的职责范围。
能力目标	1. 能够分析不同仓储企业的组织架构特点,识别其优缺点; 2. 能够根据企业实际情况,设计合理的仓储运营流程; 3. 能够理解仓储运营中各部门之间的协作关系,提升跨部门沟通与协调能力。
素质目标	1. 培养在仓储运营中高度的责任心; 2. 通过规范仓储作业操作流程的学习,培养细致严谨的工作态度。

任务引领

假设 DJ 电商企业面临仓储管理效率低下、运营成本上升及货物安全问题频发的挑战。随着业务规模的扩大,现有仓储运营模式已难以满足快速响应市场需求和客户期望的要求。因此,企业决定对仓储运营进行全面规划与优化。小滕作为该企业新进的实习员工,被要求做简单的仓储运营规划,请帮助小滕写出具体的实施步骤。

知识建构

仓储运营规划就是通过合理规划库区对库存进行分类保管、建立保管秩序对物品进行定置管理,实现"物得其所,库尽其用"的管理目标。要实现仓库高效合理地运转,入库、在库、出库等仓储作业的有序进行,需要完善物流仓储运营模式,使工作顺利进行,减少物流仓储环节,降低物流仓储成本,使各部门衔接顺畅,为商户提供准确、及时、安全、高效的仓储服务;实现统一仓储、统一组货、统一配送、统一管理、统一调度、统一安排,需要对仓库人员配置与岗位职责进行管理,并建立完善的仓储制度。

一、规划明确仓储组织架构

仓储管理就是指对仓库及仓库内储存的物资所进行的管理,是仓储机构为了充分利用所拥有的仓储资源来提供仓储服务所进行的计划、组织、控制和协调的活动。仓储管理包括仓储资源的获得、仓储规划、仓储作业管理、仓储安全管理、仓储商务、仓储经营决策一系列工作。

根据仓储管理的规模、性质、物资种类及进出库的频率等因素，仓储企业组织结构可分为直线型、直线职能型、事业部型3种。

1. 直线型

直线型组织结构是由一个上级直接管理多个下属的一种组织结构形式，这种组织方式适合仓库规模小、人员少、业务单一的小型仓储企业或部门。其组织结构示意如图2-21所示。

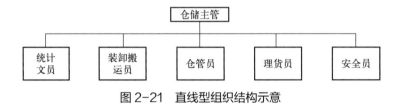

图2-21 直线型组织结构示意

2. 直线职能型

直线职能型组织结构是在直线型组织结构的基础上，增加了若干职能部门的一种组织结构形式。这种组织结构形式中各职能部门分管不同的工作，适合中型企业。直线职能型组织结构示意如图2-22所示。

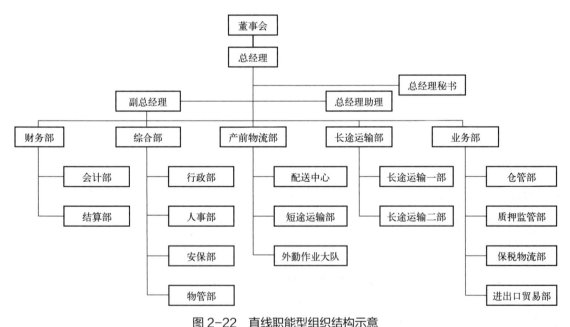

图2-22 直线职能型组织结构示意

3. 事业部型

事业部型组织结构是分级管理、分级核算、自负盈亏的一种组织结构形式，它在总公司的领导下，实施统一决策、分散经营的管理方法。它适用于规模庞大、品种繁多、技术复杂的大型仓储企业。其组织结构示意如图2-23所示。

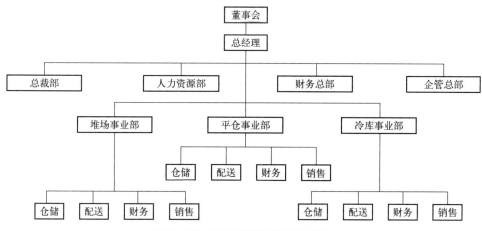

图 2-23 事业部型组织结构示意

二、规范仓储作业操作流程

规范仓储作业操作流程，从仓储流程和物流流程两方面来看，是提升仓储运营效能、降低运营成本、并确保货物安全的关键举措。在仓储流程上，通过标准化入库、在库管理和出库作业，能够确保货物的准确接收、有序存放、高效拣选与准确出库，从而提升仓储作业的效率和准确性。而在物流流程上，规范化的操作则涵盖了从订单处理、货物拣选、包装、复核到配送的每一个环节，通过优化路线规划、车辆调度和在途跟踪，确保货物能够安全、及时地送达目的地，同时降低运输成本和时间成本。这两方面的规范操作相辅相成，共同构成了高效、安全的仓储物流体系。仓储作业操作流程如表 2-2、表 2-3 所示。

表 2-2 详细仓储流程

物流节点	流程图	职责
客户	开始	客户下订单
信息部	信息采集下发	信息员准确及时地将订单信息反馈给仓储部和运输部
仓储部	入库检查→合格→库存保管（6S）	库管员严格验收货物入库，不合格的禁止入库；按照6S管理标准保管货物；出库时核对检查并记录详细信息
运输部		市内配送员要及时安全地将货物送到客户手中；区外转运要选择最佳承运商及时跟踪货物，准确、安全、及时地将货物送达目的地；GPS 全程跟踪货物，出现问题及时处理
财务部	出库检查→合格	货物存储结算仓储费，货物安全到达目的地结算运费
客服	市内配送／第三方物流转运→货物配送至客户→结算费用→结束	客服进行客户回访，调查客户满意度

表 2-3　物流流程

部门人员	流程	主要任务
信息中心：信息员	订单处理作业	信息员接到出库发货信息，核对货物信息制作发货清单并通知运输部做好配送准备
配送中心：理货专员 配送专员	采购作业	理货员按照发货清单清点货物，分出市内送货和转运货物，安排装车货位准备装车，如有异常货物将货物放入待发货区通知营运中心进行及时处理；配送员按照发货单分单拣货准备送货
第三方物流转运：转运专员	入库作业	转运专员根据转运货物信息，选择最优转运货站，进行货物交接和单据交接及运输途中货物跟踪
车辆调度中心：车辆调度员 司机	盘点作业	车辆调度员：统一安排车辆、安排司机；司机按照货物地址选择合理运输路线配送货物，保证货物安全到达客户手中
财务中心：会计 出纳	拣货作业	司机将货物送达客户手中后将账单交给财务中心，会计进行账单汇总，回单汇总和回单发放，出纳结算各种费用
营运中心：营运质量专员 客服	出货作业	货物到达目的地后营运质量员进行运输时效和质量检查，对不符合要求的进行整改。客服人员对已签收货物进行客户回访和满意度调查
客户	配送作业	客户收到货物后检验合格的签字盖章；不合格的注明原因并签字确认。配送员根据要求将不合格货查明原因返回处理

三、规范各部门岗位职责

不同的仓储企业其岗位设置有所差异，但大致包括理货专员、配送专员、转运专员、营运质量专员、客服专员、车辆调度专员、司机、订单员、单据处理员、入库管理员和出库管理员等。各部门岗位职责如表 2-4、表 2-5 所示。

表 2-4　运输部岗位职责

部门	人员分配	岗位职责、职能	考核标准	人数
配送中心	理货专员	1. 拣货、分货、集货、出货、缺货报告； 2. 配送货物退回处理、单据验收、损坏等级判定、退回货源地、折价出售、报废、合格品入库； 3. 仓库出入库货物对接	1. 货物发出准确率 100%； 2. 货物破损率最低； 3. 出入库货物对接准确，严格验收	5～10
配送中心	配送专员	1. 市区内货物直送，保证货物安全、准确、及时到达客户手中； 2. 市区周边、各区县及其他省外转运，要选择安全可靠的货运公司转运保证货物顺利到达目的地； 3. 配送状况反馈	1. 货物送达准确性、及时性、安全性，保证市内送货 1～2 小时安全到达客户手中，区外转运安全可靠； 2. 配送状况如实反馈	5～10
转运中心	转运专员	1. 转运货物分拣、包装、单据处理； 2. 第三方物流货物跟踪、单据对接、回单接收； 3. 第三方物流物流运输情况反馈	1. 转运及时率最高； 2. 货物事故率最低	5～10
营运质量中心	营运质量专员	1. 寻找长期合作的第三方物流公司，谈判及合同的制订； 2. 制订路由线路、运价体系、车辆管理系统； 3. 执行公司各项制度，组织物流人员严格执行公司的各项操作规程（包括路由管理、运价管理、车辆管理等），落实质量事故责任； 4. 营运事故处理，风险控制，组织、优化和调配各部门现有资源，发挥最佳效益	1. 第三方物流公司的知名度和可靠性、时效快、运价低； 2. 路由、运价、车辆管理标准订订的标准化、可行性、最优化； 3. 质量事故率最低和责任落实	2～5

续表

部门	人员分配	岗位职责、职能	考核标准	人数
营运质量中心	客服专员	1. 定时跟踪运输货物； 2. 定期回访客户； 3. 客户满意度调查，为客户提供满意的服务	1. 客户满意度高； 2. 客户投诉率最低	2～5
车辆调度中心	车辆调度专员	1. 货物配送到指定地点的车辆安排，拖车、叉车使用安排； 2. 根据货量提前准备充足备用车辆； 3. 司机的分配	1. 车辆调度的准确性、及时性，不得延误货物配送； 2. 叉车、拖车的固定人员使用和保管情况	2～5
车辆调度中心	司机	1. 货物运输、配送、退货载回； 2. 车辆的日常维护、保养与审核； 3. 司机要选择最优线路，降低燃油成本，保证货物安全及时到达目的地	1. 燃油费最低； 2. 运输路线最优，避免迂回运输； 3. 货物配送准确率最高	10～20
信息中心	订单员	接收商户送达的客户订单、商情反应	1. 订单准确率； 2. 部门对接顺畅	2～5
信息中心	单据处理员	运单系统录入、货物条码扫描、条码的编订、单据打印、异常单据处理	1. 单据录入准确率； 2. 单据录入打印高效	2～5
财务中心	会计	定时进行财务预算、账单汇总，每天准确做出入账记录，与金融财务公司的对接	1. 财务预算的准确性、可行性、成本最低性； 2. 账单汇总要准确不做虚假账	2
财务中心	出纳	对当天的运费、代收款、燃油费等资金结算，客户的代收货款要及时发放到客户手中	运费、代收款结算准确及时	2

表2-5 仓储部岗位职责

部门	人员分配	岗位职责	考核要求	配备人员数量
入库部	入库管理员	1. 货物入库检查验收； 2. 货物入库上架，货位安排； 3. 与信息部对接，货物信息核对	1. 严格认真验收货物入库，不合格品不得入库； 2. 合理安排货物上架入位，保证货物摆放安全、明显、合理； 3. 货物信息核对准确	2～10
库存部	库区管理员	1. 货物日常保管，包括：防火、防盗、防潮、卫生安全管理、储货补位、货架拖车等设备安排管理； 2. 库存盘点； 3. 库区备货，提前预警通知	1. 卫生安全管理按照6S（整理、整顿、清扫、清洁、安全、素养）管理标准执行； 2. 库存盘点按要求定期定量或定期不定量等盘点方式严格认真盘点； 3. 对库区货物不足或有质量问题及时汇报提前预警	8～20
装卸部	库工	1. 库区内外货物的搬运装卸； 2. 协助库区组长上架下架盘点等	货物搬运装卸的合理化	5～10
装卸部	叉车司机 拖车司机 堆垛机司机	1. 入库出库上架配货； 2. 定期对车辆进行日常的维护和保养	1. 按照要求货物堆放、上架准确无误； 2. 保证装卸车辆正常运行	5～10
出库部	出库管理员	1. 出库货物检验，货物信息核对、数量核对； 2. 与运输部货物交接、财务部仓储费对接； 3. 出库单据整理、汇总、审核	1. 严格认真检验出库货物，保证货单相符，不得多出少出货物； 2. 货物交接准确，签字确认，出现问题落实到责任人； 3. 单据整理、汇总、审核准确认真	2～10

续表

部门	人员分配	岗位职责	考核要求	配备人员数量
信息部	信息员	1. 商户入库单据、出库单据的制作，货物信息的汇总核对； 2. 与仓储运输部的对接，入库信息与发货信息的通知； 3. 与商户的信息对接	1. 入库、出库单据制作打印与实际货物信息相符，避免出错，定期对货物信息汇总核对； 2. 提前发出入库信息、出库信息和发货信息，方便仓储部门做准备； 3. 对商户货物信息定期核对，如出现产品批次、名称等变动及时更改并通知仓储部门；仓库货物信息有变动及时通知商户	2~10

合理的人员配置、配合有序的工作安排加上高效的管理制度，能有效地提高仓储管理人员的素质，就可以使仓库在一个合理、有序、高效的环境下运转。

延伸阅读 1

广东某上市公司招聘仓储管理实习生的要求

1. 品质良好，无违纪、违法等不良记录；
2. 有责任心，守信用；
3. 有较强的学习能力；
4. 有志于在企业物流管理、仓储管理专业领域发展，热爱本专业工作；
5. 有一定的组织能力和沟通能力；
6. 具备吃苦耐劳的精神。

延伸阅读 2

广州某国际货运代理有限公司仓储主管岗位职责及任职资格

1. 岗位职责

（1）协助经理管理仓库运作团队，确保收货、包装、发货等流程正常进行；
（2）执行和完善仓库的规章制度、规范作业标准及流程，提高效率，降低成本；
（3）科学管理货品库位，提出改进方案，保证仓库使用率的最大化；
（4）有效配合公司整体业务运作需要；
（5）监督执行盘点工作和结果分析，并提出改进方案。

2. 任职资格

（1）专科学历，物流、供应链类相关专业；
（2）有外企相关领域工作经验优先考虑；
（3）熟悉物流仓储的作业流程，熟悉相关物流设备的使用和维护规范，有ERP系统操作经验优先考虑；
（4）具备较强的解决问题和沟通的能力，熟练使用基本办公管理软件；
（5）具备较强的责任心和团队精神，能吃苦耐劳，能承受一定的工作压力；
（6）对承运商的协同管理。

任务执行

步骤一：问题识别

该企业仓储组织运营具有以下问题：
（1）仓储组织架构不清晰，导致决策效率低下；
（2）仓储作业操作流程不规范，影响作业效率和准确性；
（3）各部门岗位职责不明确。

步骤二：目标设定

（1）建立清晰、高效的仓储组织架构；
（2）制订并执行规范的仓储作业操作流程；
（3）明确各部门岗位职责，提升团队协作能力。

步骤三：任务执行

（一）明确仓储组织架构

（1）设立管理层：设立仓储总监负责整体战略规划与监督执行；下设部门经理负责具体业务板块的运营管理。
（2）划分业务部门：根据仓储作业流程，划分为入库部、在库管理部、出库部、物流配送部及信息技术部等部门。
（3）建立沟通机制：建立跨部门沟通协作机制，确保信息流通顺畅，决策快速响应。

（二）规范仓储作业操作流程

（1）入库流程：制订标准化入库流程，包括货物接收、质量检验、登记入库、上架存放等环节，确保货物准确无误地进入仓储系统。
（2）在库管理流程：建立定期盘点制度，实施环境监控措施，确保货物安全；同时，优化货物存储布局，提高空间利用率。
（3）出库流程：明确订单处理、拣选、包装、复核及发货等环节的操作标准，确保货物快速、准确地送达客户手中。
（4）物流配送流程：规划最优配送路线，实施在途跟踪，提供客户实时查询服务，提升客户满意度。

（三）规范各部门岗位职责

（1）入库部：负责货物接收、检验、登记及上架等工作，确保入库效率与准确性。
（2）在库管理部：负责货物保管、盘点、环境监控及库存优化等工作，确保货物安全及库存准确。
（3）出库部：负责订单处理、拣选、包装、复核及发货等工作，确保出库效率与客户满意度。
（4）物流配送部：负责货物配送、路线规划及在途跟踪等工作，确保货物安全及时送达。
（5）信息技术部：负责仓储信息系统的建设与维护，提供数据支持与分析服务，助力决策优化。

成效考量

成效考量考核表

班级		姓名		学号		
任务名称			仓储运营流程规划			
评价项目	评价标准	分值/分	自评（30%）	互评（30%）	师评（40%）	合计
考勤	旷课、迟到、早退、请假	8				
职业素养	制订计划能力强，严谨认真	6				
	主动与他人合作	6				
	采取多样化手段解决问题	6				
	责任意识、服从意识	6				
学习过程	理解仓储运营中组织架构的重要性	15				
	熟悉仓储作业的基本流程	15				
	明确仓储部门内不同岗位的职责范围	15				
完成情况	按时提交任务活动	5				
	任务活动完成程度	5				
	任务活动的答案准确性	5				
	创新意识	8				
得分		100				

任务四　智慧仓储设施设备规划

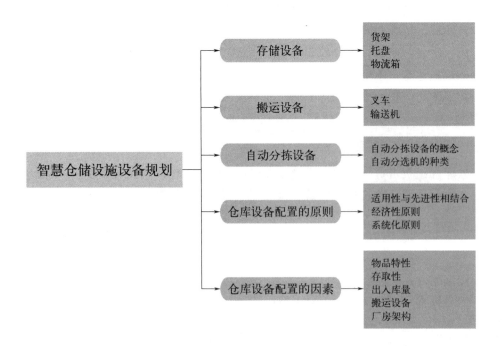

项目二 智慧仓储布局与规划 | 065

目标导向

通过本任务的学习，可以达成以下目标：

知识目标	1. 了解货架的特点和用途； 2. 了解托盘的类型和优缺点； 3. 了解搬运设备的种类； 4. 熟悉叉车的基本概念、特点、用途及种类。
能力目标	1. 能够辨识不同类型的搬运设备； 2. 能够独立完成设施设备规划配置方案文件的编写。
素质目标	1. 培养恪尽职守的职业精神； 2. 提升团队协作能力。

任务引领

长风物流中心为 A 超市新建了一个仓库，该库房长 50m、宽 40m、高 9m，地坪承载重量为 200kg/m²。目前库房刚刚装修完毕，其建筑面积为 2000m²，如图 2-24 所示。

图 2-24　库房结构图

现需要对该仓库选择和准备配套的基础设施和设备。杨丹作为长风物流中心的仓储部经理，她为新仓库选择和准备哪些基础设施和设备，才能开展正常的仓储业务呢？

知识建构

仓储设施设备是在仓库进行物流活动所需要的机械设备、器具等，其可供长期使用并保持原有实物形态。仓储设施设备主要指存储设备与搬运设备。其中存储设备包括货架、托盘、物流箱等，搬运设备包括叉车、手动搬运车、输送机和堆垛起重机等。

一、存储设备

（一）货架

1. 按货架承重或者存放模式划分

（1）重型货架。主要以托盘为储存单元，广泛应用于食品、日用品等快消品物流仓库。采用优质冷轧钢板经辊压成型，立柱可高达 6m 而中间无缝连接，横梁与立柱之间挂件为圆柱凸起插入，连接可靠、拆装容易，适用于大型仓库。

（2）中型货架。主要以箱为储存单元，其造型别致，结构合理，装拆方便，不用螺栓，且坚固结实，承载力大，广泛应用于医药物流、服饰物流、电商物流等仓库。

（3）轻型货架。主要以单品（最小销售单位）为储存单元，广泛用于拆零拣货区。轻型货架通用性很强，长度可按刻度快捷切割，用螺栓任意组装、协整并重新安装。

2. 按货架使用环境划分

（1）常温库用货架。使用温度为 5～40℃的货架。

（2）冷库用货架。以型钢制成的构件通过插接组合或用螺栓连接组装而成的使用温度为 −40～−5℃的货架。

3. 常见货架的特点和用途

货架（仓储货架）是物流行业的基础设施，对物流行业的运行及仓库的管理起着重要的作用。表 2-6 是常见货架类型的特点及用途。

表 2-6 常见货架类型的特点及用途

货架类型	特点	图示
横梁式货架	又称托盘式货架或货位式货架，是以存取托盘货物为目的专业仓库货架，由柱片（立柱）、横梁组成，横梁式货架结构简洁、安全可靠	
驶入式货架	又称通廊式货架或贯通式货架，常用于密集存储货架，比普通托盘货架提高了50%的空间利用率，适合少品种大批量与高周转率的货物，可由叉车驶入货架通道存取托盘	
悬臂式货架	由立柱上装设悬臂构成，悬臂可以是固定的也可以是移动的，主要用于管材、板材的储存	
压入式货架	又称后推式货架或推入式货架，通过在每层货架上安装可滑动台车来装载货物，适合少品种大批量的货品，适合先进后出的作业方式，适合冷冻库等需要较大提高空间利用率的情况，安全性与运转效率都高于驶入式货架	
流利式货架	采用滚轮式铝合金等流利条，利用货物自重实现货品先进先出，适用于大批量同类货物的存储，空间利用率较高，尤其适合汽配工程使用	

续表

货架类型	特点	图示
重力式货架	由托盘式货架演变而成，采用滚筒式轨道、货底轮式托盘，具有承重大、高度范围适应广泛、机械存取、选取效率高等特点，但空间利用率一般	
抽屉式货架	采用轴承组合，滑动平稳，并附有独立吊模装置，主要用于存放各种模具物品	
阁楼式货架	将储存空间利用钢架和楼板分隔为上下两层，下层货架结构支撑上层楼板，可以有效提高空间利用率	
移动式货架	仅需设一条通道，空间利用率极高，安全可靠，移动方便，适用于库存品种多，但出入库频率较低的仓库，或者库存频率较高但可按巷道顺序出入库的仓库	

（二）托盘

为了使物品得以有效地装卸、运输、保管，将其按一定数量组合放置于一定形状的台面上，这种台面配有供叉车将台板托起的插入口。以此为基本结构的平台和各种在此结构上形成的集装器具都可统称为托盘。

1. 托盘的优缺点

优点：自重小、装盘容易、装载量适宜，且节省包装材料。

缺点：保护性能比集装箱差，露天存放困难，需要有仓库等设施。托盘本身的回运需要一定的成本支出，托盘本身也占用一定的仓容空间。

2. 托盘的种类

（1）平托盘

平托盘是最通用的托盘。一般所说的托盘，大多是指平托盘。

平托盘的类型见表2-7：

① 按台面分：有单面型、单面使用型、双面使用型和翼型四种。

② 按叉车插入托盘的方式分：单向插入型、双向插入型和四向插入型。

表2-7 平托盘类型

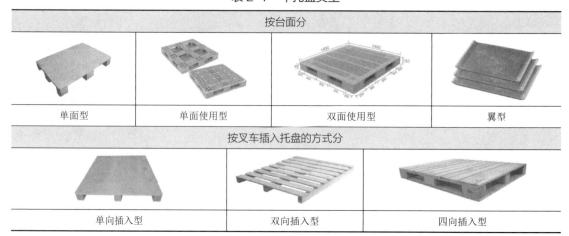

按台面分			
单面型	单面使用型	双面使用型	翼型
按叉车插入托盘的方式分			
单向插入型	双向插入型	四向插入型	

（2）柱式托盘

柱式托盘是在平托盘基础上发展起来的托盘，托盘的四个角上有固定式或可卸式的柱子，如图2-25所示。柱式托盘的主要作用：一是利用立柱支撑上层货物重，保护最下层托盘的货物；二是防止托盘上放置的货物在运输、装卸等过程中发生塌垛的情况。

（3）箱式托盘

箱式托盘是在平托盘的基础上，在托盘四个边安装板式、栅式或网式等各种平面而制成的箱式设备。箱式托盘可以做成固定式、可拆卸式和可折叠式三种，如表2-8所示。箱式托盘的防护能力很强，除了能装运包装整齐统一的货物外，还可装运形状不规则的货物，且因四周有护板护栏，可有效防止塌垛与货损。

图2-25 柱式托盘

表2-8 箱式托盘

固定式	可折叠式	可拆卸式

（4）轮式托盘

与柱式托盘、箱式托盘相比，轮式托盘只是在它们底部安装了小型轮子，以实现短距离移动、自行搬运、滚上滚下式装卸等作业，如图2-26所示。

（5）特种专用托盘

特种专用托盘是根据产品特殊要求专门设计制造的托盘。它与通用托盘的区别在于它具有适合特定货物（或工件）的支撑结构，在一些要求快速作业的场合，它可保障更高的作业效

图2-26 轮式托盘

率与安全稳定性。如油桶专用托盘，是一种专门装运标准油桶的异形平托盘。托盘双面均有稳固油桶的波形沟槽或侧挡板，油桶放置在此托盘上不会滚动，同时还可多层堆码以提高仓储和运输能力。

3. 托盘的尺寸

托盘与搬运的产品、集装箱、货架、运输车辆的货台以及搬运设施等有直接关系，因此托盘的规格尺寸是考虑其他物流设备规格尺寸的基点。特别是要建立有效的托盘共用系统，就必须使用统一规格的托盘，托盘标准化是托盘作业一贯的前提。

国际标准（ISO）原规定有4种托盘规格，如表2-9所示。

表2-9 托盘的规格

类型	规格尺寸	普遍使用地区
1	1200mm×1000mm	欧洲
2	1200mm×800mm	欧洲
3	1140mm×1140mm	澳大利亚
4	40in×48in[①]	美国

① 英寸，1in=2.54cm。

目前，我国托盘国家标准采用的是1200mm×1000mm和1100mm×1100mm两种规格，并优先推荐使用1200mm×1000mm规格，以提高我国物流系统的整体运作效率。

（三）物流箱

在仓储作业过程中，物流箱主要用于拆零拣货。一般物流箱都采用塑料材质，有尺寸大小的区别，分有盖和无盖物流箱，如表2-10所示。

表2-10 物流箱

类型	图示
有盖物流箱	
无盖物流箱	

二、搬运设备

（一）叉车

1. 叉车的概念

叉车是一种用来装卸、搬运和堆码单元物品的车辆，是仓库装卸搬运机械中应用最广泛的一种设备，具有选用性强、机动灵活、效率高的优点。叉车由自行的轮胎底盘、能垂直升降的货叉和前后倾斜的门架等组成。

2. 叉车的功能

它不仅可以将物品叉起进行水平运输，还可以将物品提升进行垂直堆码。叉车的机械化程度高；机动灵活性好；可以"一机多用"；能提高仓库容积的利用率；有利于开展托盘成组运输和集装箱运输；成本低，投资少，能取得较好的经济效果。

3. 叉车的种类

（1）据叉车所用动力，可分为内燃机式叉车和蓄电池式叉车。

（2）据叉车的结构特点，可分为平衡重式、前移式、插腿式、侧面叉车，如表 2-11 所示。

表 2-11 叉车类别

类别	图示
平衡重式叉车	
前移式叉车	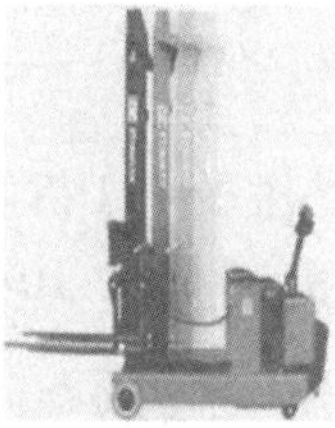
插腿式叉车	
侧面叉车	

4. 叉车的选择

（1）平衡重式叉车需要较大的作业空间，主要用于露天货场作业。

（2）前移式叉车以蓄电池为动力，不会污染环境，一般用于室内作业，转弯半径也小，可有效提高仓库的面积利用率。

（3）插腿式叉车由于货叉的结构特征决定了其较好的稳定性，尺寸小、转弯半径小，适用于工厂车间、仓库内效率要求不高,但有一定堆垛、装卸高度的场合。

(4)侧面叉车主要用于长料物品的搬运。

(二)输送机

1. 输送机的概念

它是以连续的方式沿着一定的线路从装货点到卸货点匀速输送货物和成件包装货物的机械。其可以采用较高的运行速率,且速率稳定,具有较高的生产率,输送货物线路固定,动作单一,便于实现自动控制。

2. 输送机的维护

放置货品位置要均匀;应及时加注润滑剂保证润滑,以减小摩擦阻力;向上输送物料的倾角过大时,最好选用花纹输送带,以免物料滑下;要经常检查和调整输送带的张紧程度;防止输送带过松而产生振动或走偏。

3. 输送机的类别

表 2-12 所示为输送机的类别。

表 2-12 输送机类别

类别	图示	说明
带式输送机		是仓库广泛使用的装卸搬运机械,是以封闭无端的输送带作为牵引构件和承载构件的连续输送式机械
链式输送机	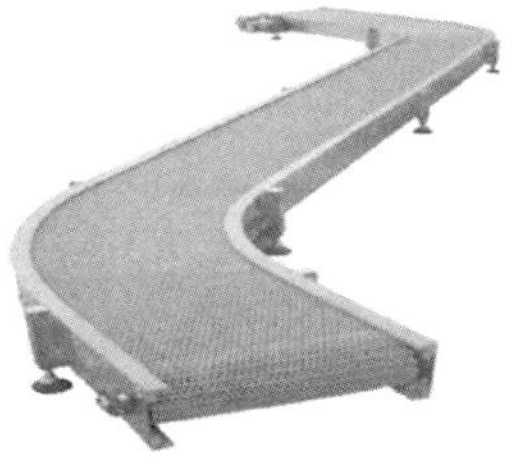	用绕过若干链轮的无端链条作牵引构件,由驱动链路通过轮齿与链节的啮合将圆周牵引力传递给链条,从而在链条连接着的工作构件上输送货物
辊子输送机		利用按一定间距架设在固定支架上的若干个辊子来输送成件物品的输送机。固定支架一般由若干个直线或曲线的分段按需要拼成

三、自动分拣设备

1. 自动分拣设备的概念

自动分拣设备指的是受自动控制的一套机械分拣装置。它由接受分拣指令的控制装置、把到达分拣位置的货物取出的搬送装置、在分拣位置把货物分送的分支装置和在分拣位置存放货物的暂存装置等组成。

2. 自动分拣机的种类

自动分拣机一般由输送机械部分、电器自动控制部分和计算机信息系统联网组合而成。它可以根据用户的要求、场地情况，对药品、货物、物料等，按用户、地名、品名进行自动分拣、装箱、封箱的连续作业。机械输送设备根据输送物品的形态、体积、重量而设计定制。分拣输送机是工厂自动化立体仓库及物流配送中心对物流进行分类、整理的关键设备之一，通过应用分拣系统可实现物流中心工作的准确、快捷。因此，在快递行业它被誉为"智能机器手"。

（1）交叉带分拣机

交叉带分拣机有很多种形式，通常比较普遍的为一车双带式，即一个小车上面有两段垂直的皮带，既可以每段皮带上搬送一个包裹，也可以两段皮带合起来搬送一个包裹。在两段皮带合起来搬送一个包裹的情况下，可以通过在分拣机两段皮带方向的预动作，使包裹的方向与分拣方向相一致，以减少格口的间距要求，如图2-27所示。交叉带分拣机的优点是噪声低、可分拣货物的范围广，通过双边供包及格口优化可以实现单台最大能力约2万件/时。但缺点也是比较明显的，即造价比较昂贵、维护费用高。

（2）翻盘式分拣机

翻盘式分拣机是通过托盘倾翻的方式将包裹分拣出去的，如图2-28所示。该分拣机在快递行业也有应用，但更多的应用在机场行李分拣领域，最大能力可以达到1.2万件/时。标准翻盘式分拣机由木托盘、倾翻装置、底部框架组成，倾翻分为机械倾翻及电动倾翻两种。

图2-27　交叉带分拣机

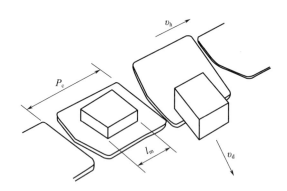

图2-28　翻盘式分拣机

（3）滑块式分拣机

滑块式分拣机如图2-29所示，它也是一种特殊形式的条板输送机。输送机的表面由金属条板或管子构成，如竹席状，而在每个条板或管子上有一枚用硬质材料制成的导向滑块，能沿条板做横向滑动。平时滑块停止在输送机的侧边，滑块的下部有销子与条板下导向杆联结，通过计算机控制，当被分拣的货物到达指定道口时，控制器使导向滑块有序地自动向输送机的对面一侧滑动，把货物推入分拣道口，从而商品就被引出主输送机。这种方式是将商品侧向逐渐推出，并不冲击商品，故商品不容易损伤，它对分拣商品的形状和大小要求不大，适用范围较广，是目前市场上一种最新型的高速分拣机。

滑块式分拣机也是快递行业应用非常多的一种分拣机。滑块式分拣机是一种非常可靠的分拣机，故障率非常低，在大的配送中心，比如联合包裹服务公司（UPS）的世界港，就使用了大量的滑块式分拣机来完成预分拣及最终分拣。滑块式分拣机可以多台交叉重叠起来使用，以满足单一滑块式分拣机无法达到能力要求的目的。

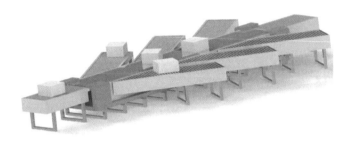

图 2-29　滑块式分拣机

（4）挡板式分拣机

挡板式分拣机如图 2-30 所示，其原理是利用一个挡板（挡杆）挡住在输送机上向前移动的商品，将商品引导到一侧的滑道排出。挡板的另一种形式以挡板一端作为支点，可作旋转。挡板动作时，像一堵墙似的挡住商品，利用输送机对商品的摩擦力，使商品沿着挡板表面移动，从主输送机上排出至滑道。平时挡板处于主输送机一侧，可让商品继续前移；如挡板作横向移动或旋转，商品就排向滑道。挡板一般安装在输送机的两侧，和输送机上平面不相接触，即使在操作时也只接触商品而不触及输送机的输送表面，因此它适用于大多数形式的输送机。就挡板本身而言，也有不同的形式，如有直线形、曲线形，也有的在挡板工作面上装有滚筒或光滑的塑料材料，以减少摩擦阻力。

（5）胶带浮出式分拣机

胶带浮出式分拣机如图 2-31 所示，这种分拣结构用于辊子主输送机，将有动力驱动的两条或多条胶带或单个链条横向安装在主输送辊筒之间的下方，当分拣机结构接受指令启动时，胶带或链条向上提升，接触商品底部会把商品托起，并将其向主输送机一侧移出。

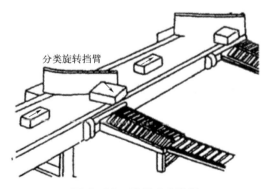

图 2-30　挡板式分拣机

图 2-31　胶带浮出式分拣机

（6）辊筒浮出式分拣机

这种分拣机构用于辊子或链式的主输送机，将一个或数十个有动力的斜向辊筒安装在主输送机表面下方，分拣机构启动时，斜向辊筒向上浮起，接触商品底部，将商品斜向移出主输送机。这种上浮式分拣机，有一种是采用一排能向左或向右旋转的辊筒，以气动方式提升，可将商品向左或向右排出，如图 2-32 所示。

（7）条板倾斜式分拣机

这是一种特殊的条板输送机，商品装载在输送机的条板上，当商品行走到需要分拣的位置时，条板的一端自动升起，使条板倾斜，从而将商品移离主输送机。商品占用的条板数随不同商品的长度而定，占用的条板如同一个单元，同时倾斜，因此，这种分拣机在一定范围内不受商品的长度限制，如图 2-33 所示。

图 2-32　辊筒浮出式分拣机　　　　　　　图 2-33　条板倾斜式分拣机

四、仓库设备配置的原则与因素

（一）仓库设备配置的原则

仓库的设备是仓储设施的重要组成部分，其配置直接影响仓库的自动化水平、运作流程和效率。为了仓库运转的高效、经济，在进行设备配置时应考虑如下原则：

1. 适用性与先进性相结合

仓库作业的类型、作业环境、作业量、搬运距离、货物本身的物理化学性质等决定了仓库设备的类型、额定作业能力和数量。仓库设备的配置，必须以能够适应作业的需求为基本原则。仓库作业量大、作业频繁时，需要充分掌握作业发生的规律，考虑配备作业能力较高的大型专用机械设备；作业量小、作业不频繁时，只要根据作业量的平均水平，配备构造简单、造价低廉而又能保持相当作业能力的中小型通用机械设备即可。此外，仓库设备都有一定的经济寿命，因此在配置设备时，还要充分考虑仓库或配送中心未来的发展和技术的进步，使设备能够在其经济寿命周期内保持适当的技术先进性和作业能力。设备配置就是要在设备的适用性和先进性之间寻找一个适当的均衡点，使设备既能满足需求，又不因为配置过高导致投资过大及作业能力的浪费。

2. 经济性原则

经济性是衡量仓库系统的重要指标。仓库是一个不直接产生经济效益的物流作业环节，仓库设备的购置成本和使用及维修保养成本就直接反映了该环节的经济效益。设备配置的目标就是在满足作业需求和合理的技术先进性的前提下，实现设备在整个购置、安装、运行、维修、改造、更新，直至报废的全过程内的总成本最小，即设备的 LCC（life cycle cost，全寿命周期成本）最小。

3. 系统化原则

仓库设备的配套，是保证前后作业相互衔接、相互协调，保证仓库工作连续稳定进行的重要条件。因此，在进行设备配置时，还要对整个仓库系统进行流程分析，充分考虑各个作业工序之间的衔接，以使配置的设备相互适应，减少作业等待时间，提高作业效率。在新建仓库和配送中心时，应将搬运设备的配置与仓库的布局、设施的规划设计同时考虑，使仓库设备与场地条件、周边辅助设备相匹配，这样才能够实现仓储作业的整体最优。

（二）仓储设备配置的因素

物品特性：物品的尺寸大小、外形包装。例如栈板料架适用于栈板仓储，而箱料架则适合箱品使用，易腐或易燃的货品，在仓储设备上就必须做防护考虑。

存取性：一般存取性与储存密度是相对的。

出入库量：如果仓库的出入库量较高，需要选择能够快速存取货物的仓储设备，以提高作业效率。相反，如果出入库量不高，即使选择了具有很好储存密度的仓储设备，也可能无法充分发挥其优势，反而会增加操作成本。

搬运设备：料架通道宽度需要根据搬运设备的尺寸进行合理设计，以确保搬运设备能够顺畅地在仓库内行驶和操作。

要实行现代仓储管理的岗位责任制，就必须建立并完善经济核算制度，实行按劳取酬。经济核算的各项指标能够为岗位责任制的落实提供有力依据。

厂房架构：梁下有效高度、梁柱位置会影响料架的配置，地板承受的强度、平整度也与料架的设计、安装有关，还要考虑防火设施和照明设施。

任务执行

步骤一：选择仓储设备

1. 货架的选择

根据 A 超市百货产品"品种广、类型多"的特点，杨丹应该选择托盘货架进行存储；即先将货物堆码在托盘上，然后再将托盘存放到货架上的存储方式。如图 2-34 所示。

托盘货架是专门用于存放堆码在托盘上物品的货架，其承载能力和每层空间适合于存放整托盘物品。托盘货架存储方便、节省时间，可以适应各种类型物品存储。

2. 托盘的选择

配合上述托盘货架的利用，再结合百货产品的特性，杨丹选择使用最为常见的平板木质托盘（1200mm×1000mm 型），如图 2-35 所示。

图 2-34 托盘货架

图 2-35 平板木质托盘

鉴于物美超市百货产品的特性，以及上述采用托盘货架的存储方式，则对输送设备、分拣设备不做要求，以减少额外的作业损坏。

步骤二：选择搬运设备

1. 搬运车的选择

考虑到长风仓储的成本问题以及作业流程的操作难易程度，杨丹选择使用最方便的手动液压式搬运车（俗称地牛）。如图 2-36 所示。

图 2-36　手动液压式搬运车

使用手动液压式搬运车进行货物在仓库内的平行移动或搬运，方便简单且适合在比较拥挤的地方使用。

2. 叉车的选择

目前长风仓储只有前移式叉车，对成件托盘货物进行装卸、堆垛和短距离运输作业。该叉车转弯半径很小，可有效提高仓库的面积利用率。杨丹也给物美超市项目仓库选择了前移式叉车，如图 2-37 所示。

图 2-37　前移式叉车

步骤三：选择其他必备设备

1. 养护检验设备

养护检验设备是指货物的入库验收与在库养护、测试、化验以及防止货物变质、失效的一系列机具、仪器、仪表等技术装备。

考虑到电子设备保养的防潮和通风要求，杨丹选择了空气调节器和通风机，如图 2-38 所示。

(a) 空气调节器　　　　　　(b) 通风机

图 2-38　养护设备

2. 消防设备

消防设备是仓库内用于保障消防安全的必要设备，结合电子产品的特性，杨丹选择了烟雾报警器、干粉灭火器，如图 2-39 所示。

3. 手持终端

手持终端是指具有一定特性的便于携带的数据处理终端，是物流企业仓库内货物上架、仓库盘点等业务常用的设备，可以及时将仓库信息数据传递到电脑上进行数据的同步。杨丹选择的手持终端如图2-40所示。

(a) 烟雾报警器

(b) 干粉灭火器

图 2-39　消防设备

图 2-40　手持终端

至此，杨丹完成了物美超市项目新仓库的仓储设施设备的选择。

 成效考量

成效考量考核表

班级		姓名		学号	
任务名称		智慧仓储设施设备规划			
评价项目	评价标准	分值/分	自评（30%）	互评（30%）	师评（40%）	合计
考勤	旷课、迟到、早退、请假	7				
职业素养	制订计划能力强，严谨认真	5				
	主动与他人合作	5				
	采取多样化手段解决问题	5				
	责任意识、服从意识	5				
学习过程	能够辨识不同类型的搬运设备	10				
	能够辨识不同类型的货架	10				
	能够为仓库选择合适的叉车设备	15				
	能够独立完成设施设备规划配置	15				
完成情况	按时提交任务活动	5				
	任务活动完成程度	5				
	任务活动的答案准确性	5				
	创新意识	8				
得分		100				

任务五　智慧仓储仿真布局规划综合实训

任务引领

悦智物流公司创立于 2015 年 6 月,是一家利用现代物流技术为客户提供物流管理服务的第三方物流企业。为满足业务需求,悦智物流公司准备建立集散中心,为中小型超市提供仓储配送服务。现对该配送中心仓库进行仓储规划设计,配送中心需求与调研现状如下:

如图 2-41 所示,该仓库宽 70m,长 34m,高 11m,占地面积约 2380m^2,地面承重约 5t/m^2;仓库门尺寸为长 5m× 高 7.5m,月台长 4m,高度为 1.1m,库内地面高度与月台同高;月台雨棚长 4.5m,高 8m;仓库内需包含收、存、拣、发、退等功能区,同时在仓库的右侧靠墙区域规划 150～200m^2 用于电商平台业务,该区域单独设置大门供货物进出,存储区基于商品 ABC 分类进行布局。为提高空间利用率,设置出库暂存区,该区域具备集货与出库暂存的功能,为方便办公,出入库办公室位置相邻,且区域大小相同。

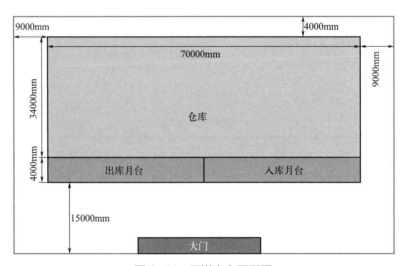

图 2-41　配送中心平面图

配送中心的仓储操作要求如表 2-13 所示。

表 2-13　商品在配送中心仓储操作要求

商品类别	入库要求	存储要求	出库要求
商品 A 商品 B 商品 C	·整托或整箱入库 ·手动搬运、叉车搬运 ·地面堆垛、待检入库	·随机存储+固定货位存储 ·存储区和拣货区共用货架 ·电动叉车上架、下架 ·预留电商仓(待业务拓展)	·按照门店订单进行拣选 ·整托/整箱/拆零拣选出库 ·RF 无线手持终端指示拣选 ·手动搬运、叉车搬运 ·复核待装车

根据上述案例背景,完成下列操作:

(1)为了更好地整合供应链资源,优化物流体系,降低成本,企业计划设置一个关键的集中配送与采购集散中心,以高效连接全国各地供应商网络,增强响应客户需求的速度与产品交付效率。请利用重心法选择出集散中心的理想选址。所收集的数据如表 2-14 所示。

表 2-14 基础数据表

地点	X	Y	运输总量	运输费率
天津	1566	1305	8890	0.2
太原	1044	1131	9084	0.2
西安	609	696	4596	0.2
郑州	1131	860	6042	0.2
杭州	2001	261	7336	0.2

（2）请绘制出仓库外围车辆出入园区和商品出入库的基本物流动线。

（3）根据条件确定仓库内部功能区域，并设计仓库内部功能区域布局。

（4）绘制 A、B、C 三类商品的出入库物流动线及退货商品入库的物流动线。

（5）已知存储区设置托盘货架共 24 排，6 列，共计 144 组货架。其中 A 区为 10 排 6 列，B 区为 8 排 6 列，C 区 6 排 6 列。请根据案例相关数据和限制条件，计算各个存储区面积。

（6）根据案例相关数据和限制条件，计算出入库暂存区、退货区、叉车充电及设备停放区、办公室等辅助区域面积。

任务执行

步骤一：确定集散中心位置

1. 输入已知信息

在 Excel 中输入案例已知信息，如图 2-42 所示。

图 2-42 输入已知信息

2. 计算站点运输距离

在如下单元格输入公式：

I4=SQRT(POWER(G4-E4,2)+POWER(H4-F4,2))；I5=SQRT(POWER(G4-E5,2)+POWER(H4-F5,2))；

I6=SQRT(POWER(G4-E6,2)+POWER(H4-F6,2))；I7=SQRT(POWER(G4-E7,2)+POWER(H4-F7,2))；

I8=SQRT(POWER(G4-E8,2)+POWER(H4-F8,2))。

得到如图 2-43 所示计算结果。

物流节点	运输总量（吨）	运输费率（元/吨公里）	坐标Xi	坐标Yi	单设施选址仓库坐标 X	Y	计算 距离	运输成本
天津	8890	0.2	1566	1305			2038.48	
太原	9084	0.2	1044	1131			1539.19	
西安	4596	0.2	609	696			924.82	
郑州	6042	0.2	1131	860			1420.83	
杭州	7336	0.2	2001	261			2017.95	
							合计	0

图 2-43　计算站点运输距离

3. 计算运输成本

在 J4 单元格输入公式"=I4*C4*D4"，同理可计算其他城市节点之间的运输成本，如图 2-44 所示。

物流节点	运输总量（吨）	运输费率（元/吨公里）	坐标Xi	坐标Yi	单设施选址仓库坐标 X	Y	计算 距离	运输成本
天津	8890	0.2	1566	1305			2038.48	3624408.84
太原	9084	0.2	1044	1131			1539.19	2796395.17
西安	4596	0.2	609	696			924.82	850097.01
郑州	6042	0.2	1131	860			1420.83	1716932.29
杭州	7336	0.2	2001	261			2017.95	2960736.17
							合计	11948569.48

图 2-44　计算运输成本

4. 规划求解运输成本最小的情况下，集散中心坐标

（1）在 Excel 中找到"数据 - 分析 - 规划求解"，如图 2-45 所示。

图 2-45　规划求解

（2）规划求解参数中，选中"J9"单元格的总运输成本，设置总成本最小为目标，"通过更改可变单元格"为集散中心坐标 X、Y 所在单元格"$G$4:$H$4"，点击求解，如图 2-46 所示。

（3）点击求解后，选择"保留规划求解的解"，点击"确定"，求解完成，如图 2-47 所示。

图 2-46 规划求解参数设置

图 2-47 规划求解结果设置

（4）求解结果如图 2-48 所示，新集散中心坐标为（1177.90，979.98），该集散中心距离郑州的距离为 128.82，可知规划出的新集散中心位置距离郑州最近。可优先选择郑州开通新的集散中心，选址完成。

	A	C	D	E	F	G	H	I	J
1			已知信息			单设施选址集散中心坐标		计算	
2									
3	物流节点	运输总量（吨）	运输费率（元/吨公里）	坐标Xi	坐标Yi	X	Y	距离	运输成本
4	天津	8890	0.2	1566	1305	1177.90	979.98	506.22	900065.01
5	太原	9084	0.2	1044	1131			201.83	366693.34
6	西安	4596	0.2	609	696			635.84	584462.07
7	郑州	6042	0.2	1131	860			128.82	155663.10
8	杭州	7336	0.2	2001	261			1092.90	1603496.64
9								合计	3610380.164

图 2-48 求解结果

步骤二：绘制出入库园区的基本物流动线

分别绘制出仓库外围车辆出入园区和商品出入库的基本物流动线，如图 2-49 所示。

步骤三：绘制仓库区域

（1）通常情况下，以拆零形式出库的量若超过总出库量的 5%，则应为此部分拆零出库商品设计独立的拆零拣选作业区域。由于该仓库中的商品拆零比例仅占 1%，故无须设计独立的拆零拣选作业区域。首先，确定仓库中的功能区包括：存储区、入库暂存区、出库暂存区、设备停放区、叉车充电区、退货区、入库办公室、出库办公室。

（2）其次，根据案例背景描述，该仓库商品需按 ABC 分类存储，因此，将存储区划分为存储 A 区、存储 B 区、存储 C 区。且按库存量的规划值（A 的库存量＞B 的库存量＞C 的库存量），须设计 A 的存储面积＞B 的存储面积＞C 的存储面积，且存储区面积之和应大于库房面积的 60% 小于 80%。

（3）接下来判断各区域间相对位置。

① 仓库入库月台和出库月台在仓库同侧，因此该仓库属于"U"形布局，再根据 ABC 分类原则，存储 A 区靠近出库月台，存储 C 区靠近入库月台；

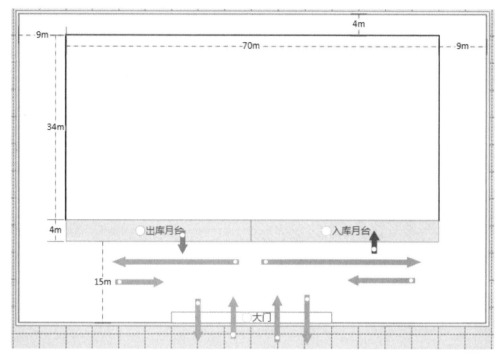

图 2-49　出入库基本动线图

② 入库暂存区是商品收货、验收至上架前临时存放的区域，因此该区域应处于存储区和入库月台之间；

③ 出库暂存区是商品出库复核至装车前临时存放的区域，因此该区域应处于存储区和出库月台之间；

④ 退货区存放客户退货的商品，在该区域要对退货商品进行质检和分类，可二次销售的，还需要重新进入存储区，因此，该区域应靠近入库月台、存储区；

⑤ 考虑到该仓库是"U"形布局，因此出入库办公室设置在出入库暂存区之间，方便人员同时办公；

⑥ 设备停放区与叉车充电区靠近，并且叉车充电区需要靠墙，方便布线，其次考虑出入库暂存区面积均衡性，入库暂存区附近已有退货区，因此尽量将该区域靠近出库暂存区布置；

⑦ 预留待开发的电商区贴右侧墙且靠近存储 C 区。

仓库区域绘制如图 2-50 所示。

步骤四：绘制仓库内部物流动线

绘制正常商品入库、出库动线以及退货商品退货入库动线，如图 2-51 所示。

步骤五：存储区面积测算及货架布局

东西方向尺寸（宽）= 向上取整【通道宽 × 通道数 +（货架宽 ×2+ 间隔）×（排数 ÷2）】

南北方向尺寸（长）= 向上取整【北侧通道宽 + 货架单元长度 × 列数 + 南侧通道宽】

1. 仓储区布局规划

图 2-52 所示为仓储区布局规划。

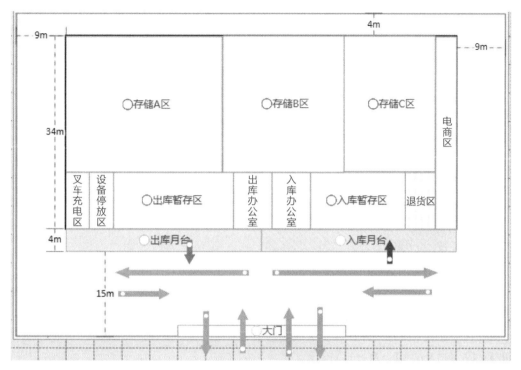

图 2-50　仓库分区

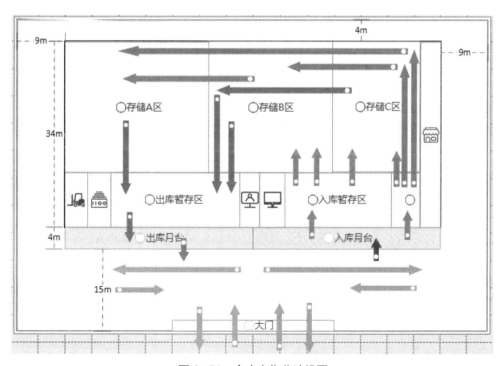

图 2-51　仓库内作业动线图

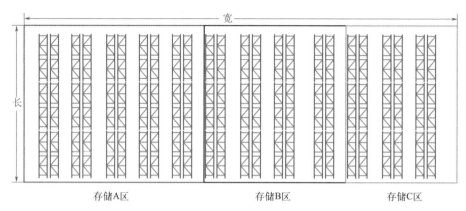

图 2-52 仓储区布局规划

2. 存储区尺寸计算

（1）存储 A 区为 10 排 6 列货架，则存储 A 区面积尺寸：

东西方向尺寸（宽）= 向上取整【通道宽 × 通道数 +（货架宽 ×2+ 间隔）×（排数 ÷ 2）】= 向上取整【3×6+（0.9×2+0.2）×（10÷2）】=28（m）

南北方向尺寸（长）= 向上取整【北侧通道宽 + 货架单元长度 × 列数 + 南侧通道宽】= 向上取整【3+2.5×6+3】=21（m）

（2）存储 B 区为 8 排 6 列货架，则存储 B 区面积尺寸：

东西方向尺寸（宽）= 向上取整【通道宽 × 通道数 +（货架宽 ×2+ 间隔）×（排数 ÷ 2）】= 向上取整【3×4+（0.9×2+0.2）×（8÷2）】=20（m）

南北方向尺寸（长）= 向上取整【北侧通道宽 + 货架单元长度 × 列数 + 南侧通道宽】= 向上取整【3+2.5×6+3】=21（m）

（3）存储 C 区为 6 排 6 列货架，则存储 C 区面积尺寸：

东西方向尺寸（宽）= 向上取整【通道宽 × 通道数 +（货架宽 ×2+ 间隔）×（排数 ÷ 2）】= 向上取整【3×3+（0.9×2+0.2）×（6÷2）】=15（m）

南北方向尺寸（长）= 向上取整【北侧通道宽 + 货架单元长度 × 列数 + 南侧通道宽】= 向上取整【3+2.5×6+3】=21（m）

综上，存储区各部分尺寸及面积如表 2-15 所示。

表 2-15 各区域尺寸及面积

区域名称	区域宽度（东西方向）/m	区域长度（南北方向）/m	面积 /m²
存储 A 区	28	21	588
存储 B 区	20	21	420
存储 C 区	15	21	315
合计	63	—	1323

步骤六：其他区域测算

1. 电商区面积计算

电商区东西方向宽度 = 仓库宽 − 存储区宽 =70−（28+20+15）=7（m），电商区南北方向长度 = 仓库长 =34m。

同时，电商区面积 =34×7=238（m²）∈［200m²，250m²］，满足条件。

2. 出入库暂存区面积计算

除电商区外，其他区域并排布置，南北方向设为同长。则：长度尺寸 = 仓库长度 − 仓储区长度 =34−21=13（m）。

由于采用托盘码垛的方式摆放货物，则根据出入库量结合出入库所需托盘数量可知：出库所需托盘数量（346 个）= 入库所需托盘数量（346 个）。因此，可设计出入库暂存区面积相等，即东西方向宽度相等。

出（入）库暂存区东西方向宽度 =（仓库宽 − 电商区宽 − 退货区宽 − 叉车充电区宽 − 设备停放区宽 − 入库办公室宽 − 出库办公室宽）÷2=（70−7−5−2−2−4−4）÷2=23（m）

其他区域尺寸及面积根据已知条件可直接得出，如表 2-16 所示。

表 2-16 其他区域面积

区域名称	宽度 /m	长度 /m	面积 /m²
退货区	5	13	65
入库暂存区	23	13	299
出库暂存区	23	13	299
叉车充电及设备停放区	4	13	52
入库办公室	4	13	52
出库办公室	4	13	52
电商区	7	34	238
合计	70	—	1057

综上所述，得到最终示意图，如图 2-53 所示。

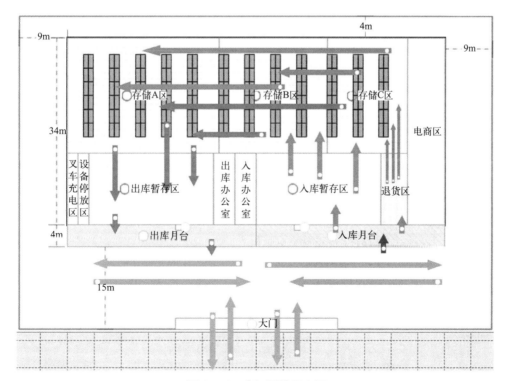

图 2-53 货架摆放示意图

项目三
智慧仓储作业流程管理

任务一　智慧入库作业流程管理

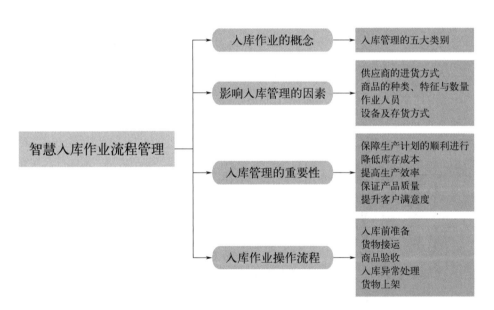

📚 目标导向

通过本任务的学习，可以达成以下目标：

知识目标	1. 了解影响入库管理的因素； 2. 掌握入库作业流程； 3. 掌握货物入库前的准备工作。
能力目标	1. 能够独立完成入库验收工作及入库单据的签收； 2. 能够根据入库计划进行入库准备，包括凭证、设备、场地、人员的准备工作。

素质目标	1. 培养恪尽职守的职业素养； 2. 具备计划统筹观念； 3. 培养团队协作精神。

任务引领

王新是一名即将毕业的应届毕业生，为了丰富自己的实习经历，他申请到一家储运公司实习，某一天，王新接到上级主管部门下发的入库任务，收到的入库通知单如表3-1所示，为了完成此项任务，他应该做好哪些入库工作？

表3-1 入库通知单

入库任务单编号：R20211102　　　　　　　　　　　　　　计划入库时间：2021年11月2日

序号	商品名称	包装规格	数量	备注
1	完达山纯牛奶	220mL×18袋/箱	40箱	送货
2	散装响水大米	50kg/袋	1000袋	送货

供应商：新玛特大商集团股份有限公司

知识建构

一、入库作业的概念

入库作业指的是货物到仓库后，把货物卸下、开箱理货，检查商品数量、质量，之后将有关入库的货物信息进行存放处理的一系列规范。仓库入库管理包含采购入库、生产退料入库、完工入库、成品客退入库、其他入库共五大类别，具体情况如表3-2所示。

表3-2 入库类别

类别	含义	数据源
采购入库	根据采购单生成采购入库单	采购单
生产退料入库	根据物料生成退料入库单	退料物料
完工入库	根据生产工单生成完工入库单	工单
成品客退入库	根据实际客退产品料号生成客退入库单	产品料号
其他入库	根据实际入库物料生成对应的单据	入库物料

入库业务是仓储管理工作的第一步，标志着仓储工作的正式开始。一旦将货物收入仓库，须对货物的完好承担全部责任。

二、影响入库管理的因素

在进行入库作业组织与计划时，必须了解影响入库作业的主要因素：

（一）供应商的进货方式

供应商采用的进货方式、送货工具、送货时间等因素将直接影响入库作业的组织和计划，入库时必须考虑的因素有：每天平均及最多送货的供应数量、送货的车型及车辆台数、每辆平均卸货时间、货物到达的高峰时间、货品的装车方式、中转运输的转运方式、货物到达的时间。

（二）商品的种类、特性与数量

不同商品具有不同的特性、需要采用不同的作业方式。因此，每种商品的种类、特性、包装形态与数量也是入库作业的重要影响因素之一。主要包括：每天平均送达的商品品种数量、商品的尺寸及重量、商品的包装形态、商品的保质期、商品的特殊属性、装卸接运方式。

（三）作业人员

入库作业要考虑现有的工作人员及如何利用这些人力资源，包括员工的技术素质、工作时间的合理调配、高峰期的作业组织等，进而尽可能缩短进货作业时间，避免车辆等待装卸时间过长。

（四）设备及存货方式

一般仓库出货、储存、入库都有托盘、箱、单件 3 种方式，因此，在进货时必须通过拆箱、整合等将进货摆放方式转换为储存摆放方式，到货方式应尽量与储存方式统一，否则将增加作业时间，造成浪费。仓库设备也是组织入库作业的影响因素，叉车、传送带、货架储位可用性等要加以综合考虑；同时也要考虑商品在仓库期间的作业状态、是否需要拆箱、再包装工作等，为入库安排提供帮助。

三、入库管理的重要性

入库管理在企业的物流管理中起着至关重要的作用，主要体现在以下几个方面：

（1）保障生产计划的顺利进行：入库管理能够确保原材料、半成品和成品按时进入仓库，并且在需要时能够快速取出，从而保障生产计划的顺利进行。

（2）降低库存成本：通过合理的入库管理，可以避免因为库存积压或者过度采购导致的资金占用和仓储成本增加，从而降低库存成本。

（3）提高生产效率：合理的入库管理可以确保物料准确无误地进入仓库，并且能够按照需求进行分类、存放和管理，从而提高生产效率。

（4）保证产品质量：通过入库管理的严格把控，可以有效避免因为原材料存放不当或者受损导致的产品质量问题，保证产品质量稳定。

（5）提升客户满意度：入库管理的规范能够确保产品按时交付给客户，减少因为库存错误或者延误导致的客户投诉，从而提升客户满意度。

四、入库作业操作流程

入库作业是指接到入库通知单后，经过接运提货、装卸搬运、检查验收和办理入库手续等一系列作业环节所形成的整个工作过程（图3-1）。

（一）入库前准备

仓库应根据仓储合同或者入库通知单、入库计划，及时高效地进行库场准备，以便能按时保证入库过程的顺利进行。仓库的入库准备工作需要仓库的作业部门、仓库管理部门、设备作业部门等分工合作，共同做好以下工作。

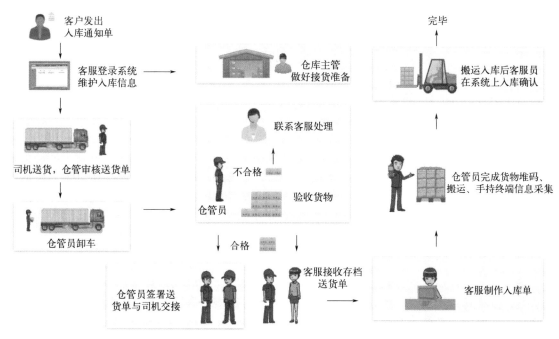

图 3-1 入库作业操作流程

1. 加强日常业务联系

库管人员应按仓储计划定期与货主、生产厂家以及运输部门进行联系，了解将要入库货物的品种、类别、性能、数量和到库时间，以便做好入库前的准备工作。

2. 合理调配人员

根据入库货物的数量和计划入库时间，安排好相关作业人员（接货人员、质检人员、验收人员和装卸搬运人员等），保证到达后，人员能够及时调配到位。

3. 准备验收和装卸搬运器械

准备好装运所需的空托板或托盘，合理配置好检验和计量及装卸搬运设备（例如电子秤、叉车等）、堆码设备以及必要的防护用品。

4. 合理安排货位

仓库部门根据入库的性能、数量、储存时间，结合仓库分区分类保管的要求，核算所需的货位面积大小，根据物动量 ABC 的计算，确定存放的位置和堆码方法、苫垫方法以及进行必要的腾仓、打扫、消毒和准备验收场地等相关功能工作。

5. 准备苫垫材料、劳保用品

根据入库的性能、数量和储存场所的条件，核算所需苫垫用品的材料和数量，尤其对于底层仓间和露天堆场存放，更应注意苫垫用品的选择和准备。同时根据需要准备好劳动保护用品。

（二）货物接运

由于商品到达仓库的形式不同，除了一小部分由供货单位直接运到仓库交货外，大部分要经过铁路、公路、航运、空运和短途运输等运输工具转运。凡经过交通运输部门转运的商品，均须经过仓库接运后，才能进行入库验收。因此，商品的接运是商品入库业务流程的第一道作业环节，也是商品仓库直接与外部发生的经济联系。它的主要任务是及时而准确地向交通运输部门提取入库商品，要求手续清楚，责任分明，为仓库验收工作创造有利条件。货物接运的主要方式有：

1. 提货

（1）到车站、码头提货

这是由外地托运单位委托铁路、水运、民航等运输部门或邮局代运或邮递货物到达本埠车站、码头、民航站、邮局后，仓库依据货物通知单派车提运货物的作业活动。此外，在接受货主的委托，代理完成提货、末端送货的活动的情况下也会发生到车站、码头提货的作业活动。这种到货提运形式大多是零担托运、到货批量较小的货物。

（2）到货主单位提取货物

这是仓库受托运方的委托，直接到供货单位提货的一种形式。其作业内容和程序主要是当货栈接到托运通知单后，做好一切提货准备，并将提货与物资的初步验收工作结合在一起提货，必要时可由验收人员参与提货。

（3）托运单位送货到库接货

这种接货方式通常在托运单位与仓库在同一城市或附近地区，不需要长途运输时被采用。其作业内容和程序是，当托运方送货到货栈后，根据托运单（需要现场办理托运手续的先办理托运手续）当场办理接货验收手续，检查外包装，清点数量，做好验收记录。如有质量和数量问题托运方应在验收记录上签证。

（4）铁路专用线到货接运

这是指仓库备有铁路专用线，大批整车或零担到货接运的形式。一般铁路专线都与公路干线联合。在这种联合运输形式下，铁路承担主干线长距离的货物运输，汽车承担直线部分的直接面向收货方的短距离运输。接到专用线到货通知后，应立即确定卸货货位，力求缩短场内搬运距离，组织好卸车所需要的机械、人员以及有关资料，做好卸车准备。车皮到达后，引导对位，进行检查。看车皮封闭情况是否良好（即卡车、车窗、铅封、苫布等有无异状）；根据运单和有关资料核对到货品名、规格、标志和清点件数；检查包装是否有损坏或有无散包；检查是否有进水、受潮或其他损坏现象。

2. 收货

将货物名称与送交的货物内容和标记进行核对。然后就可以与送货人员办理交接手续。如果在以上工序中无异常情况出现，收货人员在送货回单上盖章表示货物收讫。如发现有异常情况，必须在送货单上详细注明并由送货人员签字，或由送货人员出具差错、异常情况记录等书面材料，作为事后处理的依据。

（三）商品验收

凡商品进入仓库储存，必须经过检查验收，只有验收后的商品，方可入库保管。货物入库验收是仓库把好"三关"（入库、保管、出库）的第一道，抓好货物入库质量关，能防止劣质商品流入流通领域，划清仓库与生产部门、运输部门以及供销部门的责任界限，也为货物在库场中的保管提供第一手资料。

1. 商品验收的基本要求

（1）及时

到库商品必须在规定的期限内完成验收入库工作。这是因为商品虽然到库，但未经过验收的商品没有入账，不算入库，不能供应给用料单位。只有及时验收，尽快提出检验报告才能保证商品尽快入库入账，满足用料单位的需求，加快商品和资金的周转。同时商品的托收承付和索赔都有一定的期限，如果验收时发现商品不合规定要求，要提出退货、换货或赔偿等请求，均应在规定的期限内提出。否则，供方或责任方不再承担责任，银行也将办理拒付手续。

（2）准确

验收应以商品入库凭证为依据，准确地查验入库货物的实际数量和质量状况，并通过书面材料准确地反映出来。做到货、账、卡相符，提高账货相符率，降低收货差错率，提高企业的经济效益。

（3）严格

仓库的各方都要严肃认真地对待商品验收工作。验收工作的好坏直接关系到国家和企业的利益，也关系到以后各项仓储业务的顺利开展。因此，仓库领导应高度重视验收工作，直接参与验收人员要以高度负责的精神来对待这项工作，明确每批商品验收的要求和方法，并严格按照合库验收入库的业务操作程序办事。

（4）经济

商品在验收时，多数情况下，不但需要检验设备和验收人员，而且需要装卸搬运机具和设备以及相应工种工人配合。这就要求各工种密切协作，合理组织调配人员与设备，以节省作业费用。此外在验收工作中，尽可能保护原包装，减少或避免破坏性试验，也是提高作业经济性的有效手段。

2. 商品验收的流程

仓库接到到货通知后，首先应根据货物的性质提前做好验收人员、资料、器具、设备等准备工作。其次核对相应各种凭证并通过感官检验、理化检验、对比检验、试用检验等方法进行实物的包装、数量与质量验收。验收流程如图3-2所示。

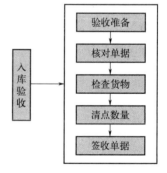

图3-2 验收流程

（四）入库异常处理

货物到达仓库前，要经过货物的生产、采购、运输等多个作业环节，因此，在物品检验过程中会发现证件不齐、数量短缺、包装破损、发错货物等问题，仓库管理部门应区别不同情况给予及时处理。常见的入库异常情况及处理方式如下。

1. 数量不符

数量不符分为件数不符和重量/体积不符，如果出现上述情况，应在入库验收记录上做相应记录，按实收数量签收，并将短缺情况通知有关方。如果人为丢失则相关责任人承担经济损失。

2. 包装异样

包装异样分为包装破损，包装松动，包装标志、标记异样，包装材料的质量状况差。如果出现上述情况,当即做好有关记录,并对破损货物单独堆放,以便处置。

3. 单货不符

单货不符分为有货无单和有单无货两种情况。①有货无单。可将货物做暂存处理,并即刻通知有关方补送单证,等单证到齐后再验收入库。②有单无货。应立即与托运人联系,当查实无货来库时,按合同办理相关手续或将单证退回并注销。

4. 货未到齐

这是由于某种原因(如分批运输等),同一单证所列货物未能全部运抵库场的情况,需要与货物丢失、损耗、漏发相区别。仓库管理人员应该按实际收到数在有关单证上签收。

(五)货物上架

收货后的商品在经过收货检品后,将被移送到临时保管处,随后再存放到指定的"货架"上。这一连串的工序就被称为"上架"。

1. 货物上架的流程

货物上架流程如表3-3所示。

表3-3 货物上架流程

操作人员	流程	操作
信息员	入库指令	提供准确的货物上架信息
入库管理员		安排入库人员、车辆等
库区管理员	准备入库	通过手持终端确认货物所在库区和货架货位
叉车、拖车司机		叉车和拖车按规定通道安全行驶,右侧通行,车速控制在安全车速内;拖车、叉车配合工作时要有序进行,避免事故
堆高车司机	库区货架货位确认	按规定货位上架,保证货架货物准确安全。货物摆放从上到下按照轻货、一般货物、重货摆放
库工/司机	叉车/拖车	库工与堆高车司机配合扫描货物上架入位,按照货架摆放规则摆放,保证货物上架入位准确、安全,摆放整齐,标签明显
库区管理员	堆高机 货高扫描 按货位上架 检查货架货位	库管人员检查货物上架情况,保证货物准确安全

2. 货物上架摆放分类

下层:摆放重货,货物重量不得超过货架实际载重量。

中层:摆放一般货物,货物重量不得超过货架实际载重量。

上层:摆放轻货,货物重量不得超过货架实际载重量。

3. 货物上架摆放规则

(1)摆放商品时同一款式的商品必须摆在同一列,一列不够摆的才能摆在下一列。要将商品标识朝外，以便员工查找。

（2）存货应确保"同类商品纵向摆放"，保持每列内外商品一致。单一款号商品存货量不够摆满另一列时，则应放在最里面，所余位置可摆放其他商品，但必须保证最外层有该商品以作提示。

（3）向双面取货的货架上摆放商品存货时，可视同为两个单面货架摆放存货，从两面向中间摆货，这样可以摆更多的品种。

（4）仓库货架的每一层板/垫板摆放必须整齐成一条线，在货位上存放商品的外侧面必须规范整齐，成一平面，不得超出层板的边线。

（5）仓库货架调整需要在安检人员的监督下进行，以保证货架安全。

（6）玻璃包装、罐装、瓶装等易碎物品摆放在货架下层。

任务执行

步骤一：做好入库前的准备工作

（1）做好信息交接。王新接到入库任务后，与供应商新玛特大商集团股份有限公司进行了沟通，了解将要入库货物的品种、类别、性能、数量和到库时间，以便做好入库前的准备工作。

（2）合理调配人员。根据入库任务单上牛奶和大米的数量和到货时间，安排装卸搬运人员1名，验收人员1名，保证货物到达后，人员能够及时调配到位。

（3）准备验收和装卸搬运器械。准备好码放箱装牛奶所需的空托盘2个，准备好叉车1辆，地磅1台，合理配置好检验和计量及装卸搬运设备、堆码设备以及必要的防护用品。

（4）合理安排货位。根据入库牛奶和大米的性能、数量、储存时间，结合仓库分区分类保管的要求，核算所需的货位面积大小，确定箱装牛奶组托的方式，确定袋装大米就地堆码的位置和堆码方法、苫垫方法以及进行必要的腾仓、打扫、消毒和准备验收场地等相关工作。

步骤二：货物接运

供货商将货物准时送达公司之后，王新要及时核对商品信息，确定送货单位、货物名称、规格、数量、送货时间等信息是否有误。如果核对无误，就可以与送货人员办理交接手续，安排装卸搬运人员接运货物。如发现有异常情况，必须在送货单上详细注明并由送货人员签字，或由送货人员出具差错、异常情况记录等书面材料，作为事后处理的依据。

步骤三：商品验收

1. 数量验收

（1）箱装牛奶采取计件验收的方式进行数量验收。

（2）大米采取检斤的方式进行数量验收，大米的重量只有在误差允许范围内才验收合格。

2. 质量验收

（1）箱装牛奶采取感官检验法进行验收，首先查验外包装是否完好，然后检查牛奶的名称、规格和保质期是否合格，全部合格的即验收入库。

(2)大米质量验收采取感官验收法和抽样验收法,查看大米的外包装是否完好,大米的品质是否合格,有没有发霉受潮的现象,如果都合格即可验收入库。

步骤四:入库登记

验收无误后,王新需要细致核查货物的各项信息,包括数量、商品名、规格、时间等信息,并在专门的入库登记表格或电子系统中准确记录。同时,还需认真核对合格证、检验证书、保质期等关键信息,并确保相关信息在登记过程中也得以准确记录。

步骤五:货物上架

王新安排叉车和拖车司机驾驶车辆按规定通道安全行驶,将货物搬运至对应货架进行上架操作,遵循下层摆放重货以及同类商品同列摆放的原则,将牛奶与大米均放置在货架下层,并分列摆放,要将商品标识朝外,每列内外商品一致,以便员工查找。

 成效考量

成效考量考核表

班级		姓名		学号		
任务名称		智慧入库作业流程管理				
评价项目	评价标准	分值/分	自评(30%)	互评(30%)	师评(40%)	合计
考勤	旷课、迟到、早退、请假	8				
职业素养	制订计划能力强,严谨认真	6				
	主动与他人合作	6				
	采取多样化手段解决问题	6				
	责任意识、服从意识	6				
学习过程	能够对货物进行合理入库	20				
	能够及时处理入库过程中的突发情况	10				
	能够做好入库前的准备工作	15				
完成情况	按时提交任务活动	5				
	任务活动完成程度	5				
	任务活动的答案准确性	5				
	创新意识	8				
得分		100				

任务二　智慧在库作业流程管理

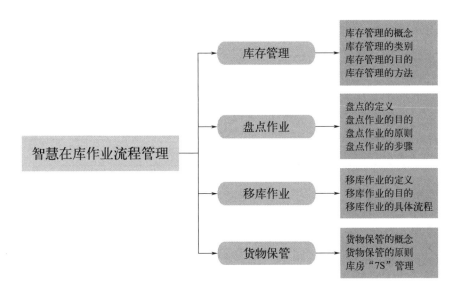

目标导向

通过本任务的学习，可以达成以下目标：

知识目标	1. 了解库存管理的概念与目的； 2. 掌握盘点作业的流程与方法； 3. 理解货物保管的八大原则； 4. 掌握 ABC 分类管理法。
能力目标	1. 能够根据盘点任务正确制订盘点计划； 2. 能够根据货物特性和仓库环境的情况，选择正确的方法进行"7S"管理。
素质目标	1. 培养工作责任心； 2. 树立在库物品的安全保管意识。

任务引领

王新是一名制造业企业员工，为了对库存商品进行有效控制与管理，某天他接到上级主管的任务通知，要求他对公司库房现存的 10 种货物进行库存管理，相应的库存货物信息如表 3-4 所示，那么他将如何做好库存管理工作呢？

表 3-4　某公司的库存货物有关资料

商品编号	单价 / 元	库存量 / 件
a	4	300
b	8	1200
c	1	290
d	2	140

续表

商品编号	单价/元	库存量/件
e	1	270
f	2	150
g	6	40
h	2	700
i	5	50
j	3	2000

 知识建构

一、库存管理

（一）库存管理的概念

库存管理是指在物流过程中对商品数量的管理，过去认为仓库里的商品越多，表明企业越发达、越兴隆。而现代管理学则认为零库存才是最好的库存管理。库存多，占用资金多，利息负担加重。但是如果过分降低库存，则会出现断档。

（二）库存管理的类别

不同的企业对于库存管理，历来有不同的认识。概括起来主要有以下三种：

1. 持有库存

一般而言，在库存上有更大的投入可以带来更高水平的客户服务。长期以来，库存作为企业生产和销售的物资保障服务环节，在企业的经营中占有重要地位。企业持有一定的库存，有助于保证生产正常、连续、稳定进行，也有助于保质、保量地满足客户需求。维护企业声誉，巩固市场的占有率。

2. 库存控制保持合理库存

库存管理的目的是保持合适的库存量，既不能过度积压也不能短缺。让企业管理者困惑的是：库存控制的标准是什么？库存控制到什么量才能达到要求？如何配置库存是合理的？这些都是库存管理的风险计划问题。

3. 零库存

以日本丰田为代表的企业提出了所谓的"零库存"的观点，主要代表是准时生产方式（JIT）。他们认为，库存即是浪费，零库存就是其中的一项高效库存管理的改进措施，得到了企业广泛的应用。

（三）库存管理的目的

1. 提供顾客服务

库存管理的首要目标是满足顾客需求，确保及时交付产品或服务。通过合理的库存管理，可以保证产品的可及性，提高客户满意度，并提高公司的市场竞争力。

2. 降低库存成本

库存是企业资金的占用，需要支付成本，如存储费用、仓库租金、保险费用等。通过优化库存管理，可以减少库存水平，降低库存成本，提高资金周转效率。

3. 降低风险

过高的库存水平可能面临产品过期、过时、损坏等风险，而过低的库存水平可能导致缺货、无法满足顾客需求的风险。通过科学的库存管理，可以平衡库存水平，降低风险，确保供应链的稳定性。

4. 提高生产效率

库存管理与生产计划有密切关联。通过合理安排库存，可以避免生产过剩或生产不足的情况，提高生产效率和资源利用率。

（四）库存管理的方法

1. 经济批量法（EOQ）

经济批量法是指通过平衡采购进货成本和保管仓储成本，实现总库存成本最低。

由于需求的不确定性，库存水平逐渐减少直到降至再订货点，即按预先确定的订购量EOQ发出订货单，经过交纳周期LT，库存量继续下降，到达安全库存量S^*时，收到订货EOQ，库存水平上升。采用定量订货方式必须预先确定订货点R和订货量EOQ。

$$R = LT \times N/365$$

式中　　R——订货点的库存量；

　　　　LT——交纳周期；

　　　　N——该商品每年的需要量。

经济批量法主要考虑两个因素：订货费用和存货保管费，如图3-3所示。

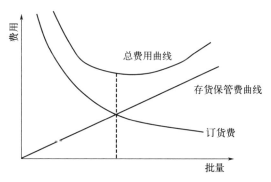

图3-3　订货费、存货保管费和批量关系图

$$总费用 TC = \frac{Q}{2} \times C \times i + A \times \frac{N}{Q}$$

微分得：
$$f'(Q) = \frac{C}{2} \times i - \frac{AN}{Q^2}$$

当一阶导数值为零时，总成本有极小值，此时 Q 为最佳订货量。故经济订货批量的参数方程是：

$$\text{EOQ（经济批量）} = \sqrt{\frac{2NA}{Ci}} \text{ 或 EOQ} = \sqrt{\frac{2NA}{H}}$$

式中，$Q/2$ 指库存在制品平均存量；A 指一次订货费；C 指单位产品成本；N 指年需要量；i 指单位产品库存费用率；H 指单位产品年储存成本（$H=Ci$）。通过最佳经济进货批量得出：

最佳进货次数 $n=N/\text{EOQ}$

最佳订货周期为 $T=365/n$

某机械制造公司，根据计划每年需采购零件 30000 个。零件的单位购买价格是 20 元，每次订购的成本是 240 元，每个零件每年的仓储保管成本为 10 元。求：零件的经济订购批量，最低年总库存成本，每年的订货次数及平均订货间隔周期。

$$\text{EOQ} = \sqrt{\frac{2AN}{H}} = \sqrt{\frac{2 \times 240 \times 30000}{10}} = 1200（个）$$

每年的总库存成本 $TC = DP + H \times \text{EOQ} = \times 30000 \times 20 + 10 \times 1200 = 612000$（元）。

式中，TC，年总库存成本；N，年需求总量；P，单位商品的购入成本；A，每次订货成本；H，单位商品年储存成本；EOQ，批量或订货量；DP，订货成本。则：

每年的订货次数 $n=N/\text{EOQ}=30000/1200=25$（次）。

平均订货间隔周期 $T=365/n=365/25=14.6$（天）。

2. 定期检查库存控制法

定期检查库存控制法，又称订货间隔期法。它是一种以固定检查和订货间隔期为基础的库存控制法。在这个控制系统中，以固定的订货间隔期 T 提出订货。定期控制模式不存在固定的订货点，但有固定的订货间隔期。每次订货的数量不固定，需要根据某种规则补充到库存目标量 S 中。目标库存 S 与订货间隔期 T 是事先确定的主要参数，其中 S 的确定主要考虑为库存设定一个控制限额。

订货量通常由以下规则确定：假设订货的实际库存为 I，则当 I 大于 S 时，不订货；当 I 小于 S 时，可按下述公式确定订购量 Q，其中的"订货余额"指已订货、尚未到货的数量：

订购量＝平均每日需用量×（订购时间＋订购间隔）＋保险储备定额－实际库存量－订货余额。

案例赏析

某种物资的订购间隔期为 30 天，即一个月订购一次。订购时间为 10 天，每日需用量为 20 吨，保险储备定额为 200 吨，订购日之实际库存量为 450 吨，订货余额为零，则：订购量＝ 20×(10+30)+200-450-0 ＝ 550（吨）。

由上例可见，订购间隔期为 30 天，在通常情况下，一次订购量应为 600（20×30）吨，而按现在计算则为 550 吨，这是由于实际库存已经超储，因而在订购时对批量做了调整。这种控制方式可以省去许多库存检查工作，只在规定订货的时候检查库存，简化了工作。其缺点是如果某时期需求量突然增大，有时会缺货，所以这种方式主要用于重要性较低的物资。

3. ABC 分类法

（1）ABC 分类法的概念

ABC 分类法又称重点管理法或 ABC 分析法，是从名目众多、错综复杂的客观事物或经济现象中，通过分析找出主次、分类排队，并根据其不同情况分别加以管理的物资管理办法，见图 3-4，适用于库存物资品种多、数量大、占用资金多，但每种物资重要性不同，占用金额也不同的物资的管理。

ABC 库存分类管理法是指将库存物品按品种和占用资金的多少，分为特别重要的库存（A 类）、一般重要的库存（B 类）和不重要的库存（C 类）三个等级，然后针对不同等级分别进行管理与控制，这样的分类管理法可以实现的效果有：压缩库存总量，释放占压资金，库存合理化与节约管理投入等。

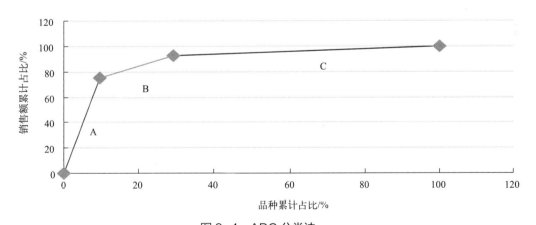

图 3-4　ABC 分类法

（2）ABC 分类法的步骤

第一步：统计或推算各种库存物资需求量（或上一年度的实际出库量）。

第二步：调整各种库存物资的单价，然后乘以需求量，求出年度所需金额。

第三步：按年度所需金额，对库存物资进行排序，编出 ABC 分析计算表，格式如表 3-5 所示。

表 3-5　ABC 分析计算表

序号	编号	品名	单价	年均需求量	金额	占总金额的比例 /%	累计占比 /%
1							
2							
3							

第四步：分类，按 ABC 分类标准分类。

第五步：调整，把全部物资划分为 ABC 三类，对 C 类物资中的下列项目摘提出来，归入 A 类或 B 类：

① 单价很高，因出库量少而被划为 C 类的品种；
② 新产品或技术要求变化较多的品种；
③ 季节变化影响大的品种；
④ 供应周期长的品种。

（3）不同类货物的管理方法

对物资进行了有效的分类后，就要对各种物资实施分类管理，如表 3-6 所示。

表 3-6　不同库存的管理策略

库存类型	特点（按货币量占用）	管理方法
A	品种数占 15%～20%，年耗用金额占总库存金额的 75%～80%	进行重点管理。应严格控制其库存储备量、订货数量、订货时间。在保证需求的前提下，尽可能减少库存，节约流动资金
B	品种数占库存品种数的 20%～25%，年耗用金额占总库存金额的 10%～15%	进行次重点管理。现场管理不必投入比 A 类更多的精力，库存检查和盘点周期可以比 A 类长一些
C	品种数占总库存品种数的 60%～65%，年耗用金额占总库存金额的 5%～10%	只进行一般管理。现场管理可以更粗放一些；但由于品种多，差错出现的可能性比较大，因此，也必须定期进行库存检查和盘点，周期可以比 B 类长一些

二、盘点作业

（一）盘点的定义

所谓盘点，是指定期或临时对库存商品的实际数量进行清查、清点作业，即为了掌握货物的流动情况（入库、在库、出库的流动状况），对仓库现有物品的实际数量与保管账上记录的数量相核对，以便准确地掌握库存数量。

（二）盘点作业的目的

1. 核查实际库存数量

盘点可以查清实际库存数量，并通过盈亏调整使库存账面数量与实际库存数量一致。

2. 计算企业资产的损益

库存物品总金额直接反映企业流动资产的使用情况，库存量过高，流动资金的正常运转将受到威胁，因此为了能准确地计算出企业实际损益，必须进行盘点。

3. 发现物品管理中存在的问题

通过盘点查明盈亏的原因，发现作业与管理中存在的问题，并通过解决问题来改善作业流程和作业方式，提高人员素质和企业的管理水平。

（三）盘点作业的原则

进行货品盘点时，应该按照以下原则进行：

1. 真实

要求盘点的所有数据、资料必须是真实的，不允许作弊或弄虚作假，掩盖漏洞和失误。

2. 准确

盘点作业要求的是准确无误，无论是资料的输入、陈列的核查、盘点的点数，都必须准确。

3. 完整

所有盘点作业的流程，包括区域的规划、盘点的原始资料、盘点点数等，都必须是完整的，不要遗漏区域、遗漏货品。

4. 清楚

盘点作业过程属于流水作业，不同的工作人员负责不同的工作，所以所有的资料必须清楚，人员的书写必须清楚，货物的整理必须清楚，才能使盘点顺利进行。

5. 团队精神

盘点是全部人员都参加的营运过程。为减少停业的损失，加快盘点的时间，仓库各个部门必须有良好的配合协调意识，以大局为重，使整个盘点按计划进行。一般是每月对货品盘点一次，并由盘点小组负责各部分的盘点工作。

思政园地

> 严谨细致是一种工作态度，反映了一种工作作风。严谨细致，就是对一切事情都有认真、负责的态度，一丝不苟、精益求精，于细微之处见精神，于细微之处见境界，于细微之处见水平；就是把做好每件事情的着力点放在每一个环节、每一个步骤上，不心浮气躁，不好高骛远；就是从一件一件的具体工作做起，从最简单、最平凡、最普通的事情做起，特别注重把自己岗位上的、自己手中的事情做精做细，做得出彩，做出成绩。

（四）盘点作业的步骤

第一步：盘点前的准备。

仓库盘点作业的事先准备工作是否充分，完全决定了仓库盘点作业进行的顺利程度。

第二步：确定盘点时间。

一般来说，为保证账物相符，货物盘点次数越多越好。但盘点需投入人力、物力、财力，所以合理地确定盘点时间非常必要。

事实上，导致盘点误差的关键原因在于出入库的过程，因此一旦出入库作业次数增多，误差也会随之增加。所以，对一般生产厂而言，因其货品流动速度不快，半年至一年实施一次盘点即可。但对货品流动速度飞快的物流中心来说，既要防止盘点间隔过久给公司造成的损失，又碍于可用资源的限制，因而最好能视物流中心各货品的性质制订不同的盘点时间，例如，在有建立商品 ABC 管理的公司，可以按照商品的类别来确定盘点时间：

A 类主要货品：每天或每周盘点一次；

B 类货品：每 2～3 周盘点一次；

C 类较不重要货品：每月盘点一次即可。

而未实施商品 ABC 管理的企业，至少也应对较容易损耗、毁坏及高单的货品增加盘点次数。另外，值得注意的是，当实施盘点作业时，时程应尽可能缩短，以 2～3 日内完成较佳。选择的日期一般会在：

（1）财务决算前夕——便利决算损益以及表达财务状况。

（2）淡季——淡季储货量少，盘点容易，人力的损失相对降低，且调动人力较为便利。

第三步：确定盘点的方法。

因为不同现场对盘点的要求不同，盘点的方法也会有差异，为尽可能快速准确地完成仓库盘点作业，必须根据实际需要确定盘点方法。

盘点方法主要分为账面盘点、实物盘点和账物盘点。

第四步：盘点人员的培训。

盘点人员通常应进行培训，熟悉盘点现场、盘点物品以及正确填制表格和单证。

第五步：盘点现场的清理。

盘点现场即仓库的作业区域，仓库盘点作业开始之前必须对其进行整理，以提高仓库盘点作业的效率和盘点结果的准确性。

第六步：仓库盘点作业。

仓库盘点作业的关键是点数，由于手工点数工作强度极大，差错率较高，通常可采用条形码进行盘点，以提高盘点的速度和精确性。

第七步：查找盘点差异的原因。

通过盘点发现账物不符，而且差异超过容许误差时，应立即追查产生差异的主要原因。

第八步：盘点盘盈、盘亏的处理。

差异原因查明后，应针对主要原因进行适当的调整与处理，至于呆滞品、废品、不良品减价的部分需与盘亏一并处理。

第九步：盘点结果的评估检讨。

通过对盘点结果的评估，可以查出作业和管理中存在的问题并通过解决问题提高仓储管理水平，以减少仓储损失。货物盘点汇总表如表 3-7 所示。

表 3-7　货物盘点汇总表

商品名称	单位	盘存资料			盘点实存			数量盈亏				价格增减				差异因素	责任人	备注
		数量	单价	金额	数量	单价	金额	盘盈		盘亏		价增		价减				
								数量	金额	数量	金额	数量	金额	数量	金额			

三、移库作业

(一) 移库作业的定义

物品移库是库内作业的一种,是根据仓库内货物质量变化、库存因素、货物放置错误、储位变更等因素进行调整库存储位的一种手段。

(二) 移库作业的目的

物品移库的主要目的有:

(1) 优化储位。根据商品的周转率,进行 ABC 分析,对商品进行储位的移动,以优化库存结构。

(2) 提高仓储效率。为了提高库内仓储效率,对不满一个托盘的商品进行拼盘作业,以提高储位的仓储效率。

(三) 移库作业的具体流程

1. 移库物料的准备

在进行移库作业之前,需要将移库物料从原库位或仓库中取出,并进行清点和检查,确保物料的数量和质量符合要求。

2. 移库物料的标识

在移库物料取出后,需要对物料进行标识,包括物料名称、数量、移库目的地等信息,以便于后续的管理和跟踪。

3. 移库物料的运输

将标识好的移库物料运输到目的地,需要根据移库计划选择合适的运输工具和路线,确保物料的安全和准确性。

4. 移库物料的入库

将移库物料运输到目的地后,需要进行入库操作,包括将物料放置到指定的库位或仓库中,并进行清点和检查,确保物料的数量和质量符合要求。

5. 移库物料的更新

在移库作业完成后,需要对移库物料的库存信息进行更新,包括原库位或仓库的库存信息和目的地的库存信息,以便于后续的管理和跟踪。

移库作业流程如图 3-5 所示。

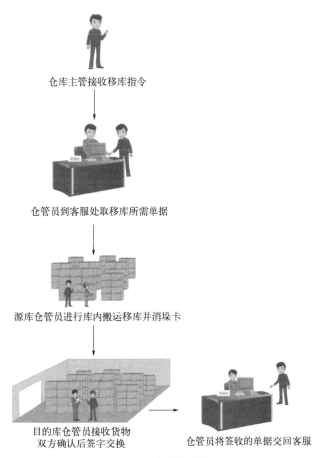

图 3-5 移库作业流程

四、货物保管

（一）货物保管的概念

货物保管是指货物在储存过程中所进行的保养和维护。从广义上说，货物从离开生产领域而未进入消费领域之前这段时间的保养与维护工作，都属于货物保管的范畴。

（二）货物保管的原则

1. 面向通道原则

使物品出入库方便，容易在仓库内移动的基本条件是将物品面向通道保管。

2. 先进先出原则

时间在前收进的货陈列在后收进的货的前面，确保生产日期在前面的商品先销售。也指根据先入库先发出的原则，对于发出的存货以先入库存货的单价计算发出存货成本的方法。

3. 货类固定原则

货物保管尽可能同一品种在同一地方保管。同一物品或类似物品应放在同一地方保管，能够提高作业效率和保管效率，也可以提高员工对库内物品放置位置的熟悉度，缩减出入库的时间，同时，将类似的物品放在邻近的地方也是提高效率的重要方法。

4. 上轻下重原则

根据物品重量安排保管的位置。安排放置场所时，当然要把重的东西放在货架的下边，把轻的东西放在货架的上边。需要人工搬运的大型物品则以腰部的高度为基准。这是提高效率、保证安全的一项重要原则。

5. 易取易放原则

根据出库频率选定位置。出货和进货频率高的物品应放在靠近出入口、易于作业的地方；流动性差的物品放在距离出入口稍远的地方；季节性物品则依其季节特性来选定放置的场所。

6. 特殊处理原则

有些货物形状与其他货物有所不同，放在一起占用空间，因此在保管时需要依据形状安排保管方法。依据物品形状来保管也是很重要的，如标准化的商品应放在托盘或货架上来保管。

7. 保持原样原则

货物保管需要对货物负责，因此应最大程度地保持货物在进库前的样子，减少损坏。

8. 安全原则

仓库物品的安全保管非常重要，安全方面包括防火、防盗、防虫鼠。堆放要求如下：

（1）清晰标明存放的位置与通道；

（2）不得妨碍通道与出入口；

（3）材料堆放必须平稳；

（4）减少不必要的搬运；

（5）不得妨碍消防器材的紧急使用；

（6）不得堵塞电气开关及急救设备；
（7）不依靠墙壁或结构支柱堆放；
（8）易燃易爆物品必须隔离存放。

（三）库房"7S"管理

1. "7S"的含义

"7S"是整理（seiri）、整顿（seiton）、清扫（seiso）、清洁（seikeetsu）、安全（security）、素养（shitsuke）和节约（saving）这7个词的日文缩写。因为这7个词的日语罗马拼音的第一个字母都是"S"，所以简称为"7S"，开展以整理、整顿、清扫、清洁、安全、素养和节约为内容的活动，称为"7S"活动。

2. "7S"活动的内容

（1）整理。整理就是把需要与不需要的人、事、物分开，再将不需要的人、事、物加以处理。整理的目的是改善和增加作业面积，使现场无杂物，行道通畅，提高工作效率；减少磕碰的机会，保障安全，提高质量；消除管理上的混放、混料等差错事故；有利于减少库存量，节约资金；改变作风，提高工作效率。

（2）整顿。整顿是把需要的人、事、物加以定量、定位。通过前一步整理后，对作业现场需要留下的物品进行科学合理地布置和摆放，以便用最快的速度取得所需之物，在最有效的规章、制度和最简洁的流程下完成作业。

（3）清扫。清扫是把工作场所打扫干净，设备异常时马上修理，使之恢复正常。生产作业现场在生产过程中会产生灰尘、油垢、铁屑、垃圾等，从而使现场变脏。脏乱的现场会使设备精度降低，故障多发，影响产品质量，使安全事故防不胜防；脏乱的现场更会影响人员的工作情绪。因此，必须通过清扫活动来清除那些赃物，创建一个明快、舒畅的工作环境。

（4）清洁。整理、整顿、清扫之后要认真维护，使现场保持完美和最佳状态。清洁，是对前三项活动的坚持与深入，从而消除产生安全事故的根源。

（5）安全。及时发现现场存在的安全隐患并予以排除，保障企业的财产和员工的生命安全。重视成员的安全教育，使之每时每刻都有安全第一的观念。

（6）素养。努力提高人员的素养，养成严格遵守规章制度的习惯和作风，这是"7S"活动的核心。没有人员素质的提高，各项活动就不能顺利开展，开展了也坚持不了。所以，抓"7S"活动，要始终着眼于提高人的素质。

（7）节约。就是对时间、空间、能源等进行合理利用，以发挥它们的最大效能，从而创造一个高效率的、物尽其用的工作场所。

任务执行

步骤一：计算各类别商品的金额（表3-8）

表3-8 各类商品的金额

商品编号	单价/元	库存量/件	金额/元
a	4	300	1200
b	8	1200	9600
c	1	290	290

续表

商品编号	单价/元	库存量/件	金额/元
d	2	140	280
e	1	270	270
f	2	150	300
g	6	40	240
h	2	700	1400
i	5	50	250
j	3	2000	6000

步骤二：按照商品所占金额从大到小顺序排列并计算累计金额（表3-9）

表3-9 各类商品金额占全部金额的累计比例

商品编号	单价/元	库存量/件	金额/元	金额累计/元	占全部金额的累计比例/%	占全部品种的累计比例/%
b	8	1200	9600	9600	48.41	10
j	3	2000	6000	15600	78.67	20
h	2	700	1400	17000	85.73	30
a	4	300	1200	18200	91.78	40
f	2	150	300	18500	93.29	50
c	1	290	290	18790	94.76	60
d	2	140	280	19070	96.17	70
e	1	270	270	19340	97.53	80
i	5	50	250	19590	98.79	90
g	6	40	240	19830	100.00	100

步骤三：按照ABC管理方法进行分类（表3-10）

表3-10 各类商品的分类

分类	每类金额/元	库存品种数占比/%	占用金额比例/%
A类：b,j	15600	20	78.7
B类：h,a	2600	20	13.1
C类：f, c, d, e, i, g	1630	60	8.2

步骤四：针对不同类别选择合理的管理方法

A类：进行重点管理。

应严格控制其库存储备量、订货数量、订货时间。在保证需求的前提下，尽可能减少库存，节约流动资金。

B类：进行次重点管理。

现场管理不必投入比A类更多的精力；库存检查和盘点周期可以比A类长一些。

C类：只进行一般管理。

现场管理可以更粗放一些；但由于品种多，差错出现的可能性比较大，因此，也必须定期进行库存检查和盘点，周期可以比B类长一些。

成效考量

成效考量考核表

班级			姓名		学号		
任务名称			智慧在库作业流程管理				
评价项目	评价标准	分值/分	自评（30%）	互评（30%）	师评（40%）	合计	
考勤	旷课、迟到、早退、请假	7					
职业素养	制订计划能力强，严谨认真	5					
	主动与他人合作	5					
	采取多样化手段解决问题	5					
	责任意识、服从意识	5					
学习过程	能够准确利用 ABC 管理法对库存进行管理	10					
	能够准确完成盘点工作	10					
	能够利用库存保管八大原则对货物进行保管	10					
	能够独立编写盘点计划表	10					
完成情况	按时提交任务活动	5					
	任务活动完成程度	10					
	任务活动的答案准确性	10					
	创新意识	8					
得分		100					

任务三　智慧出库作业流程管理

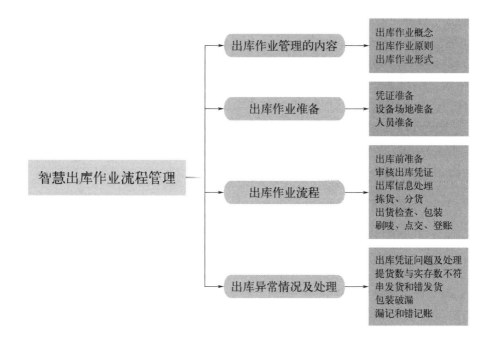

目标导向

通过本任务的学习，可以达成以下目标：

知识目标	1. 了解商品的出库形式； 2. 掌握出库准备的内容； 3. 掌握货物出库作业流程； 4. 了解出库作业中常见的问题，并掌握其处理方法。
能力目标	1. 能够独立完成出库准备作业； 2. 能够及时解决出库过程中出现的异常情况。
素质目标	1. 培养恪尽职守的职业精神； 2. 培养团队组织及协作能力。

任务引领

王新是一名库房管理员，2023年11月28日，他接到客户A的出库请求，要在2023年11月29日从该中心提取存储的完达山纯牛奶40箱、完达山酸奶20箱、青岛啤酒40箱，出库方式为货主自提，具体品名及数量见表3-11。

表3-11 货物信息清单

序号	品名	规格	单位	数量	包装
1	完达山纯牛奶	500ml	箱	40	纸箱，24瓶/箱
2	完达山酸奶	100g	箱	20	纸箱，24瓶/箱
3	青岛啤酒	1L	箱	40	纸箱，10瓶/箱

在实际出库过程中分别出现了以下问题：

（1）出库单据通知的是11月29日出库，可是货主12月4日才来提货，这种情况怎么办？

（2）在提货过程中发现完达山酸奶的包装有破漏，怎么办？

（3）提货人员和库管人员进行交接的时候，发现青岛啤酒提货数量为50箱，与实际出库数量不符，这种情况怎么办？

知识建构

一、出库作业管理的内容

（一）出库作业概念

出库业务，是仓库根据业务部门或存货单位开出的货物出库凭证（出库单、提货单、调拨单），按其所列货物编号、名称、规格、型号、数量等项目，组织货物出库一系列工作的总称。货物出库依据货主开的"货物调拨通知单"进行。不论在任何情况下，仓库都不得擅自动用，变相动用或外借货主的库存货物。"货物调拨通知单"的格式不尽相同，不论采用何种形式，都必须是符合财务制度要求的有法律效力的凭证。

（二）出库作业原则

1."三不三核五检查"原则

"三不",即未接单据不翻账,未经审单不备货,未经复核不出库;

"三核",即在发货时,要核实凭证、核对账卡、核对实物;

"五检查",即对单据和实物要进行品名检查、规格检查、包装检查、件数检查、重量检查。

2."先进先出、易霉易坏先出、接近失效期先出"的原则

商品储存货架应设置存货卡,商品进出要注意先进先出的原则。也可采取色彩管理法,如每周或每月不同颜色的标签,以明显识别进货的日期。先进先出的作用主要是确保所有商品在正常的保质期内销售,控制损耗,降低成本。使企业不能随意挑选存货计价以调整当期利润。

3.凭证发货原则

发放商品必须有正式的出库凭证,严禁无单或白条发料,只有出具符合财务制度要求的有法律效力的出库单据,才能出库。坚决抵制不合法的单据(如白条)和不合法的做法(如电话通知、短信、传真),杜绝凭信誉出库,抵制特权人物的任意行为。出库凭证有涂改、复制、模拟、收货单位与提货人不一致、各种印签不合规定、超过提货有效期、单据重复打印出库等情况时,库管员应保持高度的警惕,不能得过且过,要及时联系货主并查询单据的合法性,保护货主和公司的财产不受侵犯。

4.先备货后复核再发货原则

通过备货,业务人员可以预先了解是否缺货、是否有质量问题、是否可以调货,并提前解决问题或打印退货单,及时与客户沟通。库管员提前收到出库单、订单时,可以提前准备,提高出库工作效率,并且备完货后可以二次清点总数,检查是否漏配、是否多配,减少出现差错的机会。

（三）出库作业形式

1.送货

仓库根据货主单位预先送来的"商品调拨通知单",通过发货作业,把应发商品交由运输部门送达收货单位,这种发货形式就是通常所说的送货制。

仓库送货,要划清交接责任。仓储部门与运输部门的交接手续,是在仓库现场办理完毕的;运输部门与收货单位的交接手续,根据货主单位与收货单位签订的协议,一般在收货单位指定的到货地办理。

送货具有"预先付货、接车排货、发货等车"的特点。仓库实行送货制具有多方面的好处:仓库可预先安排作业,缩短发货时间;收货单位可避免因人力、车辆等不便而发生的取货困难;在运输上,可合理使用运输工具,减少运费。

仓储部门实行送货业务,应考虑货主单位不同的经营方式和供应地区的远近,既可向外地送货,也可向本地送货。

2.自提

由收货人或其代理持"商品调拨通知单"直接到库提取,仓库凭单发货,这种发货形

式就是仓库通常所说的提货制。它具有"提单到库，随到随发，自提自运"的特点。为划清交接责任，仓库发货人与提货人在仓库现场，对出库商品当面交接清楚并办理签收手续。

3. 过户

过户，是一种就地划拨的形式，商品虽未出库，但是所有权已从原存货户转移到新存货户。仓库必须根据原存货单位开出的正式过户凭证，办理过户手续。

4. 取样

货主单位出于对商品质量检验、样品陈列等需要，到仓库提取货样。仓库也必须根据正式取样凭证发给样品，并做好账务记载。

5. 转仓

货主单位为了业务方便或改变储存条件，需要将某批库存商品自甲库转移到乙库，这就是转仓的发货形式。仓库也必须根据货主单位开出的正式转仓单，办理转仓手续。

二、出库作业准备

出库作业的程序非常复杂，工作量也比较大，因此需要事先对出库作业加以合理组织，安排好作业的人力、物力，确保各个操作环节紧密衔接。

（一）凭证准备

发放商品必须有正式的出库凭证，严禁无单或白条发放。保管员接到出库凭证后，应仔细核对，这就是出库业务的核单（验单）工作。首先，要审核出库凭证的合法性和真实性；其次，核对商品品名、型号、规格、单价、数量、收货单位、到站、银行账号；最后，审核出库凭证的有效期等。

（二）设备场地准备

仓管员要根据出库凭证上出库商品的信息，准备合适的装卸搬运设备，并准备好理货场地。

（三）人员准备

仓管员要根据出库凭证上出库商品的信息，准备好搬运工、包装人员等。

三、出库作业流程

出库作业流程是出库工作顺利进行的基本保证，为防止出库工作失误，在进行出库作业时必须严格履行规定的出库业务工作程序，使出库有序进行。商品出库的流程包括出库前准备、审核出库凭证、出库信息处理、拣货、分货、出货检查、包装、刷唛、点交和登账工作。

（一）出库前准备

通常情况下，仓库调度在商品出库的前一天，接到送来的提货单后，应按去向、关单等分理和复核提货单，及时正确地编制好有关班组的出库任务单、配车吨位、机械设备等，并分别送给机械班组和保管员或收、发、理货员,以便做好出库准备工作。

(二)审核出库凭证

审核出库凭证的合法性、真实性,手续是否齐全,内容是否完整;核对出库商品的品名、型号、规格、单价、数量;核对收货单位、到站、开户行和账号是否齐全和准确。

(三)出库信息处理

出库凭证经审核确认无误后,对出库凭证信息进行处理。

(四)拣货

拣货是依据客户的订货要求或仓储配送中心的送货计划,尽可能迅速地将商品从其储存位置或其他区域拣取出来的作业过程。拣取过程可以分为人工拣货、机械拣货和半自动与全自动拣货。

(五)分货

也称为配货作业,指根据订单或配送路线等的不同组合进行货物分类工作。分货方式主要有人工分货和自动分类机分货两种。

(六)出货检查

为了保证出库商品不出差错,在配好货后企业应立即进行出货检查。将货品一个个点数,并逐一核对出货单,进而查验出货物的数量、品质及状态情况。

(七)包装

出库商品包装主要分为个装、内装和外装 3 种类型。包装根据商品外形特点、重量和尺寸,选用适宜的包装材料,以便于装卸搬运。

(八)刷唛

在包装完毕后,要在外包装上写清收货单位、收货人、到站、本批商品的总包装件数、发货单位等。字迹要清晰,书写要准确。

(九)点交

出库商品无论是要货单位自提,还是交付运输部门发送,发货人员必须向收货人或运输人员按车逐件交代清楚,划清责任。

(十)登账

在点交后,保管员应在出库单上填写实发数、发货日期等内容并签名。然后将出库单同有关证件及时交货主,以便货主办理结算手续。保管员根据留存的一联出库凭证登记实物储存的细账,做好随发随记,日清月结,账面金额与实际库存和卡片相符。

货物出库作业流程图如图 3-6 所示。

四、出库异常情况及处理

在商品出库时,若发现有问题,应及时进行处理。

(一)出库凭证(提货单)的问题及处理

(1)凡是出库凭证超过提货期限,用户前来提货,必须办理手续,按规定缴足逾期仓储

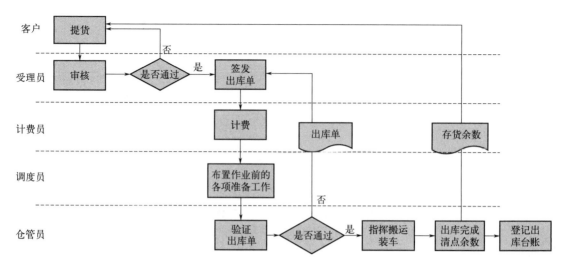

图3-6 货物出库作业流程图

报关费，方可发货。

（2）凡是发现出库凭证有疑点，或者情况不清楚，以及出库凭证发现有假冒、复制、涂改等情况时，应及时与仓库保卫部门以及出具出库单的单位或部门联系，妥善处理。

（3）商品入库未验收，或者所需货物未入库的出库凭证，一般暂缓发货，并通知货主，待验收入库后再发货，提前期顺延。

（4）如果客户因各种原因将出库凭证遗失，客户应及时与仓库发货员和账务人员联系挂失；如果挂失时货已经被提走，保管员不承担责任，但要协助货主单位找回商品；如果货还没有提走，经保管人员和账务人员查实后，做好挂失登记，将原凭证作废，延缓发货。

（二）提货数与实存数不符

有时会出现提货数与商品实存数不符的情况，一般是实存数小于提货数。当遇到提货数量大于实际商品库存数量时，无论是何种原因造成的，都需要和仓库主管部门以及货主单位及时取得联系后再处理。

（三）串发货和错发货

所谓串发货和错发货主要是指发货人在对商品种类、规格不是很熟悉的情况下，或由于工作中的疏忽，把错误规格、数量的商品发出库的情况。在这种情况下，如果商品尚未离库，应立即组织人力，重新发货。如果商品已经提出仓库，应会同货主单位和运输单位共同协商解决。一般在无直接经济损失的情况下，由货主单位重新按实际发货数充单（票）解决。如果形成直接经济损失，应按赔偿损失单据冲转调整保管账。

（四）包装破漏

包装破漏是指在发货过程中，因商品外包装破散、损坏等现象引起的商品渗漏、裸露等问题。这种问题主要是在储存过程中因堆垛挤压、发货装卸操作不慎等情况引起的，发货时都应经过整理或更换包装，方可出库，否则造成的损失由仓储部门承担。

（五）漏记和错记账

漏记账是指在商品出库作业中，由于没有及时核销商品明细而造成账面数量大于或小于实存数的现象。错记账是指在商品出库后核销明细账时没有按实际发货出库的商品名称、数量登记，从而造成账实不符的情况。无论是漏记账还是错记账，一经发现，除及时向有关领导如实汇报情况外，同时还应该根据原出库凭证查明原因调整保管账，使之与实际库存保持一致。如果漏记和错记账给货主单位、运输单位和仓储单位造成经济损失，应予以赔偿，同时追究相关人员的责任。

步骤一：针对提货凭证超期问题的解决

问题（1）属于出库凭证超过提货期限，当客户前来提货时，必须先办理手续，按规定缴足逾期也就是 11 月 29 日—12 月 4 日期间仓储保管费，方可发货。

步骤二：针对包装遗漏问题的解决

问题（2）是完达山酸奶的包装有破漏问题，如果破损严重，且商家同意出库的，保管员和商家注明破损情况并签字确认，有质量问题的拒绝出库。如果破损不严重可以进行二次包装，并在单据上注明。

步骤三：针对出库信息差异问题的解决

问题（3）发现货主存储 40 箱，然而提货出库货物的数量为 50 箱，出库信息与商家的出货信息不一致，应立即与主管和商家沟通，查清后再办理出库手续。

成效考量考核表

班级		姓名		学号		
任务名称		智慧出库作业流程管理				
评价项目	评价标准	分值/分	自评（30%）	互评（30%）	师评（40%）	合计
考勤	旷课、迟到、早退、请假	10				
职业素养	制订计划能力强，严谨认真	5				
	主动与他人合作	5				
	采取多样化手段解决问题	5				
	责任意识、服从意识	5				
学习过程	能够准确完成出库作业	20				
	能够有效解决出库异常的突发情况	12				
	能够独立完成出库准备作业	12				
完成情况	按时提交任务活动	5				
	任务活动完成程度	5				
	任务活动的答案准确性	8				
	创新意识	8				
得分		100				

任务四　仓库作业安全管理

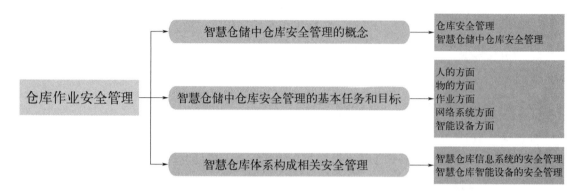

目标导向

通过本任务的学习，可以达成以下目标：

知识目标	1. 掌握智慧仓储安全管理的基本概念和原理； 2. 了解智慧仓储中仓库安全管理的基本任务和目标； 3. 熟悉智慧仓库体系构成相关安全管理的要点。
能力目标	1. 能够运用智能化技术手段进行仓库安全管理； 2. 能够制订和完善仓库安全规章制度，并监督执行情况； 3. 能够识别和解决仓库安全管理中的常见问题，提出改进措施。
素质目标	1. 树立安全第一的思想观念，增强安全意识； 2. 培养团队协作精神和创新意识，提高解决问题的能力； 3. 树立精细化管理理念，注重细节，追求卓越。

任务引领

2018 年 12 月 5 日，某自动化仓库发生机器人事故，造成 24 名员工受伤被送医院，1 名员工进重症监护室，50 多名员工受影响。原因是亚马逊机器人意外戳破了一罐驱熊喷雾。

虽然之后事故现场已经处理妥善，仓库运营又重新开始，但欧美工会组织又针对自动化展开了批评。

事情发生在美国新泽西州，亚马逊在郊区建立了一个庞大的仓库，占地 12 万 m²，其中有 3000 名员工，同时配备了各式各样的机器人劳动力。比如，有运输的机器人，也有伸抓拿取的机械臂。

这些机器人极大提升了亚马逊仓库的自动化程度和效率，但也被欧美工会组织视为"威胁"，因为自动化仓库不仅会抢占人类工作，而且人类的工作环境也会因自动化而变差。就在该新泽西仓库运营中，亚马逊机器人就意外戳破了一罐防熊喷雾，有毒气液马上弥散开来，人类员工猝不及防。其实这罐防熊喷雾只有 255g，高浓度气液的主要成分是辣椒素，但还是让人类员工呼吸困难，咽喉产生了灼热感。在戳破喷雾后，机器人"浑然不觉"，但附近的人类员工立马就受伤了。最终，6 辆救护车赶到仓库，50 多名员工受伤，24 名员工被进一步送往医院，1 人还进了重症监护室（ICU）。

事故发生后，亚马逊官方也作了说明：首先，称事故已经得到了控制，现场清理完毕，将员工送往医院也只是"以防万一"；其次，仓库未受进一步影响，又如常工作了；最后，再次强调安全始终是第一位的。但这依然引发了欧美工会组织的批评。

美国零售、批发和百货公司联盟的工会主席 Stuart Appelbaum 说："亚马逊的自动机器人将人类置于威胁生命的危险之中。这是公司把利润置于员工健康和安全之上的又一个无耻的例子，我们不能容忍。这个世界上最富有的公司置辛勤工作的人的生命于危险之中，不能让其继续逍遥法外。"

亚马逊在英国的数据也被翻了出来，资料显示，从 2015 年到 2017 年，救护车被呼叫到亚马逊仓库 600 次。

但亚马逊并不认为其仓库工作条件恶劣，也暂时未对机器人"失手"背后的原因给出解释。或许也是习惯了欧美工会组织和舆论对于自动化的批评，而且按照贝佐斯的个性，这点批评压根不算什么，更何况自动化是贝佐斯坚定的发展进程。一点意外，不会让贝佐斯改变些什么。

你认为亚马逊自动化仓库事故频发的原因有哪些？真如欧美工会组织认为的是自动机器人将人类置于威胁生命的危险之中的吗？为什么？结合所学知识，请为亚马逊自动化仓库安全管理的改进提供合理的建议。

知识建构

一、智慧仓储中仓库安全管理的概念

仓库安全管理旨在保障员工人身安全、保证安全作业，减少因各种安全事故带来的人身和经济损失。智慧仓储中仓库安全管理也是一样，虽然加了"智慧"二字，但最终目的与任何其他仓储安全管理完全一致，也是为了保障人身、作业、设备和系统各方面的安全。

在这样的目标下，智慧仓储中仓库安全管理必须着眼于仓库作业的每一个细节，识别安全风险、做好安全防护，确保流程中的每个环节都符合企业安全规范、标准。

具体而言，根据管理对象的不同，智慧仓储中仓库安全管理可从人、物、作业、网络系统和智能设备五个角度出发。智慧仓储中仓库安全管理的基本任务如图 3-7 所示。

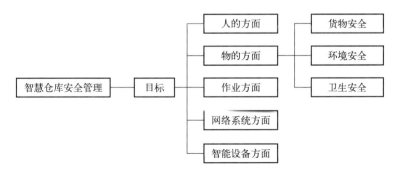

图 3-7　仓库安全管理的基本任务

仓库安全管理是指针对物品在仓储环节对仓库建筑要求、照明要求、物品摆放要求、消防要求、收发要求、事故应急救援要求等采取的综合性管理措施。

智慧仓储中仓库安全管理是指针对物品在仓储环节对智慧仓库建筑要求、照明要求、物

品摆放要求、消防要求、收发要求、事故应急救援要求等采取的综合性管理措施。

智慧仓库安全实际上就是在传统仓库安全的基础上增加对配备的智能设备的安全性能的维护和保养。但这并不意味着只是增加对设备相关安全的管理，智能设备的增加会使仓库信息系统、平台等方面全面升级，因此也会带动仓库整体的安全要求大幅提高。如何使智慧仓库能够安全、平稳地进行日常操作是现代智慧仓库必须研究的问题，而对智慧仓库整体进行的安全控制就是安全管理的核心工作。

二、智慧仓储中仓库安全管理的基本任务和目标

（一）人的方面

智慧仓储中仓库安全管理目标的实现，需要由上而下层层推动，并落实日常的监督与指导。因此，在人的方面，智慧仓储中仓库安全管理着重考察管理人员对下级，作业，安全教育及钻研、创新的指导。

1. 对下级的指导

（1）对下级的要求是否了解。

（2）对安全教育的必要性是否努力去发现。

（3）是否有教育计划。

（4）是否根据教育计划进行了指导，如新职员教育、特别教育等。

（5）对象为特殊货物或特殊操作时是否进行了重点教育。

（6）有无教材或规范手册。

（7）对执行结果有无评价。

（8）有无补充指导。

（9）对合作公司和包工单位是否有联合指导。

（10）教育过程材料是否留存归档。

2. 对作业的指导

（1）是否按计划巡视了现场，例如：员工是否穿戴整洁，是否有统一的工作服，是否清楚本企业仓库内的安全标准。

（2）对新员工是否关心。

（3）在工作岗位上是否有好的人际关系。

（4）指示、命令是否适当。

（5）用词、语气是否符合要求。

（6）是否关心下级的健康状况。

3. 对安全教育的指导

（1）有目的的安全教育活动效果如何，如宣传画、早会、岗位会议、安全作业表彰等。

（2）是否有计划地持续实行安全教育。

（3）是否动员员工积极参加预防活动、危险预报活动和安全作业会议。

4. 对钻研、创新的指导

（1）工作时是否愿意抱着发现问题的态度。

（2）是否努力培养改进小组。
（3）合理化建议制度的执行效果如何。
（4）工作场所会议和安全作业会议是否经常召开。

（二）物的方面

物的方面主要关注仓库中的货物、环境及卫生三个方面的安全管理。

1. 货物保存安全

（1）为使货物出入库方便，货物是否面向通道保存。
（2）库内是否保持干爽，内外清洁，货物堆放是否整齐。
（3）仓库外是否有火种，易燃物品。
（4）仓库内电源距物品是否大于1m。

2. 作业环境条件的保持和改进

（1）仓储的布局是否合理。
（2）放置方法是否合理，如高度、数量、位置等。
（3）是否配备安全装置，如灭火器等。
（4）是否有好的保管方法，特别是对危险品、有害物品、有毒货物的保管。
（5）地面有无油、水、凸凹不平的现象。
（6）亮度是否足够。
（7）温度是否合适。
（8）有害气体、水蒸气、粉尘是否在允许浓度范围内。
（9）防止噪声的措施有无做好。
（10）安全通道和场所是否有保证。
（11）安全标志是否科学。
（12）是否努力改善环境。

3. 卫生安全检查

（1）是否制订定期自主卫生检查计划。
（2）是否定期进行自主卫生检查。
（3）作业开始前是否进行了卫生检查。
（4）是否根据检查标准进行检查，是否有检查表，检查日期、检查者、检查对象、检查部位、检查方法是否准确。
（5）是否规定了检查负责人。
（6）是否改进了不良部位。
（7）是否保存检查记录。

（三）作业方面

作业方面的管理核心就是改进，通过对作业流程、作业人员及异常情况的关注，不断排除作业环节的安全风险。

1. 作业流程方面的改进

（1）是否抱着发现问题的态度管理作业。

（2）在作业方法上是否与下级商量。

（3）对不恰当的作业是否进行改进。

（4）研究改进方案时是否把安全放在优先地位。

2. 适当安排作业人员的工作

（1）是否有无资质者在进行相关作业。

（2）是否有中高年龄层的员工正在从事高空作业的情况。

（3）是否有让经常发生事故者从事危险作业的情况。

（4）是否有让没有经验的人从事危险作业的情况。

（5）是否有让身体情况异常者工作的情况。

3. 发生异常情况时的措施

（1）是否努力尽早发现异常情况。

（2）是否规定异常时的处理措施标准。

（3）是否掌握常规异常问题及其处理方法。

（4）是否掌握非常情况下库内机器设备的停止方法。

（5）是否掌握非常情况下的躲避标准。

（6）是否掌握发生紧急情况时的处理方法（急救措施）。

（7）是否有事故的原因分析方法。

（8）是否保存了异常事故全过程的记录。

（四）网络系统方面

仓储网络系统主要包括两部分：仓储运作信息系统和仓库安全防御系统。

1. 仓储运作信息系统

（1）系统是否能够支持智能设备、装置和人员的配合工作。

（2）是否经常为信息系统进行调试，使之能更好地调整库内作业流程规划。

（3）是否有专业的员工进行操作、维护和检修。

（4）是否开设系统讲座对全体员工进行培训。

（5）系统中是否有相关安全设置，以便应对库内人员因操作失误或智能设备故障产生的突发状况，如事故突发暂停按钮等。

（6）是否配备安全监控系统，以便随时监控库内作业异常情况的发生。

2. 仓库安全防御系统

（1）仓库是否配备专门的安全防御系统，用以实现防御外企入侵，如开发适合本仓库的防火墙、IDS（网络入侵检测系统）、IPS（入侵防御系统）。

（2）是否时常对信息系统进行调试使之最大程度保护本仓库的安全，如仓库数据安全等。

（3）仓库安全防御系统是否能很好地兼容仓储运作信息系统。

（4）是否有专业的员工进行操作、维护和检修，并且在异常发生时有能力尽快拦截、处理。

（五）智能设备方面

智能设备主要是各设备运行前的准备、运行时和运行后的维护与保养三方面的安全管理。

1. 智能设备运行前的准备

(1) 检查设备、机械、装置本体是否安全。

(2) 防护用具是否有好的性能。

(3) 设备是否有安全装置。

(4) 设备、装置是否有预防、预测或预知性维护，如定期维护传送带、AGV 小车等。

(5) 机械电气装置管理如何，如动力传导装置保护如何，叉车装备是否完整等。

(6) 工作人员是否熟悉设备操作流程。

2. 智能设备运行时

(1) 是否按照程序设定流程进行。

(2) 是否全程有监控。

(3) 如遇到设备故障能否马上查出问题所在。

3. 智能设备运行后的维护与保养

(1) 设备是否有定期或不定期的检查和保养。

(2) 对有问题、出故障的设备是否能够及时修理。

(3) 设备任务完成、每日工作结束时是否对设备、装置进行检查。

(4) 是否对新的智能设备设置专门的安全培训，让员工充分了解使用注意事项。

三、智慧仓库体系构成相关安全管理

智慧仓储中仓库安全管理与传统仓库安全管理在总体上是类似的，都直接关系到货物的安全、作业人员的人身安全及作业设备和仓库设施的安全。因此，智慧仓储中仓库安全管理同样是企业经济效益管理中不可或缺的重要组成部分。特别是作业设备和仓库设施方面，智慧仓库较传统仓库而言对这方面的安全管埋应该更加注意。

因此，在传统仓库安全管理所有内容的基础上，智慧仓库的安全管理还要新增两部分内容：智慧仓库信息系统安全管理和智慧仓库内设备与技术的安全管理。

智慧仓储体系最大的特点之一就是多功能集成，除了传统的库存管理，还要实现对流通中货物的检验、识别、计量、保管、加工和集散等功能，而这些功能得以顺利实现，都依赖于智慧仓库信息系统的强大。

从宏观来看，现代社会已逐渐进入大数据时代，社会中的人利用计算机犯罪很难留下犯罪证据，这也大大刺激了计算机高技术犯罪案件的发生。计算机犯罪率的迅速增加，使计算机系统特别是网络系统面临着很大的威胁，并成为严重的社会问题之一。因此，如何使智慧仓库信息系统能够时刻防御外来风险显得十分重要。

而从微观看，对智慧仓库内部管理而言，能够顺利进行日常作业是最基本的要求。所以，如何利用高科技在确保库内安全的前提下实现系统化、设备化的作业流程是智慧仓库最先需要解决的问题，其中就包括网络系统的安全和机械设备使用的安全。这里说的"网络系统安全"指的是系统能否实现对库内所有运作流程进行合理的组织安排，使库内作业有条不紊地持续下去，避免机械设备自主运行故障而导致的机毁货亡，进而真正实现安全无人化仓库管理。

（一）智慧仓库信息系统的安全管理

智慧仓库信息系统安全管理包括两大部分：对外防御外来风险和对内组织库内安全运作。

1. 基本功能

（1）对外防御系统

① 硬件控制功能，如是否允许使用某些硬件设备。
② 软件控制功能，如是否允许运行计算机里已经安装的应用程序。
③ 网络控制功能，如是否允许上网。
④ 日志记录功能。
⑤ 实时监控功能，如在库区内各个角落安装监控设备，随时派工作人员进行监管。
⑥ 软件防火墙功能。
⑦ 人员安全识别功能。

（2）对内组织运作系统

① 作业管控功能，可以对各个环节做出明确的指示，降低对人员的操作要求，提升作业效率。
② 工作分配管控功能，可根据任务的先来后到顺序对任务进行排列，安排运作流程。
③ 数据管控功能，如通过对信息的分析，帮助仓库的管理者了解已知的可预计的出库、入库的货量等。

2. 智慧仓库信息系统安全管理的具体内容

（1）对外防御系统

① 硬件控制。允许/禁止使用 USB 移动存储设备（如 U 盘、移动硬盘、MP3、MP4、数码相机、DV、手机等）、光盘驱动器（如 CD、DVD、刻录机、雕刻机等）、打印机（如 LPT、USB、红外线、IEEE 1394、共享、虚拟打印机等）备份计算机信息文件；允许/禁止使用计算机声卡。

② 软件控制。允许/禁止运行计算机里已经安装的应用程序，有效控制聊天（QQ、MSN 等）、玩游戏、看电影、听音乐、下载文件、炒股，以及运行一切与工作无关的应用程序。

③ 网络控制。允许/禁止上网，或只允许/禁止访问指定网站，设置信任站点；允许/禁止通过 Outlook、Hotmail 等收发电子邮件，允许/禁止通过网站收发邮件，只允许/禁止指定邮件地址收发电子邮件；允许/禁止基于 HTTP 或 FTP 的上传下载；允许/禁止通过 QQ 等聊天工具传输文件；允许/禁止收看网上视频等。

④ 日志记录。准确记录聊天工具（如 QQ、MSN 等）的聊天内容、网站访问日志、基于 HTTP 的文件上传下载日志、FTP 连接访问日志、基于 FTP 的文件上传下载日志、邮件收发日志（包括邮件正文及附件）、应用程序运行日志、应用程序网络连接日志、消息会话日志、被控端连接日志等。

⑤ 实时监控。实时跟踪被控端计算机桌面动态、控制端与被控端之间相互消息会话（类似于 QQ 聊天工具），锁定被控端计算机，随时发布警告通知，异地跟踪被控端计算机桌面，对被控端计算机进行远程关机、注销、重启操作，对被控端进程管理、被控端软硬件资源、被控端网络流量及会话进行分析等。

⑥ 防火墙。对可疑端口或 IP 进行封堵，禁止可疑程序连接网络，限制访问非法网站，有效防范网络攻击及净化网络环境。

⑦ 人员安全识别。通过人脸、指纹或瞳孔等方式对进出仓库人员身份进行识别，禁止

外来未登记人员进入或进入时报警等。

（2）对内组织运作系统

库内组织运作系统的正常运转离不开 WMS 和 WCS 的配合。一个高效的智慧仓库运作需要一个量身定制的智能仓库管理和控制系统。一个与仓库配套的信息系统从组织纲要到具体细节把控都能做到面面俱到，才能使人员和机械设备配合得好。

① 作业管控。智慧仓库信息管理系统可以通过精准的设定，在收货聚集、上架建议、拣货策略、出货规范、库存盘点等环节都做出明确的指示，降低对人员的操作要求，最大限度地协调机械设备自行运作，从而提升作业效率。

② 工作分配管控。智慧仓库信息管理系统可根据任务的顺序对任务进行排列，并支持根据任务的重要和紧急程度进行设置和排序，从而保证任务有序进行，增强任务安排的灵活性，提高任务时效性。同时，在分配任务时，系统还需要能按照给定的规则和算法给出最优方案。

③ 数据管控。通过系统的查询功能，可以将各分仓、作业区域、库位、停车场、作业人员、货物、设备等信息展现在用户眼前。通过对这些信息进行分析，能够帮助仓库的管理者了解已知的可预计的出库、入库的货量，并结合现有的货量进行实时分析。在爆仓情况发生前，提早做出预警，避免不必要的损失。通过仓库信息管理系统的应用，实现了仓储的信息化、精细化管理。

（二）智慧仓库智能设备的安全管理

除了对智慧仓库信息系统进行安全管理外，对库内所有设备与技术的安全也需要进行彻底的管理。智慧仓库，顾名思义，库内的机械设备多而人少，有些智慧仓库已经实现无人化运作。所以，对智慧仓库而言，机械设备的重要性不言而喻。如何保证各种设备运行前、运行时和运行后的各种安全是整个仓库正常运作的关键所在。

1. 电子标签系统设备的安全管理

电子标签是一种非接触式的自动识别技术，它通过射频信号来识别目标对象并获取相关数据，识别工作无须人工干预，作为条码的无线版本，RFID 技术具有条码所不具备的防水、防磁、耐高温、使用寿命长、读取距离大、标签上数据可以加密、存储数据容量更大、存储信息更改自如等优点。电子标签系统中常用设备有标签、读取器和天线。如图 3-8 所示。

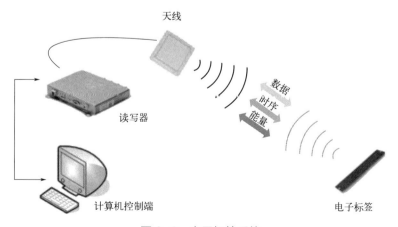

图 3-8　电子标签系统

(1) 数据安全

对电子标签中存储的数据进行加密处理，防止信息被非法读取和篡改。只有经过授权的读写器和系统软件才能访问和修改标签中的数据。建立严格的数据访问权限控制机制，确保不同岗位的人员只能访问与其工作职责相关的数据。定期对电子标签系统中的数据进行备份，以防止数据丢失或损坏。

(2) 设备物理安全

电子标签应采用坚固耐用的材料制作，能够承受一定的外力冲击和环境影响。在安装和使用过程中，要确保标签牢固地附着在货物或货位上，防止脱落和损坏。读写器应安装在安全可靠的位置，避免受到外力破坏和电磁干扰。同时，要对读写器进行定期维护和检查，确保其正常运行。建立电子标签系统设备的巡检制度，及时发现和处理设备故障和安全隐患。

(3) 网络安全

如果电子标签系统与企业内部网络或外部网络进行连接，要采取有效的网络安全措施，如防火墙、入侵检测系统等，防止网络攻击和数据泄露。对网络通信进行加密，确保数据在传输过程中的安全性。

2. 自动化运输系统设备的安全管理

自动化运输系统主要由输送线完成物品的输送任务。在环绕库房、生产车间和包装车间的场地，设置有由许多带式输送机、辊子输送机等组成的一条条输送链，经首尾连接形成连续的输送线，如图3-9所示。在物品的入口处和出口处设有路径岔口装置、升降机和地面输送线。这样在库房、生产车间和包装车间范围内形成了一个既可顺畅到达各个生产位置同时又是封闭的循环输送线系统。所有生产过程中使用的有关材料、零件、部件和成品，都须装在贴有条码的托盘箱里才能进入输送线系统。在生产管理系统发出的生产指令的作用下，装有物品的托盘箱从指定的入口进入输送线系统。输送线主要包括带式输送线、辊子输送机和托盘输送线等，用于纸箱和周转箱的输送。

(1) 设备运行安全

对自动化运输系统设备进行定期维护和保养，确保设备的性能和可靠性。检查设备的传动部件、制动系统、电气系统等，及时更换磨损和损坏的部件。建立设备运行监控系统，实时监测设备的运行状态和参数。如发现异常情况，应立即停止设备运行，并进行故障排查和处理。为自动化运输系统设备设置安全防护装置，如防护栏、急停按钮等，防止人员误操作和设备故障引发的安全事故。

(2) 人员安全

对操作人员进行安全培训，使其熟悉自动化运输系统设备的操作规程和安全注意事项。操作人员必须培训合格后才能上岗操作。在设备运行区域设置明显的安全警示标志，提醒人员注意安全。禁止非操作人员进入设备运行区域。建立应急救援机制，制订应急预案，确保在发生安全事故时能够及时有效地进行救援和处理。

(3) 系统集成安全

如果将自动化运输系统与其他系统进行集成，要确保系统集成的安全性。对接口进行严格的安全测试和验证，防止数据泄露和系统故障。建立系统集成的安全管理规范，明确各方的安全责任和义务，确保整个系统的安全稳定运行。

图 3-9　自动化运输系统

3. 自动化立体仓库的安全管理

自动化立体仓库是由立体货架、有轨巷道堆垛起重机、出入库托盘输送机系统、尺寸检测条码阅读系统、通信系统、自动控制系统、计算机监控系统、计算机管理系统,以及其他如电线、电缆、桥架、配电柜、托盘、调节平台、钢结构平台等辅助设备组成的复杂的自动化系统。该系统运用一流的集成化物流理念,采用先进的控制、总线、通信和信息技术,通过以上设备的协调动作进行出入库作业。如图 3-10 所示。

图 3-10　自动化立体仓库系统

自动化立体仓库使用的注意事项如下:

(1) 安全问题。自动化立体仓库是自动化的设备,在使用过程中需要人为干预的工作很少,对于一些贵重物品的仓库管理就需要注重安全问题,对产品的保护需要升级。同时,还需要注意的是自动化立体仓库中的机械设备在运行中对人有没有安全隐患。

(2) 安装性能问题。自动化立体仓库的安装是一个大的工程,需要在安装前确定地面的性质,在整个场地先规划好再进行安装和操作。

（3）进行专业的技能操作，仓管员应按说明书操作，严禁违规操作。
（4）对自动化立体仓库进行定期维护和保养，避免故障的发生。

某企业自动化立体仓库安全使用管理制度的具体条款和内容

（1）经营者应建立健全自动化立体仓库安全管理制度，明确人员岗位职责分工，明确安全责任人。

（2）设立专门的安全人员，负责立体仓库的安全监管和管理，包括设备维护、检修、运行等。

（3）按照国家安全生产要求，制订并实施安全生产责任制，明确责任到人，加强对立体仓库安全的管理。

（4）定期组织安全演习和培训，提高人员安全意识和应急处理能力，掌握事故防范和应急救援的基本知识和技能。

（5）确保立体仓库的设备和设施符合国家安全技术标准，具备安全防护装置和报警系统。

（6）确保立体仓库的供电、照明、通风、消防系统等设备的正常运行和维护。

（7）控制立体仓库的负荷，避免超载运行，确保设备的稳定运行。

（8）建立健全立体仓库巡查制度，定期巡查设备和设施的安全状况，及时发现和排除安全隐患。

（9）制订应急预案，明确各级人员的应急职责和处置措施，确保发生事故时能够高效、快速地进行处置。

（10）定期对立体仓库进行安全检查，进行安全隐患排查，及时开展安全整改工作。

（11）记录和汇总立体仓库的安全事故和事故原因，进行安全隐患分析和整改措施的制订。

（12）加强与相关部门的沟通和合作，共同落实立体仓库的安全管理工作。

以上是一个自动化立体仓库安全使用管理制度的大致内容，具体内容需要根据实际情况进行调整和完善。在制订和实施该制度时，还需参考国家相关法律法规和标准要求。

4. 智能分拣系统设备的安全管理

智能分拣系统（automatic sorting system）是先进配送中心所必需的设施之一，具有很高的分拣效率，通常每小时可分拣商品 6000～12000 箱。可以说，智能分拣机是提高物流配送效率的一项关键因素。智能分拣设备使用的注意事项如下：

（1）机械运行时，禁止吸烟。定期检查设备制动装置，加强班前安全教育培训和生产过程监管。

（2）禁止人员用湿毛巾清洗带电设备，禁止非设备管理员擅自检修设备，设备管理员检修设备必须停机，现场要指定监护人员，定期检查、保养和维护电气线路。

（3）人员不准站在小车轨道上，禁止人员在小车通道上行走，指定二层下方中间通道为人行通道，并进行宣传教育培训，加强作业期间安全监管，对违规人员纳入安全考核。

（4）进行班前安全提示，张贴禁止性安全警示标识，加强现场过程监管。

（5）禁止人员从分拣线下方空隙穿行，从一层通道上二层时，小心碰头，对员工进行危险源防范知识培训，加强现场监管，违规人员纳入三级考核。

（6）作业前穿作业服，换上橡胶底鞋，工作时加强自我安全防范意识，走斜坡或不平坦处要格外小心，禁止在巡线时快走和跑步。加强现场安全监管和考核。

（7）开箱时，人员必须戴劳动保护手套，禁止开箱时使用蛮力或动作幅度太大。作业后，关闭刀刃，将刀具定置存放。

5. 机器人分拣系统设备安全管理

机器人分拣系统设备又称分拣机器人（sorting robot），是一种具备传感器、物镜和电子光学系统的机器人，可以快速进行货物分拣。

分拣机器人使用的注意事项如下：

（1）安全第一，机器人启动前，务必确保机器人作业区域内没有人。生产时如有必要进入作业区，务必征得监护人员的同意，拔掉护栏安全栓，打开安全门，进入安全门打开的区域，严禁穿越压力机进入安全门未打开的区域。若要处理压力机内模具问题，务必停止该压力机前后两台机器人，保证人身安全。

（2）每天使用机器人之前，务必将机器人导轨擦拭一遍，防止过度磨损。严禁用脚踩机器人导轨。观察润滑油脂是否够用，工作时留意机器人工作导轨及齿轮导轨的润滑情况。

（3）更换吸盘时，要留意观察机器人 R1 轴前端定位销是否松动、暗伤、开裂，机器人气管接头是否松动漏气，吸盘上紧固螺钉是否松动，橡胶吸盘是否拧紧。

（4）生产前要观察机器人运动区域内是否有其他物体（踏板、支架等）与其干涉；生产中要注意观察机器人的运动轨迹及运动声响是否有异常，如有异常现象，务必做记录。

（5）起吊模具时要注意对传感器接线盒的保护，防止将接头撞坏，影响正常生产。

（6）强化 7S 管理，提升现场的管理水平，保证机器人、机器人控制柜、安全护栏及周边环境清洁美观。

（7）做好对分拣机器人的周期性维护。

除以上各系统智能设备的安全使用外，在各系统每次使用前都应对所有相关设备进行安全检查，包括硬件设备和软件系统的完好程度。在使用后也需要对所有设备进行检查，确保设备下次能够正常使用，并确认电源、电闸全部关闭。每隔一段时间都应对各类别设备进行分批次的维护与检修，间隔时间可以是固定的，也可以是不固定的，达到随时对设备都心中有数的程度。相关领导也应随时对设备安全状况进行抽查，这种行为会在一定程度上让员工对安全问题更加注意，让他们知道安全问题的重要性。

智慧仓库管理工作中居于首位的是安全管理。安全管理工作是物品存储与仓储管理工作的前提和基础。如果仓库管理不善，就可能发生火灾等危险事故。对企业来说，这不仅会给库房、货物等带来巨大的经济损失，也会给国家和人民的生命财产造成无法计算的损害。

加强安全管理，提高安全技术水平，及时发现和消除仓库中的不安全因素，对于杜绝各类事故的发生具有十分重要的意义。

思政园地

《国家物资储备仓库安全保卫办法》中提到：

储备仓库内部安全保卫工作贯彻"预防为主、单位负责、突出重点、保障安全"的方针。

储备仓库内部安全保卫工作应当坚持以人为本，保护职工人身安全。各级单位不得以任何理由忽视职工人身安全。

储备仓库安全保卫工作的任务是：以防火灾、防抢劫、防盗窃、防爆炸、防破坏、防恐怖活动和突发事件、防治安灾害事故为重点，加强重要部位的守卫和控制，建立健全安全保卫工作制度，落实治安防范措施，严防发生违法犯罪和其他治安问题，确保国家储备物资和储备仓库的安全。

任务执行

步骤一：亚马逊自动化仓库事故频发的原因

技术因素：自动化仓库使用的机器人和智能设备虽然高效，但技术尚未完全成熟，可能存在设计缺陷或操作不稳定的问题，从而导致意外发生。

管理因素：安全管理制度可能不够完善，或者执行不力。员工培训可能不足，导致员工对自动化设备的使用和维护不够熟练，无法有效应对突发情况。

人为因素：人为操作失误或疏忽也是事故频发的一个重要原因。员工可能因疲劳、分心等原因导致操作不当，从而引发事故。

环境因素：仓库的物理环境，如温度、湿度、光照等，也可能对自动化设备的运行产生影响，从而增加事故风险。

步骤二：关于欧美工会组织的观点

虽然欧美工会组织认为自动机器人将人类置于威胁生命的危险之中，但这一观点可能过于片面。自动化技术的引入本身是为了提高效率和安全性，但前提是技术成熟、管理到位、员工操作规范。事故频发更多是技术、管理和人为因素的综合作用，而非单一因素所致。因此，不能简单地将责任归咎于自动机器人。

步骤三：亚马逊自动化仓库安全管理的改进建议

1. 技术升级与员工培训

技术升级：持续投入研发，优化自动化设备的设计和功能，提高其稳定性和安全性。引入更先进的传感器和故障预警系统，以提前发现并解决潜在问题。

员工培训：加强员工对自动化设备的操作培训，确保每位员工都能熟练掌握设备的使用和维护方法。同时，提高员工的安全意识，让他们了解自动化设备的潜在风险，并学会如何有效应对。

2. 完善管理制度与流程

制度建设：建立健全的安全管理制度和操作规程，明确各岗位的职责和安全要求。设立专门的安全管理部门或小组，负责监督制度的执行情况，并定期进行安全检查和评估。

流程优化：优化仓库的作业流程，确保自动化设备与人工操作之间的无缝衔接。制订应急预案，明确在发生安全事故时的应对措施和疏散路线，确保员工能够迅速响应和处理。

3. 加强监管与持续改进

安全监管：建立严格的安全监管机制，对仓库的日常运行进行实时监控和记录。定期邀请第三方机构进行安全审核和评估，确保安全管理措施得到有效执行。

持续改进：建立持续改进机制，鼓励员工提出安全管理方面的意见和建议。对自动化仓库的安全管理进行定期回顾和总结，分析事故原因和教训，制订针对性的改进措施并跟踪落实效果。同时，关注行业内的最新技术和安全标准，及时引入和应用以提升仓库的整体安全水平。

 成效考量

成效考量考核表

班级		姓名		学号	
任务名称	仓库作业安全管理					
评价项目	评价标准	分值/分	自评（30%）	互评（30%）	师评（40%）	合计
考勤	旷课、迟到、早退、请假	7				
职业素养	制订计划能力强，严谨认真	7				
	主动与他人合作	7				
	采取多样化手段解决问题	7				
	责任意识、服从意识	7				
学习过程	能够掌握智慧仓储安全管理的基本概念和原理	14				
	能够了解智慧仓储中仓库安全管理的基本任务和目标	14				
	能够熟悉智慧仓库体系构成相关安全管理的要点	14				
完成情况	按时提交任务活动	5				
	任务活动完成程度	5				
	任务活动的答案准确性	5				
	创新意识	8				
得分		100				

任务五　智慧仓储作业管理综合实训

任务引领

一、任务背景

（一）青禾集团上海物流中心信息

青禾集团上海物流中心（以下简称"上海物流中心"）是青禾物流在华东地区的重要物流节点，拥有 20000m^2 仓内面积，自有运输车辆目前已有二十辆以上，先后为华东地区近 600 家企业提供物流服务。

上海物流中心的位置定位：121.197527，30.937045

（二）大客户信息

以下为上海物流中心部分大客户信息。

1. 优家宝贝妇婴用品有限公司

优家宝贝妇婴用品有限公司（简称"优家宝贝"）成立于 2002 年，总部位于上海，是一家集母婴用品专业设计、研发、生产、销售于一体的综合性现代化公司。该公司生产的产品主要包括奶粉、纸尿裤、婴儿用品和各类洗护用品等，目前公司产品畅销消费者市场，在消费者当中享有较高的地位，公司和多家零售商建立了长期稳定的合作关系。2022 年 9 月 5 日，青禾物流正式成为优家宝贝的物流服务供应商，开始提供在华东区的物流服务。

2. 科宝母婴用品有限公司

科宝母婴用品有限公司（简称"科宝"）成立于 1993 年，是一家致力于母婴用品研发、设计、生产的生产型企业，产品涉及孕妇与婴幼儿服饰、配件、卫生用品以及育婴咨询服务等。科宝母婴用品应用人工智能、物联网、移动支付等高新技术，通过扫码购物、零售等系统平台，助力终端销售。2020 年 7 月，青禾物流有限公司通过洽谈，成了科宝在国内的物流服务供应商。

3. 雅致生活护理用品有限公司

雅致生活护理用品有限公司（简称"雅致生活"）成立于 1993 年，是一家集研发、生产和销售于一体的创新型个人护理用品公司，产品包括身体护理、面部护理、香水、头发护理、沐浴产品、男士系列及家居香氛等。2012 年 5 月，青禾物流与雅致生活签订合作协议，正式成为雅致生活在国内的物流服务供应商。

4. 施露兰化妆品有限公司

施露兰化妆品有限公司（简称"施露兰"）是一家集科研、开发、生产、销售为一体的化妆品企业。自 1991 年成立以来，在中国国内，施露兰与多个经销商建立了良好的合作关系，产品通过他们长期的分销渠道走向全国。2021 年 7 月，施露兰与青禾集团达成物流合作协议，青禾集团正式成为施露兰在国内的物流服务供应商。

二、资源信息

（一）托盘信息

上海物流中心目前可用的托盘共100个，编号为6100000000001～6100000000100。

（二）托盘货架信息

上海物流中心仓库的托盘货架为6层，每层高度为1400mm。规格为1200mm×1000mm×150mm的标准托盘，货品上架后，每层的作业净空要求为150mm。托盘货架主视图示例如图3-11。

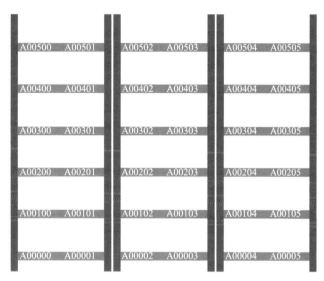

图3-11 托盘货架主视图示例

目前上海物流中心可用于新用户货品存储的货架，如图3-12所示。

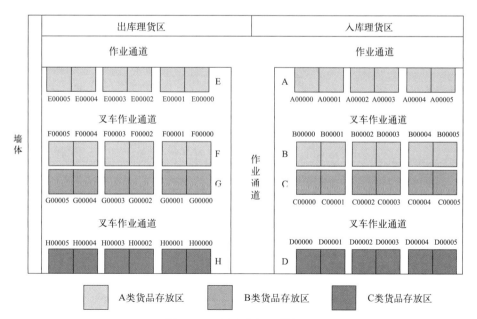

图3-12 托盘货架区俯视图

按照上海物流中心的惯例，托盘货架区的存储基于以下规则：
① 母婴用品存储于 A/B/C/D 货架；
② 洗护用品存储于 E/F/G/H 货架。
图 3-12 中 8 个货架均为空货架。

三、作业信息

（一）入库作业信息

北京时间 2024 年 9 月 5 日 9:00，青禾物流上海物流中心运营部接到优家宝贝发来的入库通知单，具体如表 3-12～表 3-14 所示。

表 3-12　入库通知单 1

ASN 编码	ASN202410050		客户指令号	RK202410050	客户名称		优家宝贝
库房	青禾集团西安物流中心		紧急程度	一般	是否取货		否
入库类型	正常入库		预计入库时间		2024 年 9 月 5 日		
货品编码	货品名称	包装规格 /mm×mm×mm	批次	生产日期	单位	数量	备注
6926467962562	金装系列纸尿裤	560×330×270	202408	20240822	箱	21	—
6926467962565	宝宝训练吸盘碗	190×370×270	202408	20240815	箱	20	—
6927326983134	宝宝植物金水	560×330×270	202408	20240812	箱	11	—

表 3-13　入库通知单 2

ASN 编码	ASN202410051		客户指令号	RK202410051	客户名称		优家宝贝
库房	青禾集团上海物流中心		紧急程度	一般	是否取货		否
入库类型	正常入库		预计入库时间		2024 年 9 月 5 日		
货品编码	货品名称	包装规格 /mm×mm×mm	批次	生产日期	单位	数量	备注
6926467962562	金装系列纸尿裤	560×330×270	202408	20240822	箱	41	—
6927326983134	宝宝植物金水	560×330×270	202408	20240812	箱	20	—

表 3-14　入库通知单 3

ASN 编码	ASN202410052		客户指令号	RK202410052	客户名称		优家宝贝
库房	青禾物流上海物流中心		紧急程度	一般	是否取货		否
入库类型	正常入库		预计入库时间		2024 年 9 月 6 日		
货品编码	货品名称	包装规格 /mm×mm×mm	批次	生产日期	单位	数量	备注
6926467962567	乐哆硅胶指套牙刷	560×330×270	202408	20240822	箱	12	—
6927326983134	宝宝植物金水	560×330×270	202408	20240812	箱	7	—

（二）出库作业信息

北京时间 2024 年 9 月 5 日 11:00，青禾物流运营部接到优家宝贝发送的出库通知单，具体如表 3-15～表 3-17 所示。

表 3-15　出库通知单 1

SO 编码	SO2024100501	客户指令号	CK2024100501
发货库房	青禾集团上海物流中心	客户名称	优家宝贝
收货单位	优家宝贝（××路店）	出库日期	2024 年 9 月 5 日
收货地址	成都市青羊区××路××号	是否送货	是

货品编码	货品名称	生产日期	单位	数量	体积/m³	重量/kg
6926467962561	初生婴儿感温防碎玻璃奶瓶	20240612	箱	5	0.095	16
6926467962563	净能量医护洁面巾	20240217	箱	6	0.299	46.8
6926467962565	宝宝训练吸盘碗	20240815	箱	5	0.095	21.6

表 3-16　出库通知单 2

SO 编码	SO2024100502	客户指令号	CK2024100502
发货库房	青禾集团上海物流中心	客户名称	优家宝贝
收货单位	优家宝贝（××路店）	出库日期	2024 年 9 月 5 日
收货地址	成都市成华区××路××号	是否送货	是

货品编码	货品名称	生产日期	单位	数量	体积/m³	重量/kg
6926467962563	净能量医护洁面巾	20240217	箱	11	0.545	85.8
6926467962565	宝宝训练吸盘碗	20240815	箱	9	0.171	32.4
6927326983132	香桃沐浴露	20240322	箱	6	0.299	87
6927326983137	晚安健护润肤露	20240122	箱	5	0.249	68

表 3-17　出库通知单 3

SO 编码	SO2024100503	客户指令号	CK2024100503
发货库房	青禾物流上海物流中心	客户名称	优家宝贝
收货单位	优家宝贝（××路店）	出库日期	2024 年 9 月 6 日
收货地址	浙江省杭州市临平区××路××号	是否送货	是

货品编码	货品名称	生产日期	单位	数量	体积/m³	重量/kg
6927326983132	香桃沐浴露	20240322	箱	6	0.299	87
6926467962565	宝宝训练吸盘碗	20240815	箱	9	0.171	32.4
6926467962561	初生婴儿感温防碎玻璃奶瓶	20240612	箱	5	0.095	16

四、上海物流中心日常工作内容

上海物流中心日常工作内容如下：

（1）分析审核客户发送的入库通知单，受理客户的入库需求，在物流业务数字化管理系统中维护当天入库的订单信息，完成入库作业。如客户要求上门提货，会在通知单里明确要求，没有备注则默认不用上门提货。

（2）分析审核客户发送的出库通知单，受理客户的出库需求，并于出库当天在物流业务数字化管理系统中完成出库订单的处理，完成出库作业。如客户要求送货，会在通知单里明确要求，没有要求则默认不用送货。

五、任务要求

你是上海物流中心运营部的员工，请根据案例中给定的数据信息及作业任务要求，结合上海物流中心现有资源，完成2024年9月5日作业计划及信息处理。

（一）由于优家宝贝为青禾物流新客户，目前公司的信息管理系统中并未维护优家宝贝的相关信息，请在物流业务数字化管理系统中维护优家宝贝的公司信息及其收货人信息（表3-18、表3-19）。

表3-18 客户信息

客户单位名称	优家宝贝有限公司		
客户简称	优家宝贝	客户级别	A
英文缩写	YJBB	拼音码	YJBB
客户经理	李××	客户经理电话	136×××5234
联系人	袁××	联系人电话	188×××4325
客户地址	上海市普陀区××路××号		

表3-19 客户收货人信息

序号	收货人单位	收货联系人	联系人电话	收货地址
1	优家宝贝（××路店）	元××	198×××6784	成都市青羊区××路××号
2	优家宝贝（××路店）	张××	188×××7682	成都市成华区××路××号
3	优家宝贝（××路店）	李××	175×××8937	浙江省杭州市临平区××路××号

（二）填写货品储位的规划过程及结果。

（1）基于2021年货品出库数据计算货品的平均库存量。平均库存量计算公式如下：

$$平均库存量（箱）= \frac{周转天数 \times 年出库总量（箱）}{全年实际工作天数}$$

（2）基于平均库存量，设计货品的平均库容量，再结合货品体积及货架存储空间，计算货品所需存储货位数量（默认一个储位存放一个托盘）。

$$平均库容量 = 平均库存量 \times 2$$

（3）根据货品大类（电器、食品），基于货品2020年的库存周转率计算货品ABC分类，并根据货品所需储位数量，规划货品上架储位区间。

① 库存周转率计算公式：

$$库存周转率 = 全年实际工作天数 \div 库存周转天数$$

② 库存周转率分类标准：货品库存周转率在0～30%的为A类；在30%～60%的为

B 类；在 60% ～ 100% 的为 C 类。

③ 周转率高的，优先存放于储位编码小的储位。

（4）同储位中，货品不允许混装。

（5）结合货品规划的要求和货品所需储位数量，进行货品储位区间规划时，优先将一个货架的可分配储位分配完：

① A 货架最靠近出入库理货区，因此作业效率最高，B 架次之，以此类推；

② A 货架的储位编码最小，B 货架次之，以此类推。

（三）在物流业务数字化管理系统中为优家宝贝的货品设置上下架策略，并在系统中维护优家宝贝 9 月 5 日需要入库的货品信息，要求完整维护货品基础信息、货品码盘规格、操作策略（注：系统中货品、托盘、货架的长度、宽度、高度等尺寸单位均为"米"）。

1. 标准上架规则

（1）优先根据货品存储区间确定上架储位；

（2）条件（1）无法定位上架储位时，按同一客户的货品相邻存放的原则定位储位；

（3）以上条件都无法定位储位时，上架到任意空储位。

2. 标准下架规则

优家宝贝要求货品采用"先入先出"的原则进行下架。

（四）在物流业务数字化管理系统中维护优家宝贝 9 月 5 日需要入库货品的储位规划。

（五）为优家宝贝制订货品入库作业计划，编制货品入库作业计划表。

（六）根据客户发送的入库作业信息，结合上海物流中心业务要求，在物流业务数字化管理系统中完成青禾集团上海物流中心 9 月 5 日的入库作业。

（七）根据客户发送的出库作业信息，结合上海物流中心业务要求，在物流业务数字化管理系统中完成青禾集团上海物流中心 9 月 5 日的出库作业。

任务执行

步骤一：在系统中维护优家宝贝的公司信息及其收货人信息

步骤二：填写货品储位的规划过程及结果（表 3-20 ～表 3-23）

表 3-20　货品平均库存量

序号	货品名称	平均库存量/箱	平均库容量/箱
1	初生婴儿感温防碎玻璃奶瓶	81	162
2	金装系列纸尿裤	30	59
3	净能量医护洁面巾	31	61
4	享生活干湿洁面巾	48	95
5	宝宝训练吸盘碗	110	221
6	宽口径自动感温 PPSU 奶瓶	58	115
7	乐哆硅胶指套牙刷	103	207

续表

序号	货品名称	平均库存量/箱	平均库容量/箱
8	乐哆奶粉分装盒	103	205
9	多功能奶瓶清洁刷套装	82	163
10	超宽口奶嘴	94	187
11	婴幼儿多效洁净洗衣液	38	77
12	香桃沐浴露	18	36
13	松花爽身粉	65	130
14	宝宝植物金水	30	60
15	婴幼儿橄榄油	35	70
16	金艾润养宝宝霜	28	55
17	晚安健护润肤露	38	77
18	鲜奶润养保湿霜	33	66
19	金艾倍润防皱霜	31	62
20	洗沐二合一	67	134

表 3-21　货品储位数量

序号	货品名称	托盘每层码放箱数/箱	托盘储位可码放箱数/箱	货品所需储位数量/个
1	初生婴儿感温防碎玻璃奶瓶	15	45	4
2	金装系列纸尿裤	6	18	4
3	净能量医护洁面巾	6	18	4
4	享生活干湿洁面巾	6	18	6
5	宝宝训练吸盘碗	15	45	5
6	宽口径自动感温 PPSU 奶瓶	15	45	3
7	乐哆硅胶指套牙刷	6	18	12
8	乐哆奶粉分装盒	6	18	12
9	多功能奶瓶清洁刷套装	6	18	10
10	超宽口奶嘴	15	45	5
11	婴幼儿多效洁净洗衣液	6	18	5
12	香桃沐浴露	6	18	3
13	松花爽身粉	6	18	8
14	宝宝植物金水	6	18	4
15	婴幼儿橄榄油	6	18	4
16	金艾润养宝宝霜	6	18	4
17	晚安健护润肤露	6	18	5
18	鲜奶润养保湿霜	6	18	4
19	金艾倍润防皱霜	6	18	4
20	洗沐二合一	6	18	8

表 3-22 母婴用品储位规划表

序号	货品名称	库存周转率 /%	ABC 分类	托盘货架存储区间
1	金装系列纸尿裤	14.60	A	A00000～A00003
2	净能量医护洁面巾	14.04	A	A00004～A00101
3	享生活干湿洁面巾	13.04	B	C00000～C00005
4	宽口径自动感温 PPSU 奶瓶	10.43	B	C00100～C00102
5	初生婴儿感温防碎玻璃奶瓶	9.61	B	C00103～C00200
6	乐哆奶粉分装盒	9.36	C	D00005～D00103
7	多功能奶瓶清洁刷套装	8.69	C	D00000～D00103
8	超宽口奶嘴	8.11	C	D00104～D00202
9	乐哆硅胶指套牙刷	7.93	C	D00203～D00402
10	宝宝训练吸盘碗	6.52	C	D00403～D00501

表 3-23 洗护用品储位规划表

序号	货品名称	库存周转率 /%	ABC 分类	托盘货架存储区间
1	婴幼儿多效洁净洗衣液	14.60	A	E00000～E00004
2	香桃沐浴露	16.59	A	E00005～E00101
3	婴幼儿橄榄油	16.59	B	G00000～G00003
4	金义润养宝宝霜	16.59	B	G00004～G00101
5	宝宝植物金水	15.87	B	G00102～G00105
6	晚安健护润肤露	14.60	C	H00000～H00004
7	鲜奶润养保湿霜	14.60	C	H00005～H00102
8	金艾倍润防皱霜	13.52	C	H00103～H00200
9	洗沐二合一	11.06	C	H00201～H00302
10	松花爽身粉	10.43	C	H00303～H00404

步骤三：在物流业务数字化管理系统中为优家宝贝的货品设置上下架策略

步骤四：在系统中维护优家宝贝 9 月 5 日需要入库货品的储位规划

步骤五：编制货品入库作业计划表（表 3-24）

表 3-24 洗护用品储位规划表

序号	货品名称	入库数量 / 箱	每托盘码放箱数 / 箱	使用托盘数量 / 个
1	金装系列纸尿裤	41	18	3
2	宝宝植物金水	20	18	2

步骤六：在系统中完成青禾集团上海物流中心 9 月 5 日的入库作业

步骤七：在系统中完成青禾集团上海物流中心 9 月 5 日的出库作业

项目四
智慧仓储库存管理与控制

任务一 库存管理与需求预测

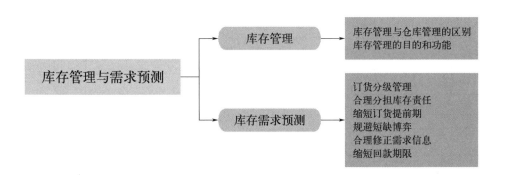

目标导向

通过本任务的学习，可以达成以下目标：

知识目标	1. 掌握库存管理的概念、目的和功能； 2. 了解库存管理与仓库管理的关键区别； 3. 熟悉库存需求预测的方法。
能力目标	1. 能够深入分析库存管理与仓库管理在职责、目标、流程等方面的关键区别； 2. 能够运用库存需求预测方法，妥善处理供应链的牛鞭效应。
素质目标	1. 培养全局视野，能够从供应链整体出发，考虑库存管理的决策对上下游企业的影响； 2. 培养良好的沟通协调能力，能够在团队中有效协作，共同实现库存管理目标。

任务引领

一汽-大众汽车有限公司（简称一汽-大众）于 1991 年 2 月 6 日成立，是由中国第一汽车股份有限公司和德国大众汽车股份公司、德国奥迪汽车股份公司及大众汽车（中国）投资有限公司合资经营的大型乘用车生产企业，是我国第一个按经济规模起步建设的现代化乘用车工业基地。

一汽-大众汽车有限公司目前仅捷达车就有七八十个品种、十七八种颜色，而每辆车都有 2000 多种零部件需要外购。从 1999 年到 2021 年年末，捷达车销售量从 43947 辆一路跃升至 169000 辆，市场兑现率高达 95%～97%。

与这些令人心跳的数字形成鲜明对比的是公司零部件居然处于"零库存"状态，而制造这一巨大反差的就是一整套比较完善的物流控制系统。请分析一汽-大众"零库存"管理方法。

知识建构

一、库存管理

（一）库存管理与仓库管理的区别

仓库管理主要是对仓库或库房的布置、物料运输和搬运以及存储自动化等的管理；库存管理的对象是库存项目，即仓库中的所有物料，包括原材料、零部件、在制品、半成品及产品，以及辅助物料。库存管理的主要功能是在供、需之间建立缓冲区，达到缓和用户需求与企业生产能力之间、最终装配需求与零配件之间、零件加工工序之间、生产厂家需求与原材料供应商之间的矛盾。

（二）库存管理的目的和功能

（1）谋求资本的有效运用。如果有多余的资材长期积压，对资金的正常运转来讲是最不利的事。要防止资金僵化，资金良性循环才能产生利润。

（2）保有最小库存量，保证销售流动能顺利进行，使库存产品量达到不致存量不足的最小限度，避免积压资金。

（3）及早掌握库存状况，以便对库存过剩、库存短缺及时处理。

（4）节省库存费用。适当地保存库存量能节省库存费用。库存费用每年约占库存总额的 24%～25%。1974 年日本资材管理协会的问卷调查结论为 24.06%，之后因人工费上涨，估计已达到 30% 以上。这部分金额的增大给资金运转造成很大压力，使经营效率恶化。

（5）提高企业的经济效益。库存保存多会积压资金，库存不足也会造成资金浪费，唯有适当保存库存才能获得有效的营运。

（6）稳定操作水准，减少或维持制造成本。

（7）促进生产，防止库存不足。库存是为了配合生产，降低物料短缺率，在生产期内保障物料供应、促进生产而存在的。

（8）缩短生产周期。适当保存材料、在制品以缩短生产周期。

（9）改善物料搬运效率。改善搬运和库存之间的关系，使之完美结合才能达到效果。

（10）缩短物料供应周期。如果缩短了从订货到物料进厂的时间，即把物料的订货交货时间缩短，为供应周期准备的预备库存量可以减少。

（11）防止物料陈旧。了解各种物料的特性，分别针对其特性采取相应的保管方法。对那些容易风化、生锈、破碎及体积大的物品则在必要时再购进，或尽量少存。

戴尔零库存

戴尔的库存时间比联想少 18 天，效率比联想高 90%。当客户把订单传至戴尔信息中心后，由控制中心将订单分解为多个子任务，并通过互联网和企业间信息网分派给上游配件制造商，各制造商按电子配件生产组装，并按控制中心的时间表供货。

戴尔的零库存建立在对供应商库存的使用或者借用的基础上，并形成了 3% 的物料成本优势。戴尔的低库存是因为它的每一个产品都是有订单的，通过成熟网络，每 20 秒就整合一次订单。

二、库存需求预测

库存控制管理水平的提高，必然需要准确的库存需求预测，这就离不开数据的采集和信息的分析。如果库存需求预测不准确，那么库存控制管理的决策结果同样无法做到精准。因此，在进行库存需求预测时，企业必须妥善处理供应链的牛鞭效应，弱化其负面影响。

1. 订货分级管理

当企业想要满足销售商的所有订货需求时，其需求预测修正造成的信息变异必将进一步放大，由此导致库存需求差异变大。在供应链运作过程中，客户具有重要的地位和作用。

因此，在解决牛鞭效应时，企业要对客户进行分类，如一般销售商、重要销售商、关键销售商等。在此基础上，企业可对客户的订货实行分级管理。

（1）对一般销售商的订货采取"满足"管理。
（2）对重要销售商的订货采取"充分"管理。
（3）对关键销售商的订货采取"完美"管理。
（4）当货物短缺时优先满足关键销售商的需求。
（5）定期对销售商进行考察，在合适时机剔除不合格的销售商。

2. 合理分担库存责任

造成牛鞭效应不断加剧的一个重要原因就是库存责任失衡，库存积压风险几乎都由制造商和供应商承担。因此，供应链应当加强出入库管理，各企业合理分担库存责任，促使下游企业向上游供应商提供真实的需求信息。

基于相同的原始需求资料，供应链各节点企业得以协同合作，制订相匹配的供需计划。此时，联合库存管理策略也成为解决牛鞭效应的重要方法。在库存责任失衡的状态下，即使销售商存在库存积压的问题，由于销售商无须支付预付款，因此不用承担资金周转压力，库存量大的情况下反而能够发挥融资作用，提高销售商的资本收益率，而其代价则是供应商的库存异常风险加大。因此，供应链应当平衡销售商与供应商的责任，遵循风险分担的原则，在供应商与销售商之间建立合理的分担机制，尤其是在库存成本、运输成本及竞争性库存损失等方面，从而实现成本、风险与效益平衡。

3. 缩短订货提前期

一般而言，订货提前期越短，需求信息就越准确。因此，供应商应当鼓励销售商缩短订货提前期，采取小批量、多频次的实需型订货方式，以减小需求预测的误差。尤其是在当下，借助电子数据交换系统、大数据、云计算等现代信息技术，销售商完全可以及时将需求信息分享给供应商。例如，根据沃尔玛的调查，当订货提前期为 26 周时，需求预测误差为 40%，当订货提前期为 16 周时，需求预测误差为 20%，当销售商按照当前需求，实时订货时需求预测误差仅为 10%。

4. 规避短缺博弈

在短缺博弈中，销售商为了获取更多的供应，倾向于夸大需求信息，进而加剧牛鞭效应。为了规避短缺博弈，供应商应当更改供应策略，以销售商的历史订购数据为基础进行限额供应，而非以订货量作为供应标准。例如，假设市场总供应量是需求量的 50%，如果销售商同期平均销售量为 1000 件，历史最高销售量为 1200 件，那么供应商应当根据销售商的等级计算供应限额，如一般销售商为 500 件，重要销售商为 600 件，关键销售商为 650 件。

5. 合理修正需求信息

供应链各节点企业需求预测修正的夸大，是导致牛鞭效应的重要原因。因此，供应商在进行需求预测修正时，忌一味地以订货量为基础进行放大，而应当根据历史资料和当前环境进行合理分析，从而真正发挥需求预测修正的效用。此外，联合库存、联合运输和多批次发货等形式，也有助于供应商在控制成本的同时满足销售商的需求。

6. 缩短回款期限

牛鞭效应的一个重要的负面影响就是供应商的库存积压，以及随之而来的资金压力。对此，缩短回款期限是消除牛鞭效应负面影响的有效方法。回款期限一般是供应链合作谈判的重要内容，具体而言，在合作谈判中，供应商一方面可以适当缩短回款期限，如定为 1 周或 10 天；另一方面，可以制定价格优惠策略，鼓励销售商积极回款。在供应链的放大效应下，需求信息变异加速放大及由此造成的短缺博弈或短期行为，都会损害供应链各节点企业的利益。因此，供应链各节点企业都应当协同合作，借助现代信息技术，高效地整合供应链管理系统，并采用合适的分销与库存管理方法，以消除牛鞭效应的负面影响，做出准确的库存需求预测。

思政园地

我们要坚持以推动高质量发展为主题，特别是在库存需求预测领域，要紧密围绕深化供给侧结构性改革与扩大内需战略相结合的核心思路，通过优化库存需求预测机制，精准把握市场动态与消费者需求变化，增强国内供应链的敏捷性和响应速度，从而提升国内大循环的内生动力和可靠性。同时，加强与国际市场的联系与互动，提升国际循环中库存管理的质量和水平，确保供应链的稳定性和安全性。

任务执行

步骤一：进货的"零库存"处理流程

1. 使用电子看板

一汽-大众公司每月把生产信息用扫描的方式通过互联网传送到各供货厂，对方根据这一信息组织安排自己的生产，然后公司按照生产情况发出供货信息，对方则马上用自备车辆将零部件送到各车间入口处，再由入口分配到车间的工位上。其电子看板实现零库存的过程如图4-1所示。

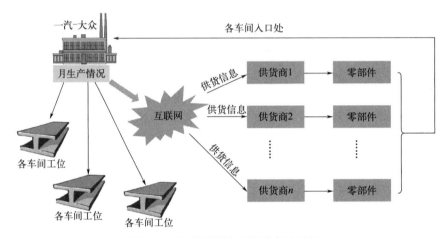

图4-1　电子看板实现零库存的过程

2. "准时化"（just in time）

公司按过车顺序把配货单传送到供货厂，对方也按顺序装货直接把零部件送到工位上，从而取消了中间仓储环节。JIT配送实现零库存的过程如图4-2所示。

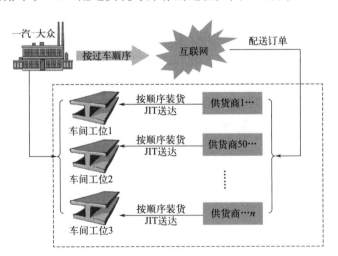

图4-2　一汽-大众JIT配送实现零库存过程

3. 小批量进货

一汽-大众优化了供货策略，针对那些对生产影响较小且规格稳定的小零部件，供货厂每月分批次送一到两次，有效降低了库存压力。以往，整车车间仓库布局紧凑，叉车通道狭窄，大货车难以进出，导致库存管理效率低下，货损货差时有发生。通过改进，零部件的平均在库时间缩短至一天以内，每天平均两小时即可完成一次货物流转，整个订货、生产、运送、组装流程均实现了小批量、多批次的有序运作，显著提升了供应链效率和灵活性。

步骤二：在制品的"零库存"管理

一汽-大众很注重在制品的零库存管理，从以下过程中就可以看得出来。在一汽-大众流行着这样一句话：在制品是万恶之源，用以形容大量库存带来的种种弊端。在生产初期，捷达汽车的品种比较单一，颜色也只有蓝、白、红三种。一汽-大众的生产全靠大量的库存来保证。随着市场需求日益多样化，传统的组织方式面临严峻的考验。1997年，"物流"的概念进入了一汽-大众的决策层，考虑到用德方的系统不仅要一次性投入1500万美元，每年的咨询和维护费用也需要数百万美元，中方决定自己组织技术人员和外国专家进行物流管理系统的开发与研究。1998年初，一汽-大众开发了与自身情况相适应的物流管理系统，该物流管理系统获得了成功并投入使用，如今，投资不足300万元人民币的系统已经经受住了生产十几万辆汽车的考验。在整车车间，生产线上每辆车的车身上都贴有一张生产指令表，零部件的种类与装配顺序一目了然。计划部门通过电脑网络向各个供货厂下达计划，供货厂按照顺序生产、装货，生产线上的按顺序组装。物流管理就这样使原本复杂的生产变成了简单而高效的"傻子工程"。令人称奇的是，过去整车车间的一条生产线仅生产一种车型，生产现场尚且拥挤不堪，如今在一条生产线上同时组装两三种车型，却不仅做到了及时、准确，而且生产现场占地面积比原先节约了近10%。此外，储存的零部件减少了，一汽-大众每年因此节约的成本达六七亿元人民币，同时，供货厂也减少了30%～50%的在制品及成品储存成本。

步骤三：实现"无纸化办公"

随着物流控制系统的不断完善，电脑网络由控制实物流、信息流延伸到一汽-大众的决策、生产、销售、财务核算等各个领域中，使一汽-大众的管理变得科学化、透明化。现在，一汽-大众主要部门的管理人员人手一台微机，每个人及供货方都清楚地了解每一辆车的生产和销售情况。一汽-大众早已实现了"无纸化办公"，各个部门之间均用电子邮件联系。德国大众公司每年的改进项目多达2300多项，一汽-大众通过电脑网络实现了与德方同步改进，从而彻底改变了过去那种对方图纸没有送过来就干不了活的被动局面。工作方式的改变，不仅使领导层集中精力研究企业发展的战略性问题，也营造了一个竞争激烈的环境，促使员工不断地提高自身的业务素质。

成效考量

成效考量考核表

班级		姓名		学号		
任务名称		库存管理与需求预测				
评价项目	评价标准	分值/分	自评（30%）	互评（30%）	师评（40%）	合计
考勤	旷课、迟到、早退、请假	8				

职业素养	制订计划能力强，严谨认真	6					
	主动与他人合作	6					
	采取多样化手段解决问题	6					
	责任意识、服从意识	6					
学习过程	能够掌握库存管理概念、目的和功能	15					
	能够了解库存管理与仓库管理的区别	15					
	能够熟悉库存需求预测的方法	15					
完成情况	按时提交任务活动	5					
	任务活动完成程度	5					
	任务活动的答案准确性	5					
	创新意识	8					
得分		100					

任务二 库存控制

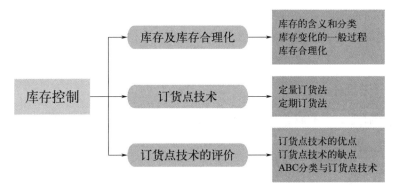

目标导向

通过本任务的学习，可以达成以下目标：

知识目标	1. 理解库存的基本含义和分类； 2. 了解库存变化的一般过程； 3. 熟悉订货点技术、定量订货法和定期订货法的原理和应用。
能力目标	1. 能够分析企业库存现状并提出合理化建议； 2. 掌握并运用库存控制方法，根据企业实际情况进行库存管理和优化。
素质目标	1. 通过学习库存管理和库存控制的相关知识，树立成本意识； 2. 在学习库存合理化和库存控制的过程中，培养系统思维，将库存管理看作是企业运营系统中的一个重要组成部分。

📧 任务引领

上海市物流中心的 A 仓库负责管理和分发多种商品，以满足周边地区零售商和消费者的需求。其中，有一种商品 C 非常畅销，为了确保这种商品能够持续、稳定地供应给下游客户，仓库需要精心规划其库存管理和补货策略。在以下不同的需求和订货提前期情况下，仓库应当如何确定订货点库存量：（1）若商品 C 每年的出库业务量达到了 18000 箱，订货提前期为 10 天，试计算订货点。（2）若商品 C 在过去四个季度中的预测需求量分别为：第一季度 502 箱，第二季度 532 箱，第三季度 512 箱，第四季度 496 箱，最大订货提前期为 2 个月，安全系数取 1.65，求 C 的需求变动值、安全库存和订货点。（3）若商品 C 的年需求量为 16000 箱，单位商品年保管费为 20 元，每次订货成本为 400 元，求经济批量 Q^*。

🧰 知识建构

一、库存及库存合理化

（一）库存的含义和分类

1. 库存和库存控制的含义

在仓储层面所说的库存，是指某段时间内由仓储机构控制和管理的存货。库存是仓储机构工作的对象，仓储机构对库存进行管理和控制以实现仓储的目的。从空间上来看，库存可以是存放在仓库内的存货，也可以是不在仓库里，但必须是在仓库机构控制之下的货物，这种控制包括调用、接受、发运、拒绝接受、交付、盘查、清点。从时间上看库存是必须在一定时间段内控制和管理，以便于统计、核算、经济分析、评估和决策的存货。

库存控制则是指根据一定的目标对存货实施管理和控制。库存控制既能实现库存满足消费（生产）的需要，保障经济活动的正常顺利进行，又能实现库存成本降低的管理目的。库存控制需要解决的问题是，通过对库存情况进行分析，针对不同性质和价值的货物采取相应的控制方法，如控制存量、订货补充，合理利用现有仓储资源，满足相关需求等。

2. 库存的分类

库存按其作用可以分为四类。

（1）基本库存

基本库存是为了满足基本需求而建立的库存，是由批量补给和分散消耗而产生的库存。在批量进货之后，库存处于最高水平，日常的需求不断地"抽取"存货，直至储存水平降为零。然后进货，库存又处于最高水平，实际中，在库存没有降低到零前，就要开始启动订货程序，于是，在缺货发生之前，就会完成商品的进货储备。这种不断提供消耗的库存就是基本库存。

（2）安全库存

安全库存是指为了防止由于不确定因素（如突发性大量订货或供应商延期交货）而造成基本库存不能满足需要时，避免缺货而准备的缓冲库存。在实际中，库存消耗的不均衡、供货时间的不稳定，都会使得测算的基本库存不能与实际情况完全吻合，出现基本库存不足或剩余的现象。库存不足会导致生产企业因缺货而停止生产，会使消费者买不到商品而改变消费对象，甚至会使企业被竞争对手挤出市场。通过保留一定的安全库存满足突发需求，是一种有效的方法。资料显示，这种缓冲库存基本占零售业库存的 1/3。

(3)中转库存

中转库存也称为在途库存,是指正在转移或等待转移的、装在运输工具中的存货。中转库存是实现补给订货所必需的,从企业物流管理的角度来看,中转库存给供应链增添了两种复杂性:第一,虽然中转库存不能使用,但它代表了真正的资产;第二,中转库存存在高度的不确定性因素,因为企业不知道运输工具在何处,或何时到达。虽然卫星定位和通信技术已经降低了这种不确定性,但是企业在存取这类信息时,还是会受到一定的限制和时滞的影响。目前,在企业的生产经营中,中转库存越来越重视小批量、高频率的运输和递送,企业积极开展准时化(JIT)战略,使中转库存在总存货中所占的比例逐渐增大。在企业的存货战略中,应把更多的注意力集中到如何减少总库存的数量及与此相关的不确定因素上。

(4)储存性库存

储存性库存是通过较长时期的存货,满足未来时期的需要或者等待增值的机会的库存。有的是季节性库存,如季节性产品收存、气候性库存等,这类库存由于直接受客观因素的影响,其决策依据是满足整个使用期内的需要。而对于投资性库存,则取决于增值的可能性和增值程度。

(二)库存变化的一般过程

简单的库存变化过程包括订货、取货、入库、出货,直至出货完毕。显然在这个过程中需要控制的程度相当低。如果货物数量较多,则大量在仓库堆存;如果货物消耗的时间较长,就会在仓库长期保存,这样不仅加大了仓储成本,占用了仓储资源,而且容易造成损耗。而通过多批次、少批量的订货,能够控制存货数量和时间;结合订货成本控制,既能够降低存货成本,又能保证消耗的需要。库存变化的一般过程如图4-3所示的$S-A-B-C-D-E-F$的过程。通过一定的测算,确定首次订货量Q_0,包括基本库存和安全库存,当货物入库时库存量达到S。

第一阶段,库存以R_1的速率下降。当库存下降到Q_K时,即预算的订货点,就发出一个订货批量Q_1进行订货,这时"名义库存"升高了Q_1达到$Q_{max} = Q_K + Q_1$,进入第一个订货提前期T_{K1},在T_{K1}内库存继续以R_1的速率下降至A点,新订货物到达,T_{K1}结束,实际库存为$Q_B = Q_S + Q_1$。

第二阶段,库存以R_2的速率下降,假设$R_2 < R_1$,所以库存消耗周期较第一阶段要长,当库存下降到Q_K时,又发出一个订货批量Q_2,"名义库存"又升到$Q_{max} = Q_K + Q_2$,进入第二个订货提前期T_{K2},在T_{K2}内库存继续以R_2的速率下降到C,第二批订货到达,T_{K2}结束,实际库存升高了Q_2达到D点,实际库存为$Q_D = Q_C + Q_2$,由于$R_2 < R_1$,所以$T_{K2} < T_{K1}$。

第三阶段,库存以R_3的速率下降,假如$R_3 > R_1 > R_2$,因此$T_{K3} > T_{K1} > T_{K2}$,当T_{K3}结束时库存量下降到E点,且动用了安全库存Q_S,新的订货到达时实际库存上升到$Q_F = Q_E + Q_3$,比B点和D点的实际库存都低。然后进入下一个出库周期,如此反复循环下去。

在这个库存变化过程中:

(1)订货点Q_K包括两部分:第一部分为Q_S即安全库存,第二部分为各订货提前期内销售量的平均值D_L。如果各个周期的存货消耗是平衡的,即$R_1 = R_2 = R_3 = \ldots$,则$\overline{D_L}$就是各

提前期的销售量 D_L。

（2）在整个库存变化中所有的需求量均得到满足，没有缺货现象，但是第三阶段的销售（出库）动用了安全库存 Q_S，如果 Q_S 设定太小的话，则 T_{K3} 期间的库存曲线会下降到横坐标线以下，出现负库存，即表示缺货。因此安全库存的设置是必要的，但它会影响库存的水平。

（3）在存货控制中，即控制了订货点 Q_K、订货批量 Q^*、安全库存量 Q_S，使得整个系统的库存水平得到了控制，名义库存 Q_{max} 不会超过 $Q_K + Q^*$，实际最高库存 Q_B、Q_D、Q_F 不会超过 $Q_K + Q^* - \overline{D_L}$。同时又没有出现缺货。

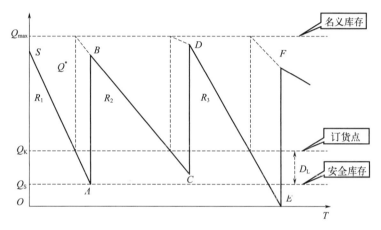

图 4-3　库存的变化过程

（三）库存合理化

库存合理化是指以最经济的方法和手段进行库存控制活动。库存控制的重点是对库存量的控制。对库存控制并不只有唯一的模型，每个企业都有自己特殊的存货管理要求，所以不同企业只能根据自己的具体情况，建立有关的模型，解决具体问题。库存管理模型应抓住"补充""存货""供给"这几个相互联系的过程。为了确定最佳库存的管理模型，需要掌握每日存货增减状态的情况和有关项目的内容。建立模型时，可采用如下步骤，如图4-4所示。

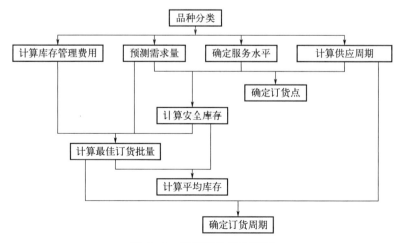

图 4-4　确定最佳库存模型

1. 确定库存管理品种

不同的企业对库存范围的理解不同，各企业对库存的定义没有必要完全相同。企业在进行库存控制时，首先应根据本企业的具体情况，对库存做出具体规定。然后，再根据需要进行管理，如有的企业将仓库、配送中心、零售店所有的商品都定义为库存对其进行管理；而另外的企业则仅将仓库、配送中心的商品定义为库存，不对零售店的商品进行管理，其管理由零售店自行负责。当然，作为库存的商品，根据其特点、管理方法等还可以再进一步分类，这将有助于顺利开展库存管理工作，其中常见的分类方法是 ABC 分类法（具体内容见项目三任务二）。

进行 ABC 分类时，也可以采用分类表的方法进行。如在表 4-1 中，对商品进行品目划分和资金统计，将资金占用量在 70%、品目数为 10% 的商品列为 A 类，即第 1 和第 2 品目商品；资金占用在 90%～100% 的 10%，而品目数在 30%～100% 的 70% 商品列为 C 类，即第 5、6、7、8 品目商品；其余的列为 B 类。以上是以资金进行的分类，也可以用其他因素，如成本、收益等，进行统计，以实现不同目的的分类。

表 4-1 ABC 分类表

品目名称	1	2	3	4	5	6	7	8	合计
资金额/万元	45	25	12	8	4	3	2	1	100
比例累计	45	70	82	90	94	97	99	100	100%
分类	A（重要）		B（一般重要）		C（一般）				

2. 预测需求量

预测需求量时，首先要选择预测方法。预测方法不是越复杂越好，复杂的预测方法主要用来提高重要品种物品的预测准确度，其他种类物品要采用简单的方法。其次要确定预测期间。预测期间可以分为按年和按供应期间预测两种方式。但要注意，需求量变动大的品种，预测期间要增加，才能提高预测的可靠性。预测值和实际值完全一致的情况很少，所以要考虑预测的误差值，以安全库存来保证。由于实际和模型之间存在一定差异必须对模型进行修正。具体的预测方法如下：

（1）掌握过去调查的实际需要量的分布状况和趋势。

（2）用统计分布理论做近似模型，进行简单的预测。

（3）当用分布理论做不出模型时，使用指数平滑法进行预测。采用这种方法，更要注重历史资料。

3. 计算与库存管理有关的费用

在划分商品品种的基础上，计算各类商品库存管理费用时分为两步：（1）要掌握在库存管理中的所有费用；（2）对费用进行计算。

识别库存管理费用是很困难的，这是因为采用会计记录，难以按品种种类划分费用，而且会计上的费用划分遵循财务制度，它是固定的、连续使用的，与库存有关的各种费用，无法直接反映在账目上。对于跨部门的费用和机会费用等，一般采用经验方法和统计手段。

库存管理费用一般包括与订货有关的费用和与保管有关的费用，如表 4-2 所示。

表 4-2　库存管理费用

项目	内容
1. 订货费	由于订货次数不同，费用也不同，以每次订货所用的费用来表示
（1）购入费	商品的进价，要掌握大量进货时折价的情况
（2）事务费：通信费、运输费等	与订货有关的通信费、工作时间的外勤费、运输费、入库费等都属于订货费
2. 保管费	根据库存量不同而发生变化的费用
（1）利息	可以是因库存占用资金要支付的利息、库存设施建设费用利息，或企业对库存投资希望得到利益的机会成本等。在上述费用中取大的
（2）保险金	防止库存风险而发生的费用
（3）搬运费	库存量发生变化时，产生的库内搬运费用
（4）仓库经费	包括建筑物设备费、地租、房租、修理费、光热费、电费、水暖费等
（5）货物损耗费	货物变质、丢失、损耗的费用
（6）税金	营业税、所得税
3. 库存调查费	为了顺利进行库存管理，必须进行必要的调查、费用调查、库存标准调查等；库存调查就是上述调查进行信息收集和分析的费用
4. 缺货费	也称机会损失费，是指由于缺货，不能为顾客服务所发生的费用；或由于紧急订货而发生的特别费用等

4. 确定服务率

所谓服务率，是指满足市场在一定期间内（如一年、半年等）对某种产品的需要，并能做到不缺货的比例。服务率的大小，对企业经营有重要意义。服务率越高，要求拥有的库存量就越多。必须根据企业的战略、商品的重要程度来确定服务率。重要商品（如 A 类商品和促销品）的服务率可定为 95%～100%；次重要或不重要的商品的服务率，可以定得相对低些。应当注意的是，服务水平每提高 1%，库存费用随之增加的数额超过 1%。

5. 确定供应间隔

供应间隔是指从订货到交货需要的时间，又称供货期间。它主要是根据供应商的情况确定的，一般包括订货业务时间、运输时间。如果是从生产商处直接进货，还可能包括生产时间，那就必须充分了解生产商的生产过程、生产计划、工厂仓库的能力等，并进行全面的相互讨论后再确定供应时间。供货期间长，意味着库存量增加，所以企业希望供应期间缩短。另外，如果供应期间有变动，则要增加安全库存量。因此，为了满足交易条件，就要确定有约束的安全供应期间。模型所规定的供应间隔，是平均供应间隔和标准误差（如标准偏差等）指标。如果达到正常的程度，那就是理想的、最大的供应间隔。

6. 确定订货点

订货有两种方式，一是定量订货方式；二是定期订货方式。定期订货方式是指在一定期间内补充库存的方式。定期订货是以每周、每月或每三个月为一个订货周期，预先确定订货周期，以防止缺货。定量订货方式是指在库存降到订货点时订货。订货点是指在下单补充库存之时，仓库所具备的库存量。

7. 计算安全库存

安全库存是指除了保证在正常状态下的库存计划量之外，为了防止由不确定因素引起的缺货，而备用的缓冲库存。不确定因素主要来自两个方面：需求预测不确定和供应间隔不确定。如果安全库存定得太低，可能无法满足需要，会扩大缺货率，如果安全库存定得较高，则会增加库存及费用，使库存控制变得没有意义。安全库存可以长期保持相同，也可以根据不同阶段不确定因素的不同采用不同的安全库存，如淡季较低，而旺季较高。

8. 确定订货量和安排订货

订货量越大，库存和与库存有关的保管费用越多，但会使得订货次数减少，与订货有关的各项费用也相应减少。所以，订货费和保管费两者随着订货量的变化而变化，呈反方向的变动关系，这反映出物流领域典型存在的二律背反规律。联合优化的思想是，保管费用和订货费用之和即总费用最小时，对应的订货量就是经济订货批量（economic order quantity，EOQ），或者所对应的时间即为经济周期。仓储存量到达订货点时，通过订货量和安全库存核算订货数量，下达订货指令，安排订货。

9. 库存跟踪和调整

库存管理过程中，仓库还需要注意不断检查存货数量，了解需求的变化，注意供货时间和供货数量的变化，合理调整订货点和订货数量，必要时采取紧急订货、调剂库存等措施，以满足用货需要。

思政园地

党的二十大报告强调"推动经济实现质的有效提升和量的合理增长"，这一理念引导企业在库存控制方面更加注重质量和效率的提升。从"质的有效提升"来看，企业需要建立更加精准的市场预测机制，确保库存商品能够精准对接消费者需求，减少因库存积压或短缺而造成的资源浪费和市场机会错失。从"量的合理增长"来看，企业需要在库存控制上实现动态平衡，不断优化库存控制策略和管理流程，以实现库存控制的合理化和高效化。

二、订货点技术

库存控制是在保障供应的前提下，为使库存物品的数量最少所进行的有效管理的经济技术措施。库存控制的重点是对库存量的控制，订货点技术是传统的库存控制方法，它从影响实际库存量的两方面入手，即一是销售（消耗）的数量和时间，二是进货的数量和时间，来确定商品订购的数量和时间，从而达到控制库存量的目的。因此，订货点技术的关键在于把握订货的时机，具体的方法包括定量订货法和定期订货法两种。

（一）定量订货法

1. 定量订货法的原理

定量订货法的原理是：预先确定一个订货点，在销售过程中随时检查库存，当库存下降到 Q_K 时，就发出一个订货批量 Q^* 进行订货补充。Q^* 取经济订货批量。它主要靠控制订货点和订货批量两个参数来控制订货,达到既能满足库存需求,又能使总费用最低的目的。

2. 定量订货法控制参数的确定

实施定量订货法需要确定两个控制参数,一个是订货点,即订货点库存量,另一个是订货数量,即经济订货批量。

(1)订货点的确定

影响订货点的因素有三个:订货提前期、平均需求量和安全库存。根据这三个因素可以简单地确定订货点。

① 需求不变时的订货点

在需求和订货提前期确定的情况下,即 R 和 T_K 固定不变,不须设安全库存即可直接求出订货点,公式为

$$订货点 = 订货提前期(天) \times 全面需求量 / 360$$

② 需求和订货提前期都不确定

在需求和订货提前期都不确定,即 $R_1 \neq R_2 \neq R_3 \neq \cdots$,$T_{K1} \neq T_{K2} \neq T_{K3} \neq \cdots$ 的情况下需要安全库存,公式为

$$订货点 = (平均需求量 \times 最大订货提前期) + 安全库存$$

安全库存需要用概率统计方法求出,公式为

$$安全库存 = 安全系数 \times \sqrt{最大订货提前期 \times 需求变动值}$$

安全系数可根据缺货概率查表 4-3 得到。最大订货提前期是指超过正常的订货提前期时间。需求变动值可以用下列两种方法计算:

第一种方法,在统计资料期数 n 较少时,计算公式为

$$需求变动值 = \sqrt{\frac{\sum(y_i - \bar{y})^2}{n}}$$

式中 y_i ——各期需求量实际值;
$\bar{y}$ ——各期需求量实际均值。

表 4-3 安全系数表

缺货概率/%	30.6	27.4	24.2	21.2	18.4	15.9	13.6	11.5	9.7	8.1
安全系数值	0.5	0.6	0.7	0.8	0.9	1.0	1.1	1.2	1.3	1.4
缺货概率/%	6.7	5.5	5.0	4.5	3.6	2.9	2.3	1.8	1.4	0.8
安全系数值	1.5	1.6	1.65	1.7	1.8	1.9	2.0	2.1	2.2	2.3

第二种方法,在统计资料期数较多的情况下,计算公式为

$$需求变动值 = \frac{R}{d_2}$$

式中 R ——资料中最大需求量与最小需求量的差;
d_2 ——随统计资料期数(样本多少)而变动的常数,可查表 4-4 得到。

表4-4　随资料期数而变动的 d_2 值

n	2	3	4	5	6	7	8	9	10	11	12	13
d_2	1.128	1.693	2.059	2.326	2.534	2.704	2.847	2.970	3.078	3.173	3.258	3.336
$1/d_2$	0.8865	0.5907	0.4857	0.4299	0.3946	0.3098	0.3512	0.3367	0.3249	0.3152	0.3069	0.2998
n	14	15	16	17	18	19	20	21	22	23	24	
d_2	3.407	3.472	3.532	3.588	3.640	3.689	3.735	3.778	3.820	3.858	3.896	
$1/d_2$	0.2935	0.2880	0.2831	0.2787	0.2747	0.2711	0.2677	0.2647	0.2618	0.2592	0.2567	

（2）订货批量的确定

在定量订货中，对每一个具体的品种而言，每次订货批量都是相同的，所以对每个品种都要制订一个订货批量，通常以经济批量作为订货批量。具体计算公式见项目三任务二。

3. 定量订货法的优缺点

（1）优点

① 订货点和经济批量一经确定，实际操作就变得简单了。每次订货量固定，商品的取货、运输、验收、入库可以利用现有规格化器具和计算方式，有效地节约搬运、包装等方面的作业量。实际中，对于金额较小的消耗品经常采用"双堆法""双箱法"来处理。就是将某商品库存分为两堆（箱），首先使用其中一堆（箱），当该堆（箱）消耗完就开始订货，并使用另一堆（箱）。每次订货数量为一堆（箱）的数量，不断重复操作。这样可减少盘点库存的次数，方便可靠。

② 充分发挥了经济批量的作用，可降低库存成本，节约费用，提高经济效益。

（2）缺点

① 要随时掌握库存动态，严格控制安全库存和订货点库存，占用了一定的人力和物力。

② 订货模式过于机械，不具有灵活性。

③ 订货时间不能预先确定，对于人员、资金、场地的计划安排不利。

④ 只适用于独立需求的库存管理，对于实行多品种联合订货和具有相关需求存货采用此方法时还需灵活掌握处理。

（二）定期订货法

1. 定期订货法的原理

定期订货法是按预先确定的订货时间间隔进行订货补充的库存管理方法。定期订货法是基于时间的订货控制方法，它通过设定订货周期和最高库存量，达到控制库存量的目的。只要订货间隔期和最高库存量控制合理，就可实现既保障需求、合理存货，又节省库存费用的目标。定期订货法的原理如图4-5所示。

图4-5表示的是定期订货法一般情况下的库存量变化：$R_1 \neq R_2 \neq R_3$，$T_{K1} \neq T_{K2} \neq T_{K3}$。在第一个周期，库存以 R_1 的速率下降，因预先确定了订货周期 T，也就是规定了订货时间，到了订货时间，不论库存还有多少，都要发出订货，所以当到了第一次订货时间，即库存下降到 A 时，检查库存，查出实际库存量 Q_{K1}，求出下一期消费量，结合在途货物、待出货物和安全库存，发出一个订货批量 Q_1。然后进入第二个周期，经过 T 时间又检查库存得到此时的库存量 Q_{K2}，并发出一个订货批量 Q_2。

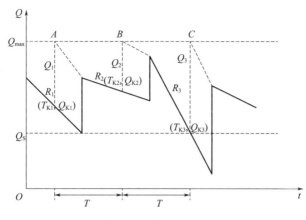

图 4-5 定期订货法原理

因此,定期订货法的实施需要解决两个问题:
① 订货周期如何确定?
② 每次订货的批量如何确定?

2. 定期订货法的控制参数

(1) 订货周期(T)的确定

订货周期实际上就是定期订货的订货点,其间隔时间总是相等的。订货间隔期的长短直接决定最高库存量的大小,即库存水平的高低,进而也决定了库存成本的多少。所以订货周期不能太长,否则会使库存成本上升;也不能太短,太短会增加订货次数,使得订货费用增加,进而增加库存总成本。从费用角度出发,如果要使总费用达到最小,可以采用经济订货周期的方法来确定订货周期 T,其公式为

$$T = \sqrt{\frac{2S}{C_c R}}$$

式中 T——经济订货周期;
  S——单次订货成本;
  C_c——单位商品年储存成本;
  R——单位时间内库存商品需求量(销售量)。

在实际操作中,经常结合供应商的生产周期或供应周期来调整经济订货期,从而确定一个合理可行的订货周期。当然也可以结合人们比较习惯的时间单位,如周、旬、月、季等来确定经济订货周期,从而与企业的生产计划、工作计划相吻合。

(2) 订货量的确定

定期订货法每次的订货数量是不固定的,订货批量的多少都是由下一期存货使用量的大小决定的,考虑到订货时的库存量和已发出出货指令但尚未出货的待出货数量,每次的订货量的计算公式为

$$Q_i = R_i T - (Q_{Ki} - Q_S - Q_{Mi})$$

式中 Q_i——第 i 次订货的订货量;
  R_i——第 i 个订货周期货物消耗速度;

T——经济订货周期；

Q_{Ki}——第 i 次订货点的实际库存量；

Q_S——安全库存量；

Q_{Mi}——第 i 次订货点的订货提前期出库量。

（3）订货时间

虽然定期订货法是以固定的周期进行订货的，但是每次订货量是以一个周期内的库存消耗使用量测算的，也就是说，每次订货是为了满足下一个周期的消耗，因而所定的货物必须在下一个周期开始时到达，即订货时间要考虑订货至到货所需要的时间，需要有订货提前期。订货单的下达时间应该在订货提前期之前。

确定订货量

某库存商品年需求量为 5000 件，该商品每件年储存成本为 10 元，每次订货成本为 300 元，若采用定期订货法，试计算订货周期。某期间预计平均销货量为 14 件/天，现有库存为 180 件，其中安全库存 30 件，订货提前期出库量为 70 件，试计算该期的订货量。

$$T = \sqrt{\frac{2S}{C_c R}} = \sqrt{\frac{2 \times 300}{10 \times 5000}} = 0.1095(年) = 39.42(天)$$

订货周期为 39 天。

该期订货量为

$$Q_i = 14 \times 39 - (180 - 30 - 70) = 466(件)$$

本期订货 466 件。

3. 定期订货法的优缺点

（1）优点

① 通过调整订货数量，减少超储。

② 周期盘点比较彻底、精确，避免了定量订货法持续盘存的做法，减少了工作量，提高了工作效率。

③ 库存管理的计划性强，有利于工作计划的安排，有利于实行计划管理。

（2）缺点

① 由于订货周期固定，对于期间发生的需求变动反应差。期间较长时保有的安全库存量设置也较大，使库存成本增加。

② 每次订货的批量不固定，设备和设施使用不稳定，因而运营成本较高，经济性较差。

三、订货点技术的评价

（一）订货点技术的优点

（1）它是至今能够应用于独立需求物资，进行物资资源配置的唯一方法，它可以适用于未来需求不确定的情况，当然，如果未来需求确定则更好。

（2）在应用于未来需求不确定的独立需求物资的情况时，可以做到最经济有效地配置资源。既可以按一定的客户需求满意水平来满足客户需求，又能保证供应者的总费用最省。

（3）订货点技术操作简单，运行成本低。订货点和订货策略一旦确定，只需要随时检查库存，当库存下降到订货点时发出订货需求即可。另外，订货点技术的一个变化形式"双堆法"，操作更为简单，是对低值物品保持控制的一种实用方法。

（4）订货点技术特别适用于客户未来需求连续且均匀稳定的情况。在这种情况下，它不但可以做到100%保证满足客户需要，而且可以实现最低库存。这样不但能使客户的满意水平达到最高，同时操作最简单，运行成本最低。

（二）订货点技术的缺点

（1）由于需求的不确定性或不均匀性，订货点技术最大的缺点就是库存量较高，库存费用较大，库存浪费的风险也大。一方面，需求的不确定性可能导致预测的需求不能如期发生，从而造成超期积压浪费；另一方面，需求的不确定性还可能造成缺货。

（2）订货点技术的另一个缺点是，它不适用于相关需求的情况，即它在满足某个客户的需求时，无法考虑该需求与其他需求之间的相关关系。因此，企业内部各生产环节、各工序间的物料的配置供应，一般不能直接用订货点技术完整地实现。

（三）ABC 分类与订货点技术

定量订货与定期订货各具优缺点，完全采取一种方式显然无法避免其缺陷。而将这种方式的优点结合，就能更好地避免缺陷。在存货中，总是有些商品进出库频繁，有些商品价格高、占用资金大，而另一些商品存期长或者价格低廉。如果对所有的商品都采用相同的存货管理方法，显然管理的难度和强度就会很大，而且也不符合经济的原则。因而应区别对待，分轻重缓急来管理。可采取 ABC 分析法对库存品进行分类，并分别采取不同的管理方式。

将 A 类商品作为库存管理的重点对象。采取定期订货的方式，定期盘点库存，尽量减少安全库存，必要时采用应急补货。

对 B 类商品采取适当简单的管理措施，以定量订货法为主，辅以定期订货法，适当提高安全库存。

对 C 类商品采用简化的管理方式，采用较高的安全库存，减少订货次数，用"双堆法"等简单的管理措施。

任务执行

步骤一：计算需求不变时的订货点

根据题干要求可知，该商品的需求和订货提前期都确定，因此，无须设安全库存即可直接求出订货点：

$$订货点 = 10 \times (18000 \div 360) = 500(箱)$$

步骤二：计算需求和订货提前期不确定的订货点

根据题干要求可知，该商品的需求和订货提前期都不确定。由需求和订货提前期不确定时的订货点计算公式可知：首先需要计算该商品的需求变动值，其次计算该商品的安全库存，最后根据公式计算订货点。

（1）由于其统计资料期数相对较少，该商品的需求变动值可由公式需求变动值 $=\sqrt{\dfrac{\sum(y_i-\bar{y})^2}{n}}$ 计算得到：

$$\bar{y}=(502+532+512+496)\div 4=510.5$$

$$需求变动值 =\sqrt{\dfrac{(502-510.5)^2+(532-510.5)^2+(512-510.5)^2+(496-510.5)^2}{4}}\approx 13.67(箱)$$

（2）计算商品 C 的安全库存：

$$安全库存 =1.65\times\sqrt{\dfrac{2}{3}}\times 13.67\approx 19(箱)$$

（3）计算商品 C 的订货点：

$$订货点 =510.5\times 2/3+19=359(箱)$$

步骤三：计算商品的订货批量

商品 C 的经济订货批量为：

$$Q^*=\sqrt{\dfrac{2\times 16000\times 400}{20}}=800(箱)$$

成效考量

成效考量考核表

班级			姓名		学号		
任务名称				库存控制			
评价项目	评价标准		分值／分	自评（30%）	互评（30%）	师评（40%）	合计
考勤	旷课、迟到、早退、请假		7				
职业素养	制订计划能力强，严谨认真		5				
	主动与他人合作		5				
	采取多样化手段解决问题		5				
	责任意识、服从意识		5				
学习过程	能够准确计算需求不变时的订货点		15				
	能够准确计算需求和订货提前期不确定的订货点		20				
	能够准确计算商品的订货批量		15				
完成情况	按时提交任务活动		5				
	任务活动完成程度		5				
	任务活动的答案准确性		5				
	创新意识		8				
得分			100				

项目五
智慧仓储成本与绩效管理

任务一　智慧仓储成本分析

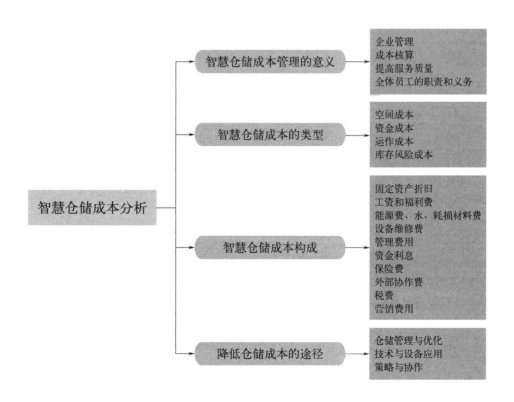

目标导向

通过本任务的学习，可以达成以下目标：

知识目标	1. 理解仓储成本管理的核心概念； 2. 掌握仓储成本的分类； 3. 熟悉仓储成本的构成要素； 4. 了解降低仓储成本的理论基础。
能力目标	1. 对实际仓储成本数据进行分析，评估不同因素对仓储成本的影响； 2. 基于成本效益分析，能够制订并执行有效的仓储成本降低策略； 3. 面对仓储管理中的具体问题，能够提出并实施解决方案。
素质目标	1. 培养团队精神和协作能力； 2. 树立起成本意识，认识到仓储成本管理对企业整体运营的重要性。

任务引领

HY 公司，作为一家在物流仓储领域具有显著影响力的企业，其业务范围广泛，覆盖全国各地。长春作为 HY 公司的重要战略节点之一，其仓库不仅承担着区域内商品的存储、分拣、包装及配送等核心功能，还是公司响应市场变化、提升客户服务质量的关键环节。HY 公司长春仓库 2020 年月平均仓储成本如表 5-1 所示。

表 5-1 平均仓储成本表

项目	金额/元	备注
仓储租赁费	21200	21.78%
固定资产折旧	0	0
工资与福利费	68118.5	69.97%
材料损耗	0	0
燃料与动力费	709.16	0.73%
维护维修费	0	0
保险费	0	0
管理费	7326.64	7.53%
资金占用利息	0	0
合计	97354.30	100%

请问，HY 公司长春仓库的仓储成本合理与否？表中工资与福利费占比近 70% 的原因是什么？如何进行仓储成本改进？

知识建构

在物流仓储的广阔领域中，仓储布局与储存规划无疑是确保高效运营和成本优化的关键基石。特别是在日益复杂的供应链环境下，如何科学合理地规划仓储品类分区，成了仓储企业追求卓越绩效的必经之路。仓储品类分区不仅关乎货品的分类与存储，更承载着提升仓储效率、降低运营成本以及增强客户服务质量的重要使命。因此，深入探讨仓储布局与储存规划中的品类分区策略，对于仓储企业实现可持续发展具有举足轻重的意义。

一、智慧仓储成本管理的意义

成本管理在企业管理活动中起着极其重要的作用，它不仅有利于企业揭示问题，找出差距，提高管理水平，准确确定产品价格，而且还可以分清成本的经济责任，促进企业成本责任制完善。

仓储成本是指仓储企业在生产经营中各种要素投入的以货币计算的总和。其中一部分为仓储设施和设备的投资，另一部分则为仓储保管作业中的活劳动或者物化劳动的消耗，主要包括工资、管理费和能源消耗等。仓储物占用资金所需要支付的利息也是仓储成本的构成部分。此外，仓储活动中存在的仓储物耗损和损害的风险成本也是仓储的成本。

通过仓储成本分析，最大限度地利用仓储设施和设备，用尽量少的人力、物力、财力把库存管理好，把库存控制到最佳数量，为存货企业提供最大的供给保障，准确地确定仓储成本和产品价格，这是很多企业家、经济学家寻求的目标，甚至是企业之间生存竞争的重要一环。

仓储成本管理具有以下意义：

1. 成本管理是企业管理的重要组成部分

成本管理是企业对资金和费用的管理，企业的绝大多数管理活动都涉及资金和费用，因而可以说成本管理是企业管理的基础。仓储企业在追求提高管理水平、强化管理能力时，最基础的工作是做好成本管理。一方面有了良好的成本管理，才能够提高整体管理水平；另一方面为了追求管理水平，不能大幅度地增加成本。

2. 在成本核算的基础上进行成本管理

成本管理在理论上可以有目标成本管理，但所设置的目标须是企业所能达到的目标。也就是说，需要在企业实际运作的基础上确定成本目标。要通过仓储投入与产出的核算，通过规范的经济核算指标反映仓储的现状和争取的目标，在此基础上开展成本控制和效益管理。

3. 成本管理与提高服务质量相结合

成本管理的主要目的是通过管理降低成本，从而达到增加收益或者降低价格，提高竞争力的目的，但是随着服务水平的提高，服务成本支出会增大，而降低服务成本或多或少会影响到服务水平，因而在成本管理中涉及服务水平的成本支出，不应成为降低的对象，而应获得差别对待。

4. 成本管理是全体员工的职责和义务

成本管理是企业全体员工的职责和义务，需要全体员工的参与和支持。成本管理要认真地动员和监督员工，务必使每一位员工都能充分认识到成本管理的重要性，节约每一分成本，减少每一元支出，杜绝浪费和消除风险。

二、智慧仓储成本的类型

仓储成本是发生在货物储存期间的各种费用支出，是因一段时期内储存或持有商品而产生的。该成本可以分为四种：空间成本、资金成本、运作成本和库存风险成本。

1. 空间成本

空间成本是仓储设施投入仓储生产的固定成本的体现，或者说是存货占用储存建筑内立体空间的费用，包括场地地租、货架费用、道路使用费等仓储设备和建筑成本分摊。如果是自有仓库，则空间成本取决于固定投资的分摊和折旧。如果是租借仓库，空间成本一般按一定时间内储存产品的重量来计算，例如元/(t·月)。在计算在途库存的持有成本时，不必考虑空间成本。

2. 资金成本

资金成本主要是指使用流动资金所需要的成本，可以是仓储企业为了运营所需要使用的资金的成本，如果占有存货，则还包括库存物资占用资金的成本。资金的机会成本也是资金成本的构成部分。资金成本有可能占到库存持有成本的80%（库存持有成本因素的相对比重见表5-2），无论如何它都是一种不能忽略的成本。

表5-2 某库存持有成本因素的相对比重表

成本	比例	成本	比例
利息和机会	82%	财产税	0.5%
仓耗	14%	保险	0.25%
存储和搬运	3.25%	合计	100%

许多企业使用资金的利息支出反映资金成本，另一些则使用企业的平均回报率。有人认为最低资金回报率最能准确反映真实的资金成本。对于仓储企业来说，资金成本主要来自占用流动资金所造成的成本。但存货资金却是仓储企业持有的资产，仓储经营中的消费仓储则充分利用这种资产为仓储企业带来收益。

3. 运作成本

运作成本是指为库存商品提供的各项服务的成本，包括货物作业、劳务、信息服务、文件服务等；投入作业生产的设备的运营费用，包括燃料、润滑油，以及作业使用的工具和消耗品等；仓储企业的管理费用、业务费用、交易成本等也都属于运作成本。运作成本中工资和福利费用占主要部分。如果服务外包，则运作成本就会成为仓储企业对外支付的费用。

仓储环节涉及的税费支出主要包括增值税和企业所得税等。由于税收是国家强制参与的企业收入分配，企业往往通过价格转嫁给消费者。

4. 库存风险成本

与产品变质、短少（偷窃）、损害或报废相关的费用构成仓储成本的最后一项。在保有库存的过程中，存货会被偷窃、被污染、被损坏、腐烂，或由于其他原因不适于或不能使用，直接造成存货的损失。仓库未履行合同的违约金、赔偿金也构成库存的风险成本。保险费也构成风险成本的一部分。保险作为一种保护措施，帮助企业预防火灾、风暴或偷窃所带来的损失。

三、智慧仓储成本构成

具体来说，仓储成本是由投入仓储生产中的各种要素的成本和费用所构成的，这些要素包括：

1. 固定资产折旧

固定资产主要指库房、堆场、道路等基础设施建设的投资,以及仓储机械设备的投入,这些投资在仓库建设时一次性投入,通过逐年折旧的方式回收。由于国家政策规定,不同的项目和企业经营的策略不同,固定资产折旧年限不完全相同,可以是 5～30 年。现今大都采取加速折旧法,在较短的时间内将成本回收。

2. 工资和福利费

工资和福利费是指仓储企业内各类人员的工资、奖金和各种补贴,以及由企业缴纳的住房公积金、医疗保险、退休基金等。

3. 能源费、水、耗损材料费

这项费用包括动力电力、燃料、生产设备原料等的费用,仓库用水费用,装卸、搬运、生产使用的工具费用,绑扎、衬垫、苫盖材料的耗损等。

4. 设备维修费

大型设备的修理费通过大型设备修理基金每年从经营收入中提取,提取额度一般为设备投资额的 3%～5%,专项用于设备大修。

5. 管理费用

管理费用是仓储企业为组织和管理仓储生产经营所发生的费用,包括行政办公费用、公司经费、工会经费、职工教育费、排污费、绿化费、咨询审计费、土地使用费、业务费、劳动保护安全费、坏账准备等。

6. 资金利息

资金利息是企业使用投资资金所要承担的利息,即资本成本。当资金为借款时,直接支付利息;如果使用自有资金,也应当对资金支付利息。

7. 保险费

保险费是仓储企业对于意外事故或者自然灾害造成仓储物损害所要承担的赔偿责任进行保险所支付的费用。一般来说,如果没有约定,仓储物的财产险由存货人承担;仓储保管人仅承担责任险投保。

8. 外部协作费

仓储企业在提供仓储服务时使用外部服务所支付的费用,包括业务外包。

9. 税费

由仓储企业承担的税费也应作为成本计入,主要有营业税和企业所得税。

10. 营销费用

这项费用包括企业宣传、业务广告、仓储促销、交易费用等经营活动的费用支出。

四、降低仓储成本的途径

降低仓储成本的途径主要有以下几种:

（一）仓储管理与优化

1. 分类管理

对储存物进行 ABC 分析，确定重点管理和一般管理的分类。ABC 分析是实施储存合理化的基础分析，在此基础上可以进一步解决各类结构关系、储存量、重点管理、技术措施等的合理化问题。在 ABC 分析基础上实施重点管理，分门别类地进行仓储操作和保管，达到控制仓储成本的目的。

2. 在形成了一定的社会总规模的前提下，追求经济规模，适度集中库存

适度集中库存是利用仓储规模优势，以适度集中仓储代替分散的小规模仓储来实现合理化。在集中规模的情况下，有利于采用机械化、自动化方式，有利于形成一定批量的干线运输，有利于成为支线运输的始发站而降低仓储以外的运输费用，进而降低仓储总成本。

3. 加速周转，提高单位仓容产出

仓储现代化的重要课题是将静态仓储变为动态仓储，周转速度加快，会带来一系列的好处，如资金周转快、资本效益高、货损货差小、仓库吞吐能力增加、成本下降等。具体做法有采用单元集装存储、建立快速分拣系统，这些方式都有利于实现快进快出、大进大出。

4. 采用"先进先出"方式，保证每个仓储物的储存期不至过长，减少仓储物的保管风险

"先进先出"是一种有效的方式，也成了储存管理的准则之一。

5. 提高储存密度，提高仓容利用率

其主要目的是减少储存设施的投资，提高单位存储面积的利用率，以降低成本、减少土地占用。

（二）技术与设备应用

1. 采用有效的储存定位系统

储存定位的含义是被储存物位置的确定。如果定位系统有效，能大大节约寻找、存放、取出的时间，节约不少物化劳动及活劳动，而且能防止差错，便于清点及实行订货点等管理方式。储存定位系统可采取先进的计算机管理，也可采取一般人工管理。

2. 充分利用现代仓储技术和设备

虽然说现代技术和设备的使用意味着一笔巨量的投资，但现代技术和设备在减少差错、提高效率、提高仓库利用率、降低残损、降低人员劳动强度和防止人身伤害等方面都会为仓储企业带来直接的长远收益。如采用计机管理技术、仓储条形码技术、现代化货架、专用作业设备、叉车、新型托盘等。

3. 盘活资产和合理使用外协

仓储设施和设备的巨大投入，只有在充分利用的情况下才能获得收益，如果不能投入使用或者只是低效率使用，只会造成成本的加大。仓储企业应及时决策，采取出租、借用、出售等方式使这些资产盘活。

而对于仓储企业不擅长运作的仓储活动，仓储企业也可充分利用社会服务，通过外协的方式，让更具有优势的其他企业提供服务，如运输环节、重型起吊、信息服务等，使企业充分获得市场竞争的利益。

（三）策略与协作

1. 采用有效的监测清点方式

对储存物资数量和质量进行监测有利于掌握仓储的基本情况，也有利于科学控制库存。在实际工作中稍有差错，就会使账物不符，所以，必须及时且准确地掌握实际储存情况，经常与账卡核对，确保仓储物资的完好无损，这是人工管理或计算机管理必不可少的。

2. 加强劳动管理

工资是仓储成本的重要组成部分，劳动力的合理使用，是控制人员工资的基本原则。我国是具有劳动力优势的国家，工资较为低廉，较多使用劳动力是合理的选择。但是对劳动进行有效管理，避免人浮于事、出工不出力或者效率低下的现象，也是成本管理的重要方面。

3. 降低经营管理成本

经营管理成本是企业经营活动和管理活动的费用和成本支出，包括管理费、业务费、交易成本等。加强该类成本管理，减少不必要支出，也能实现成本降低。当然，经营管理成本费用的支出时常不能产生直接的收益和回报，也不能完全取消，但是加强管理是很有必要的。

4. 从物流管理的层面考虑降低仓储成本

物流管理的最重要的目的就是降低产品的最终成本。独立的仓储经营活动，也是构成物流的重要环节，仓储经营人也应该站在全程物流的层面，通过调整其他物流环节和改变仓储运作，参与降低整体成本的努力。

任务执行

步骤一：仓储成本合理性分析

首先，从 HY 公司在长春仓库的月平均仓储成本构成来看，可以进行以下合理性分析：

（1）仓储租赁费：占比 21.78%，这个比例相对合理，因为租赁费是仓储成本中的固定支出之一，且通常占据一定比重。

（2）固定资产折旧：为 0，这可能表明仓库使用的是自有建筑或设备，且已完全折旧完毕，或公司选择不计入折旧成本，而是采用其他方式处理。然而，长期无折旧成本也可能反映设备老旧，需关注其维护与效率问题。

（3）工资与福利费：占比高达 69.97%，这一比例显著偏高。通常，工资与福利费虽然是运营成本的重要组成部分，但如此高的占比可能表明存在人力资源配置不合理、效率不高或薪酬结构失衡等问题。

（4）材料损耗、燃料与动力费、维护维修费、保险费、资金占用利息：这些项目均为 0 或极低，说明在直接运营成本和风险保障方面支出较少，但也可能暗示存在风险管理不足或设施老化未得到及时维护的问题。

（5）管理费：占比 7.53%，属于正常范围，表明公司在行政管理方面有一定的投入。

步骤二：工资与福利费占比高的原因分析

（1）人员冗余：可能仓库人员配置过多，导致人力成本增加。

（2）薪酬结构不合理：高薪酬或高福利政策可能增加了不必要的成本。

（3）工作效率低下：员工工作效率不高，导致需要更多人力来完成相同的工作。

（4）自动化程度低：缺乏自动化设备和系统，依赖人工操作，增加了人力需求。

步骤三：仓储成本改进建议

（1）优化人力资源配置：评估仓库人员需求，减少冗余岗位，提高人员效率。

（2）调整薪酬结构：根据市场水平和公司实际情况，合理调整薪酬和福利政策，确保既具有竞争力又不造成浪费。

（3）引入自动化设备：考虑引入自动化仓储设备和系统，如自动化立体仓库、AGV 小车等，减少人力需求，提高作业效率。

（4）加强员工培训：提升员工技能和职业素养，提高工作效率和质量。

（5）定期维护设备：确保仓库设施和设备处于良好状态，减少因设备故障导致的损失和维修费用。

（6）评估并管理风险：考虑购买必要的保险，以应对潜在的风险和损失。

（7）采用精益管理：运用精益管理思想，持续消除浪费，优化作业流程，降低成本。

通过实施上述措施，HY 公司可以逐步降低仓储成本，提高运营效率，增强市场竞争力。

成效考量考核表

班级		姓名		学号	
任务名称		智慧仓储成本分析			
评价项目	评价标准	分值/分	自评（30%）	互评（30%）	师评（40%）	合计

评价项目	评价标准	分值/分	自评（30%）	互评（30%）	师评（40%）	合计
考勤	旷课、迟到、早退、请假	8				
职业素养	制订计划能力强，严谨认真	6				
	主动与他人合作	6				
	采取多样化手段解决问题	6				
	责任意识、服从意识	6				
学习过程	能够理解成本管理的核心概念	10				
	能够掌握仓储成本的分类	10				
	能够熟悉仓储成本的构成要素	10				
	能够了解降低仓储成本的理论基础	10				
完成情况	按时提交任务活动	5				
	任务活动完成程度	5				
	任务活动的答案准确性	10				
	创新意识	8				
得分		100				

任务二　智慧仓储绩效管理

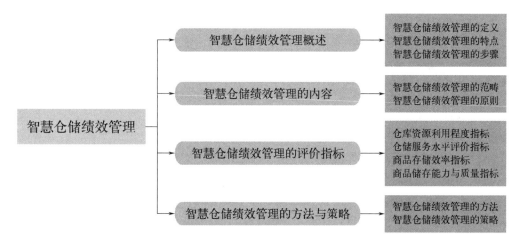

目标导向

通过本任务的学习，可以达成以下目标：

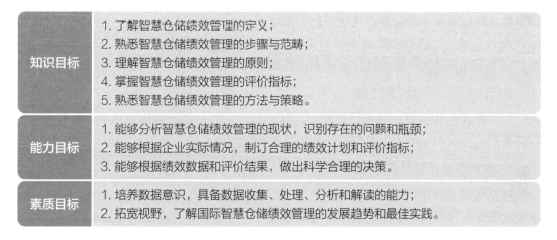

任务引领

在中国经济持续高速发展的背景下，工业化进程的加快与制造业的繁荣为经济增长注入了强大动力。然而，这一进程也伴随着环境污染、资源消耗加剧等严峻挑战。为了平衡经济发展与环境保护的关系，社会各界对企业的社会责任要求日益提高。某烟草集团，作为行业内的领军企业，深刻认识到自身在推动绿色发展、履行社会责任方面的责任与使命，因此决定在仓储管理中全面引入绿色仓储理念，旨在通过改进仓储作业流程、采用环保技术和材料、优化资源配置等手段，减少对环境的影响，同时提升企业竞争力。为了有效评估绿色仓储理念的执行情况，总经理委托人事部门主管和仓储主管共同设计一套科学合理的仓储绩效考核指标体系。

知识建构

绩效的"绩"表示结果、效果、成绩，"效"则表示效率、效益，所以绩效指成效、业绩的多少。绩效的概念很广，既涵盖业绩方面，企业及员工在实现最终目标前所积累的成果，又包括效率方面，企业及员工在实现最终目标过程中的行为表现。而绩效评价不光是从绩效的业绩和效率这方面进行评价，还会对组织内的各个群体、个体成员进行评价。

一、智慧仓储绩效管理概述

（一）智慧仓储绩效管理的定义

智慧仓储绩效管理是指在智慧仓储背景下各级管理者和员工为了达到组织目标共同参与的绩效计划制订、绩效辅导沟通、绩效考核评价、绩效结果应用、绩效目标提升的持续循环过程。智慧仓储绩效管理的目的不仅包括持续提升个人、部门和组织的绩效，还包括智慧设备的使用情况。智慧仓储绩效管理解决的是仓库无形资产如何有效地创造价值的问题，它针对的是知识、技能和人的管理。

仓库可以利用生产绩效考核指标考核仓库各个环节的执行计划情况，纠正运作过程中出现的偏差。采用科学合理的智慧仓储绩效管理方法，对于智慧仓储管理来说意义重大，具体表现在以下方面：

1. 有利于提高仓储管理水平

经济核算中的每个指标均反映了现代仓储管理的一个侧面，而一个有效的、完整的指标体系能反映管理水平的全貌，通过对比分析能找出工作中存在的问题，提高管理水平。随着物流业的发展，仓储行业的竞争也日益激烈，要使所经营的现代仓储企业始终立于不败之地，就必须优化管理，增强自身竞争力，加强经济核算。

2. 有利于落实岗位责任制

要实行现代仓储管理的岗位责任制，就必须建立并完善经济核算制度，实行按劳取酬。经济核算的各项指标能够为岗位责任制的落实提供有力依据。

3. 有利于仓库设施设备现代化改造

经济核算会促进现代仓储企业优化劳动组织，改变人浮于事、机构臃肿的状况，从而提高劳动效率，降低人工劳动的成本。经济核算还能促进企业改进技术装备和作业方法，找出仓储作业中的薄弱环节，对消耗高、效率低、质量差的设备进行革新、改造，并有计划、有步骤地采用先进技术，提高仓储机械化、自动化水平，逐步实现现代化。

4. 有利于提高仓储经济效益

现代仓储是自负盈亏、独立核算的企业，经济效益的好坏已成为直接关系其能否生存的大事。因此，加强经济核算，找出管理中存在的问题，降低成本，提高效益，应成为现代仓储企业的首要任务之一。

仓库还可以充分利用生产绩效考核指标进行市场开发和客户关系维护，给货主企业提供相对应的质量评价指标和参考数据，具体表现如下：

（1）有利于说服客户，扩大市场占有率

货主企业在仓储市场中寻找供应商的时候，在等价的基础上，服务水平通常是重要因素。这时如果仓库能够提供令客户信服的服务指标体系和数据，则在竞争中占据有利地位。

（2）有利于稳定客户关系

在我国目前的物流市场中，以供应链方式确定下来的供应关系并不是太多，供需双方的合作通常以 1 年为限，到期客户将对物流供应商进行评价，以确定今后是否继续合作，这时如果客户评价指标反映良好，则将使仓库继续拥有这一合作伙伴。

（二）智慧仓储绩效管理的特点

智慧仓储是现代智慧物流的核心技术之一，由高层货架、巷道式堆垛起重机或多向穿梭车、多种出入库周边设备、电气控制系统、仓库管理系统组成，能实现货物自动存取和管理，提高仓储空间利用率、工作效率和管理水平。仓库管理系统能大大降低物资管理成本，实现仓库物资的最优管理，实现仓库的信息自动化、精细化管理，指导和规范仓库人员日常作业，完善仓库管理，整合仓库资源，并为企业带来以下价值：

（1）实现数字化管理，出入库、物料库存量等仓库日常管理业务可做到实时查询与监控。

（2）提升仓库货位利用效率，减少对操作人员经验的依赖，转变为以信息系统来规范作业流程，以信息系统提供操作指令。

（3）实现对现场操作人员的绩效考核，降低作业人员劳动强度，降低仓储的库存，改善仓储的作业效率。

（4）减少仓储内的执行设备，改善订单准确率，提高订单履行率，提高仓库作业的灵活性。

（三）智慧仓储绩效管理的步骤

智慧仓储绩效管理的步骤包括绩效诊断评估、绩效目标确定、绩效管理方案、绩效测评分析、绩效辅导改善、绩效考核实施。

1. 绩效诊断评估（管理诊断，绩效调研）

任何管理系统的设计都有一个由初始状态到中间状态，再到理想状态的循序渐进的过程。如果管理者期望管理系统一步到位，则不仅不能将企业引向理想状态，而且还有可能会将企业引向毁灭。因此，诊断评估的首要工作是深入、系统地诊断企业管理现状，摸清企业管理水平，才能为企业设计出科学、合理的绩效考核系统。

2. 绩效目标确定（经营计划，工作计划）

所有企业管理系统都是为实现企业战略目标服务的。智慧仓储的绩效管理也不例外，因此，明确企业目标指向，将有助于实现目标、凝聚员工，使员工体验目标实现的成就感。此外，管理者要意识到，没有目标、没有计划，也就谈不上绩效。

3. 绩效管理方案（设计与调整）

这是一个重要的步骤，必须根据每个岗位的特点提炼出关键业绩指标（也就是 KPI 指标），编制规范的考核基准书作为考核的标准。设计绩效考核的流程，对考核的程序进行明确规定，同时要对考核结果的应用做出合理安排，主要体现与绩效奖金的挂钩，同时应用于工作改进、教育训练与职业规划。

4. 绩效测评分析（培训，模拟实施）

这是考核的事务性工作，重点是辅导绩效考核的组织管理部门学会如何进行考核的核算工作。培训绩效管理组织成员熟悉绩效管理工具，这是绩效考核的宣贯、试运行阶段。开展全员培训工作，使每个员工深刻理解绩效考核的意义及操作办法，这是绩效考核的完善阶段，可以根据企业的实际情况和考核的实施情况对考核的相关方案做出一定的调整，以确保考核的时效性与科学性。利用模拟实施阶段的测评核算出绩效成果，并对结果进行分析，挖掘绩效问题并组织相应的绩效面谈，以不断提升绩效。

5. 绩效辅导改善（低绩效问题改善）

通过上一阶段测评分析，企业各个层面的问题得以显现，如目标问题、组织体系问题、工作流程问题、部门或岗位设置分工问题、员工业务能力问题等。根据各方面的问题，咨询专业辅导顾问，并使之进入部门辅导改善。

6. 绩效考核实施（组织实施运行）

企业绩效管理组织部门实施绩效管理与考核，并依据绩效管理方案进行周期性分析评估，持续改进和完善绩效管理。

二、智慧仓储绩效管理的内容

（一）智慧仓储绩效管理的范围

智慧仓储绩效管理的内容主要是基于功能或对象来体现的，智慧仓储绩效管理的对象包括库位管理、分拣管理、过程管理、库存管理等。

1. 库位管理

利用PDA（掌上电脑）设备和条码技术对库位管理的上下架信息进行扫描，可以对仓位进行快速绑定及释放，实现随时随地的商品库位调整，基于看板能快速实时地显示仓位调整情况。结合智慧仓储设备导出库位管理的相关数据，包括入库数据、在库数据、出库数据及装卸搬运设备的准备、人员的安排、物品的检验情况等。

2. 分拣管理

通常，仓库面积大，人员走动距离比较长，仓库管理系统通过科学的分拣管理，能提高人员效率和分拣准确度，减轻后续维护压力。智慧仓储对分拣环节进行绩效管理的主要内容如下：

（1）能提示库位信息，分拣无须寻找商品。
（2）系统自动排列优先的拣货路径，减少人员走动距离。
（3）系统进行自动预警，智能提示补货信息，拣货无须等待。
（4）系统上架信息提示，确保入库信息准确。
（5）多种盘点方式，支持循环盘点、抽检盘点、日常巡查等。
（6）边分边拣，智能体系分拣信息，让作业人员不走"冤枉路"，提升效率。

3. 过程管理

仓库管理系统是面向全过程的控制管理。作业人员通过PDA条码扫描器实现分拣操作，可实现全程作业记录（拣货、装箱、发货、收货、上架、补货、盘点等），完成分拣清单后，系统会立即生成多维度的员工绩效报表数据（作业数量、重量、体积等信息），并进行排列，能科学、轻松地实现绩效登记和考核。同时，仓库现场看板可以进行信息展示，提高人员积极性，让员工自觉工作。

4. 库存管理

智慧仓储对库存控制进行绩效管理是为了实现物料 SKU 管理、批次管理、唯一管理、箱码管理等，满足企业物料品种批次多、出入库频率高、对保质期和追溯要求高的仓储管理需求。同时，它还可实现库存准确控制，通过设置库存上下区间值、保质期预警天数等，及时掌握货品数量和状态，从而进行合理的采购和销售，达到"零库存"目标。

（二）智慧仓储绩效管理的原则

智慧仓储绩效管理的内容十分繁杂，在制订智慧仓储绩效管理方案时，企业必须掌握核心原则，避免绩效管理失效。

1. 基本原则

着眼于仓储管理本身，智慧仓储绩效管理原则应秉持科学、可行、协调、可比、稳定的原则来制订，具体而言，主要包含以下 6 个方面的内容：

（1）突出重点，并对关键绩效指标进行重点分析。
（2）采用能反映智慧仓储管理业务流程的绩效指标体系。
（3）指标要能反映智慧仓储管理的整体运营情况，而非单个仓库或单个环节。
（4）关注智慧仓储管理实时运营情况，尽可能采用实时分析与评价的方法。
（5）采用能反映智慧仓储管理与其他部门、合作商之间关系的评价指标。
（6）不仅要提升仓储管理的效率和准确性，还应注重环境保护和资源节约。

2. 激励原则

为了进一步发挥智慧仓储绩效管理的效用，企业还需引入激励机制，依据奖惩结合的原则，强化智慧仓储绩效管理效果。

（1）奖励形式

只有当奖励能够激起员工的欲望时，奖励才具有激励作用。因此，企业要充分考虑企业员工的特性，设计合适的奖励形式，以免企业付出了奖励成本却实现不了相应的激励效果。

一般而言，奖励形式应当分为物质奖励和精神奖励两种，常见的奖励形式包括现金、奖品、流动红旗、奖杯、培训机会等。此外，企业还可邀请获奖单位发表获奖心得，进行媒体宣传，以增强激励效果。

（2）处罚机制

应建立处罚机制，以提高相关人员参与的积极性。

处罚要注意有效性的问题。处罚只针对责任人，而非整个责任区。适当处罚的目的是让员工引以为戒，吸取教训，不断提高自己的业务水平。

三、智慧仓储绩效管理的评价指标

智慧仓储绩效管理的评价指标主要分为四个方面：仓库资源利用程度指标、仓储服务水平评价指标、商品储存效率指标和商品储存能力与质量指标。评价指标如图 5-1 所示。

（一）仓库资源利用程度指标

1. 地产利用率

计算公式：地产利用率＝（仓库建筑面积/地产面积）×100％。

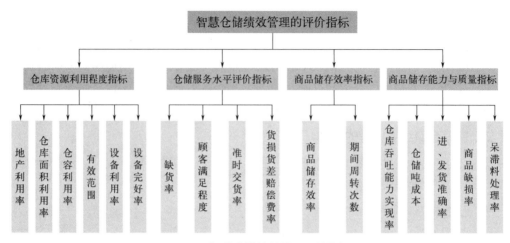

图 5-1 智慧仓储绩效管理评价指标

应用目的：衡量物流中心每单位面积的营业收入。

2. 仓库面积利用率

计算公式：仓库面积利用率＝（仓库可利用面积/仓库建筑面积）×100%。

应用目的：评价厂房面积的利用是否恰当。

3. 仓容利用率

计算公式：仓容利用率＝（库存商品实际数量或容积/仓库实际可存商品数量或容积）×100%。

应用目的：评价仓库资源的利用情况。

4. 有效范围

计算公式：有效范围＝（库存量/平均每天需求量）×100%。

应用目的：评价库存量是否保持在合理的水平。

5. 设备利用率

计算公式：设备利用率＝（全部设备实际工作时数/设备工作总能力）×100%。

应用目的：评价物流中心设施装备的配置是否合理。

6. 设备完好率

计算公式：设备完好率＝（期内设备完好台数/同期设备总数）×100%。

应用目的：评价设备管理的水平。

（二）仓储服务水平评价指标

1. 缺货率

计算公式：缺货率＝（缺货次数/顾客订货次数）×100%。

应用目的：反映存货控制决策是否适宜，是否需要调整订购点与订购量的基准。

缺货发生的原因可能在于：存量控制不好或库存档案资料不正确、采购不及时、供应商交货不及时、库存与实际客户需求或生产需求不一致。

2. 顾客满足程度

计算公式：顾客满足程度＝（满足顾客要求数量/顾客要求数量）×100%。

应用目的：评价仓储服务的顾客满意程度。

如果这个指标过低，原因不外乎几方面：产品品质不良、服务态度不佳、交货时间无法满足实际需求、交货延迟、和同行业比较有差距、客户本身存在的问题。

3. 准时交货率

计算公式：准时交货率＝（准时交货次数/总交货次数）×100%。

应用目的：评价发货的及时性。

4. 货损货差赔偿费率

计算公式：货损货差赔偿费率＝（货损货差赔偿费总额/同期业务收入总额）×100%。

应用目的：反映出货作业的精确度。

（三）商品储存效率指标

1. 商品储存效率

商品储存效率主要通过库存周转率来表示。

计算公式：库存周转率＝（使用数量/库存数量）×100%或（使用金额/库存金额）×100%。规定某个期限来研究金额时，需用下列算式：库存周转率＝（该期间的出库总金额/该期间的平均库存金额）×100%＝（该期间出库总金额×2/期初库存金额＋期末库存金额）×100%。

应用目的：库存周转率对于企业的库存管理来说具有非常重要的意义。

2. 期间周转次数

期间周转次数可以直接由库存周转率求得。

（四）商品储存能力与质量指标

考虑仓租费、维护费、保管费、损失费、资金占用利息支出等，才能从实际费用上判断仓储合理与否。

1. 仓库吞吐能力实现率

计算公式：仓库吞吐能力实现率＝（期内实际吞吐量/仓库设计吞吐量）×100%。

应用目的：作为设定产品标准库存的比率依据，以供存货管理参考。

2. 仓储吨成本

计算公式：仓储吨成本＝（仓储费用/库存量）×100%。

应用目的：衡量每单位存货的库存管理费用。

3. 进、发货准确率

计算公式：进、发货准确率＝（期内吞吐量－出现差错总量）/期内吞吐量×100%。

应用目的：衡量仓储作业的品质，以评估仓储工作人员的细心程度，或是自动化设备的准确性功能。

4. 商品缺损率

计算公式：商品缺损率＝（期内商品缺损量/期内商品总数）×100%。

应用目的：用来评价储存的安全性指标。

5. 呆滞料处理率

计算公式：呆滞料处理率＝（处理呆滞料数量/全部呆滞料数量）×100%。

应用目的：用来测定物料耗损影响资金积压状况。

四、智慧仓储绩效管理的方法与策略

（一）智慧仓储绩效管理的方法

现代智慧仓储企业的各项考核指标从不同角度反映某一方面的情况。仅凭一项指标很难反映事物的总体情况，也不容易发现问题，更难找到产生问题的原因。因此，要全面、准确地认识智慧仓储企业的现状和规律，把握其发展的趋势，必须对各个指标进行系统而周密的分析。通过对各项指标的分析，能够全面了解智慧仓储企业各项业务工作的完成情况和取得的绩效，发现存在的问题及薄弱环节，可以全面了解智慧仓储企业设施设备的利用程度和潜力，可以掌握客户对智慧仓储企业的满意程度及服务水平，可以认识智慧仓储企业的运营能力、运营质量及运营效率。现代智慧仓储企业的智慧仓储绩效管理的具体评估方法有对比分析法、价值分析法、行为法、结果法等。

1. 对比分析法

（1）对比分析法的含义

对比分析法又称比较分析法，是把客观事物加以比较，以认识事物的本质和规律并做出正确的评价。

对比分析法通常是把两个相互联系的指标数据进行比较，从数量上展示和说明研究对象规模的大小、水平的高低、速度的快慢，以及各种关系是否协调。在对比分析中，选择合适的对比标准是十分关键的步骤。选择合适，才能做出客观的评价；选择不合适，评价可能得出错误的结论。

（2）智慧仓储绩效考核指标的分析

① 库存周转率的评价方法和同行业比较评价法。在与同行业相互比较时有必要将计算公式的内容统一起来，调整到同一基础进行计算才有真正的比较价值。

② 库存周转率分析。周转率高时，经济效益好。此时销售额增加并且远远超过存货资产，企业获得较好的利润，或者企业决策合理而缩短了周转期。

2. 价值分析法

要提高智慧仓储的经营效益，无非是采用开源节流的方法，降低成本便是为了节流。在降低成本开支的分析方法中，价值分析是一种比较实用的方法。所谓价值分析，就是通过综合分析系统的功能与成本的相互关系寻求系统整体最优化途径的一项技术分析方法。采用价值分析的方法主要是通过对功能和成本的分析，力图以最低的寿命周期成本可靠地实现系统的必要功能。

（1）价值分析的基本思想

在各种经济活动中，无论制订计划还是生产制造，无论销售商品还是设备的选用，都期望以最低的价格实现最大的价值,即为了实现最佳效益要进行各种讨论和分析,这个过程称为价值分析。

(2)价值分析在智慧仓储管理中的应用

智慧仓储管理的内容有库存管理方针、库存品种的确定、库存品的分类、库存数量计算、库存量的控制及库存时间、库存方法、库存设备、库存费用、库存运营等,这些都是价值分析所要研究的对象,因为每一项都与价值有直接关系。例如,库存品种的确定是智慧仓储经营的一项重要决策,如果所选物品在仓储经营中效用很低,甚至在仓库中存在对企业的运营毫无影响的物品,说明库存的价值不能得到体现。

3. 行为法

智慧仓储绩效管理的行为法是一种试图以员工为有效完成工作所必须表现出来的行为进行界定的绩效管理方法。这种方法的主要内容是:首先利用各种技术来对这些行为加以界定,然后要求管理者对员工在多大程度上显示出了这些行为做出评价。

(1)关键事件法

关键事件法是客观评价体系中最简单的一种形式。在应用这种评价方法时,负责评价的主管人员把员工在完成工作任务时所表现出来的特别有效的行为和特别无效的行为记录下来,形成一份书面报告。评价者在对员工的优点、缺点和潜在能力进行评价的基础上提出改进工作绩效的意见。

(2)行为锚定等级评价法

行为锚定等级评价法是一种将同一职务工作可能发生的各种典型行为进行评分度量,建立一个锚定评分表,以此为依据,对员工工作的实际行为进行测评的方法。

行为锚定等级评价法实质上是把关键事件法与评级量表法结合起来,兼具两者之长。

(3)关键业绩指标法

关键业绩指标法是指运用关键业绩指标进行绩效考评,这是受到现代企业普遍重视的办法。这一办法的关键是建立合理的关键业绩指标。

(4)行为观察评价法

行为观察评价法是行为锚定等级评价法的一种变体。与行为锚定等级评价法一样,行为观察评价法也是从关键事件中发展而来的一种绩效评价方法。

(5)对行为法的评价

行为法可以是一种非常有效的绩效评价方法。第一,它可以将公司的战略与执行这种战略所必需的某些特定的行为类型联系在一起。第二,它能够向员工提供关于公司对于他们的绩效期望的特定指导及信息反馈。第三,大多数行为法的技术都依赖深度的工作分析,因此被界定出来及被衡量的行为都是很有效的。第四,由于使用这一系统的人也参与该系统的开发和设计,因此其可接受性通常也很高。

4. 结果法

(1)目标管理法

目标管理法是员工与上司协商制订个人目标(比如,生产成本、销售收入、质量标准、利润等),然后以这些目标作为员工评估的基础。

(2)生产率衡量与评价系统法

生产率衡量与评价系统法的主要目标是激励员工向着更高的生产率水平前进。它是一种对生产率进行衡量及向全体员工提供反馈信息的手段。生产率衡量与评价系统方法主要包括五个步骤：第一，企业中的人共同确定希望企业达到什么样的产出，以及执行或达成何种系列活动或目标。第二，大家一起来界定代表产出的指标有哪些。第三，大家共同来确定所有绩效指标的考核评分标准。第四，建立一套反馈系统，来向员工和工作群体提供关于他们在每一个指标上所得到的特定绩效水平的信息。第五，总体的生产率分数可以在对每一指标上的有效得分进行加总计算的基础上获得。

（3）对结果法的评价

结果法的优点之一是由于它所依赖的是客观的、可以量化的绩效指标，因而能够将主观性降到最低限度。这样，它对于管理者和员工双方来说都是极容易被接受的。结果法的另一个优点是，它将一位员工的绩效结果与企业的战略和目标联系在一起。结果法的一大缺点是，即使是客观绩效衡量，有时也会存在缺失，即由于员工绩效的多因性，员工的最终工作结果不仅取决于员工个人的努力和能力因素，也取决于宏观的经济环境和微观的工作环境等多种其他因素，因此，以结果为导向的绩效考评很可能缺乏有效性。

（二）智慧仓储绩效管理的策略

1. 加强进出库管理

（1）制订智慧仓储管理办法，适当拟定智慧仓储作业时间规定。

（2）分类、整理、保管作业体系化。

（3）注意料账记录的完整性。

（4）选择物料搬运方式（如善用各式搬运车以减少人工操作等）。

（5）改善点收工作（如重量换算、定容器的运用等）。

（6）确保物料进出必要表单的原则。

（7）善用协力厂商交货的配合（如大型料件卸货至现场指定地点）。

（8）运用发料制。

2. 提高货物验收效率

（1）事先制订不同类别物料的标准包装及载运方式，便于点收。

（2）建立标准验收程序并知会协力厂商严格遵守，包括暂收区的指定、搬运设备的借用、栈板的堆放方式及卸货手续等。

（3）物料尽可能直接送至使用地点。

（4）建立厂商的品质等级。

（5）运用计算机管理以简化验收文书作业。

（6）其他（如验收时间的规定、退料迅速办理等）。

3. 提高补给效率

（1）运用 ABC 重点管理，将 C 项物料交由现场人员管制。

（2）推行发料制并考虑省略点交手续。

（3）加强发领补料时间的管理。

（4）妥善规划现场物料暂存区并指定送料地点。

（5）考虑定容。

（6）运用颜色灯等事前发出欠料信号，提示发料作业。

（7）研究与改善发料量，以减少发料次数及现场存量。

（8）运用机械设备自动发料（如运用无人搬运车送料等）。

4. 绿色管理策略

（1）能源效率优化

采用低能耗的 LED 照明系统、节能型空调和通风系统，以及高效能的自动化设备和机器人，通过物联网技术实时监控能源使用情况，利用大数据和人工智能算法优化能源分配，减少能源浪费。

（2）仓储空间高效利用

利用自动化立体仓库、多层穿梭车等系统，最大化利用仓储空间，减少土地占用。通过实时监控库存情况，优化库存布局，减少库存积压和过度存储。

（3）绿色包装与材料

推广使用可回收、可降解的包装材料，减少塑料等不可降解材料的使用。通过智能算法优化包装尺寸和重量，减少包装材料的浪费。

（4）废弃物管理

建立废弃物分类回收制度，对不同类型的废弃物进行分类处理，提高回收利用率。通过优化仓储作业流程，减少废弃物的产生，如减少破损、减少过度包装等。

（5）环保运输与配送

鼓励使用清洁能源车辆进行运输和配送，如电动汽车、氢能汽车等。利用大数据和人工智能技术优化运输路径，减少运输距离和碳排放。

（6）员工培训与意识提升

定期对仓储管理人员和操作人员进行环保培训，提高其环保意识和操作技能。在企业内部建立环保文化，鼓励员工参与环保活动，共同推动绿色仓储的发展。

（7）绿色供应链管理

在采购过程中，优先考虑环保表现良好的供应商，推动整个供应链的绿色化。优先采购环保产品和服务，如绿色包装、绿色物流等。

（8）数字化与智能化管理

通过集成物联网、云计算、大数据和人工智能等技术，构建智慧仓储系统，实现仓储管理的数字化、智能化和绿色化。利用大数据和人工智能技术对仓储数据进行深度挖掘和分析，发现潜在的环保问题和改进机会，推动仓储管理的持续优化。

任务执行

步骤一：绩效考核指标设计

HY 烟草集团仓储部根据仓储绩效评价指标体系建立的原则，结合烟草仓储作业的实际特点，为推广企业社会责任理念，培育企业的社会责任意识，制订了卷烟绿色仓储绩效评价指标体系，从仓储的收、存、发三个方面全面地考虑了指标的选取。主要对人均出入库效率、仓库利用率、仓储环节卷烟破损率、仓储环节单位耗电量等指标进行考察。

（1）人均入库效率：该评价指标反映的是仓储部门工作人员在入库方面的作业效率情况。

（2）人均出库效率：该评价指标反映的是仓储部门工作人员在出库方面的作业效率情况。

（3）计算期库存周转率：该评价指标反映的是卷烟物流配送中心入库、存货及销售发货等环节的实际周转情况。

（4）仓储环节卷烟破损率：该评价指标反映的是卷烟在仓储环节中因为环境因素、人为因素等影响而出现的破损程度，是绿色仓储的一项重要指标。

（5）仓库利用率：该评价指标反映的是卷烟仓储综合利用情况，也反映卷烟仓库运作能力的实际情况。

（6）仓库占地面积比：该评价指标反映的是卷烟配送中心仓库面积占总面积的比，如果一个仓库运作能力很强是由于其过大的占地面积，那也是不科学的，所以该指标也应纳入。

（7）仓储环节单位耗电量：该评价指标反映的是仓储环节中，每条卷烟从入库到出库过程中，要依赖电动叉车、电动升降机、照明通风等电子设备进行操作，其间所消耗的电能。它能够消除卷烟存储量的影响，并准确地反映仓库的电能消耗情况。

步骤二：绩效考核指标公式

1. 人均入库效率

$$人均入库效率 = \frac{计算期内卷烟入库量}{仓储作业人员数}$$

2. 人均出库效率

$$人均出库效率 = \frac{计算期内卷烟出库量}{仓储作业人员数}$$

3. 计算期库存周转率

$$计算期库存周转率 = \frac{计算期内卷烟销售量}{平均库存} \times 100\% = \frac{计算期内卷烟出入库量}{(期初库存量 + 期末库存量)/2} \times 100\%$$

4. 仓储环节卷烟破损率

$$仓储环节卷烟破损率 = \frac{计算期内仓储破损量}{计算期内总作业量} \times 100\%$$

5. 仓库利用率

$$仓库利用率 = \frac{库存商品实际数量}{仓库应存数量} \times 100\%$$

6. 仓库占地面积比

$$仓库占地面积比 = \frac{仓库面积}{配送中心总面积} \times 100\%$$

7. 仓储环节单位耗电量

$$仓储环节单位耗电量 = \frac{仓储环节耗电量}{计算期内总作业量} \times 100\%$$

通过上述绩效考核指标的设计和实施，该烟草集团可以全面评估仓储管理的绿色化程度，激励员工积极参与绿色仓储实践，推动企业的可持续发展。

 成效考量

成效考量考核表

班级		姓名		学号		
任务名称		智慧仓储绩效管理				
评价项目	评价标准	分值/分	自评（30%）	互评（30%）	师评（40%）	合计
考勤	旷课、迟到、早退、请假	8				
职业素养	制订计划能力强，严谨认真	6				
	主动与他人合作	6				
	采取多样化手段解决问题	6				
	责任意识、服从意识	6				
学习讨程	能够了解智慧仓储绩效管理的定义	9				
	能够熟悉智慧仓储绩效管理的步骤与范畴	9				
	能够理解智慧仓储绩效管理的原则	9				
	能够掌握智慧仓储绩效管理的评价指标	9				
	能够熟悉智慧仓储绩效管理的方法与策略	9				
完成情况	按时提交任务活动	5				
	任务活动完成程度	5				
	任务活动的答案准确性	5				
	创新意识	8				
	得分	100				

篇二
智慧配送管理

项目六
智慧配送认知

任务一 智慧物流配送认知

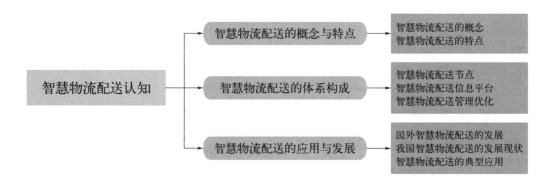

目标导向

通过本任务的学习,可以达成以下目标:

知识目标	1. 理解智慧物流配送的概念与特点; 2. 了解智慧物流配送体系的构成; 3. 掌握智慧物流配送优化过程的重要部分; 4. 熟悉智慧物流配送的典型应用场景。
能力目标	1. 能够清晰、准确地阐述智慧物流配送的定义与特点; 2. 针对智慧物流配送过程中存在的问题,能够提出有效的管理优化方案; 3. 能够分析国外智慧物流的最新技术动态和市场变化。
素质目标	1. 培养对工作的责任感和敬业精神,确保物流配送任务的顺利完成; 2. 持续关注行业动态和技术发展,保持学习的热情和动力。

任务引领

顺丰速运，成立于1993年，是国内领先的快递物流综合服务商，拥有广泛的网络覆盖和强大的技术实力，业务遍布全国及全球主要国家，凭借其高效、安全、便捷的服务，赢得了广泛的市场认可与赞誉。顺丰不仅提供国际、国内快递服务，还提供仓储管理、数据分析等多元化解决方案，致力于通过科技赋能提升物流效率和服务质量。

在智慧配送方面，顺丰速运取得了显著的成就。公司充分利用物联网、大数据、云计算等先进技术，实现了对物流全链条的智能化管理。通过智能调度系统，顺丰能够精准预测物流需求，优化配送路径，减少运输时间和成本。同时，顺丰还引入了无人机、无人车等智能配送设备，为特定场景下的配送难题提供了创新性的解决方案。这些智能设备的应用，不仅提高了配送效率，还降低了人力成本，为顺丰速运在竞争激烈的市场中保持领先地位提供了有力支撑。

请围绕顺丰速运的智慧物流实践，分析其在智慧配送方面的成就、特点以及面临的挑战。

知识建构

一、智慧物流配送的概念与特点

（一）智慧物流配送的概念

智慧物流配送是指以互联网、物联网、云计算、大数据等先进信息技术为支撑，能够在物流配送各个作业环节实现系统感知、自动运行、全面分析、及时处理和自我调整等功能的，具备自动化、智能化、可视化、网络化、柔性化等特征的现代化配送系统。

智慧物流配送在配送管理业务流程再造基础上，进一步强调信息流在配送过程中的作用，充分利用感知识别、网络通信、GIS等信息化技术及先进的管理方法，实现配货、提货、送货、退货、回收管理等的智能化管理，能够有效降低配送成本，提高配送效率。信息化、自动化、协同化、敏捷化、集成化镶嵌在配送活动之中，使配送活动更加便捷、更加高效、更加宜人。因而，智慧物流配送可以看作是以现代信息技术为支撑，有效融合了物流与供应链管理技术，使效率、效果和效益持续提升的配送活动。

智慧物流配送，对于发展柔性制造，促进消费升级，实现精准营销，推动电子商务发展有重要意义，也是今后物流业发展的趋势。

（二）智慧物流配送的特点

1. 敏捷性

智慧物流配送体系是建立在互联网、物联网、车联网、大数据、云平台以及RFID等现代技术基础之上的，各节点要素是在科学选址、优化决策的流程下进行的，必然能够对客户的个性化需求做出快速响应。作为智慧物流配送体系，其资源要素必然需要有效整合，体系内的节点在对外竞争时具有一致合作性，但内部节点间又存在竞争性，这种竞合状态无疑强化了配送体系的反应能力。因此，敏捷性构成了智慧物流配送体系的主要特征。

2. 协同性

智慧配送是在信息共享的前提下展开的活动，是以需求拉动的各环节同步运作，这促成了配送企业的协同合作，降低了成本，提升了效益。智慧配送体系的市场终端，在电商平台支撑下，其个性化色彩更加浓厚。因此，智慧配送体系的高效运作必然依赖系统各要素自发调整，在整体绩效上协同一致。所以，协同性构成了智慧配送体系的又一重要特征。

3. 开放性

智慧物流配送体系是一个开放的系统。通过开放，推进社会参与，在开放的公共物流配送信息平台上，实现与消费者密切相关的信息共享，同时，也为末端配送市场提供了一个开放、平等和便捷的平台。在政府宏观政策引导下，数据平台、服务流程、质量监控和诚信交易等环节更加透明。一方面公共设施的数字化水平迅速提升，城市无线网的覆盖范围快速扩大，在宏观上提供了系统开放的条件。另一方面是企业的经营管理理念更趋于供应链化，而供应链管理本身就是一种开放性管理。因此，智慧物流配送体系具有开放性特色。

4. 安全性

互联网平台高效、便利，但同时在互联网营销、购买、支付、验货和收货等环节也出现了诸多风险，城市配送体系的安全性引起了人们的高度重视。智慧物流配送体系的物流、资金流和信息流必须是在安全的环境下完成的。物流的作业流程是在全程监控之下的，作业设施和设备具有较为鲜明的数字化特征，云平台时刻汇聚相关信息，不安全的因素会及时排除。资金流伴随风险的预测和严密监管，第三方金融支付及监管平台确保交易双方的合法转移。信息流设置了严格的操作流程，对产品信息的假冒伪劣进行了严格的过滤。随着O2O商务的推进，其线下体验店进一步强化了对产品质量的监督。因此，安全性已成为智慧物流配送体系的又一内在属性。

5. 经济性

所谓经济性就是指在提供一定量的产品和服务过程中所占用的资源和费用最小。智慧物流配送体系作为智慧物流这一大系统的子系统，其自身的构建和运作均达到了科学优化的水平，无疑提升了体系自身的绩效，增加了该体系的内部经济性。同时，对节点企业和全体用户均产生成本降低、资源优化、获得便利的作用，这就产生了巨大的经济性，同时构成了智慧物流配送体系的又一鲜明特征。

6. 生态性

智慧物流配送体系作为现代经济文明建设的重要组成部分，必然在生态性方面呈现优势。首先，优化的节点选址有利于配送路径的优化，这在客观上降低了能源的消耗，为经济生态做出了贡献。其次，智能化的调度系统强化了共同配送和协同配送，减少了不必要的重复运输。再次，现代化的通信技术提升了配送体系节点间的信息沟通，有利于产品和服务的资源整合。因此，生态性成为智慧物流配送体系的重要标志特征。

二、智慧物流配送的体系构成

智慧物流配送体系是现代物流运行的重要组成部分，由智慧物流配送节点、智慧物流配送设备、智慧物流配送信息平台，及智慧物流配送管理优化构成。其中智慧物流配送设备将在下个任务中作详细介绍，此处不再赘述。

（一）智慧物流配送节点

在实体领域，智慧物流配送体系由各种节点、配送线路、供应链网络组成，而智慧物流配送节点则是这个体系中最关键的要素之一。在智慧物流配送体系中，最重要的节点是物流配送园区、配送中心和末端配送站点。

1. 智慧配送园区

智慧配送园区是一种现代化的特殊物流园区（基地），它承担着为智慧物流配送体系提供货物集聚和仓储、快递邮品中继分拣、电商平台营建、配送功能孵化、配送技术研发等功能。

智慧配送园区是集中建设的物流配送设施群与众多物流配送业者在地域上的物理集结地，具有智慧配送物流设施集约化、智慧配送物流设施空间布局合理化、智慧配送物流运作共同化的特点。

2. 智慧配送中心

在一般意义上，配送中心是物流、信息流和资金流的综合设施，它在流通领域具有很重要的地位。配送中心作为运输的节点，它把干线运输与支线运输衔接起来，把运输的"线"变成了配送的"面"，把分散的物流节点编织成为密密麻麻的"网"。配送中心把单一的运输、仓储、装卸搬运、包装、流通加工和信息通信有效地结合了起来，使物流各项作业之间协调运作，形成了一个十分精细而科学的运行系统，由原来单一功能的提高变成各项功能的整体发挥，使系统得到了升华。

智慧配送中心是基于"互联网+"的理念、建立在先进的物流技术和信息技术基础之上的、从事配送业务的物流场所或组织，是城市智慧配送体系的重要节点。它同时满足一般配送中心的基本要求，即：主要为特定的客户服务；中心配送功能健全；拥有完善的信息网络；以配送为主，储存为辅；多品种、小批量；辐射范围小。

3. 智慧配送站点

智慧配送站点是智慧配送体系中最接近最终用户的末端配送服务场所。它是配送企业独立设置或与社区服务机构、具有一定规模的住宅小区、连锁商业网点、大型写字楼、企业营销机构、机关事业单位和大学校园等单位开展广泛合作设立的物流末端配送服务节点，有时还体现为自助电子快递箱、智能快递站等形式。

智慧配送站点要求现代物流技术的支撑，应严格遵循城市智慧配送流程运作规范，尤其是有自动寄存功能的站点设施，还应具有自动安全监测装置。所有智慧配送站点均应具有全程监控功能。

一般来说，在物流配送体系中，在选址条件上，智慧配送园区的规划选址主要基于城市道路网的布局，有利于供应商、生产商和经销商等商家的集货运输；智慧配送中心的选址规划则是基于城市道路管网和配送区域用户分布的综合考量；末端智慧配送（存取）站点选址布局则侧重于用户集聚的密度。在服务功能上，智慧配送园区侧重于发挥集货调配功能，智慧配送中心侧重于专业配送功能，智慧配送站点侧重于对最终用户提供存取服务功能。

（二）智慧物流配送信息平台

智慧物流配送体系的核心是智慧物流配送信息平台。

智慧物流配送信息平台一般具有以下功能。

（1）智能仓储管理与监控功能。运用条码技术、无线传感器技术对产品出入库、库存量和货位等环节进行智能管理；运用GPS/GIS、RFID、智能车载终端和手机智能终端技术监控货物状态及装卸、配送和驾驶人员的作业状态，实现智能调度。

（2）智能配送管理与监控功能。在运输过程中，通过运用 GPS/GIS、传感器技术实现货物及车辆的实时监控；运用动态导航技术与云计算技术实现运输路径的智能规划与调度；运用互联网、4G/5G 通信技术实现监控与调度人员、运输人员和货主的各类信息交换功能等。

（3）智能电子交易平台。运用网络安全与监控技术、电子支付平台实现在线订货与支付功能。

（4）统计与智能数据分析平台。通过条形码、无线传感器、智能终端和数据库等信息技术及管理系统，实现数据采集与储存管理；运用云计算、知识数据库等技术实现各类数据信息的统计与分析预测功能。

此外，为保证智慧物流配送信息平台的有效运作，智慧物流配送信息平台还需具备业务流程标准、功能服务标准、数据储存标准、设备技术标准等标准体系，保证系统信息安全的安全体系，以及保证正常运行和维护的运维体系。

（三）智慧物流配送管理优化

智慧物流配送管理优化涉及车货匹配、车辆配载和路线优化、配送环节协同、配送流程优化等多个决策优化问题，需要运用大数据、云计算等现代信息技术，提高配送管理优化的智能化、科学化水平。

1. 车货匹配

现代物流配送要求提高分拨效率，促进物流园区、仓储中心、配送中心货物信息的精准对接，加强人员、货源、车源和物流配送服务信息的有效匹配。

2. 车辆配载和路线优化

车辆配载优化问题（vehicle filling problem，VFP）和车辆路线优化问题（vehicle routing problem，VRP）都是物流配送中的重要环节，车辆路线安排影响车辆配载方案有效性；车辆配载方案决定车辆路线安排的高效性。

货物在配送中心进行装配的过程中，根据需求订单上一系列的相关客户要求对货物进行加工、分拣及聚集，再根据配送路线将货物进行合理的装载。合理的配装不仅可以有效提升货车的载重利用率和空间利用率，减少空间浪费，避免出现超重的现象，保证驾驶员、车及货物的安全，而且能够较为直接有效地降低物流成本，而且提前制订货物装配计划可以有效提高配送效率。货物配装是传统的背包问题，其中的原理为一个有限体积背包放入不同体积及不同价值的货物，最后需要达到背包总价值最大化。例如，大中型海港港口和机场里对集装箱进行配装时，利用体积和载重两个约束条件来约束不同种类和不同数量的货物进行装配，追求目标为载重利用率和容积利用率最大化来提高物流配送效率以及降低物流配送成本。

配送路线优化也是配送过程的重要组成部分，制订配送路径也需要考虑货物与车辆的配装计划，合理的配送路径和车辆货物配装计划可以降低时间成本和配送成本，提高配送车辆利用率和配送服务水平。基于不同的情况与不同约束条件，车辆路线问题包括随机车辆路线问题（SVRP）、模糊车辆路线问题（FVRP）、带能力约束的车辆路线问题（CVRP）、带时间距离约束的车辆路线问题（DVRP）和带时间窗口的车辆路线问题（VRPTW）等。

3. 配送环节协同

配送环节协同是指实现配送资源的自动调配，运用北斗等导航定位技术，实时记录配送车辆位置及状态信息，利用云计算技术，做好供应商、配送车辆、门店、用户等各环节的精准对接。

配送环节协同是利用信息平台对各物流配送中心、用户等的资源和数据进行统一整合，根据实际的物流配送任务按需分配资源，此外，利用先进的云计算技术实现物流数据的处理和物流资源的科学配置，同时，经各配送中心、用户协商确定物流配送的协作方式和协作流程，提升了各物流配送中心的配送效率。

延迟生产（postponed production）是实现生产与配送协同的重要方式，目的是使产品在接近用户的地点实现差异化战略。大规模定制的推广强化了延迟生产的地位，尤其是供应链管理环境的形成，使延迟生产、柔性制造技术受到人们的高度青睐。

4. 配送流程优化

物流配送体系从订单处理到配货作业、流通加工，再到送货，存在客观的流程关系，尤其是对于多品种、多供应商、多用户的情况，各作业程序间是否搭配合理、存货是否经济、补货是否及时、配货是否科学等，都直接关系着配送企业的效率和效益。

现代配送强调加强配送流程控制，运用信息技术，加强对物流配送车辆、人员、环境及安全、温控等要素的实时监控和反馈。

配送流程优化的主要途径是设备更新、资源替代、环节简化和时序调整。大部分流程可以通过流程改造的方法完成优化过程。对于某些效率低下的流程，也可以完全推翻原有流程，运用重新设计的方法获得流程的优化。

配送流程设计涉及时序优化、服务优化、成本优化、技术优化、质量优化等优化指标。在进行流程优化时，应根据需要，针对某一个或多个指标进行优化。

三、智慧物流配送的应用与发展

（一）国外智慧物流配送的发展

在智慧物流配送体系的运作上，发达国家已形成了独特的模式：一种是以欧美国家为代表的低密度城市配送模式；另一种是以日本为代表的城市高度聚集型配送模式。欧美国家城市规划空间宽松，道路密度相对较高，硬件建设优势明显；日本作为岛国，城市功能相对聚集，道路密度较低，更重视在"软"性潜力上挖掘。

美国的城市智慧物流配送体系，可以看作是其国家顶层设计的智慧地球的一个子系统。为推进欧洲智慧物流配送的发展，欧盟分三步，即通过实施"i2010"战略、"欧盟2020战略"和"智慧城市和社区欧洲创新伙伴行动"，循序推进并资助成员国智慧城市、智慧物流配送的发展。在城市智慧物流配送体系的构建过程中，日本政府侧重于推动和协调，极力将企业推到前台，充分利用企业的先进技术和管理经验，发挥企业的主导作用。政府制定总体规划，确定发展智慧城市、智慧物流配送的重点区域和重点项目，指导日本智慧物流城市配送走过了从"e-Japan"到"u-Japan"再到"i-Japan"的发展进程，实现了智慧物流配送建设的"三级跳"。概括来说，以美国、欧盟、日本为代表的发达国家，工业化体系比较完善，现代物流业的发展引领了世界物流产业的演进，尤其是信息技术领域的不断创新，为智慧物流配送体系不断注入新的活力，逐步形成了比较系统的智能配送理论、技术和管理体系。

（二）我国智慧物流配送的发展现状

据中国智慧物流研究院调查，我国末端配送的重要性已经上升为关乎国计民生的重大问题，但整个行业发展仍然存在诸多弊端和痛点，亟待创新变革。物流配送的未来形态将以"降本增效"和"用户体验"为核心，呈现智能化、多元化、绿色化、脸谱化、品质化发展趋势。智能化已经成为全行业转型升级的基础，需要更多技术和研发的投入；多元化配送、多元场景解决方案正在成为常态；绿色化通过行业共识全面提速。

1. 智能快递柜日益普及

凭借时间配置灵活、效率高、成本低以及安全性高等优点，智能快递柜近年受到市场的大力追捧。目前，国内快递柜的"玩家"有菜鸟、丰巢、兔喜等。数据显示，截至2023年，全国累计完成快递业务量1320.7亿件。

2. "末端+社区O2O"多元发展

在各种末端服务探索中，深入社区的商业机构一直被认为是嫁接快递功能的最好载体之一。例如，一些连锁便利店品牌与快递企业加强合作，通过设置快递代收点、智能快递柜等方式，为居民提供更加便捷的快递服务。同时，一些电商平台也在积极布局社区小店，将线上购物与线下配送相结合，实现"最后一公里"的高效配送。

3. "物流+众包O2O"模式萌芽

新经济环境下，众创、众包、第四方物流等协同经济新业态层出不穷，为电商物流末端配送发展提供了新的动力。京东战略投资即时配送企业"达达"，打造"众包物流平台+超市生鲜O2O平台"的"最后一公里"的同时，也开始尝试将末端配送环节外包。"双十一"期间，达达就承担了京东30%的"最后一公里"的配送。圆通也尝试将业务外包给即时配送平台蜂鸟；即时配送企业"点我达"正陆续承接菜鸟网络末端的派件和揽件业务。

4. 无人机、机器人配送起步

无人机末端配送在全行业已呈"多点开花"之势。不仅京东、顺丰的无人机应用获得重大进展，同时亮相的还包括苏宁、邮政、中通、菜鸟网络无人机。以京东为例，在无人机物流体系的搭建方面，京东已规划了干线、支线、终端三级网络，在宿迁建成全球首个无人机调度中心，并获得覆盖陕西省全境的无人机空域书面批文，全球首个通航物流网络正在落地。京东宿迁全球首个全流程智慧化无人机机场正式启用，意味着京东已经实现了无人机末端配送运营全流程的无人化与自动化。

京东物流、菜鸟公开各自自主研发的末端配送机器人，希望未来能解决部分场景化配送，帮助快递员缓解末端配送压力；唯品会、苏宁的智能快递无人车也相继亮相。

（三）智慧物流配送的典型应用

1. 城市地下物流配送系统

地下物流配送系统是一种新兴的运输和供应系统，是现代物流创新发展的新技术，是一种具有革新意义的物流配送模式。在城市道路日益拥挤，拥堵越来越严重的情况下，地下物流配送系统具有巨大优越性。

目前世界上的一些发达国家，包括美国、德国、荷兰、日本等在地下物流配送系统的可行性、网络规划、工程技术等方面展开了大量的研究和实践工作。研究表明，地下物流配送系统不仅具有速度快、准确性高等优势，而且是解决城市交通拥堵、减少环境污染、提高城市货物运输通达性和质量的重要有效途径，符合资源节约型社会的发展要求，是城市可持续发展的必要选择。

地下物流配送系统是指运用自动导向车和两用卡车等承载工具，通过大直径地下管道、隧道等运输通路，对固体货物实行运输及分拣配送的一种全新概念物流系统。在城市，地下物流配送系统与物流配送中心和大型零售企业结合在一起，实现网络相互衔接，客户在网上下订单，物流中心接到订单后，迅速进行高速分拣，通过地下管道物流智能运输系统和分拣配送系统进行运输或配送。也可以与城市商超结合，建立商超地下物流配送。

地下物流配送系统末端配送可以与居民小区建筑运输管道相连，最终发展成一个连接城市各居民楼或生活小区的地下管道物流运输网络，并达到高度智能化。当这一地下物流配送系统建成后，人们购买任何商品都只需点一下鼠标，所购商品就像自来水一样通过地下管道很快地"流入"家中。

2. 基于无人机、自助快递柜的无人机配送系统

无人机配送系统主要应用于快件配送服务，能有效提高配送效率，减少人力、运力成本，提高服务的品质和质量，主要由无人机、自助快递柜、快递盒、集散分点、调度中心组成，如图6-1所示。

综合考虑无人机的续航能力、快递业务量的地理分布、通信的实时可靠性、系统的容积能力以及建设成本等诸多因素，将整个无人机快递系统划分为若干区域，区域内部独立运作，区域之间协同运作。

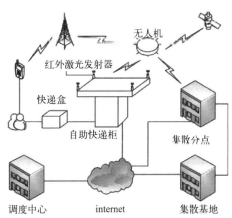

图 6-1 无人机配送系统组成

3. 互联网 + 同城配送

同城配送是指配送范围控制在市区范围内点到点间的短距离货物运输服务，被称为"最后一公里配送"。"互联网 +"时代的同城配送，依靠互联网平台，以信息技术为支撑，整合海量社会运力资源，实现运力与企业配送需求精确、高效匹配，为各类客户提供城市范围内的配送服务。

4. 互联网 + 众包物流

"互联网 + 众包物流"是将原来需要由专职专业的配送人员完成的工作，以自由、自愿、有偿的方式，通过互联网平台外包给社会上的一些群体来完成，众包人员相对于专职专业人员来说是利用自己的空闲时间从事兼职工作，他们根据自己的时间、配送地点等因素自行选择是否承担物流任务，到指定地点取件将货物送到指定顾客手中并取得相应的酬劳。

众包物流作为一种新兴的第三方配送模式，其主要流程是由各类O2O商户发单、配送员抢单后，将货物送到消费者手中的配送形式，能够有效提升外卖等企业的配送能力和服务水平。市面上比较盛行的闪送、京东到家、UU跑腿，以及一些类似于美团外卖的电商平台等，皆采用众包物流的配送模式。众包物流的本质其实就是"互联网 + 物流"。在这种模式下，人们只需一部智能手机，完成注册、接单、配送，即可按完成订单数量获得酬劳。

案例赏析

以下是一些目前市场上比较盛行的众包物流企业：

美团配送：美团旗下的即时物流平台，拥有强大的实时配送网络，为商户和消费者提供多种需求服务。蜂鸟即配：成立于2015年，以为饿了么平台的商户提供即时配送服务起步，2018年融入阿里巴巴生态，成为新零售与本地生活重要基础设施之一。顺丰同城急送：顺丰集团于2016年推出即时配送业务，2019年正式推出"顺丰同城急送"品牌，致力于打造优质、高效、全场景的第三方即时物流平台。其以集智慧物流和数据生态于一体的智慧信息系统，多元运力融合形成的覆盖全城的高效运力网络和四大类产品体系，为品牌客户、中小商户和个人用户提供服务。闪送：北京闪送科技旗下同城即时物流服务品牌，聚焦共享经济，以"互联网+"、大数据为依托，专注于同城一对一急送服务，为用户提供7×24小时在线的服务，帮助用户解决各种"急、忙、懒、难"的需求。uu跑腿：隶属于郑州时空隧道信息技术有限公司，是全国专业的移动互联网跑腿服务平台，以共享劳动力与时间为众包理念，为附近的人提供买、送、取、办等多样化即时服务，也为中小企业、电商、本地商户提供安全专业的配送服务。京东同城速配：京东物流旗下的同城配送业务，提供多种即时配送时效服务，满足用户的多场景需求，可提供最快30分钟送达，专人直送的同城范围内即时配送服务。货拉拉跑腿：货拉拉创立于2013年，其跑腿业务专注于同城货运、即时整车货运O2O领域，以及搬家、零担、跑腿、冷运、汽车租售及车后市场服务等，为个人、商户、企业提供高效的物流解决方案，搭建专业的互联网物流服务平台。

思政园地

为了落实国务院印发的《"十四五"节能减排综合工作方案》中实施交通物流节能减排工程"加快绿色仓储建设，鼓励建设绿色物流园区"的要求，并积极响应商务部、发改委等九部门联合发布的《商贸物流高质量发展专项行动计划（2021—2025年）》中"发展绿色仓储，支持节能环保型仓储设施建设"的行动计划，相关部委、各地政府、金融机构陆续出台相关激励政策，不断完善绿色仓储建设的相关政策体系，积极促进绿色仓储、绿色物流的发展建设，助力物流仓储行业"双碳"目标实现。

任务执行

步骤一：顺丰速运的智慧配送分析

1. 智慧物流配送节点建设

顺丰速运在全国范围内建立了多个智慧物流中心，这些中心集仓储、分拣、包装、配送等功能于一体。通过引入自动化分拣系统和智能仓储管理系统，顺丰实现了货物的快速入库、准确分拣和高效出库。这些智慧物流节点的建设，为顺丰速运的物流配送提供了坚实的基础设施支持。

2. 智慧物流配送设备应用

顺丰速运积极拥抱新技术，引入了无人机、无人车等智能配送设备。无人机在偏远地区或难以到达的区域发挥了重要作用，实现了快速配送；而无人车则在城市内短途配送中大显身手，提高了配送效率和灵活性。此外，顺丰还配备了智能快递柜和自助寄件机等自助服务设备，为用户提供了更加便捷的寄取件服务。

3. 智慧物流配送信息平台搭建

顺丰速运构建了完善的智慧物流配送信息平台，该平台集成了订单管理、仓储管理、运输管理、配送管理等多个功能模块。通过大数据分析技术，平台能够精准预测物流需求、优化库存布局并提升配送效率。用户可以通过手机 APP 或网页端实时查询订单状态、预约寄件等，享受更加透明、便捷的物流服务。

4. 智慧物流配送管理优化

顺丰速运利用智能算法和决策支持系统对物流过程进行持续优化和改进。通过智能路径规划算法和智能调度系统，顺丰能够合理安排运输车辆和人员，优化运输路线并降低运营成本。同时，顺丰还不断引入新技术和新方法，如区块链技术，用于提高物流信息的透明度和安全性等，进一步提升了物流配送的智能化水平。

步骤二：顺丰速运面临的挑战与问题

1 技术投入与成本平衡的挑战

智慧配送需要大量的技术投入，包括智能设备、软件开发、数据分析等方面，这些都需要巨额的资金支持。如何在保持技术领先的同时，有效控制成本，是顺丰速运面临的一大难题。

2. 数据安全与隐私保护的挑战

随着物联网、大数据等技术在智慧配送中的广泛应用，数据安全和隐私保护问题日益凸显。如何确保用户数据的安全性和隐私性，防止数据泄露和滥用，是顺丰速运必须面对的重要问题。

3. 智能化水平持续提升的挑战

虽然顺丰速运在智能配送方面取得了一定进展，但智能化水平仍有待提升。随着技术的不断进步和应用场景的不断拓展，顺丰需要不断加大研发投入，提高自动化设备的普及率和智能化程度，减少人工干预，提高整体运营效率。尽管顺丰速运的物流网络已经相对完善，但在一些偏远地区和农村地区，物流网络覆盖仍然不足，服务质量有待提高。

4. 跨界合作与资源整合的挑战

智慧物流需要多领域的跨界合作和资源整合。顺丰速运需要与科技公司、电商平台、交通运输部门等建立紧密的合作关系，共同推动智慧物流的发展。然而，在合作过程中可能会遇到利益分配、技术对接等难题，需要顺丰速运具备强大的资源整合能力和协调能力。

步骤三：解决策略与建议

针对上述挑战与问题，顺丰速运可以采取以下策略应对：

1. 加强技术研发与成本控制

顺丰速运应继续加大在物联网、大数据、人工智能等关键技术领域的研发投入，提升技术实力。同时，通过与高校、科研机构等的合作，提高研发效率和质量。加大技术研发投入的同时也应注重成本控制策略的制订与实施；通过技术创新和管理优化提高整体运营效率，降低运营成本。

2. 推动智能化升级

顺丰速运应持续关注并应用新技术，推动智慧配送的智能化水平不断提升。通过引入更先进的智能设备和算法，优化配送流程和路径规划，提高配送效率和服务质量。顺丰速运应继续完善物流网络覆盖，特别是在偏远地区和农村地区加强物流基础设施建设。同时，通过优化配送流程和提升服务质量，提高用户满意度和忠诚度。

3. 深化跨界合作与资源整合

积极寻求与科技公司、电商平台等企业的合作机会；建立共赢的合作模式实现资源共享和优势互补；加强与政府部门的沟通协调争取更多的政策支持和资源倾斜。

成效考量

成效考量考核表

班级		姓名		学号	
任务名称		智慧物流配送认知			
评价项目	评价标准	分值/分	自评（30%）	互评（30%）	师评（40%）	合计
考勤	旷课、迟到、早退、请假	9				
职业素养	制订计划能力强，严谨认真	7				
	主动与他人合作	7				
	采取多样化手段解决问题	7				
	责任意识、服从意识	7				
学习过程	能够理解智慧配送的概念与特点	10				
	能够了解智慧配送的体系构成	10				
	能够掌握智慧配送优化过程的重要部分	10				
	能够熟悉智慧配送的典型应用场景	10				
完成情况	按时提交任务活动	5				
	任务活动完成程度	5				
	任务活动的答案准确性	5				
	创新意识	8				
得分		100				

任务二 智慧配送装备认知

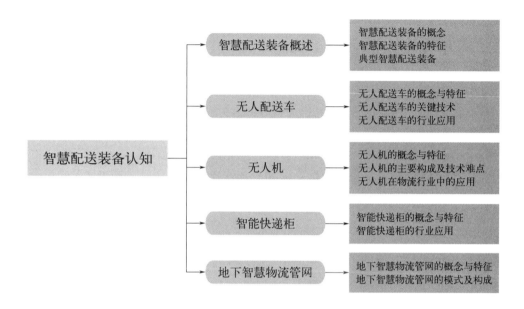

目标导向

通过本任务的学习,可以达成以下目标:

知识目标	1. 理解智慧配送装备在物流配送中的定义、作用及重要性; 2. 掌握智慧配送装备的主要分类及其特点; 3. 了解各种智慧配送装备的工作原理,熟悉其典型应用案例。
能力目标	1. 能够熟练操作无人配送车、无人机等智能设备; 2. 能够根据实际需求选择合适的智慧配送装备进行物流配送方案设计; 3. 能够通过数据分析发现智慧配送装备在运行中的潜在问题,并提出改进建议。
素质目标	1. 鼓励在智慧配送装备的研究和应用中保持创新思维,不断探索新的技术和方法; 2. 认识智慧配送装备在提升物流效率、降低运输成本方面的社会价值。

任务引领

京东物流,作为中国领先的供应链解决方案及物流服务商,近年来致力于构建一套全面的"智能物流生态体系"。该体系涵盖了从仓储、分拣、运输到配送的全链条智能化升级,并深度融合了无人配送车、无人机、智能快递柜以及地下智慧物流管网等多种智慧配送装备,旨在实现物流行业的全面数字化转型和智能化升级。

小滕,作为京东物流新进的实习员工,被分配到京东配送中心工作,首要任务是了解京东智慧配送主要有哪些装备,这些装备的工作原理、优势及应用场景分别是什么,应用之后又有什么效果?于是小腾深入调研,展开了一场关于京东配送装备的分析工作。

> 知识建构

一、智慧配送装备概述

(一) 智慧配送装备的概念

配送,作为一种源于传统送货的现代经济活动,是指在一定的经济合理区域范围内,在用户的要求下,展开拣选、加工、包装、分割、组配等一系列物流作业流程,然后按时送达用户指定的地点。配送与运输的区别主要在于:运输是针对物流干线、支线的中远距离、大批量的货物运送活动;配送是在一定区域内面向最终用户的近距离、多频次、小批量的送货活动,处于物流的末端环节。

智慧配送,进一步强调信息流在配送过程中的作用。信息化、自动化、协同化、敏捷化、集成化镶嵌在配送活动之中,使配送活动更加便捷、更加高效、更加宜人。因而,智慧配送可以看作是以现代信息技术为支撑,有效融合了物流与供应链管理技术,使效率、效果和效益持续提升的配送活动。

车辆是传统的配送装备,随着智慧物流装备技术的发展及物流配送模式的不断创新,越来越多的具备智能控制功能的物流装备应用于物流配送过程中,如无人配送车、配送无人机等,大大提升了物流配送的效率和服务水平。

所谓智慧配送装备,是应用于物流配送过程中,具备复杂环境感知、智能决策、协同控制等功能,能够实现自动化、智能化、无人化运行的物流装备。

(二) 智慧配送装备的特征

智慧配送装备主要具有以下特征。

1. 无人化运行

智慧配送装备能够实现无人驾驶,自动将货物送达用户,真正实现了"无接触式"配送。如2020年新冠疫情期间,京东应用无人配送车为医院配送药品及所需物资,诺亚物流机器人穿梭于医院内部各科室递送药品及器材,实现了"无接触式"配送,最大限度降低了病毒传播风险。

2. 智能感知与决策

物流配送面对的是末端复杂的开放式环境,如城市主干道、小区内部道路、空中或地下环境等,情况复杂、干扰较多,要求智慧配送装备能够具备高度的智能感知与决策系统,能够根据环境实际情况进行快速灵活的自我调整。

3. 强调人机交互

智慧配送装备直接面向末端用户进行送货,应能够和用户进行良好沟通和信息交互,因此需要具备功能完善、界面友好的人机交互能力。

(三) 典型智慧配送装备

1. 无人配送车

无人配送车,又称为配送机器人,是具备感知、定位、移动、交互能力,用于收取、运送和投递物品,完成配送活动的机器人。无人配送车除了具备智能网联汽车的技术特征,还在高精度定位导航特别是室内定位导航,以及人机交互方面具有更高的要求。当前谷歌、京东、顺丰、苏宁等已将无人配送车应用于快递配送、外卖送餐、医院物资供应服务等领域的工作中。

2. 配送无人机

无人机有固定翼、多旋翼、无人直升机等多种类型,可用于大载重、中远距离支线运输,也可用于末端货物配送。配送无人机,是用于配送领域的无人机,多以多旋翼无人机为主。当前,顺丰速运、京东物流等物流企业均在大力发展无人机配送,在快递领域已有普遍应用。

3. 智能快递柜

智能快递柜,是用于公共场合(小区)投递和提取快件的自助服务设备,具有智能化集中存取、24小时自助式服务、远程监控和信息发布的功能特征。目前已广泛配置于居民小区、园区、学校、办公楼等场所。未来,涵盖快递柜、无人车、无人机的无人配送站是配送装备发展的趋势。

4. 地下智慧物流管网

地下智慧物流管网,在末端配送环节可以与大型商超、居民小区建筑运输管道物相连,最终发展成一个连接城市各需求点的地下管道配送网络,并达到高度智能化。目前北京、上海等城市建设规划中都将地下智慧物流管网作为未来城市建设的重点工程。

案例赏析

日本西友公司配送中心

日本西友公司是一家正规连锁的综合性大型零售企业,有店铺206座,职工2万人,为满足遍及全日本的连锁店铺销售需要,西友公司建立了8处配送中心,承担本公司及邻近地区其他店铺的进货、集配和送货任务,其中最大的东京府中配送中心供应130个店铺。这些配送中心都受公司物流部的直接领导,拥有常温、低温储藏设施及运输工具,为本公司连锁店无偿服务,为公司外的店铺送货要收取费用。通过配送中心向各地店铺发送的商品分为两类:一部分是基本商品,包括日常用品,大约占总数的85%;另一部分是特性商品,如北海道多雪,防寒及雪上活动的用品需求较多,又如,一些带有历史文化特征的商品,大约占总数的15%。日本国土面积不大,又具有发达的高速公路网络,为物流的畅通创造了有利条件。从位于东京的府中配送中心,用大吨位的集装箱卡车和冷藏车向各地的分中心送货除远离日本本土的冲绳外,其他地区当日都可到达。各地配送中心为店铺送货就更加方便、及时。为了营业方便,运输大多在夜间进行,将商品送到店铺门前。

二、无人配送车

(一)无人配送车的概念与特征

1. 无人配送车的概念

无人配送车又称配送机器人,是指基于移动平台技术、全球定位系统、智能感知技术、智能语音技术、网络通信技术和智能算法等技术支撑，具备感知、定位、移动、交互能力，能够根据用户需求，收取、运送和投递物品，完成配送活动的机器人，如图 6-2 所示。

图 6-2　无人配送车

案例赏析

美团无人配送助力抗疫

2020 年新冠疫情期间，为最大限度减少人与人接触，美团启动了"无人配送防疫助力计划"。配送范围内的居民在美团买菜下单后，美团智能配送调度系统会把订单指派给无人配送车，无人车在美团买菜站点取货，自动行驶到目的地社区的无接触配送点，与取货人交接，打开餐箱取出物品，全流程隔绝人与人的接触。

2. 无人配送车的优势

无人配送车的优势主要体现在以下几个方面。

（1）提高配送效率

无人配送车可以实现全天候、全时段运行投递，弥补快递员不足的实际，提高配送效率。特别是针对零星小批量订单更具效率，能够把配送员解放出来，更多地去订单量大的区域。

（2）实现无接触配送

通过无人化配送，减少人与人的接触，特别适用于特殊危险环境以及特殊情况下（如疫情）的货物配送。

（3）提升用户体验

无人配送车与用户的沟通交流更具智能化，能够更好满足用户的需求；同时在一定程度上也能满足部分用户"求鲜"的心理，提升部分用户体验。

（二）无人配送车的关键技术

无人配送车涉及的技术领域很多，融合了硬件、软件、算法、通信等多种技术，如图 6-3 所示。

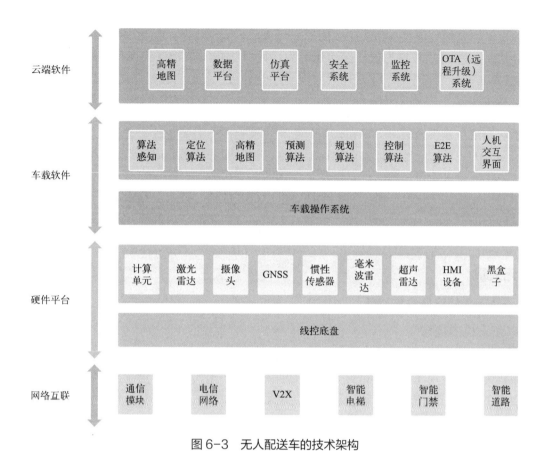

图6-3　无人配送车的技术架构

（三）无人配送车的行业应用

当前无人配送车主要应用于快递配送、外卖送餐、医院物流、酒店服务等场景。

1. 快递配送

随着电商行业日趋发展成熟，网络购物成为用户消费的首要选择，随之而来的是购物交易量的激增。如此大的业务量的背后，是众多快递小哥超长时间的工作。面对城市内快递的短途运送，无人配送车加入，可以一次性投递，降低人力成本，分担快递小哥的部分工作，也可以完全依照用户的空闲时间送货，提高配送效率。

2. 外卖送餐

外卖经济的发展，凸显了配送中的几点问题：其一，外卖属于即时送达的业务，随着业务量的增加，现有人力难以实现配送的准时性，从而给消费者带来较差的体验；其二，阴雨等恶劣天气的到来降低了长期奔波在路上的送餐员的送餐效率，且由于其收入与业绩挂钩，易因着急而产生交通事故，危及生命安全；其三，因取餐人个人原因造成的等待时间，会直接影响配送效率和后续其他消费者的取餐时间等。因此，智能送餐机器人（无人配送车）的出现可以分担短距离的送餐任务或与送餐员接力运送，节省送餐员等待取餐的时间成本，使送餐员按时安全地完成配送任务，提升服务质量。

3. 医院物流

医院中医药品、医疗耗材、被服等物资的大量流转，占用了大批人力与时间成本；而且紧急状况下物资的调取仅以口头医嘱的形式传达，不利于管理。因此，为节省人力与时间成本，让医护人员将更多精力放在医治患者上，同时推进医院物资管理精准化，无人配送车（配送机器人）在医院中得到了应用，实现了准确运送、配送信息可视化与管理可追踪。

4. 酒店服务

酒店为用户提供全天服务，在人力分配和协调上，都需要花费一定的精力和成本。配送服务机器人的进驻，能够降低酒店的运营成本，辅助服务人员完成引路、送物和闲聊等基础服务，为客人带去新奇体验的同时提供个性化的贴心服务，有助于智慧酒店的建设及酒店服务质量和用户体验的提升。基于对安全性、供应链开放性、技术成熟性、生产成本和用户接受程度等方面的考量，现有酒店配送机器人主要服务于主流星级酒店。酒店配送机器人（无人配送车）更突出其服务的个性化和良好的体验。

三、无人机

（一）无人机的概念与特征

1. 无人机的概念

1927年英国海军的"喉"式无人机试飞成功标志着无人机的正式诞生。

中国民用航空局飞行标准司对无人机下的定义是：无人机是由控制站管理（包括远程操纵或自主飞行）的航空器，也称远程驾驶航空器，其中控制站（也称遥控站、地面站）是无人机系统的组成部分，包括用于操作无人机的设备。

美国联邦航空管理局（FAA）定义无人机为：无人在飞行器内直接操作的飞行器（An aircraft operated without the possibility of direct human intervention from within or on the aircraft）。

综上可以对无人机进行如下定义：无人机（unmanned aerial vehicles, UAV）是指利用无线电遥控设备和自备的程序控制装置操纵的不载人飞机。无人机的主要价值在于替代人类完成空中作业，并且能够形成空中平台，结合其他部件扩展应用。

无人机按应用领域分为军用级及民用级；民用方面，又分为消费级和工业级。目前工业级无人机已广泛应用于农林植保、电力巡线、边防巡逻、森林防火、物流配送等领域。

用于物流领域的无人机称为物流无人机，按照承担运输或配送任务的不同，又分为运输无人机或配送无人机。

2. 无人机的特征

无人机是一种具备以下特征的飞行器。

（1）不载人且无人驾驶

最初无人机应用在战争中，其研制初衷是无须人在飞机驾驶舱中驾驶，飞机就能够通过一定的指令携带炸弹飞至攻击目标的上方投弹，避免己方人员的伤亡。无人机技术日益更新换代，用途不断扩大，可用于航拍、勘探、农业喷药、运输货物等方面，但不载人且无人驾驶是其最基本特征，这也是区别于民用航空飞机的一个重要特征。

（2）具有以飞控系统为核心的无人机系统

无人机系统是由飞控系统、通信链路系统、导航系统和动力系统构成的。飞控系统是无人机系统的"大脑"，对无人机飞行稳定性、数据传输准确性起着决定作用；通信链路系统则是地面控制站（包含遥控器）和无人机之间的"桥梁"，保证无人机与地面控制站之间信息传送实时准确；导航系统确保无人机安全起飞和降落；动力系统则是由电源、电机、电调和桨叶组成的，是无人机空中作业的能量来源。

（3）具有能够执行一定任务的载荷设备

无人机的研发目的是要完成一定的任务，包括军事目标轰炸和情报收集、娱乐航拍、货物运输配送和农业喷洒等任务。完成这些任务的前提是无人机装载相关的任务载荷设备。

（4）兼具视距内和超视距飞行能力

按照中国民用航空局飞行标准司所颁布的《轻小无人机运行规定（试行）》，视距内运行是指无人机驾驶员或无人机观测员与无人机保持直接目视视觉接触的操作方式，航空器处于驾驶员或观测员目视视距内半径500m，相对高度低于120m的区域内；超视距运行是指无人机在目视视距以外运行。无人机因具有执行任务的特性既需要在视距内飞行也需要超视距飞行，但大多数情况下处于超视距飞行状态。

（5）与航模具有本质上的区别

航模一般是由人通过遥控器控制的，没有飞控系统，只能在视距内飞行，用于娱乐，基本不具备执行特定任务的能力。

（二）无人机的主要构成及技术难点

1. 主要构成

无人机主要由飞控系统、导航系统、动力系统、通信链路系统等部分构成。

（1）飞控系统

飞控系统是无人机完成起飞、空中飞行、执行任务等整个飞行过程的核心系统，相当于飞行器的"大脑"，要求具有高稳定性、精确性。飞控系统一般包括传感器、机载计算机和伺服传动设备三大部分，主要实现无人机姿态稳定和控制、无人机任务设备管理和应急控制三大功能。

（2）导航系统

导航系统为无人机提供参考坐标系的位置、速度、飞行姿态等信息，引导无人机按照指定航线飞行，相当于无人机的"眼睛"。无人机机载导航系统主要分GPS和惯性制导两种，但分别有易受干扰和误差积累增大的缺点。未来无人机的发展要求实现障碍回避、物资或武器投放、自动进场着陆等功能，需要高精度、高可靠性、高抗干扰性能，因此多种导航技术结合的"惯性+多传感器+GPS+光电导航系统"将是未来发展的方向。

（3）动力系统

按照动力来源不同，无人机动力系统主要可分为9类：太阳能，太阳能混合物（太阳能+电池），系留，激光，超级电容，电池，氢燃料电池，汽油、煤油、甲醇、乙醇、液化石油气、丙烷等，气电混合物。

按照发动机种类，动力系统通常有电动机和内燃机（活塞发动机、涡轴发动机、涡喷发动机）两种类型。小型无人机主要以电动机为主，中、大型无人机以内燃机为主。不同用途的无人机对动力装置的要求不同，但都希望发动机体积小、成本低、工作可靠。

无人机目前广泛采用的动力装置为活塞式发动机，但活塞式只适用于低速、低空小型无人机。低空无人直升机一般使用涡轴发动机，高空长航时的大型无人机一般使用涡扇发动机。微型无人机（多旋翼）一般使用电池驱动的电动机。

随着涡轮发动机推重比、寿命提高、油耗降低，涡轮将取代活塞成为无人机的主要动力机型，太阳能、氢能等新能源电动机也有望为小型无人机提供更持久的生存力。

（4）通信链路系统

通信链路系统是无人机的重要技术之一，负责完成对无人机遥控、遥测、跟踪定位和传感器传输，上行数据链实现对无人机遥控，下行数据链执行遥测、数据传输功能。普通无人机大多采用定制视距数据链，而中高空、长航时的无人机则都会采用视距和超视距卫通数据链。

现代数据链技术的发展推动着无人机数据链向着高速、宽带、保密、抗干扰的方向发展，无人机实用化能力将越来越强。随着机载传感器、定位的精准程度和执行任务的复杂程度不断上升，对数据链的带宽提出了很高的要求，未来随着机载高速处理器的高速发展，射频数据链的传输速率将成倍提高，在全天候要求低的领域可能还将出现激光通信方式。

2. 技术难点

（1）路线规划和自动避障

由于路途情况比较复杂，现在的无人机还很难进行自主路线规划。要想实现自主路线规划，解决自动避障问题势在必行，如何安全地让飞机避开障碍物，同时又不偏离航线，这是无人机目前面临的主要难题之一。

（2）续航能力

碍于电池的重量和体积，目前的无人机为减轻机身的起飞质量，搭载高蓄电量的大型电池。但物流无人机必须保证长时间、大航程的作业，因此，降低能耗、提升能量的利用效率是目前相对可行的方案。

（3）安全性问题

在恶劣天气下，特别是强降雨天气下，如何保障物流无人机的安全飞行也是当下亟需解决的重要问题。无人机的大部分控制系统由电子元件构成，在降雨天气下，如果不能保证各部件的防水性能或者没有采取合理的防水措施，将会导致无人机短路，中断工作任务甚至危害到其他人的生命安全。

物流无人机还存在因为技术故障或其他原因坠落砸到地面行走路人的风险。无人机是新兴行业，物流无人机更是新兴行业里的"新宠儿"，虽然技术取得了突破性的进展，但还有很大的提高空间。SB-DJI无人机炸机资讯站每个月都会发布其编制的国内各主要无人机厂商的"炸机指数"，某种程度上反映了民用无人机"炸机"不是个别案例。

物流无人机在自主配送过程中存在被人"劫机"的风险。一些出于某种目的的人可以在物流无人机飞行时用某种工具将其射落或者在物流无人机降落的过程中将其劫走。除了这种粗暴的劫机方式外，物流无人机还可以被黑客"拐走"。在亚马逊宣布其物流无人机配送计划"Prime Air"后，有部分黑客公然宣称能够通过数据链路侵入物流无人机的飞控系统改变其原设定的配送途径从而拐走亚马逊的物流无人机。可见在整个配送过程中，物流无人机可能伤害别人，也可能被别人伤害。

（三）无人机在物流行业中的应用

1. 大载重、中远距离支线无人机运输

送货的直线距离一般在100～1000km，吨级载重，续航时间达数小时。应用场景主要有跨地区的货运（采取固定航线、固定班次，标准化运营管理），边防哨所、海岛等地的物资运输以及物流中心之间的货运分拨等。

2. 末端无人机配送

空中直线距离一般在 10km 以内（对应地面路程可能达到 20～30km，受具体地形地貌的影响），载重在 5～20kg，单程飞行时间在 15～20min，易受天气等因素影响。应用场景主要包括派送急救物资和医疗用品、派送果蔬等农产品等业务。

3. 无人机仓储管理

例如大型高架仓库，高架储区的检视和货物盘点；再如集装箱堆场、散货堆场（例如煤堆场、矿石堆场和垃圾堆场）等货栈堆场的物资盘点或检查巡视。

四、智能快递柜

（一）智能快递柜的概念与特征

1. 智能快递柜的概念

在整个物流产业链当中，配送位于末端服务的环节，同时也是最为关键的直接面对顾客的环节，特别是在配送产品的"最后一公里"，这一公里由顾客一同参与，顾客能直观地感受物流配送的满意度。如果这"最后一公里"由快递员送货上门完成，势必导致成本高、顾客不方便接收等一系列问题。为解决"最后一公里"存在的种种问题，智能快递柜应运而生。快递柜在方便了顾客提取快递、大大节约成本的同时，也节省了时间，提高了货物寄存的安全性、智能性，实现了物流配送人性化作业管理。

智能快递柜是指在公共场合（小区），可以通过二维码或者数字密码完成投递和提取快件的自助服务设备。当前丰巢、兔喜、菜鸟等不断加大终端快递柜建设投入，智能快递柜逐渐应用于小区、学校、办公楼，成为一种重要的末端配送装备。

2. 智能快递柜的特征

智能快递柜主要具有以下特征。

（1）智能化集中存取。快递柜是一个基于物联网能够将快件进行识别、暂存、监控和管理的设备，快递柜与服务器一起构成智能快递终端系统，由服务器对系统的各个快递柜进行统一管理，并对快件的入箱、存储以及领取等信息进行综合分析处理。

（2）24 小时自助式服务。当收件人不在时，派送员可以将快件放在附近的快递箱中，等收件人有空时再去取回。

（3）远程监控和信息发布。通过自主终端，结合动态短信，凭取件码取件，以及微信公众号提醒收件人取件，还有自动通知快递公司批量处理快件的智能化新模式，可以改善快递的投送效率及用户邮件的存取体验。

（二）智能快递柜的行业应用

1. 主要建设模式

（1）电商平台自建自营

电商企业为了实现线上线下的对接，进一步完善用户体验，建立自己的自提柜。如京东自提柜、菜鸟快递柜，采取免费使用的方式为用户提供自提服务，重点在于提升电商企业自有物流的服务质量，从而增加客户黏性，提高市场占有率。但智能快递柜投入巨大，不是所有企业都有实力自建。

（2）快递企业自建自营

快递企业建立自己的智能快递柜，是为了强化自身快递末端服务水平，提高快递员工作效率，同时提升客户的服务体验。其中最具代表性的是顺丰组建的丰巢，以及中通旗下的兔喜生活等。对于快递企业来说，智能快递柜可以节省人力成本，提高投递效率，所以，快递企业建设智能快递柜旨在降低运营成本。

（3）第三方企业建设运营

第三方企业主要依靠自己丰富的软件开发经验和成熟的科研团队建立智能快递柜，作为快递公司与用户之间的中介，收取一定的租用费用。如云柜、近邻宝等，通过销售、租赁设备以及出租货柜等获得收益。其实，前两类快递柜在运营过程中，除了满足自身快递业务需求外，对于多出来的箱体，也对其他快递企业开放，兼具第三方职能。

2. 智能快递柜的应用现状

目前，全球应用智能快递柜的主要地区包括中国、美国、西欧、东南亚部分国家以及南美部分国家。这些地区由于电商市场的蓬勃发展、消费者需求的提升以及政府政策的支持，智能快递柜市场正处于高速增长阶段。在我国，智能快递柜市场规模近年来迅速扩大。据统计，2017 至 2021 年间，我国智能快递柜市场规模从 127 亿元增长至 363 亿元，年均复合增长率高达 30.0%。截至 2022 年底，市场规模已突破 470 亿元，同比增长率超过 30%。我国的智能快递柜主要集中于住宅小区、商业街区、公共场所等人口密集区域，服务对象涵盖个人消费者和企业用户。随着技术进步和政策扶持，未来智能快递柜将逐步拓展到更广阔的应用场景，例如校园、医院、景区等，并与智慧城市建设、社区治理等深入融合。

案例赏析

无人配送站

丰巢：新八面智能快递柜。直径约 2.5m，高 4.2m，采用了 8 面体立体视觉设计，内部采取智能存储技术，可容纳超 600 个快递；配备人脸识别功能，轻松"刷刷脸"就能取件；最大的亮点在于可以上乘无人机、下接无人车开展 7×24h 高效作业，做到人、柜、机、车＋用户协同。

菜鸟："快递擎天柱"菜鸟快递塔。高度超过 5m，呈正八面体，可以存储 600～800 件包裹；配备自动传动系统，通过对接无人机、无人车，将实现 24h 全天候无人传送投递；菜鸟快递塔还能面向所有"最后 100m"开放服务，不仅可以作为存储及提货点，方便收取，还能进行新零售探索，满足即时仓储和配送需求。

京东：无人配送站。提供全时段寄件服务，扫码开箱及自动称重，终端可存储至少 28 个货箱，具有 1 个发货箱，能存放 1 辆终端无人车并为其充电。它可以实现真正的全程无人配送中转。该配送站运行时，无人机将货物送到无人智慧配送站顶部，并自动卸下货物。货物将在内部实现自动中转分发，从入库、包装，到分拣、装车，全程100%由机器人操作，最后再由配送机器人完成配送。

五、地下智慧物流管网

（一）地下智慧物流管网的概念与特征

1. 地下智慧物流管网的概念

地下智慧物流管网是通过使用自动导引车、两用卡车或胶囊小车等运载工具或介质，以单独或编组的方式在地下隧道或管道等封闭空间中全自动化地运输货物，最终将货物配送到各终端的运输和供应系统。

在城市，地下物流系统与物流配送中心和大型零售企业结合在一起，实现网络相互衔接，客户在网上下订单以后，物流中心接到订单，迅速在物流中心进行高速分拣，通过地下管道物流智能运输系统和分拣配送系统进行运输或配送。也可以与城市商超结合，建立商超地下物流配送。

地下物流系统末端配送可以与居民小区建筑运输管道相连，最终发展成一个连接城市各居民楼或生活小区的地下管道物流运输网络，并达到高度智能化。当这一地下物流系统建成后，人们购买任何商品都只需点一下鼠标。所购商品就像自来水一样通过地下管道很快地"流入"家中。

京东地下物流系统

京东将在未来建立起地下智能轨道交通网。京东的地下物流运转流畅，快递被装进一个个连接5G的智能胶囊盒子，然后通过地下管道从仓库运到中转站，再从中转站运到每座写字楼下面的快递点，最后交由AI机器人送达。

2. 地下智慧物流管网的特征

（1）与客运节点的物流隔离。地下智慧物流管网系统与客流系统分离，实现人货分流，能够最大限度保障交通安全。

（2）对地下空间的高度利用。充分利用地下交通资源，减少对地面有限交通资源的占用。

（3）货物运输的全自动化。货物运输过程采用自动化输送设备，实现了无人化运行，能够24h流转，极大提高运送效率。

（二）地下智慧物流管网的模式及构成

1. 发展模式

目前地下智慧物流管网系统的发展模式大致可以归纳为基于地铁等隧道、管道舱体和车辆的地下物流系统发展模式。

（1）基于地铁等隧道形式

依托地铁、隧道等轨道交通系统进行物流运输和分配，主要采用客货同列、按厢分载的运作方式，将地铁一物两用，充分节约资源和成本。

例如"城铁系统+地铁站自提柜"模式，通过智慧分拣将批量货物配送到城市各地铁站，再简单分拣放入地铁包裹自提货柜，客户下班坐地铁到站后提货回家，这种模式比较容易实现。

（2）基于管道舱体形式

根据运输载体的不同可将货物的运输管道分为气力运输、浆体运输和舱体运输管道。不同的运输载体可分别适用于不同条件下的货物运输。

（3）基于车辆形式

一般采用以电池作为能源和动力进行驱动，并且具有自动导航功能的特殊车辆完成地下货物运输，如两用卡车和自动导向车等。基于车辆形式的物流发展模式是目前地下物流领域研究的热点，具有较好的发展前景。

从目前城市运输和供应系统的发展情况来看，实现自动导航是地下物流运输的主要趋势。地铁地下物流系统概念模型为开放式嵌入系统，在依托地铁网络完成运输的运作过程中易受到客运的干扰和限制；而舱体地下物流系统概念模型需要驱动车辆或者外加驱动力才能运行，运行过程占用整个通道段，很难适应小批量、多批次的城市配送需求，另外管道的到达性差，还需要通过地面短驳完成最终配送。相对来说，车辆地下物流系统发展模式更加适应城市物流配送的固有特性和绿色高效的发展趋势，其中车辆的设计又是关键。

对于以上三种不同的物流发展模式，其不同的运输特性和适应性决定了其不同的应用范围，在进行设计和建设的时候，应该综合考虑城市自身的发展特点做出选择。

2. 系统构成

总体来看，地下智慧物流管网系统是一种"地下干线运输+综合管廊+配送塔"的物流体系：物品经过地下运输系统运输分拣中心分拣，再经过地下管廊自动配送到商业设施地下仓储中心，或地上与地下结合的社区智能配送塔，客户凭密码或手机在小区配送塔自提包裹。

整个运作过程可分为3个模块。模块1：结合轨道交通完成从港口、火车站、高铁站、空港城到各城区的主干道输送；模块2：结合综合管廊增加物流输送功能，一次开挖，共享复用，完成从区集散点经次干道至各小区各建筑物的输送；模块3：与园区、小区地产结合，通过楼宇自动化、配送塔完成到户到家的终极目标。以上3个层次的板块，也可以反向运行。

思政园地

《商务部等9部门关于印发〈商贸物流高质量发展专项行动计划（2021—2025年）〉的通知》中提到要推广应用现代信息技术。推动5G、大数据、物联网、人工智能等现代信息技术与商贸物流全场景融合应用，提升商贸物流全流程、全要素资源数字化水平。探索应用标准电子货单。支持传统商贸物流设施数字化、智能化升级改造，推广智能标签、自动导引车（AGV）、自动码垛机、智能分拣、感应货架等系统和装备，加快高端标准仓库、智能立体仓库建设。完善末端智能配送设施，推进自助提货柜、智能生鲜柜、智能快件箱（信包箱）等配送设施进社区。

步骤一：智能仓储与分拣系统

技术原理：京东物流利用大数据、云计算和物联网技术，构建了高度自动化的仓储和分拣系统。通过智能算法优化库存管理，提高存储密度和拣选效率。如图 6-4 所示。

应用场景：大型仓储中心，支持海量商品的快速入库、存储、拣选和出库。

效果分析：显著降低了仓储成本，提高了订单处理速度和准确率。

图 6-4　京东智能仓储

步骤二：无人配送车与无人机配送网络

技术原理：无人配送车集成了先进的自动驾驶技术和物联网技术，能够自主导航、避障并完成配送任务；无人机则利用 GPS 导航和自动飞行控制技术，实现空中快速配送。分别如图 6-5 和图 6-6 所示。

应用场景：城市内部及城乡接合部的"最后一公里"配送，特别适用于交通拥堵、偏远地区或紧急情况下的快速配送。

效果分析：缩短了配送时间，降低了人力成本，提升了配送效率和用户体验。

图 6-5　京东无人配送车　　　　　图 6-6　京东无人配送机

步骤三：智能快递柜与自助取件服务

技术原理：智能快递柜通过物联网技术和大数据分析，实现快递的自助存取服务。如图 6-7 所示。用户可以通过手机 APP 或扫码等方式完成取件操作。

应用场景：社区、写字楼、高校等人口密集区域，提供24h 小时不间断的自助取件服务。

效果分析：提高了快递配送的便捷性和安全性，降低了快递员等待时间和配送成本。

步骤四：地下智慧物流管网

技术原理：利用城市地下空间资源，构建独立的物流运输网络。通过智能调度系统优化运输路线和运力分配，实现货物的快速、高效、环保运输。如图 6-8 所示。

图 6-7　京东智能快递柜

应用场景：城市中心区域或交通繁忙地段的货物运输，特别是高价值、易损或紧急货物的运输。

效果分析：缓解了城市交通压力，提高了物流运输的效率和可靠性，同时减少了环境污染。

图 6-8　京东地下智慧物流管网

步骤五：智能物流生态体系构建

综合优势：京东物流通过整合以上各项智慧配送装备和技术，构建了一个高效、智能、绿色的物流生态体系。该体系不仅提升了物流服务的整体水平和竞争力，还推动了物流行业的数字化转型和可持续发展。如图 6-9 所示。

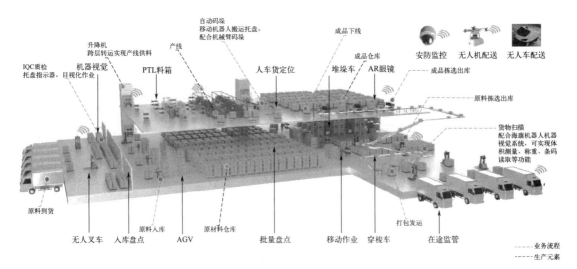

图 6-9　京东物流智能生态体系

挑战与应对：在构建过程中，京东物流面临着技术创新、政策监管、数据安全等多方面的挑战。为此，公司加大了研发投入，与高校、科研机构及产业链上下游企业建立了紧密的合作关系；同时，积极与政府部门沟通合作，推动相关政策的制定和完善；并加强了数据安全管理措施，确保用户信息的安全和隐私保护。

随着技术的不断进步和应用场景的不断拓展，京东物流的智能物流生态体系将更加完善和强大。

成效考量考核表

班级			姓名		学号	
任务名称			智慧配送装备认知			
评价项目	评价标准	分值/分	自评（30%）	互评（30%）	师评（40%）	合计
考勤	旷课、迟到、早退、请假	7				
职业素养	制订计划能力强，严谨认真	7				
	主动与他人合作	7				
	采取多样化手段解决问题	7				
	责任意识、服从意识	7				
学习过程	能够理解智慧配送装备在物流配送中的定义、作用及重要性	14				
	能够掌握智慧配送装备主要分类及其特点	14				
	能够了解各种智慧配送装备的工作原理	14				
完成情况	按时提交任务活动	5				
	任务活动完成程度	5				
	任务活动的答案准确性	5				
	创新意识	8				
得分		100				

任务三 配送的结构模式及经营组织

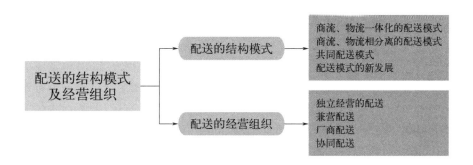

目标导向

通过本任务的学习，可以达成以下目标：

知识目标	1. 了解不同配送模式的特点； 2. 理解不同配送模式的结构； 3. 掌握不同配送模式的主体是什么； 4. 掌握配送业务的经营组织。
能力目标	1. 能够理论结合实际选择最合适的配送模式； 2. 能够对配送提出合理化的建议。
素质目标	1. 培养开拓思维的能力； 2. 提升团队协作能力。

任务引领

如何通过不同的配送模式优化物流效率和市场竞争力？具体来说，以一家大型电子产品制造企业为例，XYZ电子公司是一家全球知名的电子产品制造商，产品包括智能手机、平板电脑和其他消费电子设备。公司在全球多个国家和地区设有生产基地和销售网络。随着市场需求的变化和竞争的加剧，XYZ电子公司需要优化其物流效率和市场竞争力，以保持其市场领先地位。商流、物流一体化的配送模式，商流、物流相分离的配送模式，以及共同配送模式在实际应用中各有哪些优点和挑战？

知识建构

一、配送的结构模式

（一）商流、物流一体化的配送模式

商流、物流一体化的配送模式是一种销售配送模式或企业（集团）内自营型配送模式，这种配送模式又称为配销模式。

在这种配送模式下，配送的主体通常是销售企业或生产企业，也可以是生产企业的专门物流机构。这些配送主体不仅参与物流过程，同时还参与商流过程，而且将配送作为其商流活动的一种营销手段和策略，即参与商品所有权的让渡和转移，在此基础上向客户提供高水平的配送服务。其主要经营行为是商品销售，配送是实现其营销策略的具体实施手段，主要目的是通过提供高水平的配送服务来促进商品销售和提高市场占有率。在我国物流实践中，以批发为主体经营业务的商品流通机构以及连锁经营企业所进行的内部配送多采用这种配送模式，国外的许多汽车配件中心所开展的配送业务同样也属于这种配销模式。

商流、物流一体化的配送模式对于行为主体来说，由于其直接组织货源及商品销售，因而在配送活动中能够形成资源优势，扩大业务范围和服务对象，同时也便于向客户提供特殊的物流服务，如配套供应物资等，从而满足客户的不同需求。可见，这种配送模式是一种能全面发挥专业流通企业功能的物流形式，但这种模式对组织者的要求较高，需要大量资金和管理技术的支持，会给企业资源配置带来过重的压力，不利于实现物流配送活动的规模经营。

此外，由于这种配送模式是围绕着销售展开的，因而不可避免地要受到后者的制约。在现代化大批量、单品种生产条件下，生产企业采取这种配送模式直接配送自己的产品，往往难以获得物流方面的优势。

（二）商流、物流相分离的配送模式

当生产企业和商业企业把物流活动委托给第三方处理的时候，便会出现商流、物流相分离的配送模式。

在这种配送模式下，配送的组织者不直接参与商品交易活动，即不参与商流过程，它只是专门为客户提供货物的入库、保管、加工、分拣、运送等物流服务，其业务实质上属于"物流代理"。从组织形式上看，其商流与物流活动是分离的，分属于不同的行为主体。在我国的物流实践中，这类模式多存在于由传统的储运企业发展起来的物流企业中，其业务在传统的仓储与运输业务基础上增加了配送服务功能，其宗旨是为市场提供全面的物流保证。在国外，发达国家的运输业配送中心、仓储业配送中心和物流服务中心所开展的配送活动均属于这种配送模式。

这种配送模式的特点是：

（1）配送企业的业务活动单一，有利于专业化的形成，提高了物流服务水平；

（2）配送企业占用资金相对较少，易于扩大服务范围和经营规模；

（3）配送企业只提供物流代理服务，企业收益主要来自服务费，经营规模较小。

这种模式的主要缺点是：配送机构不直接掌握货源，其调度和调节能力较差；对客户的依赖性强，若客户销售不畅，会导致自身配送规模下降，经营的主动性差。

总体来说，商流、物流相分离的配送模式，尤其是社会化中介型配送形态，是一种有效的、意义上比较完整的配送模式，代表了现代物流配送业务的一个主要发展方向。

（三）共同配送模式

1. 共同配送的概念

共同配送是在追求配送合理化的过程中，经长期发展探索出的一种配送形式，也是现代社会中采用较广泛的一种配送形式。按照《日本工业标准（JIS）》的解释：共同配送是为提高物流效率为许多企业一起进行配送的配送方式。其实质是相同或不同类型企业的联合，其目的是相互调剂使用各自的仓储运输设备，最大限度地提高配送设施的使用效率。但是，国内外的实践已大大扩展了共同配送的内涵。

2. 共同配送产生的原因

（1）自设配送中心，其规模难以确定。各行各业为保证生产供应或销售效率和效益，各自都想设立自己的配送中心以确保物流系统的高效运作，但由于市场变幻莫测，难以准确把握生产、供应或销售的物流量，如建设规模较大，但配送业务不足，建设资金就难以得到有效应用；规模较小，又会造成配送业务无法独立完成，达不到既定目标。既然企业自设配送中心的规模难以确定，那么可以利用社会化的物流配送中心，或者与其他企业共建配送中心，开展共同配送的模式。

（2）自设配送中心，会面临配送设施严重浪费的问题。在市场经济时代，每个企业都要开辟自己的市场和供销渠道，因此，不可避免地要建立自己的供销网络体系和物流设施，这样一来，便容易出现在用户较多的地区调入不足、在用户稀少的地区调入过剩的现象，造成

物流设施的浪费，或出现不同配送企业重复建设配送设施的状况。而且配送中心的建设需要大量的资金投入，对众多的中小企业来说，其经营成本也是难以承受的，并且存在着投资风险。因此从资源优化配置的角度考虑，共同配送自然成为最佳的选择。

（3）大量的配送车辆集中在商业区，会导致严重的交通问题。近年来，随着"消费个性化"趋势和"用户至上"理念的兴起，准时送达的配送方式变得越来越普及。然而，这也导致大量配送车辆集中在商业区，引发了严重的交通拥堵和环境污染问题。为了缓解这些问题，共同配送成了有效的解决方案之一。通过共同配送，一辆车可以替代原来的多辆车，从而大幅减少车辆数量，有助于缓解交通拥挤，降低环境污染。共同配送因此被视为解决当前配送物流中一系列社会问题的有效方法。

（4）企业追求利润最大化。企业配送时追求利润最大化。共同配送通过周密计划，提高车辆、设备使用效率，以减少成本支出，增加利润，是企业追求利润最大化的有效途径。因此，企业逐渐意识到了共同配送的重要性，大力开展社会化横向共同配送。

共同配送是企业在以上社会背景下，为适应企业生存发展需要而形成的一种重要的配送模式。

3. 共同配送的具体方式

（1）系统优化型共同配送

一个配送企业在综合各家用户要求的情况下，对各个用户进行统筹安排，在配送时间、数量、次数、路线等诸多方面做出系统的最优安排，并在用户可以接受的前提下，全面规划、合理计划地进行配送。

这种配送方式不但可以满足不同用户的基本要求，还能有效地进行分货、配货、配装，选择运输方式、运输路线，合理安排送达数量和送达时间。这种对多家用户的配送，可充分发挥科学计划、周密安排的优势，实行起来虽然较为复杂，但却是共同配送中水平较高的形式。

（2）车辆利用型共同配送

这种方式有以下几种具体形式：

① 车辆混载运送共同配送，这是一种较为简单易行的共同配送方式。在送货时尽可能安排一个配送车辆，实行多货主货物的混载。这种共同配送方式的优势在于：以一辆较大型的可满载的车辆解决了以往多货主、多辆车且难以满载的弊病。由于只在订货时实行多货主货物混载而无须全面、周密计划，所以这种共同配送方式较为简单易行。

② 利用客户车辆共同配送，这是指利用客户采购零部件或原材料的车进行产品的配送。

③ 利用返程车辆共同配送，为了不跑空车，让物流配送部门与其他行业合作，装载回程货或与其他公司合作进行往返运输。

（3）接货场地共享型共同配送

这种配送是指多个用户联合起来，以接货场地共享为目的的共同配送形式。一般是用户相对集中，并且所在地区交通、场地较为拥挤，各个用户单独准备接货场地或货物处置场地有困难，因此多个用户联合起来设立配送的接收点或货物处置场所，这样不仅解决了场地的问题，也大大提高了接货效率，相应减少了成本支出。

（4）配送中心、配送机械等设施共同利用型共同配送

这是指在一个城市或地区中有数个不同的配送企业时，为节省配送中心的投资费用，提高配送运输的效率，多家企业共同出资共同建立配送中心进行共同配送或多家配送企业共同

利用配送中心、配送机构机械等设施，对不同配送企业的用户共同实行配送。采用这种配送方式，配送企业可选择离用户最近的配送中心，这一配送中心可能并不属于本配送企业，但由于离用户最近，可以降低配送成本；同样，另一企业的某些用户，也可就近选择配送中心实行配送，这就形成了一种共同协作实行配送的方式。

与仓库选址决策直接相关的服务指标主要是送货时间、距离、速度和准时率。一般来说，仓库与客户的距离越近，则送货速度越快，订货周期也越短，而订货期越短，准时率也越高。

4. 共同配送的优势与局限性

（1）优势

① 实现配送资源的有效配置，弥补企业配送功能的不足；
② 促使企业提高配送能力并扩大配送规模；
③ 更好地满足客户需求，提高配送效率，降低配送成本。

（2）局限性

① 参与人员多而复杂，企业机密有可能泄露；
② 配送货物种类繁多，服务要求不一致，难以进行商品管理，当货物破损或出现污染等现象时，责任不清，易出现纠纷，最终导致服务质量下降；
③ 运作主体多元化，主管人员在经营协调和管理方面存在困难，可能会出现管理效率低下；
④ 由于是合伙关系，管理难控制，易出现物流设施费用及其管理成本的增加，并且成本收益的分配易出现问题。

（四）配送模式的新发展

现在配送已发展成以高新技术为支撑的系列化、多功能的供货活动。

（1）配送区域进一步扩大，有小范围的街区配送，中范围的城市配送，也有跨越多个国家的国际配送。

（2）作业手段日益先进，普遍采用了机器人技术、自动分拣技术、光电识别技术和射频技术等现代先进技术手段，充分使用管理信息技术，极大地提高了效率和服务质量。

（3）配送的集约化程度提高。大型的配送中心，使得配送集中程度提高，形成了规模经济优势。

（4）配送方式多样化。技术、管理和服务均在不断创新和应用。

二、配送的经营组织

配送经营是指开展配送服务的企业或个人所提供的配送服务的经济活动。可以是独立的配送经营也可以是兼营或附带的配送服务。具体经营模式分为四种。

（一）独立经营的配送

指企业或者个人以配送经营为专营业务，以"配送""配送中心"或其他名义为名，接受需要配送物品的委托人的委托，专门提供配送服务的行为。独立的配送经营也称为第三方配送，可以是法人企业的经营，也可以是个体经营。独立的配送经营者通过与委托人订立配送合同的方式提供配送服务。可以采用自营配送中心和配送运输的形式开展配送，也可以使用社会仓储或运输能力开展配送服务，但必须提供配送组织和承担配送合同责任。

由于独立的配送经营所开展的配送业务都是对外的服务，需要不断地与他人发生外部经济联系，所以涉及配送商务管理的程度最深。

（二）兼营配送

兼营配送是指从事物流服务、运输、仓储、港站作业、贸易代理等业务的企业或个人兼营配送的行为。兼营配送是经营人在主业外利用所具有的能力和条件开展的多元服务或业务延伸。兼营配送也是以第三方的地位承接配送业务，但是兼营配送没有单独与委托人订立配送合同，而是将配送关系合并在其所提供的主业的服务合同之内。兼营配送是仓储业、港站经营人、汽车运输经营人最为便利的业务发展方向，是实现传统仓储、运输服务增值的重要途径。

（三）厂商配送

厂商配送是产品生产者或者商业经营者的送货业务的发展。它由原来的将交易产品一次性送货上门发展成为有计划、按时按量的配送服务。厂商配送中仅有两方的关系，一方为生产或销售的厂商，另一方为产品购买方，其配送关系是销售合同或供货合同的组成部分，配送中的权利和义务由销售合同或供货合同规范，厂商配送的商务活动合并在销售、采购商务活动之中，可以说没有独立的配送商务活动。

（四）协同配送

协同配送是厂商配送特殊发展后的产物，是指多家厂商共同使用一个配送系统，而该配送系统可以是其中一家厂商自有的配送系统，也可以是共同组建的配送系统，使用的各方形成一种合作或者合伙关系。协同配送的目的是提高运输工具利用率和降低配送成本。协同配送采用商务的方式建立关系，通过订立共用或合用配送系统的协议，协调使用、分担成本的方式运作。但这种协议由需要配送的厂商之间订立，而非配送经营人和委托人订立。参与协同配送的各方一般不具有竞争关系，能够和平地或者主次分明地共同利用同一配送系统。协同配送往往最终发展成为第三方独立经营的配送。

任务执行

步骤一：商流、物流一体化的配送模式

（一）特点

（1）XYZ电子公司通过自营的物流网络进行产品的配送，整合了商流（产品销售和交易）和物流（存储、运输和配送）过程。

（2）公司内部设有专门的物流部门，负责从生产基地到各销售点的物流管理。

（二）应用

XYZ电子公司直接负责全球各地的产品配送，利用自营的仓储和运输设备，确保产品快速送达客户手中。

（三）优点和挑战

（1）XYZ电子公司可以直接控制配送过程，提供高水平的配送服务，提升客户满意度。

例如，通过快速响应客户需求，缩短交货时间。

（2）公司可以根据市场变化，灵活调整配送策略，及时补充各销售点的库存。例如，针对不同地区的市场需求，快速调整配送计划。

（3）通过优质的配送服务，提升客户体验，促进产品销售。例如，提供次日达或当天达的快速配送服务，吸引更多客户购买。

（4）XYZ电子公司需要大量投入建设和维护全球物流网络，涉及仓储、运输和配送设施。例如，建立全球多个地区的仓库和配送中心，需要高额的投资和运营成本。

步骤二：商流、物流相分离的配送模式

（一）特点

（1）XYZ电子公司将物流活动外包给第三方物流服务提供商，专注于产品的销售和交易过程。

（2）第三方物流服务提供商负责产品的存储、运输和配送，不参与商品交易。

（二）应用

XYZ电子公司选择几家大型第三方物流公司，负责全球各地的产品配送。例如，与DHL、UPS等国际物流公司合作，确保产品快速、安全地送达客户手中。

（三）优点和挑战

（1）XYZ电子公司可以将物流活动外包，专注于产品的研发、生产和销售，提高核心业务的竞争力。例如，集中资源进行新产品开发和市场推广。

（2）第三方物流服务提供商具备丰富的物流管理经验和资源，可以提供专业、高效的物流服务。例如，利用第三方物流公司的全球网络和技术优势，提高配送效率。

（3）通过外包物流活动，XYZ电子公司可以减少自建物流网络的投资和运营成本。例如，避免建设和维护全球仓库和运输设备的高额支出。

（4）将物流活动外包可能导致XYZ电子公司对配送过程的控制力降低，影响服务质量。例如，第三方物流公司在配送过程中出现延误或错误，可能影响客户体验。

步骤三：共同配送模式

（一）特点

（1）XYZ电子公司与其他电子产品制造商联合进行配送，共享仓储和运输设备，提高物流效率。

（2）多个企业间的合作，通过共同配送最大化利用物流资源，降低物流成本。

（二）应用

XYZ电子公司与其他几家电子产品制造商合作，在多个地区建立联合配送中心，共同进行产品配送。例如，与其他公司共同使用仓库和运输车辆，实现资源共享和成本分摊。

（三）优点和挑战

（1）通过资源共享，XYZ电子公司可以减少独自建设和维护物流设施的成本。例如，联合使用仓库和运输车辆，降低仓储和运输费用。

（2）企业间的合作可以更有效地利用仓储和运输设备，提高资源使用效率。例如，通过共同配送，提高车辆装载率，减少空载运输。

（3）共同配送模式可以更灵活地适应市场需求和配送要求，提高配送的及时性和准确性。例如，通过企业间的协调，快速调整配送计划，满足不同地区的市场需求。

（4）多个企业间的协调和合作可能会遇到困难，需要建立有效的合作机制和管理制度。例如，制订统一的配送计划和标准，确保各方合作顺利进行。

成效考量考核表

班级		姓名		学号		
任务名称		配送的结构模式及经营组织				
评价项目	评价标准	分值/分	自评（30%）	互评（30%）	师评（40%）	合计
考勤	旷课、迟到、早退、请假	7				
职业素养	制订计划能力强，严谨认真	5				
	主动与他人合作	5				
	采取多样化手段解决问题	5				
	责任意识、服从意识	5				
学习过程	能够了解不同配送模式的特点	10				
	能够理解不同配送模式的结构	10				
	能够掌握不同配送模式的主体是什么	10				
	能够准确掌握配送业务的经营组织	10				
	能够掌握配送模式的新发展	10				
完成情况	按时提交任务活动	5				
	任务活动完成程度	5				
	任务活动的答案准确性	5				
	创新意识	8				
得分		100				

任务四　配送业务流程认知

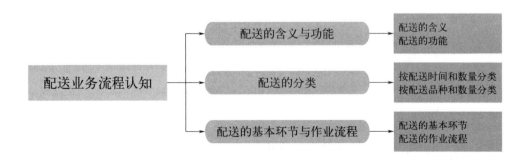

目标导向

通过本任务的学习，可以达成以下目标：

知识目标	1. 能阐述配送的含义与功能； 2. 掌握配送的种类、模式； 3. 掌握配送的基本环节； 4. 掌握配送的作业流程。
能力目标	1. 能够理论结合实际分析现实中配送的种类、功能等； 2. 能够理论结合实际分析现实中配送的流程、作用。
素质目标	1. 培养开拓创新能力； 2. 提升团队协作能力。

任务引领

小新所工作的超市是一家全市范围内经营的连锁超市，其物流配送活动是在超市内部建立配送机制将"配"和"送"进行有机结合，保证超市门店正常的销售供给。作为超市物流的核心环节，连锁超市配送的特点决定了连锁超市的配送必须由4个环节互相配合，分别是订货购物环节，仓储环节，理货、装配环节，送货、收货环节。

H超市目前在市内有自建配送中心1个，是由原来的企业仓库改建而成的，负责市内28家门店、8000多种商品的配送工作。配送中心员工共40人，其中管理人员有8人、驾驶员有8人、技术员有6人，剩下的是搬运工和拣货员，配送是全手工操作。

H超市原有的物流配送主要分为以下几个环节。(1) 订单录入。由连锁超市各门店的员工根据商品目前在货架上的数量及库存量进行"要货计划单"等相关材料的填写，并交由录单员录入超市零售信息管理系统。(2) 备货。配送中心接到"要货计划单"后，根据订单所需向供应商订购货物并进行入库工作。根据各门店的订货单，将不同门店需求的货物挑选出来集中放置，便于装配和出货。根据订单审核商品的备货完整性与正确性，生成最终的"商品配送单"。(3) 配装及出货。订单备货完成后，将出货商品放至出货暂存区，根据不同门店的需求将货物进行搭配装载，并做好出货计划。(4) 收货及回程。在配送车辆与人员将商品配送至各门店后，各门店再做好收货工作及车辆回程工作。

随着超市的发展，现有的配送作业流程逐渐开始显现出如下缺陷，作为物流专业的同学，小新能否提出优化建议呢？

(1) 在订单管理方面，"要货计划单"的填写及录入没有计划性与周期性，其主要的数量与时间都依赖超市理货人员的判断，精确性低。订单传输经常滞后，主要采用电话、传真甚至是人工送达，信息传递及时性与准确性欠缺。

(2) 备货主要靠人工操作，差错率较高，分拣自动化程度不够，总体配送成本高。配送中心太过于集中化的组织结构导致部门管理不完善，备货差异率大，容易造成资源浪费。

(3) 配装中对于商品的损坏无法做到很好地预防，配装合理性没有专人检验。运输计划制订得不够完善，没有制订紧急事件处理方案，对运输过程中的计划和控制相对欠缺。

(4) 收货过程中缺乏对商品的二次审核，导致验收数量差异、单货不符等问题突出，容易造成车辆运力的浪费。对于收货和逆向物流商品的回程缺乏有效的监督机制与审核机制，导致退货业务与正向物流经常出现冲突,业务信息凌乱。

配送是物流中一种特殊的、综合的活动形式,几乎包括了所有的物流功能要素,是物流的一个缩影或物流在某小范围中全部活动的体现。近年,配送活动在现代企业经营和社会消费中起着越来越重要的作用。

配送包括"配"和"送"两个方面的活动。"配"是对货物进行集中、分拣和组配,其核心是一项组合工作;"送"是以合适的方式将货物送至指定地点或用户手中。

一、配送的含义与功能

(一)配送的含义

《物流术语》(GB/T 18354—2021)关于配送的定义是:根据客户要求,对物品进行分类、拣选、集货、包装、组配等作业,并按时送达指定地点的物流活动。

拣选是指按订单或出库单的要求,从储存场所拣出物品,并码放在指定场所的作业。

包装是指为在流通过程中保护产品、方便储存、促进销售,按一定技术方法而采用的容器、材料及辅助物等的总体名称。也指为了达到上述目的而采用容器、材料和辅助物的过程中施加一定技术方法等的操作活动。

组配是指充分利用运输工具的载重量和容积并考虑运输路线合理性,采用科学的装载方法进行货物装载。

根据配送的定义,配送包含了以下的含义。

(1)配送的实质是送货,但和一般送货有区别。一般送货可以是一种偶然、简单的行为。配送却是一种有确定组织、确定渠道,有一套装备和管理力量、技术力量,有一套制度的体制形式。

(2)配送是一种"中转"形式。是一种"末端物流""二次物流"。

(3)配送是"配"和"送"有机结合的形式。配送利用有效的分拣、配货等理货工作,使送货达到一定的规模,以利用规模优势取得较低的送货成本。

(4)配送以客户要求为出发点。强调"根据客户要求",明确了客户的主导地位,配送企业的地位是服务地位而不是主导地位。

(5)配送是以最合理的方式进行的,过分强调"根据客户要求"是不妥的。客户要求受到客户本身的局限,有时实际会损害自身或双方的利益。对于配送者来讲,必须以"要求"为据,但是不能盲从,应该追求合理性,进而指导客户,实现共同受益的商业原则。

某市金湾区红旗镇有 25 个小区,约 3 万户人家。因为很多家庭饮用桶装水,所以需要送水。陈先生在与多家桶装水生产厂家沟通后,对该镇的整体情况做了调查,发现该镇每周需要桶装水 16000 桶左右,用水的品牌不是很固定。同时由于桶装水整体的质量问题,部分以前饮用桶装水的家庭停止购买。该镇没有桶装水的配送点,水由外地的一家大公司提供配送服务。陈先生认为

> 应该在合适的位置开设一家配送中心配送桶装水。于是，他注册了红旗镇桶装水配送中心，设置在镇中心位置、车辆进出比较方便的一个街面房内，暂时的唯一业务就是送水，水的品牌包括农夫山泉、乐百氏、怡宝、鼎湖山泉等。

（二）配送的功能

配送本质上是运输，有人将配送比喻为"最后一公里的运输"，创造空间效用自然是它的主要功能。但配送不同于运输，它是运输在功能上的延伸。相对运输而言，配送除创造空间效用这一主要功能之外，其延伸功能还可归纳为以下几个方面。

1. 完善运输系统

现代大载重量的运输工具固然可以提高效率，降低运输成本，但只适合干线运输，只有干线运输才可能是长距离、大批量运输，而且才有可能实现高效率、低成本的运输。

支线运输一般是小批量的，使用载重量大的运输工具较为浪费。支线小批量运输频次高、服务性强，比干线运输具有更高的灵活性和适应性，而配送通过其他物流环节的配合，可实现定制化服务，能满足这种要求。因此，只有配送与运输密切结合，使干线运输与支线运输有机统一起来，才能实现运输系统的理化。

2. 消除交叉输送

交叉输送模式如图 6-10 所示。在没有配送中心的情况下，由生产企业直接运送货物到用户，交叉运输输送路线长，规模效益差，运输成本高。如果在生产企业与客户之间设置配送中心，采取配送中心模式（图 6-11），则可消除交叉输送。因为设置配送中心以后，将原来直接由各生产企业送至各客户的零散货物通过配送中心进行整合再实施配送，缓解了交叉输送，从而使输送距离缩短，成本降低。

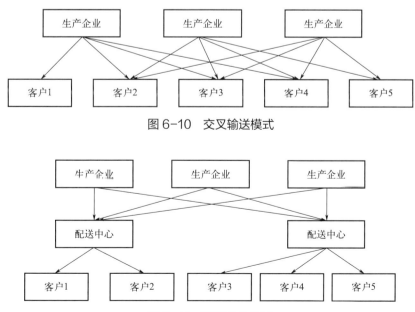

图 6-10　交叉输送模式

图 6-11　配送中心模式

3. 提高末端物流的经济效益

合理选择配送方式，通过配货和集中送货，或者与其他企业协商实施共同配送，可以提高物流系统的经济效益。

4. 实现低库存或零库存

通过集中库存，在同样的服务水平上，配送可使系统总库存水平降低，既降低了存储成本，也节约了运力和其他物流费用。尤其是采用准时制配送方式后，生产企业可以依靠配送中心准时送货而无须保持自己的库存，或者只需要保持少量的安全库存，这就可以实现生产企业的零库存或低库存，从而减少资金占用，改善企业的财务状况。

5. 简化手续，方便用户

由于配送可提供全方位的物流服务，采用配送方式后，用户只需要向配送供应商进行一次委托，就可以得到全过程、多功能的物流服务，从而简化了委托手续和工作量，也节省了开支。

6. 提高供应保证程度

采用配送方式，配送中心比任何单独供货企业有更强的物流能力，可使用户减少缺货风险。例如，巴塞罗那大众物流中心承担着大众、奥迪、斯柯达、菲亚特4个品牌的汽车零部件的配送任务。4个品牌的汽车在整车下线前两个星期，有关这些车辆的88000种零配件在这里可以全部采购到。假如用户新买的车出现了故障，只要在欧洲范围内，24小时内就会由专门的配送公司把用户所需要的零部件送到手中。

二、配送的分类

根据不同的分类标准，配送服务有不同的种类，见表6-1和表6-2。

表6-1 按配送时间和数量分类

配送类别	特点	优点	缺点	适用范围
定时配送	按规定的时间间隔进行配送（根据送达时限，分为小时配、日配、快递等形式）	时间固定，易于安排工作计划，易于计划使用车辆，也易于用户安排接货	数量和品种发生较大变化时，会使配送运力出现困难	一般适用于消费配送
定量配送	按照规定的批量，在指定的时间范围内进行配送	数量比较固定，备货工作较为简单，运输组织容易，配送效率高	难以实现准时要求、难以对多个用户实行共同配送	有一定的仓储能力、服务水平中等的生产配送
定时定量配送	按照规定的时间和规定的数量进行配送	兼有定时配送和定量配送的优点	服务要求比较高，管理和作业难度较大，计划难度较大；成本高，难以实现共同配送、联盟配送	产品批量较大的生产制造企业和大型连锁商场的部分商品配送
定时定线路配送	根据运输路线、到达站点的时间表进行配送	易于有计划地安排运送和接货工作，有利于配送企业实行共同配送，易于管理，成本较低	灵活性差	消费者集中的地区配送
即时配送	完全按照用户提出的时间要求和商品品种、数量要求配送	灵活性高，可实现真正的零库存	对配送企业要求高、成本高	各种应急配送
JIT准时配送	按照双方协议时间，准时将货物送达	准确及时，便于实现"零库存"管理	配送成本较高	适用于生产配送

表 6-2　按配送品种和数量分类

配送类别	特点	优点	缺点	适用范围
单品种大批量配送	单独一个品种或者几个品种就可以达到大的运输量	由于批量较大，整车运输成本较低	必须是运输能力很强的配送组织进行配送	工业配煤等
多品种小批量配送	符合现代社会高水平的消费方式、高技术的配送方式，是发达国家大力推崇的配送方式	可以很好地满足用户的个性化需要	作业难度大，技术要求高，使用设备复杂，组织难度大，操作要求高，成本高	大多数消费品配送
配套、成套配送	一般是按照生产企业的需要，将零部件定时送达生产企业	配送组织承担了生产企业的大部分供应	配送企业的专用性比较强，不利于配送企业向外发展	装配型企业的配送组织

三、配送的基本环节与作业流程

（一）配送的基本环节

配送实际上是一个物品集散过程，这一过程包括集中、分类和散发 3 个步骤。这 3 个步骤由一系列配送作业环节组成，通过这些环节的运作，配送的功能得以实现。

配送活动主要包括集货、拣选、配货、配装、配送运输、送达服务和配送加工等。

1. 集货

集货是配送的首要环节，是将分散的、需要配送的物品集中起来，以便进行拣选和配货的活动。为了满足特定用户的配送要求，有时需要把用户从几家甚至数十家供应商处预订的物品集中到一处。集货是配送的准备工作。配送的优势之一，就是通过集货形成规模效益。

2. 拣选

拣选是指将需要配送的物品从储位上拣选出来，配备齐全，并按配装和送货要求进行分类，送入指定发货地点堆放的作业。拣选是保证配送质量的一项基础工作，它是完善集货、支持送货的准备工作。成功的拣选，能大大减少差错率，提高配送的服务质量。

3. 配货

配货是将拣选分类完成的货品经过配货检查，装入容器并做好标记，再送到发货准备区，待装车后发送的活动。

4. 配装

配装也称配载，是指充分利用运输工具（如货车、轮船等）的载重量和容积，采用先进的装载方法，合理安排货物的装载的活动。在配送中心的作业流程中安排配装，把多个用户的货物或同一个用户的多种货物合理地装载于同一辆车上，不仅能降低送货成本，提高企业的经济效益，还可以减少交通流量，改善交通拥挤状况。

配装是配送系统中具有现代特点的功能要素，也是配送不同于一般送货的重要区别之一。

5. 配送运输

配送运输属于末端运输、支线运输。它与一般的运输形态的主要区别在于，配送运输是较短距离、较小规模、较高频度的运输形式，一般使用汽车作为运输工具。与干线运输的区别是，配送运输的路线选择问题是一般干线运输所没有的。干线运输的干线是唯一的运输路线，不可选择，而配送运输问题由于配送客户多、地点分散，一般集中在城市内或城郊，交通路线又较为复杂，存在空间和时间上的峰谷交替，如何组合最佳路线、如何使配装和路线选择有效搭配成为配送运输工作的难点，也是配送运输的特点。对于较为复杂的配送运输，需要通过数学模拟模型规划整合来取得较好的运输效果。

6. 送达服务

将配送好的货物运输到客户处还不算配送工作的结束，这是因为送达货物和客户接收货物往往还会出现不协调。因此，要圆满实现送到之货的移交，并且有效、方便地处理相关手续并完成结算，还应当讲究卸货地点、卸货方式等。送达服务也是配送的特色。

7. 配送加工

配送加工是流通加工的一种，是按照客户的要求所进行的流通加工。在配送活动中，有时根据客户的要求或配送对象，为便于流通和消费，改进商品质量，促进商品销售，需要对商品进行套裁、简单组装、分装、贴标、包装等加工活动。配送加工这一功能要素在配送中不具有普遍性，但往往具有重要的意义。通过配送加工，可以大大提高客户的满意程度。配送加工一般取决于客户的要求，加工目的比较单一。

（二）配送的作业流程

配送的作业流程一般是按照功能要素展开的，其基本流程如图 6-12 所示。

图 6-12　配送基本作业流程

具体到不同类型、不同功能的配送中心或物流节点的配送活动，其流程可能有些不同，而且不同的商品，由于其特性不一样，配送流程也会有所区别。如食品类商品由于其种类繁多，形状特性不同，保质保鲜要求也不一样，所以通常有不同的配送流程，如图 6-13 所示。

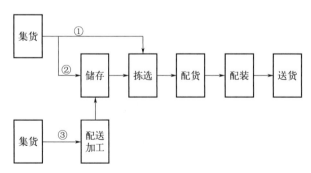

图 6-13　食品类商品的三种配货流程

第①类商品如海鲜产品、肉类制品等，由于保质期短，保鲜要求高，进货后不经过储存立即分拣配货、配装后送达客户。

第② 类商品如矿泉水、方便食品等，保质期较长，可以在集货后经过储存保管后，再按客户订单要求组织配送。

第③类商品如速冻食品、大包装进货食品、成衣等，在集货后需按客户的要求再按商品特性经过配送加工后再组织配送。

任务执行

小新对现有的配送作业流程展开分析，结合专业知识对 H 超市配送运作流程进行重组优化。

步骤一：配送流程重组优化的思路

H 超市配送流程重组与优化思路如下：首先分析在原有的作业流程中有哪些需要细化、拆分、消除、合并及重排等，确定新的配送流程应该包括哪些有效作业流程；其次针对现有作业流程存在的问题给出具体的解决措施；最后在流程优化的实施过程中，注重供应链一体化的整合，避免不同门店物流活动的重复发生与浪费行为。

步骤二：有效配送流程的重组与优化分析

H 超市的部分生鲜食品等的配送由供应商直接配送，其他主营商品的配送则选择第三方配送。结合该配送模式的特点及配送需求，小新得出 H 超市的配送流程需要重新设计。

（1）连锁超市作为供应链中的主体，必须自主地进行商品需求分析并向供应商进行订货活动，故在超市主动进行的流程中，这部分作业流程应当保留，并予以优化。

（2）在连锁超市发出正式的订货单据时，由于商品不再运往超市自有的配送中心，而是运往合作的第三方物流企业后再由第三方进行相关的配送活动，原来的备货、配装、出货等作业流程不再由 H 超市主动进行，超市只需对这些流程进行整体上的把握，故该部分可以消除。

（3）收货流程依然由连锁门店各分店进行，但退货紧随收货，且没有完善的管理制度，故收货流程应该保留并予以优化，并将退货与收货进行拆分。

（4）由于备货、发货等相关作业已不需要 H 超市进行具体的操作，故超市可以将部分精力放到其他方面，可以添加退货流程，并对其予以完善。

步骤三：有效作业流程的优化分析

根据前面的分析可以得出，需要 H 超市主动操作的现有有效流程包括订货流程、收货流程及退货流程，小新也针对这些流程现有的问题给出了相关的解决方法。

（1）订货流程中，调查分析得出各连锁分店不需要每天录入订货计划，所以可以根据相关的数据分析制订订货计划的周期与要求，提高订货的精确性和及时性。

（2）备货、发货等流程中，超市只需要利用配送管理系统对整个配送流程进行宏观的把握与监督，实现信息共享。

（3）收货流程中，商品的数量和质量在收货时都应该进行二次检查，因此可以由第三方物流配送人员进行货物的卸载与堆放，由各门店的收货人员进行检查和核对，这样既节约了收货时间，也提高了准确率。

（4）退货流程中，各门店退货数量、时间等都是人员凭经验与具体情况来决定的，随机性很大，为了避免这种状况，可以制订相关的规则规范退货流程。

经理考虑了小新的建议，在优化了 H 超市的配送流程后，其订单的决策与管理更加科学，收货过程也更加严格与谨慎，同时实行无纸化收货简化了收货流程，信息化工作提高了作业准确性。退货的畅通与科学赢得了顾客的青睐，原配送中心也充分发挥了作用。

通过这次实践，小新感觉到配送流程的优化是帮助连锁零售企业顺利发展的一大法宝。业务流程是其运营的骨架，对流程的优化是节约资源、降低成本的有效举措，在提高客户满意度、市场竞争力等方面具有较大的作用。当然，连锁企业的特殊性决定了其在市场运营的过程中，需要综合考虑供应链中的每一环节，树立共同发展的思想，因此在其发展中需注重供应链的整合和信息化。

 成效考量

成效考量考核表

班级		姓名		学号		
任务名称		配送业务流程认知				
评价项目	评价标准	分值/分	自评（30%）	互评（30%）	师评（40%）	合计
考勤	旷课、迟到、早退、请假	7				
职业素养	制订计划能力强，严谨认真	5				
	主动与他人合作	5				
	采取多样化手段解决问题	5				
	责任意识、服从意识	5				
学习过程	能够准确说明配送的含义及功能	10				
	能够准确说明配送的种类	10				
	能够准确掌握配送的基本环节	10				
	能够准确掌握配送的作业流程	10				
	能够了解目前的配送现状	10				
完成情况	按时提交任务活动	5				
	任务活动完成程度	5				
	任务活动的答案准确性	5				
	创新意识	8				
得分		100				

项目七

智慧配送作业管理流程

任务一 订单处理与配送计划制订

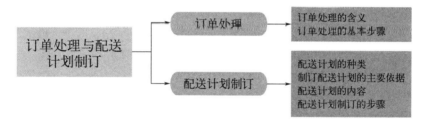

📦 目标导向

通过本任务的学习,可以达成以下目标:

知识目标	1. 掌握订单处理的步骤和内容; 2. 了解获取订单的方式,熟悉订单的形态; 3. 了解配送计划的种类; 4. 掌握配送计划的内容及制订的步骤。
能力目标	1. 能够快速准确地处理订单信息,确保订单准确无误; 2. 能够运用自动化工具或系统优化订单处理流程,提高处理效率和准确性; 3. 能够制订出合理的配送计划,并实施配送计划。
素质目标	1. 勇于创新,敢于尝试新的工作模式和方法,不断提高订单处理和配送效率; 2. 在订单处理和配送计划制订过程中,能够与团队成员紧密合作,共同完成任务。

✈ 任务引领

根据我国台湾地区 11 家连锁超市的调查情况,生鲜商品的配送是超市配送的一个重点,多是由自营的配送中心负责,如顶好惠康、台北农产运销公司、惠阳超市、远东百货超市、兴农生鲜超市、美村生鲜超市、丸九生鲜超市等；只有少数几家是由厂商负责配送，如善美的、裕毛屋生鲜超市、大统超市等。

而在这些超市配送中，其效率也是明显存在差异的。顶好惠康拥有 28 家门店，它的生鲜商品配送，主要是定时配送，在前一天打烊后各个门店根据一天的销售量将第二天的需求量上报配送中心，配送中心根据各个门店的需求量和配送距离制订配送计划，于第二天派出数台车配送到门店。如果门店销量较好缺货时，则根据门店的需求及时配送。

相比之下，美村生鲜超市就要专业得多。美村生鲜有 20 余家门店，实行每天两送制度，每天上午和下午在购买高峰期之前一小时各配送一次。根据长期的销售统计和线路情况，美村生鲜超市配送中心将下属的 20 余家超市分成 3 个区，每个区一台车，这样尽量保证车辆的满载和减少了空载率，而且每天两次配送，更能够满足门店所需。

由此可见，配送计划的好或坏，对服务对象而言，对提高本中心的效率和降低成本而言，都是至关重要的。未来顶好惠康想要提高配送效率和降低配送成本，应该如何优化订单处理及配送计划制订？

一、订单处理

（一）订单处理的含义

所谓订单处理，是指配送中心从接到客户订货开始到准备着手拣货之间的作业阶段，包括订单资料的接收与确认、存货查询、单据处理等内容。处理的手段主要有人工处理和计算机处理两种形式。人工处理具有较大弹性，但只适合少量的订单处理，一旦订单数量较多，处理将变得缓慢且易出错。而计算机处理速度快、效率高、成本低，适合大量的订单处理，是目前主要采取的形式。

订单处理是调度、组织配送活动的前提和依据，是其他各项作业的基础，订单处理的成效影响后续作业乃至整个企业的营运状况。订单处理过程如图 7-1 所示。

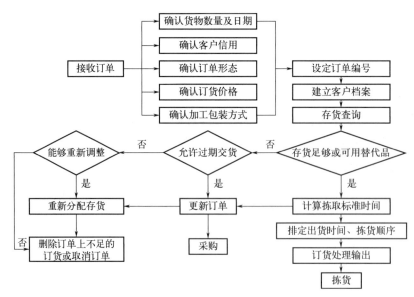

图 7-1　订单处理过程

（二）订单处理的基本步骤

1. 接收订单

订单处理的第一步是接收订单，作业人员可以通过各种方式接收客户订货。订货方式主要有传统订货与电子订货两种。

（1）传统订货

传统订货主要包括业务员跑单接单、邮寄订单、客户自行取货、电话口头订货、厂商巡查隔天送货、厂商铺货、传真订货，如表 7-1 所示。

表 7-1 传统订货方式及说明

订货方式	作业说明
业务员跑单接单	业务员到各客户处去推销产品，而后将订单带回公司。紧急时，用电话方式先与公司联系通知有客户订单，让公司做好发货准备
邮寄订单	客户通过邮寄的方式将订货单邮寄给供应商
客户自行取货	客户自行到供应商处看货、补货，根据需要进行下单订货，此种方式多为传统杂货店采用，范围也受到了相当大的限制
电话口头订货	以电话口述向厂商订货，订货人员将商品名称及数量报与供应商，供应商根据电话内容送货。但由于每天需向许多供应商要货，且需订货的品种和数量可能非常多，一般花费时间长，并且经常出现错误，发生不必要的费用
厂商巡查隔天送货	供应商派巡货人员前一天先到各客户处查询需补充的商品，隔天予以补货。传统的供应商采用这种方式可利用巡货人员为商店整理货架、贴标签或提供经营管理意见、市场信息等，也可促销新品。这种方式供应商的投入大、费用高
厂商铺货	供应商直接将商品放在货车上到每一家去送货，缺多少补多少。此种方法适用于周转率快的商品或新上市商品
传真订货	客户将缺货信息整理成文，利用传真机传给供应商

从表 7-1 中的方式来看，传统订货方式有一定的优点，但也存在不少缺点，其中突出的一点是，时间和费用都相对较高。

（2）电子订货

电子订货是一种依靠计算机网络，借助计算机信息处理功能，代替传统人工书写、输入、传送的订货方式。它将订货信息转为计算机网络能识别的电子信息，并由通信网络传送，故被称为电子订货系统。其做法主要有以下 3 种方式，如表 7-2 所示。

表 7-2 电子订货方式及说明

订货方式	作业说明
用订货簿或货架标签配合手持终端机及扫描器实现订货	订货人员携带订货簿及手持终端机巡视货架，若发现商品缺货就用扫描器扫描订货簿或货架上的商品条形码标签，再输入订货数量，当所有订货资料都输入完毕后，利用数据机将订货信息传给供应商或总公司。这种方式能及时地反映货物的库存情况，但是对订货人员的要求较高，出错率也高
用 POS 系统实现自动订货	POS 系统可在商品库存档内设定安全存量。每发生一笔商品销售，计算机就会自动扣除该商品相应的库存。当库存低于安全存量时，便自动生成订单，经确认后通过通信网络传给总公司或供应商。很显然，这种方式便捷快速
订货应用系统	客户利用计算机信息系统的订单处理系统，将订货信息通过与供应商约定的共同格式，在约定的时间里将订货信息传送到供应商处订货。这种方式还可根据相关的数据预测商品下一时间段内的销售数量，以便及时准确地反映顾客的需求

2. 订单确认

接收订单后,作业人员须对订单内容进行确认,其主要内容如表7-3所示。

表7-3 订单确认的主要内容

确认项目	主要内容
货物数量及日期	货物数量及日期的确认是对订货资料项目的基本检查,即检查品名、数量、送货日期等是否有遗漏、笔误或不符合公司要求的情形,尤其当送货时间有问题或出货时间已延迟时,更需与客户再次确认订单内容或更正运送时间
客户信用	查核客户的财务状况,以确定其是否有能力支付该订单的账款。通常的做法是检查客户的应收账款是否已超过其信用额度
订单形态	订单形态主要包括一般交易形态、现销式交易订单、间接交易订单、合约式交易订单、寄库式交易订单5种。
订货价格	不同的客户、不同的订购量,可能有不同的价格,输入价格时系统应加以检核。若输入的价格不符(输入错误或因业务员降价接单等),系统应加以锁定,以便主管审核
加工包装	客户对于订购的商品是否有特殊的包装、分装或贴标等要求,或有关赠品的包装等资料都要详细确认记录

3. 订单编号

在确定客户订单不存在其他问题后,应将订单按照公司规定予以编号,一张订单对应一个编号。

4. 建立客户档案

将客户状况详细记录,不但有利于当次交易的顺利进行,而且有利于以后的合作,客户档案的主要内容如表7-4所示。

表7-4 客户档案的主要内容

序号	主要内容	序号	主要内容
1	客户名称、代号、等级	7	客户点配送路径顺序
2	客户信用额度	8	客户点适合的送货车辆形态
3	客户销售付款及折扣率的条件	9	客户点卸货特性
4	开发或负责此客户的业务员资料	10	客户配送要求
5	客户配送区域	11	延迟订单的处理方式
6	客户收账地址		

5. 存货查询与存货分配

(1)存货查询

作业人员将订单资料输入订单处理系统,通过货物编号、客户代号等相关信息进行库存查询,目的在于确认现有库存是否充足。如果不足,则看是否可用替代品代替、过期交货、补货或重新分配存货等方式进行弥补。

(2)存货分配

存货分配主要有单一订单分配和批次分配两种方式。

① 单一订单分配。此种情形多为线上即时分配,也就是在输入订单资料时,就将存货分配给该订单。

② 批次分配。批次分配是指累积汇总数笔订单资料后，再一次分配库存。配送中心因订单数量多、客户类型等级多，且多为每天固定配送次数，通常采用批次分配以确保库存能做出最佳的分配。采用批次分配时，要注意订单的分批原则，即批次的划分方法。

（3）存货不足的异动处理

如果存货数量无法满足客户需求，且客户又不愿意接受替代品，则应依据客户意愿与公司相关政策来采取相应方式，如表7-5所示。

表7-5　存货分配不足异动处理说明

情况类别	约束条件	处理说明
客户不允许过期交货	公司无法重新调拨	删除订单上不足额的订货，或取消订单
	公司能够重新调拨	重新分配存货
客户允许不足额订单	公司政策不允许分批出货	删除订单上不足额的订货
	等待有货时再补送	等待有货时再补送
	处理下一张订单时补送	与下一张订单合并配送
	有时限延迟交货，并一次配送	客户允许一段时间的过期交货，并要求所有订单一次配送
	无时限延迟交货，并一次配送	客户允许过期交货，且希望所有订货到齐后再一起出货送达
客户希望整张订单货物一次配送，不允许过期交货	—	取消整张订单
公司政策	—	允许过期分批补货 分批补货成本太高时，不分批补货
		可取消订单，或要求客户延迟交货日期

6. 计算拣取的标准时间

订单处理人员要事先掌握每一张订单或每批订单可能花费的拣取时间，以便有计划地安排出货，因此，要计算订单拣取的标准时间。

（1）计算拣取每一单元（一托板、一纸箱、一件）货物的标准时间，且将它设定于计算机记录标准时间档，将个别单元的拣取时间记录下来，可以很容易地推导出整个标准时间。

（2）有了单元的拣取标准时间后，便可依每品项订购数量和寻找时间，计算出每品项拣取的标准时间。

（3）根据每一订单或每批订单的订货品项，并考虑一些纸上作业的时间，计算出整张或整批订单的拣取标准时间。

7. 排定出货时间及拣货顺序

对于已分配存货的订单，通常会再依客户需求、拣取标准时间及内部工作负荷来安排出货时间及拣货顺序。

8. 订单处理输出

订单资料经过上述处理后，即可开始打印一些出货单据，以展开后续作业。

（1）拣货单（出库单）。拣货单是拣货作业的主要依据，为货物出库作业提供指示资料。

拣货资料应配合配送中心的拣货策略及拣货作业方式来加以设计，以提供详细且有效率的拣货资讯，便于拣货的进行。拣货单的填写应考虑商品储位，依据储位前后相关顺序打印，以减少人员重复往返取货，同时拣货数量、单位也要详细确认标示。

（2）送货单。物品交货配送时，通常附上送货单给客户清点签收。因为送货单主要是给客户签收、确认的出货资料，其正确性及明确性很重要。要确保送货单上的资料与实际送货相符，除了出货前的清点外，对于出货单的打印时间及一些订单异动情形，如缺货品项或缺货数量等也必须打印注明。

（3）缺货资料。库存分配后，对于无法打印拣货单和送货单位的缺货情况，订单处理人员应根据缺货的订单资料，查询并打印相关信息，如紧急进货单、补货单等。

二、配送计划制订

（一）配送计划的种类

配送计划是在配送过程中关于配送活动的周密计划。制订配送计划的目的是实现配送管理的合理化，提高设备设施、运输工具和人力的使用效率，从而削减配送费用。配送计划一般包括配送主计划、每日配送计划和特殊配送计划。

1. 配送主计划

指针对未来一定时期内已知的客户需求进行的前期配送规划，便于对车辆、人员及支出等做统筹安排，以满足客户的需要。例如，为迎接家电行业3～7月空调销售旺季的到来，某公司于年初根据各个零售店往年销售情况加上相应系数预测配送需求量，提前安排车辆及人员等，制订配送主计划，保证销售任务完成。

2. 每日配送计划

每日配送计划是针对上述配送主计划逐日进行实际配送作业的调度计划。例如，订单增减、取消、配送任务细分、时间安排及车辆调度等。制订每日配送计划的目的是使配送作业有章可循，成为例行事务，实现忙中有序，责任到人。

3. 特殊配送计划

特殊配送计划是指针对突发事件或者不在主计划和每日计划规划范围内的配送业务，所做的不影响正常每日配送业务的计划。它是配送主计划和每日配送计划的必要补充。例如，在商场进行空调促销活动，可能会导致配送需求量突然增加，或者配送时效性增强，这都需要制订特殊配送计划，增强配送业务的柔性，提高服务水平。

（二）制订配送计划的主要依据

1. 客户订单

一般客户订单对配送商品的品种、规格、数量、送货时间、送达地点、收货方式等都有要求。因此，客户订单是制订配送计划最基本的依据。

2. 客户分布、运输距离

客户分布是指客户的地理位置分布。客户位置离配送据点的距离影响配送的路径选择，直接影响输送成本。

3. 配送货物的体积、形状、重量、性能、运输要求

配送货物的体积、形状、重量、性能、运输要求是决定运输方式、车辆种类、载重容积及装卸设备的制约因素。

4. 运输、装卸条件

运输道路的交通状况、运达地点及其作业地理环境、装卸货时间、天气气候等对输送作业的效率也起相当大的约束作用。

（三）配送计划的内容

1. 配送地点、数量与配送任务分配

在配送作业中，地点、数量与配送任务分配有密切关系。地点是指配送的起点和终点。由于每一个地点的配送量、周边环境及自有资源不同，应有针对性地综合考虑车辆数量及送货地点的特征、距离及路线，将配送任务合理分配，并且逐步摸索规律，使配送业务达到配送路线最短、所用车辆最少、总成本最低、服务水平最高。

2. 确定车辆数量

车辆数量在很大程度上影响配送时效。拥有较多的配送车辆可以同时进行不同路线的配送，提高配送时效性；配送车辆数量不足，往往会造成不断往返装运，造成配送延迟。但是数量庞大的车队会增加购置费用、养护费用、人工费用及管理费用等各项支出，这与提高客户服务水平存在很大的矛盾。如何能在客户规定的时间内送达，与合理的车辆配置有着十分密切的关系。如何能够在有限的资源能力范围内最大限度地满足客户需求是制订配送计划应该注意的问题。

3. 确定车队构成及车辆组合

配送车队一般应根据配送量、货物特征、配送路线及配送成本分析进行自有车辆组合。必要时也可考虑通过适当地选用外来车辆组建配送车队。自有车辆与外来车辆的比例适宜，可以适应客户需求变化，有效地调度车辆，降低运营成本。

4. 控制车辆最长行驶里程

在制订人员配置计划时，应尽量避免司机疲劳驾驶造成的交通隐患，全面保证人员及货物安全。通常可以通过核定行驶里程和行驶时间评估司机的工作量，从而有效避免超负荷作业。

5. 车辆容积、载重限制

选定配送车辆需要根据车辆本身的容积、载重限制并结合货物自身的体积、重量考虑最大装载量，以使车辆的有限空间不被浪费，降低配送成本。

6. 路网结构的选择

通常情况下，配送中心辐射范围为60km，即以配送中心所在地为圆心，半径60km以内的配送地点均属于配送中心服务范围。这些配送地点之间可以形成很多区域网络，所有的配送方案都应该满足这些区域网络内的各个配送地点的要求。在配送路网设计中采取直线式往返配送路线较为简单，通常只需要考虑路线上的流量。

7. 时间范围的确定

客户通常根据自身需要指定配送时间，这些特定的时间段往往在特定路段与上下班高峰期重合。因此，在制订配送计划时应对交通流量等影响因素予以充分考虑，或者与客户协商，尽量选择夜间配送、凌晨配送及假日配送等方式。

8. 与客户作业层面的衔接

制订配送计划时应该对客户作业层面有所考虑，如货物装卸搬运作业是否托盘标准化和一贯化、是否容器化、有无装卸搬运辅助设备、客户方面是否有作业配合、是否提供随到随装条件、是否需要搬运装卸等候、停车地点距货物存放地点远近等。

9. 达到最佳化目标

物流配送的最佳化目标是指按"四最"（配送路线最短、所用车辆最少、作业总成本最低及服务水平最高）的标准，在客户指定的时间内，准确无误地按客户需求将货物送达指定地点。

（四）配送计划制订的步骤

制订高效的配送计划不仅是为了满足客户的要求，而且能够对客户的各项业务起到有效的支撑作用，帮助客户创造利润，最终使客户和物流企业同时受益，达到"双赢"的效果。配送计划制订的步骤如图 7-2 所示。

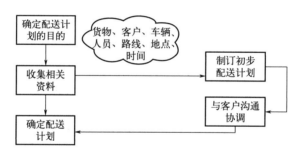

图 7-2 配送计划制定的步骤

1. 确定配送计划的目的

物流业务的经营运作是以满足客户需求为导向的，并且需要与企业自身拥有的资源和运作能力相匹配。企业往往由于自身能力和资源的限制，在满足多变复杂的客户需求上有一定难度。这就要求企业在制订配送计划时必须考虑制订配送计划的目的。例如，配送业务是为了满足短期时效性需求还是长期稳定性需求，配送业务是服务于临时性的客户还是服务于长期固定的客户。不同的配送目的，需要以不同的配送计划作为支撑。

2. 收集相关资料

只有了解客户需求，才能满足客户需要，因此，收集、整理服务对象的相关数据资料是提高配送服务水平的关键。配送活动的主要标的物是货物，如原材料、零部件、半成品及产成品等。对长期固定的客户而言，对该货物近年来的需求量，以及淡季和旺季的需求量变化等的相关统计数据是制订配送计划必不可少的第一手数据资料。另外，了解当年销售计划、生产计划、流通渠道的规模及变化情况，配送中心的数量、规模、运输费用、仓储费用及管理费用等数据也是十分必要的。如果不了解客户淡季、旺季需求差异的变化，对于突然增加的配送任务，是无法积极有效应对的，必然会出现车辆调配紧张、不能及时将货物送达目的地，甚至不能及时配送而导致丧失市场机会等一系列严重问题。因此，收集相关数据资料并作相应的分析是制订配送计划的关键，也是提高配送服务质量的关键。

3. 整合配送七要素

配送七要素是指货物、客户、车辆、人员、路线、地点及时间，也称配送的功能要素。在制订配送计划时应对此7项要素深入了解并加以分析整理。货物是指配送标的物的种类、形状、重量、包装、材质及装运要求等。客户是指委托人和收货人。车辆是指配送工具，要根据货物的特征、数量、配送地点，以及车辆容积和载重量等决定选用什么样的车辆配送。人员是指司机或配送业务员。路线是指配送的路线，要按照一定的原则来制订。地点是指配送的起点和终点，主要了解这些地点的数目、距离、周边环境、停车卸货空间大小及相关设施等。时间是指在途时间和装卸搬运时间。

7-11 的配送时间计划

日本 7-11 在食品配送方面有许多好的解决方案。例如，针对不同食品在时间和频率方面的不同要求，日本 7-11 做出以下配送计划。

（1）对于有特殊要求的食品（如冰激凌），7-11 会绕过配送中心，由配送车辆早、中、晚 3 次直接从厂商送到各个零售店铺。

（2）对于一般食品，7-11 实行的是一日三次的配送制度。3:00—7:00 配送前一天晚上生产的一般食品，8:00—11:00 配送前一天晚上生产的特殊食品（如牛奶、新鲜蔬菜），15:00—18:00 配送当天上午生产的食品。这样一日三次的配送频率，既保证了商店不缺货，也保证了食品的新鲜度。

4. 制订初步配送计划

在完成以上步骤之后，结合自身能力及客户需求，便可以初步确定配送计划。初步配送计划应该包括配送路线的确定原则、每日最大配送量、配送业务的起止时间（可以24h不间断作业）及使用车辆的种类等；并且可以有针对性地解决客户现存的问题，如果客户需要，甚至可以精确到到达每一个配送地点的时间、具体路线的选择，以及货运量突然发生变化时的应急办法等方面。

5. 与客户沟通协调

给客户制订配送计划的主要目的就是让客户了解在充分利用有限资源的前提下，客户所能得到的服务水平。因此，在制订了初步的配送计划之后，一定要与客户进行沟通请客户充分参与并提出意见，共同完善配送计划，并且应该让客户了解其现有的各项作业环节在未来操作时可能出现的各种变化情况，以免客户的期望与具体操作产生比较大的落差。在具体业务的操作上，要取得良好的配送服务质量需要客户与配送公司的密切配合，并不能单纯地依赖一方。

6. 确定配送计划

经过与客户几次协调沟通之后，初步配送计划经过反复修改最终确定。已经确定的配送计划应该成为配送合同中的重要组成部分，并且应该让执行此配送计划的双方或者多方人员全面了解，确保具体配送业务顺利进行并保证配送服务质量。

任务执行

步骤一：引入灵活的配送频次

目前顶好惠康采用的是定时配送模式，但在销售高峰期或门店出现缺货时，会进行即时配送。为了更高效地满足门店需求，可以借鉴美村生鲜超市的做法，考虑增加配送频次，如实施每天至少两次的配送制度。这样可以在购买高峰期前提前补货，减少因缺货导致的顾客流失和即时配送的成本。

步骤二：优化配送路线与区域划分

顶好惠康应该对其配送路线进行精细化规划，根据门店的地理位置、需求量和交通状况，合理划分配送区域。通过智能路由系统或专业的路线规划软件，减少配送车辆的行驶距离和空载率，提高满载率。

可以借鉴美村生鲜超市的分区配送策略，将门店按区域划分，并为每个区域分配固定的配送车辆，以确保配送的及时性和高效性。

步骤三：加强需求预测与库存管理

提高需求预测的准确性是优化配送计划的关键。顶好惠康应利用历史销售数据、季节性趋势、促销活动等多种因素，建立更加精准的需求预测模型。同时，加强库存管理，确保库存水平既能满足门店需求，又不会造成过多的积压。

步骤四：高效订单处理与自动化技术应用

自动化订单处理系统：升级现有的订单处理系统，引入自动化和智能化技术。通过自动识别、分类和汇总订单信息，减少人工操作，提高订单处理的准确性和速度。同时，实现与库存管理系统和配送系统的无缝对接，确保订单信息的实时更新和共享。

电子数据交换（EDI）：与供应商建立 EDI 系统连接，实现订单、发货通知、库存报告等信息的电子化传输。这不仅可以减少纸质文档的使用和存储成本，还能提高信息传递的准确性和及时性。

步骤五：建立全面的应急响应机制

面对突发情况，如恶劣天气、交通事故等，顶好惠康应建立有效的应急响应机制。制订应急预案，确保在特殊情况下能够迅速调整配送计划，保障门店的正常运营和顾客的满意度。

建立系统备份与恢复计划，确保在系统故障或数据丢失时能够迅速恢复业务运营。同时，定期对备份数据进行测试验证，确保其可用性和完整性。

成效考量

成效考量考核表

班级		姓名		学号		
任务名称			订单处理与配送计划制订			
评价项目	评价标准	分值/分	自评（30%）	互评（30%）	师评（40%）	合计
考勤	旷课、迟到、早退、请假	7				
职业素养	制订计划能力强，严谨认真	7				
	主动与他人合作	7				
	采取多样化手段解决问题	7				
	责任意识、服从意识	7				
学习过程	能够掌握订单处理的步骤和内容	10				
	能够了解获取订单的方式，熟悉订单的形态	10				
	能够了解配送计划的种类	10				
	能够掌握配送计划的内容及制订的步骤	10				
完成情况	按时提交任务活动	5				
	任务活动完成程度	5				
	任务活动的答案准确性	5				
	创新意识	10				
得分		100				

任务二　补货作业与拣货作业

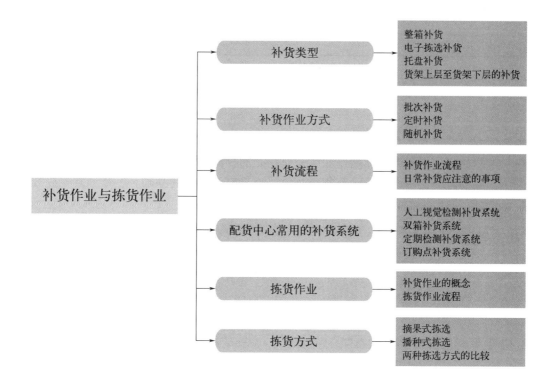

目标导向

通过本任务的学习，可以达成以下目标：

知识目标	1. 了解补货作业方式与拣货作业方式； 2. 了解补货作业与拣货作业的含义； 3. 掌握补货作业流程； 4. 掌握拣货作业流程。
能力目标	1. 能够按照补货作业流程规范操作； 2. 能够按照拣货作业流程规范操作。
素质目标	1. 培养爱岗敬业的责任心； 2. 提升团队协作能力。

任务引领

2024年8月05日下午，长风仓储配送中心仓管员李宁在海星1号库房巡视物品存量时，发现贝壳纽扣的存量已低于安全库存。李宁将信息上报仓库主管后接到补货指令：需要完成将一部分贝壳纽扣从托盘货架区至电子货架区（E00734—A00006）的补货作业。具体内容如表7-6所示。

表7-6 长风仓储海星1号补货单

长风仓储中心海星1号补货单					
补货单号：20240805001					2024.8.5
货品编码	货品名称	单位	数量	目标储位	原储位
9787799630021	贝壳纽扣	箱	20	E00734—A00006	C00734—C00000
制单人：×××					

仓管员李宁该如何完成本次任务呢？

知识建构

补货作业是将货物从仓库保管区域搬运到拣货区的工作。也是指当配送区域的配送物品短缺时，从物品保管区搬运到配送作业区补充物品的物流活动。

补货作业的目的是保证拣货区有货可拣，是保证充足货源的基础。补货通常是以托盘为单位，从货物保管区将货品移到拣货区的作业过程。

一、补货类型

补货的类型主要可以分为整箱补货、电子拣选补货、托盘补货以及货架上层至货架下层的补货四类。

（一）整箱补货

由货架保管区补货到流动货架的拣货区。拣货员从保管区拣货之后把货物放入输送机并运到动管发货区,当动管区存货低于设定标准时,则进行补货作业。这种补货方式由作业员到货架保管区取货箱,用手推车载箱至拣货区。较适合于体积小且少量多样出货的货品。

(二)电子拣选补货

这种补货方式是指以单件货物为单位进行的补货,当电子拣选货架上的货物低于设定标准时,单件货物由保管区取出后拆零补货到电子拣选货架上。这种补货方式适用于较贵重、出货量小、体积较小的货物。

(三)托盘补货

这种补货方式是以托盘为单位进行的补货。以托盘为单位由保管区运到地板堆放动管区,当存货量低于设定标准时,立即补货,使用堆垛机把托盘由保管区运到拣货动管区,也可把托盘运到货架动管区进行补货。这种补货方式适合于体积大或出货量多的货品。

(四)货架上层至货架下层的补货

此种补货方式保管区与动管区属于同一货架,也就是将同一货架上的中下层作为动管区,上层作为保管区,而进行补货时则将动管区放不下的多余箱放到上层保管区。当动管区的存货低于设定标准时,利用堆垛机将上层保管区的货物搬至下层动管区。这种补货方式适合于体积不大,存货量不高,且多为中小量出货的货物。

二、补货作业方式

补货作业的发生与否主要看拣货区的货物存量是否符合需求,因此究竟何时补货要看拣货区的存量,应避免出现在拣货中才发现拣货区货量不足需要补货,而影响整个拣货作业的情况。通常,可采用批次补货、定时补货或随机补货三种方式。

(一)批次补货

每天由电脑计算所需货物的总拣取量,从而在拣货之前一次性补足,以满足全天拣货量。适于一天内作业量变化不大,紧急插件不多,或是每批次拣取量大的情况。

(二)定时补货

把每天划分为几个时点,补货人员在时段内检查动管拣货区货架上的货品存量,若不足则及时补货。适于分批拣货时间固定,且紧急处理较多的配送中心。

(三)随机补货

指定专门的补货人员,随时巡视动管拣货区的货品存量,发现不足则随时补货。适于每批次拣取量不大,紧急插件多,以全十一日内作业量不易事先掌握的情况。

三、补货流程

当拣选区的存货水平下降到预先设定的标准以后,补货人员就将需要补充的存货由保管区搬运至拣选区,然后拣选人员再将物品拣出,放到出库输送设备上运走。补货作业与拣选作业息息相关,补货作业要根据订单需求制订详细计划,不仅要确保库存,也不能补充过量,而且还要将其安置在方便存取的位置上。

（一）补货作业流程

如图 7-3 所示为补货作业的流程。

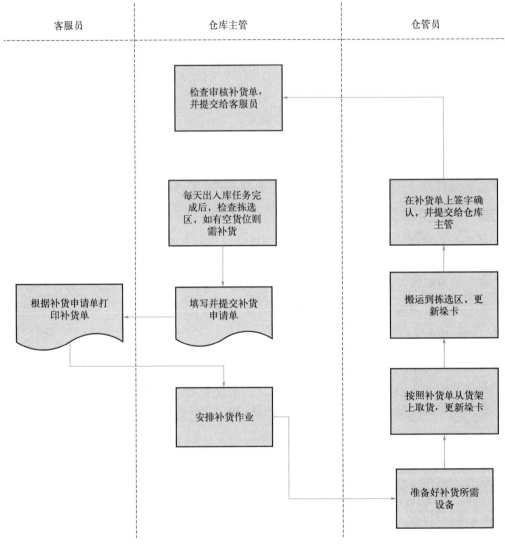

图 7-3 补货作业流程

（二）日常补货应注意的事项

（1）已变质、受损、破包、受污染、过期、条码错误的商品严禁出售。

（2）需要补货时，必须先整理排面，维持好陈列柜的清洁。

（3）补货时要利用工具（平板车、五段车、周转箱等）进行补货，以减少体力支出，提高工作效率。

（4）叠放在栈板上的货品，应注意重量及体积大的放在下层，体积小和易坏的在上层，摆放整齐。

（5）补货完毕后速将工具、纸箱等整理干净。

（6）补货完毕后须检查价格是否与商品对应。

（7）补货时商品要轻拿轻放，避免因重摔而影响商品鲜度。

四、配货中心常用的补货系统

（一）人工视觉检测补货系统

人工视觉检测补货系统相对简单，它通过直接检查现有存货的数量来决定是否补货。使用这种方法，只要对存货进行定期的视觉检查，并事先确定补货的规则，就可以进行补货。如果补货规则规定存货箱半空或只有两盘存货时就应补货，那么巡视人员在定期检查中应首先将符合补货规则的存货种类挑出来，然后填制补充订货购置单，交给采购部门审核采购就可以了。

一般来讲，对数量小、价格低、前置期短的产品，使用人工视觉检测补货系统非常有效。这种系统的优势是存货记录和员工培训的成本最小。其劣势在于没有办法确保产品得到适当的定期检测，不能及时反映当前供给、需求和前置期的变化造成的过度库存或缺货，随机反应比较迟钝。

（二）双箱补货系统

双箱补货系统是一种固定数量的补货系统。存货放到两个箱子（或其他容器）里，其中一个放在分拣区，另一个放到库房存储区保存起来。如果分拣区的箱子空了，库存区的箱子就被提到前面来满足顾客需求。空箱子起到了补货的驱动器的作用。当新的采购量到达后，先放进箱子，存到存储区，等到分拣区的箱子空了，再将其移到分拣区，这样循环往复。双箱系统原来是为控制流转速度快的低值商品（如螺钉）而设计的订货和补货方法，其优势是处理简便，其劣势在于不能及时对市场的变化做出快速的反应。

（三）定期检测补货系统

定期检测补货系统也叫固定周期或可变订购量系统，是指在定期检测补货系统中，每一种产品都确定一个固定的检测周期，检测结束便做出下一步的产品补货订购决策。

（四）订购点补货系统

订购点补货系统是系统先为每一种存货确定一个固定的存货水平，即订购点存货水平，然后当产品的存货数量降至订购点存货水平时，由系统产生订货推荐值，使存货水平上升到订购点以上的补货方法。订货推荐值一般是固定不变的，订货间隔可以变化，因此这种方法也称为固定订购量系统。

五、拣货作业

（一）拣货作业的概念

拣货作业是配送作业的中心环节。所谓拣货，是依据顾客的订货要求或配送中心的作业计划，尽可能迅速、准确地将商品从其储位或其他区域拣取出来的作业过程。拣货作业系统的重要组成元素包括拣货单位、拣货方式、拣货策略、拣货信息、拣货设备等。

（二）拣货作业流程

拣货作业在配送作业环节中不仅工作量大，工艺复杂，而且要求作业时间短，准确度高，服务质量好。拣货作业流程如图 7-4 所示。

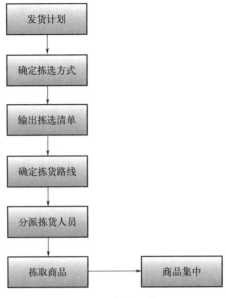

图 7-4 拣货作业流程图

HT 卷烟的自动分拣系统

HT 集团 YQ 卷烟厂自动分拣系统占地约 $1217m^2$，主要设备包括合流机构、缺条检测机构、扫描系统、主输送带、分拣机构、分拣通道、剔除通道等。其上游设备有立体货架、巷道式堆垛机、环行穿梭车、拆垛机器人等。分拣系统与上游设备协同作业，共同完成卷烟成品的自动出库及分拣发货工作。

HT 自动分拣系统主要采用了高速合流、分拣控制、条码校验及数据处理四项关键技术。

系统发货流程：成品发货员在整体集成物料管理系统客户端录入发货单据（包括品牌、数量、分拣通道号等），系统自动生成发货任务并下达到分拣系统；同时，上位调度系统指派堆垛机到立体仓库货位取满垛成品，输送到环形穿梭车接货站台；环形穿梭车系统根据上位计算机指令将满垛成品烟运送到拆垛机器人接货工位；经机器人拆垛后，整垛成品被拆分为单件，经输送机送入分拣系统，分拣系统完成分拣发货。

系统布局规划设计思想：合理利用有限空间，充分考虑分拣系统与立体货架、拆垛机器人系统、成品环形穿梭车之间的相对位置及协同作业需要，对自动分拣系统进行布局设计；另外，为提高烟箱通过能力，进而提高系统整体运行效率，将机器人拆垛系统分为两个单元，每个单元为四台机器人，各单元的烟箱沿各自的输送线路进入分拣线，以免输送通道拥挤影响系统运行效率。

系统预期实现以下功能。

（1）连续、大批量分拣货物。

（2）自动辨识、读取及校验分拣信息。

（3）自动采集、存储及回送分拣数据。

（4）自动显示和监控分拣信息。

（5）缓存功能，即当某一岔道发生阻塞时，分配到该岔道的烟箱可以在环形回路上循环，实现缓存，以免阻塞其他分拣通道，影响分拣效率。

（6）其他功能，包括烟箱缺（烟）条检测及剔除、烟箱条码错误剔除及报警功能。

六、拣货方式

（一）订单式拣选

1. 订单式拣选的含义

订单式拣选，俗称"摘果式拣选"。是指针对每一份订单，作业员巡回于仓库内，按订单所列的商品及数量，将客户所订购的商品逐一从仓库储位或其他作业区中取出，然后集中的一种拣选方式。订单式拣选示意图如图7-5所示。

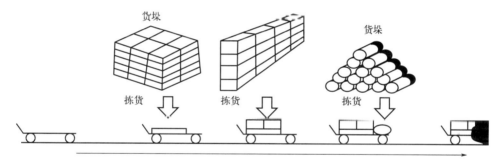

图7-5 订单式拣选（摘果式）

2. 订单式拣选的特点

订单式拣选作业方法简单，接到订单可立即拣取，作业前置时间短，作业人员责任明确。但商品品项较多时，拣选行走路径加长，拣选效率较低。

3. 订单式拣选适用场合

订单式拣选适合订单大小差异较大，订单数量变化频繁，商品差异较大的情况，如：化妆品、家具、电器、高级服饰等。

4. 订单式拣选作业原理

分拣人员或分拣工具巡回于各个储存点，按订单所列商品及数量，将客户所订购的商品逐一由仓库储位或其他作业区中取出，然后集中在一起。订单式拣选作业原理图如图7-6所示。

5. 订单式拣选的作业流程

图7-7所示为订单式拣选作业流程。

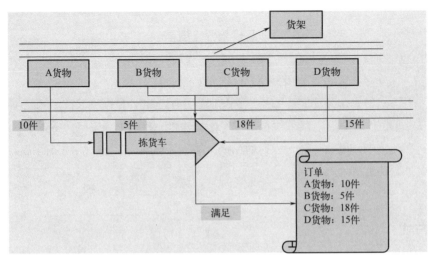

图 7-6 订单式拣选作业原理

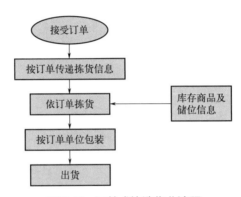

图 7-7 订单式拣选作业流程

(二)批量拣选

1. 批量拣选的含义

批量拣选又称"播种式拣选",是把多张订单集合成一批次,按商品品种类别将数量加总后再进行分拣,分拣完后再按客户订单进行分类处理的拣选作业方式。批量拣选示意图如图 7-8 所示。

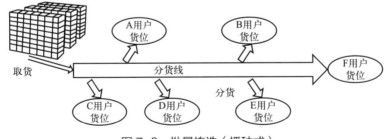

图 7-8 批量拣选(播种式)

2. 批量拣选的特点

批量拣选可以缩短拣取商品时的行走时间,提高单位时间的拣取量。同时,由于需要订单累积到一定数量时，才做一次性的处理，因此，会有停滞时间产生。

3. 批量拣选的适用范围

批量拣选适合订单变化较小，订单数量稳定的配送中心和外形较规则、固定的商品拣选，其次需进行流通加工的商品也适合批量拣选，再批量进行加工，然后分类配送，有利于提高拣选及加工效率。

4. 批量拣选的拣选原理

图7-9所示为批量拣选原理。

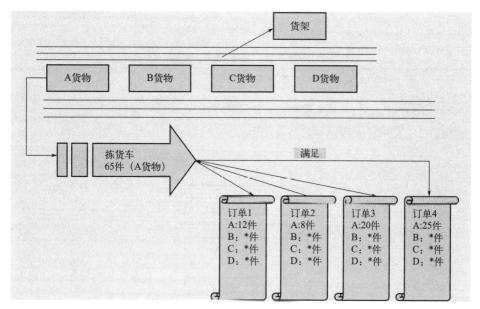

图7-9　批量拣选原理

5. 批量拣选的拣选流程

图7-10所示为批量拣选作业流程。

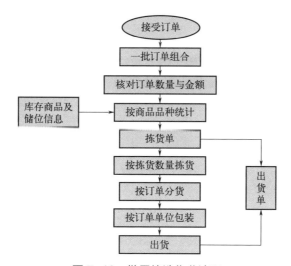

图7-10　批量拣选作业流程

（三）两种拣选方式的比较

两种拣选方式的比较如表 7-7 所示。

表 7-7　两种拣选方式的比较

分拣方式	优点	缺点	适用场合
订单式拣选	作业方法简单； 订单处理前置时间短； 导入容易且作业弹性大； 作业员责任明确，作业容易组织； 拣货后不必再进行分类作业	货物品种多时，分拣行走路径过长，分拣效率降低； 拣选区域大时，搬运系统设计困难； 拣货必须配合货架货位号码	适合多品种，小批量的订单场合
批量拣选	合计后拣货、效率较高； 盘亏较少	所有种类实施批量分拣困难； 增加出货前的分货作业； 必须全部作业完成后才能发货	适合少品种批量出货，且订单重复、订购率较高的场合

任务执行

长风仓储中心的补货流程图如图 7-11 所示。

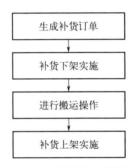

图 7-11　长风仓储中心补货流程图

步骤一：生成补货订单

仓管员李宁登录【仓储管理系统】-【移库作业】-【补货作业】-【新增】，按照补货指令填写补货信息，如图 7-12 所示。

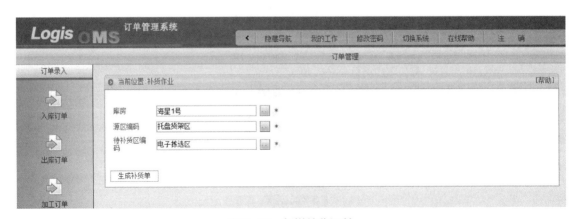

图 7-12　新增补货订单

补货指令录入完毕后，点击【生成补货单】，生成补货指令，进入图 7-13 所示界面。

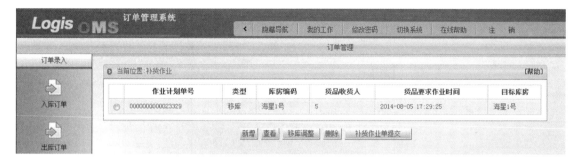

图 7-13　生成补货订单

勾选已录入完毕的补货单，然后点击【补货作业单提交】，补货指令处理完毕。

步骤二：补货下架实施

补货单信息生成以后，李宁使用给定的用户名和密码登录手持终端系统，并选择库房名称（海星 1 号），登录手持终端系统，进入应用操作主功能界面，选择【补货/出库作业】-【下架作业】，如图 7-14 所示。

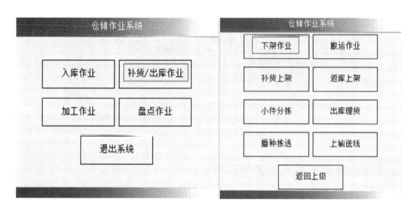

图 7-14　进入补货下架作业

点击【下架作业】。从设备暂存区取出叉车，行驶至托盘货架区。登录手持终端，进入补货下架页面。根据手持终端提示采集托盘标签信息，见图 7-15 所示。

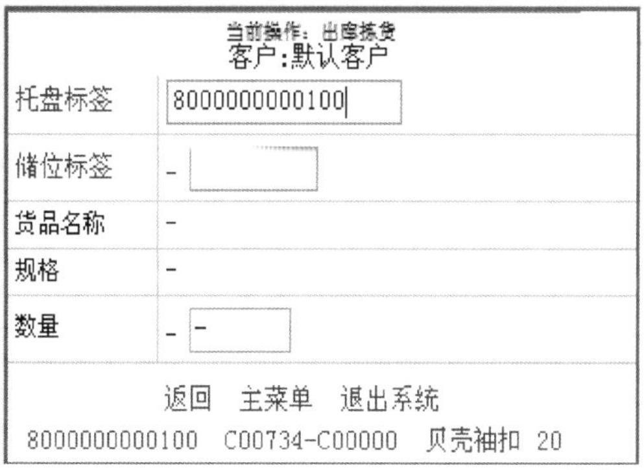

图 7-15　采集托盘标签信息图

信息采集成功后，手持终端系统自动显示默认拣货数量和储位信息，如图 7-16 所示。

图 7-16　采集储位标签信息并确认

根据手持终端提示的储位标签，采集储位信息，核对补货下架数量无误后，在图 7-16 中点击【确认下架】。手持终端中的待下架列表为空，证明货物已经下架完毕。

根据手持终端的提示信息，利用叉车将补货下架的货物从正确储存位下架，并搬运至托盘货架交接区，如图 7-17 所示。

图 7-17　补货下架

下架操作完成后，将叉车放回设备暂存区。

步骤三：进行搬运操作

1. 查看搬运操作信息

登录手持终端【补货/出库作业】界面，如图 7-18 所示。

在图 7-18 中，点击【搬运作业】，进入图 7-19 所示界面。

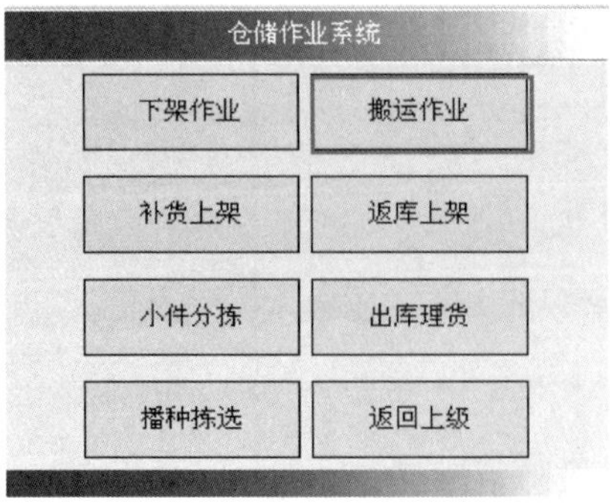

图 7-18　【补货/出库作业】界面 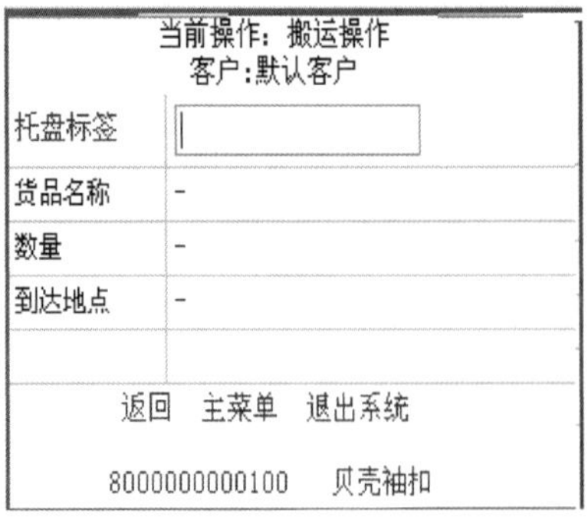　　　图 7-19　补货搬运

根据手持终端提示，采集托盘标签信息。信息采集成功后，手持终端系统自动显示货品名称、货品数量和到达地点等信息，如图 7-20 所示。

在图 7-20 中，点击【确认搬运】，完成补货搬运操作。

2. 搬运操作

从设备暂存区取出电动搬运车，行驶至托盘货架交接区。

根据手持终端提示信息，将托盘货架交接区的货物搬运至补货暂存区，如图 7-21 所示。

图 7-20 采集托盘标签信息并确认

图 7-21 搬运操作

步骤四：补货上架实施

1. 查看补货上架信息

登录手持终端【补货/出库作业】界面，如图 7-22 所示。

在图 7-22 中，点击【补货上架】，进入图 7-23 所示界面。

利用手持终端扫描货品条码，信息采集成功后，如图 7-24 所示。

图 7-22 【补货/出库作业】界面

图 7-23 补货上架

图 7-24 采集货品条码信息

2. 上架操作

根据手持终端提示信息，将货物摆放到电子货架区（E00734—A00006）正确储位上。摆放时须正确、规范操作。

3. 补货上架信息确认

进入手持终端【补货上架】界面，扫描已补货的储位标签，信息采集成功后如图 7-25 所示。

在图 7-25 中，确认补货信息后，点击【确认补货】，补

图 7-25 确认补货

货上架完成。

4. 设备归位

将补货作业过程中使用过的未归位的设备进行归位。

至此，补货作业操作完成。

 成效考量

成效考量考核表

班级			姓名		学号	
任务名称			补货作业与拣货作业			
评价项目	评价标准	分值/分	自评（30%）	互评（30%）	师评（40%）	合计
考勤	旷课、迟到、早退、请假	7				
职业素养	制订计划能力强，严谨认真	5				
	主动与他人合作	5				
	采取多样化手段解决问题	5				
	责任意识、服从意识	5				
学习过程	能够掌握补货作业的基本流程	15				
	能够掌握拣货作业的基本流程	15				
	能够掌握常用的补货作业方式	10				
	能够掌握补货与拣货作业的规范	10				
完成情况	按时提交任务活动	5				
	任务活动完成程度	5				
	任务活动的答案准确性	5				
	创新意识	8				
得分		100				

任务三　流通加工

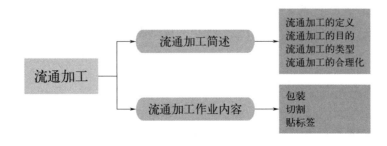

项目七 智慧配送作业管理流程

目标导向

通过本任务的学习,可以达成以下目标:

知识目标	1. 了解流通加工的定义与类型,理解流通加工的合理化原则; 2. 了解流通加工的作业内容。
能力目标	1. 能够理解流通加工在智慧仓储业务中的定位,根据实际需求灵活调整作业流程; 2. 能够准确掌握流通加工作业流程和实际业务中的包装作业要领。
素质目标	1. 能够利用信息化手段搜索智慧仓的相关资料,提升信息搜索能力; 2. 能够提升案例分析能力。

任务引领

小种子玩具公司是一家专门生产儿童玩具的企业,为了提高公司的核心业务能力,该公司将产成品存放于长风物流中心的仓库中,现在该物流中心客服接到小种子玩具公司的发货订单:称该玩具公司为了迎接圣诞节特推出 200 套玩具组合套装,将一辆玩具车、一个玩具娃娃、一架遥控飞机组成一套。

仓管员收到订单后发现这些套装需要临时进行加工组装。仓管员便通知信息处理员小李生成拣选单,通知操作员王强、张德开始拣选玩具车、玩具娃娃和遥控飞机各 200 件,并进行流通加工。请思考他们如何进行流通加工作业处理?

知识建构

在现代物流体系中,智慧仓配作为连接生产与消费的高效桥梁,其重要性日益凸显。而流通加工环节,作为智慧仓配流程中不可或缺的一环,正以其独特的价值重塑供应链的每一个环节。这一环节不仅仅是货物从仓库到客户手中的简单过渡,更是通过智能化、精准化的加工处理,实现产品增值、优化资源配置、提升客户满意度的关键步骤。

一、流通加工简述

(一)流通加工的定义

流通加工是为了提高物流速度和物品的利用率,降低生产及物流的成本,在物品进入流通领域后,按物流的需要和客户的要求进行的加工活动,即在物品从生产者向消费者流动的过程中,为了促进销售,维护产品质量,实现物流的高效率所采取的使物品发生物理和化学变化的手段。流通加工是物品在生产后到销售前的期间,根据需要施加包装、分割、计量、分拣、组装、裁剪、标签贴印等简单作业的总称。

在物流的广阔版图中,流通加工扮演着至关重要的"桥梁与纽带"角色,其运作深深植根于商品流通的每一个环节之中。随着全球经济的蓬勃发展,国民收入水平的持续提升,消费者的偏好日益多元化、个性化,这一趋势极大地推动了流通加工领域的拓展与深化。它不仅成了满足市场多样化需求的关键环节,还促进了物流体系的高效运转与灵活应对。

(二)流通加工的目的

(1)适应多样化的顾客需求,促进商品的销售。

（2）在食品方面，能通过流通加工来保持并提高其质量，保证提供给消费者时仍旧新鲜。

（3）美化商品，提高商品的附加值。

（4）规避风险，使商品跟得上市场需求的变化。

（5）推进物流系统化，提高物流效率，降低物流成本。

（6）开展专业化的加工，降低生产成本。

（三）流通加工的类型

1. 生产-流通一体化的流通加工

这是依靠生产企业和流通企业的联合，或者生产企业涉足流通，或者流通企业涉足生产，形成的对生产与流通加工进行合理分工、合理规划、合理组织，统筹进行生产与流通加工安排的流通加工形式。例如：混凝土搅拌车。

2. 以提高经济效益，追求企业利润为目的的流通加工

流通加工的一系列优点，可以形成一种"利润中心"的经营形态，这种类型的流通加工是经营的一环，在满足生产和消费要求的基础上取得利润，同时在市场和利润引导下使流通加工在各个领域中能有效地发展。

3. 为衔接不同运输方式，使物流合理化的流通加工

在干线运输及支线运输的节点，设置流通加工环节，可以有效解决大批量、低成本、长距离干线运输与多品种、少批量、多批次末端运输和集货运输之间的衔接问题，在流通加工点与大型生产企业间形成大批量、定点运输的渠道，又以流通加工中心为核心，组织对多用户的配送。

4. 为提高原材料利用率的流通加工

流通加工利用其综合性强、用户多的特点，可以通过合理规划、合理套裁、集中下料的办法，有效提高原材料利用率，减少损失浪费。

5. 为提高加工效率的流通加工

许多生产企业产品的部分加工工序，由于产品的数量有限，加工效率不高，难以投入先进加工技术和设备。该类型以集中加工的形式，解决了单个企业加工效率不高的弊病，它以一家流通加工企业的集中加工代替了若干家生产企业的初级加工，促使生产水平有一定的提高。

6. 为促进销售的流通加工

流通加工可以从几个方面起到促进销售的作用。例如：将过大包装或散装物（这是提高物流效率所要求的）分装成适合一次销售的小包装的分装加工；将原以保护产品为主的运输包装改换成以促进销售为主的装潢性包装，以起到吸引消费者、指导消费的作用；将零配件组装成用具、车辆以便直接销售；将蔬菜、肉类洗净切块以满足消费者要求等。这种流通加工可能是不改变"物"的本体，只进行简单改装的加工，也有许多是组装分块等深加工。

7. 为提高物流效率、方便物流的加工

有一些产品本身的形态使之难以进行物流操作。进行流通加工，可以使物流各环节易于

操作,这种加工往往会改变"物"的物理状态,但并不改变其化学特性,并最终仍能恢复原来的物理状态。

8. 为保护产品所进行的加工

在物流过程中,直到用户投入使用前,都存在对产品的保护问题。为防止产品在运输、储存、装卸、搬运、包装等过程中遭受损失,可采取稳固、改装、冷冻、保鲜、涂油等方式。

9. 适应多样化需要的流通加工

为了满足客户对产品多样化的需要,同时又保证社会高效率的大生产,通常将生产出来的单调产品进行多样化的改制加工,它是流通加工中占重要地位的一种加工形式。

10. 弥补生产领域加工不足的深加工

有许多产品在生产领域只能加工到一定程度,这是由于许多因素限制了生产领域的完全终极加工。这种流通加工实际是生产的延续,是生产加工的深化,可以弥补生产领域加工的不足。

(四)流通加工的合理化

流通加工合理化的含义是实现流通加工的最优配置,使流通加工有更高的存在价值避免各种不合理现象。流通加工合理化就是对是否设置流通加工环节、在什么地点设置、选择什么类型的加工、采用什么样的技术装备等,做出正确的抉择。实现流通加工合理化主要考虑以下几个方面:

(1)加工和配送结合。这是将流通加工设置在配送点中,一方面按配送的需要进行加工,另一方面加工又是配送业务流程中分货、拣货、配货的一环,加工后的产品直接投入配货作业,就无须单独设置一个加工的中间环节,而使流通加工与拆装配送巧妙结合在一起。同时,由于配送之前有加工,可使配送服务水平大大提高。这是合理化安排流通加工的重要形式,在煤炭、水泥等产品的流通中已表现出较大的优势。

(2)加工和配套结合。产品配套包括产品规格系列配套和产品部件、零件配套。配套产品通常由单一厂家生产,更多时候分别由不同厂家或生产基地生产。完全配套有时无法全部依靠现有的生产单位,进行适当流通加工,可以有效促成配套,大大提高流通的桥梁与纽带作用。

(3)加工和合理运输结合。上面已提到过流通加工能有效衔接干线运输与支线运输,促进两种运输形式的合理化。利用流通加工,在支线运输转干线运输或干线运输转支线运输这本来就必须停顿的环节,不进行一般的支转干或干转支,而是按干线或支线运输的合理要求进行适当加工,从而大大提高运输及运输转载水平。

(4)加工和合理商流相结合。通过加工有效促进销售,使商流合理化,也是流通加工合理化的考虑方向之一。根据市场销售的特点和消费者的偏好,根据销售季节的变化对产品进行适应性流通加工,可以促进产品的销售。

(5)加工和节约资源相结合。节约能源、节约设备、节约人力、减少耗费是实现流通加工合理化的重要考虑因素,也是目前我国设置流通加工,考虑其合理化的较普遍形式。

(6)加工与降低成本相结合。是选择生产加工,还是选择流通加工,其决策合理性不仅体现在加工成本的降低，更重要的是，通过选择实现整体成本的降低，包括加工成本、物流成本、资金成本等。

对于流通加工合理化的最终判断，是看其是否能实现社会效益和企业自身的经济效益，以及是否取得了最优效益。流通企业更应该树立社会效益第一的观念，以实现产品生产的最终利益为原则。企业只有将自己定位为生产流通过程中的补充者、完善者，才有生存的价值。如果只是追求企业的微观效益，不适当地进行加工，甚至与生产企业争利，就有违流通加工的初衷，或者其本身已不属于流通加工范畴。

二、流通加工作业内容

（一）包装

在信息技术与机械技术深度融合的浪潮下，包装作业不仅限于对配送货物进行简单的重新包装、打捆、印刷标识等传统操作，更融入了智慧化元素，成为提升物流效率、保障货物安全、优化客户体验的关键环节。随着这一趋势的深入发展，包装材料的选择与应用也迎来了前所未有的变革。

1. 包装材料要求

现代包装材料在继承传统材料如纸张、塑料、金属、玻璃等优良特性的基础上，更加注重环保性、可持续性、智能化以及多功能性。这些材料通过科技创新，不仅能够满足货物保护、防腐、防湿、防虫害、防震等基础需求，还能与智慧包装装备无缝对接，实现包装过程的智能化管理。包装材料要求包括对包装材料的类别、规格及型号等各个方面的规定。在物流配送作业过程中常见的包装材料如表7-8所示。

表7-8 常见的包装材料

材料名称	具体内容
纸质包装	牛皮纸、玻璃纸、植物羊皮纸、沥青纸、板纸和瓦楞纸等
木材包装	各种箱、桶、托盘等
塑料包装	用于包装的塑料种类主要有聚乙烯、聚丙烯、聚苯乙烯、聚氯乙烯等
金属材料包装	应用较多的包括镀锡薄板、涂料铁、铝合金等

2. 包装技术要求

（1）防震保护技术

防震包装又称缓冲包装，是指为减缓内装物受到的冲击和震动，保护商品免受损坏而采取一定防护措施的包装。防震保护技术在各种包装方法中占有重要地位，其主要有以下3种方法。

① 全面防震包装方法。全面防震包装方法是指内装物和外包装之间全部用防震材料填满进行防震的包装方法。

② 部分防震包装方法。对于整体性好的产品和有内装容器的产品，仅在产品或内包装的拐角或局部地方使用防震材料进行衬垫即可。所用的包装材料主要有泡沫塑料防震垫、充气型塑料薄膜防震垫和橡胶弹簧等。

③ 悬浮式防震包装方法。对于某些贵重易损的物品，为了有效地保证物品在流通过程

中不被损坏，要求外包装容器比较坚固，并用绳、带、弹簧等将被装物悬吊在包装容器内。在物流中，无论哪个操作环节，内装物都应被稳定悬吊而不与包装容器发生碰撞，从而减少损坏。

（2）防破损保护技术

缓冲包装有较强的防破损能力，因而是防破损包装中有效的一类。此外，还可以采取以下几种防破损保护技术。

① 捆扎及裹紧技术。捆扎及裹紧技术的作用是使杂货、散货形成一个牢固的整体，以增加整体性，便于处理及防止散堆来减少破损。

② 集装技术。利用集装，减少对货体的接触，从而防止破损。

③ 选择高强保护材料。通过外包装材料的高强度来防止内装物因外力作用的破损。

（3）防锈包装技术

① 防锈油防锈蚀包装技术。如果使金属表面与引起大气锈蚀的各种因素隔绝，就可以达到防止金属被大气锈蚀的目的。防锈油防锈蚀包装技术就是根据这一原理将金属涂上防锈油达到防锈目的的。用防锈油封装金属制品，要求油层有一定的厚度，油层的连续性好，涂层完整。不同类型的防锈油要采用不同的方法进行涂敷。

② 气相防锈包装技术。气相防锈包装技术就是用气相缓蚀剂（挥发性缓蚀剂），在密封包装容器中对金属制品进行防锈处理的技术。气相缓蚀剂是一种能减慢或完全停止金属在侵蚀性介质中的破坏过程的物质，在常温下即具有挥发性。它在密封包装容器中在很短的时间内挥发或升华出的缓蚀气体就能充满整个包装容器内的每个角落和缝隙同时吸附在金属制品的表面上，从而起到抑制大气对金属锈蚀的作用。

（4）防霉腐包装技术

在运输包装内装运食品和其他有机碳水化合物货物时，货物表面可能生长霉菌。在流通过程中加遇潮湿，霉菌生长繁殖极快，甚至延伸至货物内部，使其腐烂、发霉、变质，因此要采取特别防护措施。包装防霉腐变质，通常采用冷冻包装、真空包装或高温灭菌方法。

防止运输包装内货物发霉，还可使用防霉剂。防霉剂的种类很多，用于食品的必须是无毒防霉剂。机电产品的大型封闭箱可酌情开设通风孔或通风窗或做相应的防霉措施。

（5）防虫包装技术

防虫包装技术常用的是驱虫剂，即在包装中放入有一定毒性和臭味的药物，利用药物在包装中挥发的气体杀灭和驱除各种害虫。常用的驱虫剂有苯、对位二氯化苯、樟脑精等，也可采用真空包装、充气包装、脱氧包装等技术，使害虫无生存环境，从而防止虫害。

（6）危险品包装技术

危险品有上千种，按其危险性质、交通运输及公安消防部门的规定分为十大类，即爆炸性物品、氧化剂、压缩气体和液化气体、自燃物品、遇水燃烧物品、易燃液体、易燃固体、毒害品、腐蚀性物品和放射性物品，有些物品同时具有两种以上的危险性能。

对有毒物品的包装要有明显的标志。防毒的主要措施是包装严密不漏、不透气。对有腐蚀性的物品，要注意防止物品和包装容器的材质发生化学反应，金属类的包装容器，要在容器壁涂上涂料，防止腐蚀性物品对容器的腐蚀。对黄磷等易自燃物品的包装，宜将其装入壁厚不小于 1mm 的铁桶中，桶内壁须涂耐酸保护层，桶内盛水，并使水面浸没商品，桶口严密封闭，每桶净重不超过 50kg。遇水会燃烧的物品，如碳化钙遇水即分解并产生易燃乙炔气，对其应用坚固的铁桶包装，往桶内充入氮气，如果桶内不充氮气，则应装置放气活塞。

对于易燃、易爆物品，有强烈氧化性的，遇有微量不纯物或受热即急剧分解引起爆炸的，防爆炸的有效方法是采用塑料桶包装，然后将塑料桶装入铁桶或木箱中，每件净重不超过50kg，并应有自动放气的安全阀，当桶内达到一定气体压力时，能自动放气。

（7）特种包装技术

① 充气包装技术。充气包装技术是采用二氧化碳气体或氮气等不活泼气体置换包装容器中空气的一种包装技术，因此也称为气体置换包装技术。这种包装技术根据好氧微生物需氧代谢的特性，在密封的包装容器中改变气体的组成成分，降低氧气的浓度抑制微生物的生理活动、酶的活性和鲜活商品的呼吸强度，达到防霉、防腐和保鲜的目的。

② 真空包装技术。真空包装技术是将物品装入气密性容器后，在容器封口之前抽真空，使密封后的容器内基本没有空气的一种包装技术。

③ 收缩包装技术。收缩包装技术就是用收缩薄膜裹包物品，然后对薄膜进行适当加热处理，使薄膜收缩而紧贴于物品的包装技术。

④ 拉伸包装技术。拉伸包装技术是依靠机械装置在常温下将弹性薄膜围绕被包装件拉伸、紧裹，并在其末端进行封合的一种包装技术。由于拉伸包装不需加热，因此消耗的能源只有收缩包装的1/20。拉伸包装可以捆包单件物品，也可用于托盘包装之类的集合包装。

⑤ 脱氧包装技术。脱氧包装技术是继真空包装和充气包装之后出现的一种新型除氧包装技术。脱氧包装是在密封的包装容器中，使用能与氧气起化学作用的脱氧剂与之反应，从而除去包装容器中的氧气，以达到保护内装物目的的包装技术。脱氧包装技术适用于某些对氧气特别敏感的物品，以及即使有微量氧气品质也会变坏的食品的包装。

3. 智慧包装设备

智慧包装装备主要包括智慧包装机器人，以及由包装机器人、自动包装机械组成的智慧包装作业线。

（1）智慧包装机器人

智慧包装机器人是应用于包装行业的工业机器人。典型的包装机器人包括装箱机器人、码垛机器人和贴标机器人。装箱机器人在包装行业较为常见，它通过末端执行器对待装箱产品采用抓取或吸取方式，将产品送到指定的包装箱或托盘中，用户可以根据使用环境的具体情况选择不同结构及自由度的机器人本体来满足不同的功能需求。码垛机器人是机械与计算机程序有机结合的产物，其运作灵活精准、快速高效、稳定性高，在码垛行业有着相当广泛的应用，大大节省了劳动力和空间。码垛机器人主要针对包装应用设计，关节式手臂结构精巧，占地面积小，能便捷地集成于包装环节。同时，机器人通过手臂的摆动实现物品搬运，而使前道来料和后道码垛柔和衔接，大幅缩短了包装时间，提高了生产效率。

（2）智慧包装作业线

智慧包装作业线是将自动包装机、包装机器人和有关辅助设备用输送装置连接起来，再配以必要的自动检测、控制、调整补偿装置及自动供送料装置，成为具有独立控制能力的包装作业生产线。主要由控制系统、自动包装机和包装机器人、输送装置和辅助工艺装置等部分组成。

智慧包装作业线主要是按照包装的工艺过程，将自动包装机、包装机器人和有关辅助设备用输送装置连接起来,再配以必要的自动检测、控制、调整补偿装置及自动供送料装置,成为具有独立控制能力,同时能使被包装物料与包装材料、包装辅助材料、包装容器等按预定的包装要求和工艺要求与工艺顺序,完成物料包装全过程的工作系统。

采用智慧包装作业线,产品的包装不再是单机一道一道地完成单个包装工序,而是将各自独立的自动或半自动包装设备和辅助设备,按照包装工艺的先后顺序组合成一个连续的流水线。被包装物料从流水线一端进入,以一定的生产节拍,按照设定的包装工艺顺序,依次经过各个包装工位,通过各工位的包装设备使包装材料与被包装物料实现结合,完成一系列包装工序之后,形成包装成品从流水线的末端不断输出。

智慧包装作业线将信息技术、自动化机械以及智能型检测、控制、调节装置等应用于物流包装过程中,集纸箱成型、自动装箱、自动封箱等功能于一体,可根据客户不同的包装要求进行个性化设计和制造,从而大大提升了包装领域的安全性、准确性,进一步解放了包装劳动力。

4. 包装的合理化

包装是物流的起点,包装合理化是物流合理化研究的重要对象,也是物流合理化的基础。近代工业包装是以大量生产、大量消费、长距离运输背景下的商品流通为对象,以集成大量性、迅速性、低廉性和省力性为目标展开其合理化过程的。包装合理化朝着标准化、作业机械化、节约成本、包装单位大型化、绿色化等方向不断发展。

(1) 标准化原则

包装尺寸的确定过去大多是以保护内部盛装物品、便于人工装卸搬运作业、节约包装材料等为标准,对于与物流其他作业环节、其他运载工具的关联性考虑得不多。包装设计只从局部出发,没有站在物流综合系统的角度,以物流总体的合理化为目标。包装标准化则以实现物流全过程的物流整体合理化和效率化为原则来设计商品包装,确定包装的尺寸,例如,包装箱尺寸与托盘、集装箱、车辆、货架等各种各样的物流子系统发生联动;包装、运输、装卸、保管等不同物流环节机械器具的尺寸设计建立在共同的标准之上。

包装标准尺寸是指包装模数基础尺寸,也就是包装最小尺寸。为实现包装货物合理化而制订的包装尺寸的系列叫作包装模数。用包装模数确定的容器长度×容器宽度的组合尺寸称为包装模数尺寸。包装模数尺寸的基础数值,即包装模数,是根据托盘的尺寸,以托盘高效率承载包装物为前提确定的。这样才能够保证物流各个环节的有效衔接。按照包装模数尺寸设计的包装箱就可以按照一定的堆码方式合理、高效率地码放在托盘上,完整地装入集装箱。

(2) 作业机械化

实现包装作业的机械化是提高包装作业效率、减轻人工包装作业强度、实现省力的基础。包装作业机械化首先从个装开始,之后是装箱、封口、装挂提手等外装相关联的作业推进。

(3) 节约成本

包装成本中占比例最大的是包装材料费,容器和附属材料的总费用一般都超过包装总成本的10%。因此,降低包装成本首先应该从降低包装材料费用开始。为此,需要对包装材料的价格和市场行情做充分的调查,合理选择和组织包装材料采购。对于材料的种类、材质的选择,应该在保证功能的前提下,尽量降低材料的档次,节约材料费用支出。

影响包装成本的第二个因素是劳务费，特别是在经济发达的地区和国家，劳务费用占包装成本的比重相当高。节约劳务费用的办法是提高包装作业的机械化程度，降低包装作业对人工的依赖程度。当然，机械化包装作业需要购置包装机械，机械使用费用同样构成包装成本，如果节约的劳务费用低于使用机械支付的费用，包装成本不仅不会下降，反而会提高。仅仅从包装环节和费用的角度看，机械化程度的高低要结合人工使用成本综合考虑。在许多场合，通过机械与人工的合理组合，在半机械化的条件下从事包装作业，既可以提高效率，又可以节约人工，使包装成本得到有效控制。同时也要考虑包装成本的降低会因为包装材料的减少或品质降低导致包装强度降低，或者因包装工艺的简化使包装性能降低，或者仅仅是为了降低包装成本而不能达到包装标准化的尺度等，这将会使物流的其他成本增加或总体物流成本增加，这种"效益背反"关系如图7-26所示。

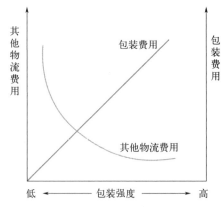

图7-26 包装费用与其他物流费用的关系

最后，在包装设计上要防止过度包装，应根据商品的价值和商品特点设计包装。对于有些低价值的商品，为保证不发生破损而采用高档次包装的做法在经济上未必合理。允许一定程度的破损率，会大大节约包装费用，对于节约包装成本是有益的。

（4）包装单位大型化

随着交易的数量增大和物流过程中装卸机械化程度的提高，包装的大型化趋势也在增强。大型化包装有利于机械的使用，提高装卸搬运效率，提高运输效率，降低运输、搬运、装卸成本。大型化的标准包装一般为专用产品，能反复使用，实现包装成本的降低和减少包装材料浪费。

（5）绿色化原则

包装材料中大量使用的纸箱、木箱、塑料容器等消耗大量的有限资源。资源的有限性、大量开发资源对于环境带来的破坏，以及包装废弃物给环境带来的负面影响，要求我们必须以节约资源作为包装合理化的指导思想。随着物流量的增大，随着人们对"资源有限"认识的加深，因商品包装而引起的资源消耗、垃圾公害、环境污染受到了重视有些包装甚至可能给消费带来一定程度的伤害，有的包装能够再生利用。因此，在选择包装技法时，应遵循绿色化原则，通过减少包装材料、重复使用包装材料等措施，节省资源，利用生物降解、分解技术，来推行绿色包装。

思政园地

党的二十大报告明确指出，"推动经济社会发展绿色化、低碳化是实现高质量发展的关键环节"。在此背景下，仓储包装作为物流供应链中至关重要的一环，其绿色化转型不仅是实现这一目标不可或缺的组成部分，更与二十大报告中"加快发展方式绿色转型"的绿色发展理念高度相关且极具必要性。通过积极采用绿色包装材料、持续优化包装设计，以及有效实施循环利用等策略，仓储包装行业能够直接助力社会经济向绿色化、低碳化方向迈进。

（二）切割

切割是指利用工具，如机床、火焰等，使物体在压力或高温的作用下断开。切割工作一般要借助切割机完成。

1. 切割前准备

（1）使用前必须认真检查设备的性能，确保各部件的完好性。

（2）对电源闸刀开关、锯片的松紧度、锯片护罩或安全挡板进行详细检查，操作台必须稳固，夜间作业时应有足够的照明亮度。

（3）使用之前，先打开总开关，空载试转几圈，待确认安全后才允许启动。

（4）操作前必须查看电源是否与电动工具上的常规额定220V电压相符，以免错接到380V的电源上。

2. 切割注意事项

（1）切割机工作时务必要全神贯注，不但要保持头脑清醒，更要理性地操作电动工具。严禁疲惫、酒后或服用兴奋剂、药物之后操作切割机。

（2）电源线路必须安全可靠，严禁私自乱拉，小心电源线摆放，不要被切断。使用前必须认真检查设备的性能，确保各部件完好。

（3）穿好合适的工作服，不可穿过于宽松的工作服，更不要戴首饰或留长发，严禁戴手套及袖口不扣操作。

（4）加工完毕应关闭电源，并做好设备及周围场地的清洁。

（三）贴标签

标签是用来标志目标的分类或内容，便于自己和他人查找和定位自己目标的工具。贴标签的方式有手工和贴标签机两种。

1. 手工

（1）操作规范

① 贴标签流程：检查与核对标签→找到相应的货物→粘贴标签→加固。

② 标签人员拿到标签后，认真检查与核对标签与货物目的站、件数等是否完全一致。不对应立即通知柜台修改，特别是手写标签。

③ 照标签上的目的站、收货人、件数等条件找到相对应的货物。

④ 确认信息无误后，进行粘贴。

标签粘贴要点见表7-9。

表7-9 标签粘贴的要点

序号	标签粘贴要点
1	将标签张贴在货物外包装上。标签一般应贴在货物包装的最大面（即最显眼的地方）
2	标签方向不仅要同"不可倒置标志"方向保持一致，而且必须与外包装箱体文字方向保持一致，倒置标志同文字方向相冲突时，以不可倒置方向为准
3	包装为木箱或木架，必须贴两个标签（内物包装和外木包装），以免出现木包装在运输过程中散落后无法确定货物的情况
4	包装为纤袋、桶或其他包装的，贴标签时必须予以加固

续表

序号	标签粘贴要点
5	如果是客户不允许贴标签的货物，可用封口胶或纸缠绕在货物上，然后在收缩膜上贴标签
6	同一件货上有某公司旧标签的，可把旧标签轻轻撕去再贴新标签，或者用新标签完全盖住旧标签。同一件货物绝对不可以出现两个不同公司的标签

（2）标签粘贴数

① 整批货物规格一样，件数在 10 件以上的，贴 10 个标签即可。

② 货物在 10 件以下的，必须每件货物都贴标签。

③ 货物繁杂包装不统一的，必须每件货物都标签。

（3）注意事项

① 贴标签应做到迅速、准确、牢固。

② 漏贴、错贴、途中丢失将追究责任人；营业部门所收的货物必须贴标签（整车除外）。

2. 贴标签机

贴标签机可完成平面粘贴、包装物的单面或多面粘贴、柱面粘贴、局部覆盖或全覆盖圆筒粘贴、凹陷及边角部位粘贴等各种作业。

任务执行

步骤一：加工订单处理

信息处理员小李收到对"玩具套装"的组装通知后，开始处理加工订单。要加工 200 套玩具组合套装，将一辆玩具车、一个玩具娃娃、一架遥控飞机组成一套，则需调用玩具车、玩具娃娃、遥控飞机各 200 个，形成拣选单。

步骤二：拣选作业

仓库操作员收到信息处理员小李发来的拣选单，到仓库对需拣选的物品进行拣选。

步骤三：流通加工与包装作业

操作员将拣取的玩具车、玩具娃娃、遥控飞机各 200 件放到包装加工作业台上，交给操作员张德来进行组装和包装作业。

1. 组合

将玩具车、玩具娃娃、遥控飞机从周转箱内取出放到工作台上，然后根据组装要求，进行一对一的组合，并将玩具组合放入 65cm×55cm×45cm 的套盒中。

2. 包装

（1）分析货物性质，确定包装类型

由于玩具套装是组合整套销售，所以需要销售包装，即俗称小包装或内包装。是紧贴产品的按一定的数量包装好的，直接进入市场与消费者见面的产品包装。玩具套装在搬运和输运过程中易产生损失，故需要进行运输包装，即外包装，又称大包装。生产部门为了方便计数、仓储、堆存、装卸和运输，必须把单体的物品集中起来，装成大箱，这就是运输包装。

中包装，也属运输包装的一部分（视用途而定），它是为了计划生产和供应，有利于推销、计数和保护内包装而设计的。

（2）确定包装的材料

玩具套装的大小是 65cm×55cm×45cm，销售包装可以采用 70cm×60cm×50cm 的纸盒，如图 7-27 所示；运输包装可采用木箱，根据玩具套装包装盒销售包装的规格，将四个玩具套装包装盒合为一组装载在的一个木箱里，可采用规格为 150cm×65cm×110cm 的木箱，如图 7-28 所示。

图 7-27　纸盒

图 7-28　木箱

（3）进行包装

准备好 200 个规格为 70cm×60cm×50cm 的纸箱、箱内垫衬材料、胶带、弹簧刀、半自动打包机等。将玩具套装装入纸箱，并用垫衬材料对空隙进行垫衬，防止玩具套装在运输时在纸箱内晃动，造成损失。将箱口折叠、盖好，用胶带和半自动打包机进行封箱，并在箱体上贴上 CE 安全合格标识。

要准备 50 个规格为 150cm×65cm×110cm 的木箱，以及垫衬材料。将有销售包装的玩具套装包装盒四个为一组，按两层、每层两个的方式装在木箱里，并对木箱中的空隙进行垫衬。用木箱封箱工具对其进行封箱，并在箱体上贴上向上的标识。

步骤四：理货

操作员张德将装有"玩具套装"的运输包装箱根据码放要求放到托盘上，理货完毕后，利用搬运车将物品搬运至发货区等待发货。

成效考量

成效考量考核表

班级		姓名		学号		
任务名称			流通加工			
评价项目	评价标准	分值/分	自评（30%）	互评（30%）	师评（40%）	合计
考勤	旷课、迟到、早退、请假	7				
职业素养	制订计划能力强，严谨认真	5				
	主动与他人合作	5				

职业素养	采取多样化手段解决问题	5				
	责任意识、服从意识	5				
学习过程	能够熟练掌握完整的智慧配送作业流程	15				
	能够熟练掌握流通加工作业流程	20				
	能够准确分析实际业务中的包装作业要领	15				
完成情况	按时提交任务活动	5				
	任务活动完成程度	5				
	任务活动的答案准确性	5				
	创新意识	8				
得分		100				

任务四　送货作业

目标导向

通过本任务的学习，可以达成以下目标：

知识目标
1. 了解送货作业的含义、特点和基本作业流程；
2. 了解送货作业的配送路线设计方法。

能力目标
1. 能够掌握送货的基本作业流程；
2. 能够掌握配送路线设计的两种方法。

素质目标
1. 能够提升配送路线设计能力，优化决策能力；
2. 能够提升案例分析能力。

任务引领

在现实生活的物流配送场景中，一个现代化的配送中心面临着如何高效、经济地完成大量订单的配送任务。上海市中心的物流配送中心，每天需要向分布在城市不同区域的超市、餐馆、小型企业等客户点配送各类货物。为了优化运营成本、减少交通拥堵和碳排放，同时确保所有货物都能按时送达，配送中心决定采用节约法（又称节约里程法）来规划其送货路线。该配送中心拥有两种类型的厢式货车：一种额定载重量为2t，适合小型订单或货物量不大的客户；另一种额定载重量为4t，适合大型订单或需要批量配送的客户。根据原材料供应需求，结合供应商位置等信息（图 7-29），从工厂所在地出发，巡回运输取货，请思考如何进行合理的运输路径规划。

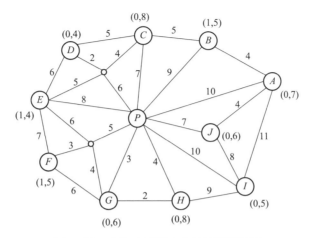

图 7-29　上海市配送中心的配送网络图

知识建构

在智慧仓配体系的精密运作之下，送货作业作为物流链条的关键环节，迎来了其专业而高效的启动阶段。随着订单处理系统对海量数据的快速处理与分析，每一份订单都被精准分类并转化为具体的配送任务。这一过程中，智能算法根据货物属性、客户需求及实时交通状况，自动规划出最优的配送方法和个性化的配送线路。

一、送货作业概述

（一）送货作业的含义

送货作业是利用配送车辆把客户订购的物品从制造厂、生产基地、批发商、经销或配送中心，送到客户手中的过程。送货是一种短距离、小批量、高频率的运输形式。从日本配送运输的实践来看，配送的有效距离在 50km 半径范围内，国内配送中心、物流中心的配送经济里程大约在 30km 半径范围内。

送货作为配送的最后一道环节，对于物流企业来说是非常关键的，因为它直接与客户打交道。因此，如何有效地管理送货作业是物流企业不可忽视的问题。如果在这方面失误，就会产生种种问题，如从接收订单到出货非常费时，配送效率低下，驾驶员的工作时间不均，货品在输送过程中的损坏、丢失等。最直接的影响是配送的费用超常。所以，在送货的管理中，不仅要加强对送货人员的工作时间、发生的重要情况的管理，而且要加强对车辆利用（如装载率、空驶率等）的监控。

（二）送货作业的特点

1. 时效性

时效性是指要确保能在指定的时间内交货。如途中因意外不能准时到达，必须立刻与总部联系，由总部采取紧急措施，确保履行合同。影响时效性的因素很多，除配送车辆出现故障外，所选择的配送路径、路况不佳，中途客户卸货不及时等均会造成时间上的延误。因此，必须在认真分析各种因素的前提下，用系统化的思想和原则，有效协调、综合管理，选择合理的配送线路、配送车辆和送货人员，使客户在预定的时间收到所订购的货物。

2. 可靠性

将货品完好无缺地送达目的地，这就是送货的目的。影响可靠性的因素有货物的装卸作业、运送过程中的机械振动和冲击及其他意外事故、客户地点及作业环境、送货人员的素质等。

3. 沟通性

送货作业是配送的末端服务，它通过送货上门服务直接与客户接触，是与客户沟通最直接的桥梁，它不仅代表着公司的形象和信誉，还在沟通中起着非常重要的作用。一些物流企业甚至把卡车司机和送货人员称作"公司的形象大使"。因此，必须充分利用与客户沟通的机会，巩固与发展公司的信誉，为客户提供更优质的服务。

4. 便利性

配送以服务为目标，以最大限度地满足客户要求为宗旨。因此，应尽可能地让客户享受到便捷的服务。通过采用高弹性的送货系统，如采用紧急送货、顺道送货与退货、辅助资源回收等方式，为客户提供真正意义上的便利服务。

5. 经济性

实现一定的经济利益是企业运作的基本目标。对合作双方来说，以较低的费用完成送货作业是企业建立双赢机制、加强合作的基础。所以，不仅要满足客户的要求，提供高质量、及时、方便的配送服务，还必须提高配送效率，加强成本管理与控制。

（三）送货的基本作业流程

送货的基本作业流程如图 7-30 所示。

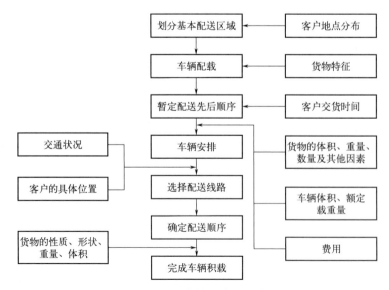

图 7-30　送货的基本作业流程

1. 划分基本配送区域

为使整个配送有可循的基本依据，应首先将客户所在地的具体位置做系统统计，并将其做区域上的整体划分，将每一客户囊括在不同的基本配送区域，以作为下一步决策的基本参考。例如，按行政区域或交通条件划分不同的配送区域，在这一划分的基础上再做弹性调整来安排配送。

2. 车辆配载

首先，由于配送货物的品种、特性各异，为提高配送效率，确保货物质量，必须对特性差异大的货物进行分类。接到订单后，将货物按特性进行分类，分别采取不同的配送方式和运输工具，如按冷冻食品、速食品、散装货物、箱装货物等分类配载。其次，配送的货物也有轻重缓急之分，必须初步确定哪些可配于同一辆车，哪些不能配于同一辆车，做好车辆的初步配装工作。

3. 暂定配送先后顺序

在考虑其他影响因素做出确定的配送方案前，应根据客户订单要求的送货时间将配送的先后作业次序初步排定，为后面车辆积载做好准备。计划工作的目的是保证达到既定的目标。所以，预先确定基本配送顺序既可以有效地保证送货时间，又可以提高运作效率。

4. 车辆安排

车辆安排要解决的问题是安排什么类型、吨位的配送车辆进行最后的送货。在安排前首先要掌握哪些车辆可供调派并符合要求，即这些车辆的容量和额定载重是否满足要求。其次，必须分析订单上货物的信息，如体积、重量、数量、对装卸的特别要求等综合考虑各方面因素的影响，做出最合适的车辆安排。

5. 选择配送线路

知道了每辆车负责配送的具体客户后，如何以最快的速度完成对这些货物的配送即如何选择配送距离短、配送时间短、配送成本低的线路，这需根据客户的具体位置、沿途的交通情况等做出选择和判断。此外，还必须考虑客户或其所在地环境对送货时间、车型等方面的特殊要求，如有些客户不在中午或晚上收货，有些道路在某高峰期实行特别的交通管制等。

6. 确定配送顺序

做好车辆及选择好最佳的配送线路后，依据各车负责配送的具体客户的先后，即可将客户的最终配送顺序加以确定。

7. 完成车辆积载

明确了客户的配送顺序后，接下来就是如何将货物装车、以什么次序装车的问题，即车辆的积载问题。原则上，知道客户的配送顺序先后，只要将货物按"后送先装"的顺序装车即可。但有时为了有效利用空间，可能还要考虑货物的性质（如怕震、怕压、怕撞、怕湿）、形状、重量及体积等因素。此外，对于货物的装卸方法也必须依照货物的性质、形状、重量、体积等来具体决定。

二、配送路线设计

配送运输由于配送方法的不同，其运输过程也不尽相同，影响配送运输的因素很多，如车流量的变化、道路状况、客户的分布状况和配送中心的选址、道路交通网、车辆额定载重量以及车辆运行限制等。配送线路设计就是整合影响配送运输的各因素,适时适当地利用现有的运输工具和道路状况,及时、安全、方便、经济地将客户所需的不同物资准确送达客户手中,以便提供优质的物流配送服务。在配送运输线路设计中,需根据不同客户群的特点和要求,选择不同的线路设计方法,最终达到节省时间、运行距离和运行费用的目的。

(一)最短路径设计

在配送线路设计中,当由一个配送中心向一个特定的客户进行专门送货时,从物流角度看,客户的需求量接近或大于可用车辆的定额载重量,需专门派一辆或多辆车一次或多次送货。在配送线路设计时,追求的是最短配送距离,以节省时间、多装快跑,提高送货的效率。

下面举例介绍一种寻求网络中两点间最短线路的方法——迪杰斯特拉(Dijkstra)算法,也叫标号法。

【例题 7-1】如图 7-31 所示,求 a 点到其他点的最短距离。

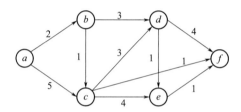

图 7-31 用迪杰斯特拉法求最短路径

【解】

每次选择距离 a 最近的点,不断更新。

	第一次	第二次	第三次	第四次	第五次
b	2 (a,b)	—	—	—	—
c	5 (a,c)	3 (a,b,c)	—	—	—
d	∞	5 (a,b,d)	5 (a,b,d)	5 (a,b,d)	—
e	∞	∞	7 (a,b,c,e)	7 (a,b,c,e)	6 (a,b,d,e)
f	∞	∞	4 (a,b,c,f)	—	—
终点	(a,b)	(a,b,c)	(a,b,c,f)	(a,b,d)	(a,b,d,e)

(1)从 a 出发,与 a 相邻的点为 b 和 c,在第一次选择中填入从 a 到 b 的距离 2 和从 a 到 c 的距离 5。因此,第一次选择确定从 a 到 b 的最短距离为 2。

(2)与 b 相邻的点为 c 和 d,在第二次选择中更新由 a 到 c 和 d 的距离。由于 $a \to b \to c$ 的距离小于 $a \to c$ 的距离,因此更新从 a 到 c 的最短距离为 3,更新从 a 到 d 的距离为 5。因此,第二次选择确定从 a 到 c 的最短距离为 3。

(3)与 c 相邻的点为 d、e 和 f,在第三次选择中更新由 a 到 d、e 和 f 的距离。由于从 a

到 d，经过 c 点的路线距离大于原来距离，因此从 a 到 d 的距离不更新；从 a 到 e 并经过点 c 的路线为 $a \to b \to c \to e$，距离为 7；从 a 到 f 并经过 c 的路线为 $a \to b \to c \to f$，距离为 4。因此，第三次选择确定从 a 到 f 的最短距离为 4。

（4）f 点无法到达其余点，无须更新其余点的最短距离。因此，第四次选择确定从 a 到 d 的最短距离为 5。

（5）与 d 相邻的点为 e 和 f，从 a 到 f 的最短路径已确定；从 a 到 e 并经过 d 的距离小于 $a \to b \to c \to e$ 路线，更新从 a 到 e 的最短路线为 $a \to b \to d \to e$，最短距离为 6。第五次选择确定从 a 到 e 的最短距离为 6。

（二）节约里程线路设计

在配送线路的设计中，当由一个配送中心向多个客户进行共同送货，在同一条线路上的所有客户的需求量总和不大于一辆车的额定载重量时，由这一辆车配装着所有客户需求的货物，按照一条预先设计好的最佳线路依次将货物送到每一个客户手中，这样既可保证按需将货物及时交送，同时又能节约行驶里程，缩短整个送货时间，节约费用，客观上起到减少交通流量，缓解交通紧张的作用。通常，采用节约法来进行配送线路设计。

1. 节约法的基本思想

如图 7-32（a）所示，P 点为配送中心所在地，A 和 B 为客户所在地，三者相互间的道路距离分别为 a、b、c。送货时最直接的想法是利用两辆车分别为 A、B 两个客户进行配送，如图 7-32（b）所示，车辆的实际运行距离为 $2a+2b$。如出一辆车巡回配送，如图 7-32（c）所示，则运行的实际距离为 $a+b+c$。

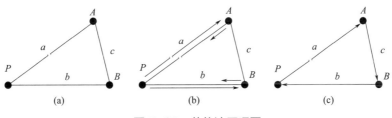

图 7-32　节约法原理图

采取图 7-32（c）方式，当道路状况没有特殊规定时，可节约车辆运行距离为 $(2a+2b)-(a+b+c)=a+b-c$；根据三角形两边之和大于第三边之定理 $a+b-c > 0$，则这个节约量称为"节约里程"。

实际上，如果给数个客户进行配送时，应首先计算包括配送中心在内的相互之间的最短距离，然后计算各客户之间的可节约的运行距离，按照节约运行距离的大小顺序连接各配送地并设计出配送路线。

下面举例说明节约法的求解过程。

【例题 7-2】请根据节约里程法，优化运输路线。

图 7-33 中连线上的数字表示公路里程（km），靠近各城市的数字表示原材料供应的需求量（t）。

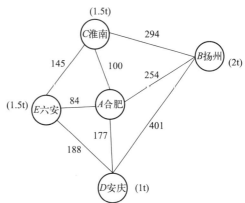

图 7-33　运输路线图

根据原材料供应需求，结合供应商位置等信息，从工厂所在地合肥出发，巡回运输取货，请进行合理的运输路径规划，运输路径按顺时针方向设计。

备注：① 4.2m 货车总行驶里程不超过 800km；② 6.3m 货车总行驶里程不超过 1100km；③ 计算结果均四舍五入保留两位小数。

【解】

第一步，从配送网络图中计算出工厂所在地至各供应商所在地之间的最短距离，并制作如表 7-10 所示的最短距离表。

表 7-10 最短路径表

	A 合肥	B 扬州	C 淮南	D 安庆	E 六安
A 合肥	0	254	100	177	84
B 扬州	—	0	294	401	338
C 淮南	—	—	0	277	145
D 安庆	—	—	—	0	188
E 六安	—	—	—	—	0

第二步，根据最短距离表，计算各供应商所在地之间的节约里程，得到如表 7-11 所示的节约里程表。

表 7-11 节约里程表

	B 扬州	C 淮南	D 安庆	E 六安
B 扬州	0	60	30	0
C 淮南	—	0	0	39
D 安庆	—	—	0	73
E 六安	—	—	—	0

第三步，将节约里程由大到小顺序排列，列出节约里程排序表（表 7-12）。

表 7-12 节约里程排序表

序号	路线	节约里程
1	DE	73
2	BC	60
3	CE	39
4	BD	30

第四步，根据节约里程排序表和配送车辆载重等约束条件，按顺时针方向绘制配送路线图（图 7-34）。

2. 节约里程法的注意事项

（1）适用于有稳定客户群的配送中心。

（2）各配送线路的负荷要尽量均衡。

（3）实际选择线路时还要考虑道路状况。

（4）要按照企业所具有的或可以获得的条件进行确定。

（5）要考虑驾驶员的作息时间及客户要求的交货时间。

（6）可利用计算机软件进行运算，直接生成结果。

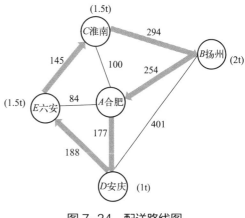

图 7-34　配送路线图

任务执行

步骤一：计算物流网络各节点之间的距离

第一步，首先计算网络节点之间的最短距离（可采用最短路径求解法）。计算结果如表 7-13 所示。

表 7-13　最短配送路线里程表

网络节点	P	A	B	C	D	E	F	G	H	I
A	10	—	—	—	—	—	—	—	—	—
B	9	4	—	—	—	—	—	—	—	—
C	7	9	5	—	—	—	—	—	—	—
D	8	14	10	5	—	—	—	—	—	—
E	8	18	14	9	6	—	—	—	—	—
F	8	18	17	15	13	7	—	—	—	—
G	3	13	12	10	11	10	6	—	—	—
H	4	14	13	11	12	12	8	2	—	—
I	10	11	15	17	18	18	17	11	9	—
J	7	4	8	13	15	15	15	10	11	8

步骤二：计算各客户之间的节约里程

第二步，根据最短距离结果，计算出各客户之间的节约里程，结果如表 7-14 所示。

表 7-14　配送路线节约里程表

P	A	B	C	D	E	F	G	H	I
B	15	—	—	—	—	—	—	—	—
C	8	11	—	—	—	—	—	—	—
D	4	7	10	—	—	—	—	—	—
E	0	3	3	10	—	—	—	—	—

续表

P	A	B	C	D	E	F	G	H	I
F	0	0	0	3	9	—	—	—	—
G	0	0	0	0	1	5	—	—	—
H	0	0	0	0	0	4	5	—	—
I	9	4	0	0	0	1	2	5	—
J	13	8	1	0	0	0	0	0	9

步骤三：对节约里程进行大小排序

第三步，对节约里程按大小顺序进行排列，如表 7-15 所示。

表 7-15　节约里程排序

序号	连接点	节约里程	序号	连接点	节约里程
1	A—B	15	13	F—G	5
2	A—J	13	13	G—H	5
3	B—C	11	13	H—I	5
4	C—D	10	16	A—D	4
4	D—E	10	16	B—I	4
6	A—I	9	16	F—H	4
6	E—F	9	19	B—E	3
6	I—J	9	19	D—F	3
9	A—C	8	21	G—I	2
9	B—J	8	22	C—J	1
11	B—D	7	22	E—G	1
12	C—E	6	22	F—I	1

步骤四：组合配送路线

第四步，按节约行程排列顺序表，组合成配送路线图，如图 7-35 所示。

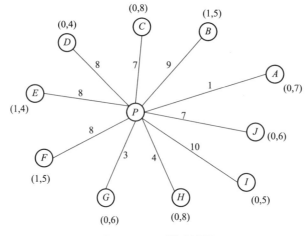

图 7-35　配送路线图

1. 分析配送路线

从配送中心 P 分别向各个客户进行配送，共有 10 条配送路线，如图 7-35 所示。总行程为 148km，需 2t 货车 10 辆（每一客户的货量均小于 2t）。这种配送方式显然是不经济的且车辆未充分利用。

2. 确定配送线路

（1）配送线路一：按照节约行程的大小顺序，对配送量进行累加，累计达到或接近一辆车载货量时为一条配送线路，一般优先满足大车和满载车。按照最大节约里程排序的优先点 A、B、J、C、D 配送量为 4t，满足一辆 4t 货车。连接 A—B、A—J、B—C、C—D，同时取消 P—A、P—B、P—C 路线，形成巡回路线 P—J—A—B—C—D—P 的配送线路一，如图 7-36 所示，装载货物 4t，运行距离为 33km，需 4t 货车 1 辆。

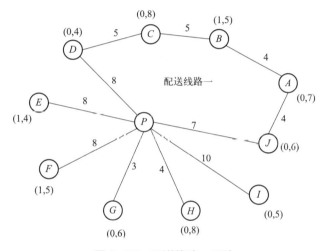

图 7-36 配送线路一设计

（2）配送线路二：多于涉及 A、B、J、C、D 点的货物都在线路一中进行配送，则在节约里程表中涉及 A、B、J、C、D 点的线路都不再需要配送。按照剩余的节约里程大小顺序，优先点 E、F、G 的配送量为 3.5t，如再加上 H 点则为 4.3t 而超载。形成 P—E—F—G—P 初始配送线路二，其装载重量为 3.5t，运行距离 24km，需 4t 货车 1 辆。涉及 E、F、G 点的配送无须再考虑。

（3）配送线路三：接下来节约里程顺序是 H—I，两点的配送量为 1.3t，运行距离为 23km，需 2t 货车 1 辆，形成 P—H—I—P 配送线路三。至此所有配送点都已纳入线路。

3. 线路调整

以上初始配送线路中，线路一满载，但路线较长。线路二和线路三车辆未满载，线路二里程较短，线路三对 2t 货车来说里程也较长。考虑到单车载重量和线路均衡，可以适当从线路一调整部分到线路二。按照载货量和节约里程排序表的优先次序，将 D 点纳入线路二较为合理。线路三不变。此时，共有三条配送线路：

线路一：P—J—A—B—C—P，1 辆 4t 货车，载货 3.6t，运距 27km，4 个点；

线路二：P—D—E—F—G—P，1 辆 4t 货车，载货 3.9t，运距 30km，4 个点；

线路三：P—H—I—P，1 辆 2t 货车，载货 1.3t，运距 23km，2 个点；

总行程为 80km，需 2t 货车 1 辆，4t 货车 2 辆，线路如图 7-37 所示。

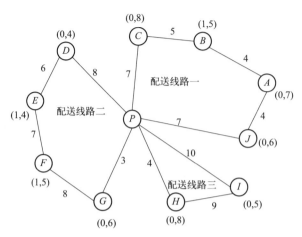

图 7-37 最终配送方案

成效考量考核表

班级			姓名		学号	
任务名称			送货作业			
评价项目	评价标准	分值/分	自评（30%）	互评（30%）	师评（40%）	合计
考勤	旷课、迟到、早退、请假	7				
职业素养	制订计划能力强，严谨认真	5				
	主动与他人合作	5				
	采取多样化手段解决问题	5				
	责任意识、服从意识	5				
学习过程	能够准确计算物流网络各节点之间的距离	15				
	能够准确计算各客户之间的节约里程	15				
	能够准确排序节约里程并组合最优配送路线	20				
完成情况	按时提交任务活动	5				
	任务活动完成程度	5				
	任务活动的答案准确性	5				
	创新意识	8				
得分		100				

项目八

智慧配送成本与绩效管理

任务一 智慧配送成本分析

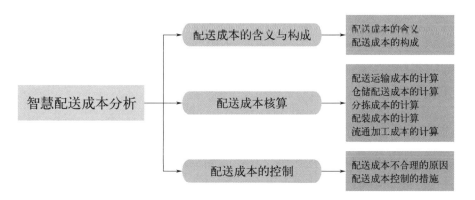

目标导向

通过本任务的学习，可以达成以下目标：

知识目标	1. 了解配送成本的含义与构成； 2. 熟悉影响配送成本的因素； 3. 理解配送成本核算的步骤与方法； 4. 掌握控制配送成本的手段、配送服务成本合理化的策略。
能力目标	1. 核算能力：能够准确计算并汇总配送成本； 2. 分析能力：能够分析配送成本的构成及影响因素； 3. 控制能力：能制订并执行有效的成本控制措施以降低配送成本。
素质目标	1. 具备良好的物流意识和市场观念； 2. 具备分析问题和解决问题的能力； 3. 具备团队合作精神和沟通协调能力。

> 📎 **任务引领**

来到超市工作一段时间后，小新对自己所学的知识有了用武之地充满了成就感，不知不觉在生活中处处留意物流问题。对于经常点外卖的小新来说，有一个问题一直困扰着他：同样的配送距离，不同商家的配送费有时会差很多，排除掉商家搞活动，减免了配送费的原因外，还有什么原因会影响配送的费用构成呢？

有一次与外卖小哥闲聊之后，小新感慨道，原来这也是个标准的配送成本构成问题，配送费用不同的主要原因是商家用的配送模式不同。

以专送模式为例，用户给予的配送费往往只有三块不到，但骑手能够拿到手里的大概是四块，其中的差额是由平台进行补贴的。而平台又会从商家的抽佣里面进行提取，然后补贴到配送费里面。因此，专送模式的配送成本其实在五块左右。

以众包模式为例，用户给予的配送费在四块左右，但骑手能够拿到手里的在六块左右，其中的差额由商家进行补贴。如果商家不进行补贴，就没有骑手接单，自然也就没有人进行配送了。

由于众包是自由接单模式，所以商家的补贴往往比较多，否则距离稍远就没人接单了。配送成本在八块左右。配送距离越远，配送成本越高，这也是众包模式只能暂时开通大城市的原因。此外，如果商家搞活动，配送费用也很低，因为其中的差额由商家补贴了。

与之相似的物流成本核算方法，还体现在快递行业，小新能通过物流成本核算的相关知识推导出快递成本支出项目吗？

> 🏠 **知识建构**

一、配送成本的含义与构成

配送成本（distribution cost）是指在配送活动的备货、储存、分拣、配货、配装、送货、送达服务及配送加工等环节所发生的各项费用的总和，是配送过程中所消耗的各种活动和物化劳动的货币表现。诸如人工费用、作业消耗、物品损耗、利息支出、管理费用等，将其按一定对象进行汇集就构成了配送成本。

如图 8-1 所示，配送成本的构成可以从三方面的分类来分析：按功能分类可以方便地掌握配送运作的情况，了解在哪个功能环节上有浪费，达到有针对性的成本控制，找出妨碍配送合理化的症结；按支付形态的分类，主要以财务会计中发生的费用为基础，可以了解花费最多的项目，从而确定财务管理中的重点；按适用对象分类，可以对比分析不同对象产生的成本，针对性地评价配送情况，进而帮助企业确定不同的营销策略。这些分类方法各有特点、作用，配送管理者可根据实际需要加以选择。

不同的配送中心在经营战略、运营方式等方面有差别，因此影响配送成本的因素及程度也就各异，主要因素有以下几个方面。

（1）时间：配送时间越长，占用配送中心固定成本越高。表现为配送中心不能提供其他配送服务，收入减少，或者表现为配送中心在其他服务上增加成本

（2）距离：是影响配送成本的主要因素。距离越远，配送成本越高，同时造成运输设备及送货人员的增加。

（3）货物的数量与重量：货物数量和重量的增加虽然会使配送作业量增加，但大批量的作业往往使配送效率提高，因此配送数量和重量是客户获得价格折扣的原因。

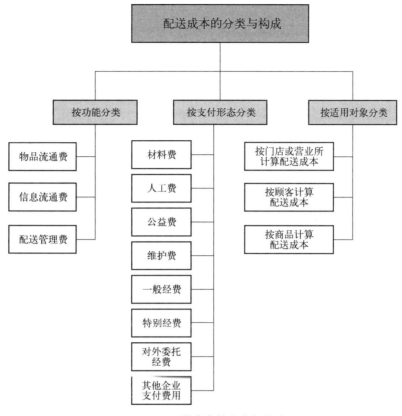

图 8-1 配送成本的分类与构成

（4）货物的种类及作业过程：不同种类的货物配送难度不同，对配送作业过程及要求也不同，配送中心承担的责任也不一样，因而对配送成本产生较大幅度的影响。如采用原包装配送的成本显然要比配装配送成本低，其作业过程差别也较大。

（5）外部不确定因素：配送经营时要用到配送中心以外的资源并支付相关费用，如当地路桥费、入城证、各种处罚、占道违规停车、保险费用、意外事故、吊运设备租赁费等。

除上述因素外，影响成本的因素还包括企业资金利用率、货物的保管制度、市场环境的变化等。这些因素之间相互制约、相互影响，单纯地加强某种因素的影响，必然产生对另一种因素的制约。所以说，配送成本的控制并不仅仅是各个因素的简单相加，而是一个复杂的平衡和协调过程。

二、配送成本核算

配送成本费用的核算是多环节的核算，是各个配送环节或活动的集成，在实际核算时，涉及哪一个活动，就应当对哪一个配送活动进行核算。配送各个环节的成本费用核算都具有各自的特点，如流通加工费用的核算与配送运输费用的核算具有明显的区别，其成本计算的对象及单位都不同。

配送成本费用的计算由于涉及多环节的成本计算，所以对每个环节都应当计算各成本计算对象的总成本。总成本是指成本计算期内成本计算对象的成本总额，即各个成本项目金额之和。配送成本费用总额是由各个环节的总成本组成的，即

配送成本 = 配送运输成本 + 储存保管成本 + 分拣成本 + 配装成本 + 流通加工成本

（一）配送运输成本的计算

1. 配送运输成本项目

配送运输成本是指配送车辆在完成配送货物过程中所发生的各种车辆费用和配送间接费用。

（1）配送车辆费用

配送车辆费用是指配送车辆从事配送活动所发生的各项费用，具体包括以下内容：

① 工资：是指支付给配送车辆司机的基本工资、附加工资及工资性津贴。

② 职工福利费：是指按规定的工资总额及规定比例计提的职工福利费。

③ 燃料：是指配送车辆运行所耗用的燃料费用，如汽油、柴油等费用。

④ 轮胎：是指配送车辆耗用的外胎、内胎、垫带的费用支出及轮胎的翻新费用和修补费。

⑤ 修理费：是指配送车辆进行各级保养和修理所发生的工料费、修复旧件费用和行车耗用的机油费用。

⑥ 大修：是指配送车辆计提的大修基金，以及车辆大修竣工后调整的费用差异和车辆超、亏里程定额差异应调整增减的费用。

⑦ 折旧：是指配送车辆按规定计提的折旧费。

⑧ 公路运输管理费：是指按规定向运输管理部门缴纳的营运车辆管理费。

⑨ 车船税：是指企业按规定向税务部门缴纳的营运车辆使用税。

⑩ 行车事故损失：是指配送车辆在配送过程中，因行车肇事所发生的事故损失。

⑪ 其他：是指不属于上述各项的车辆费用，如行车杂支、随车工具费、防滑链条费、中途故障救急费、司机和助手劳动保护用品费、车辆清洗费、冬季预热费、由配送方负担的过路过桥费等。

（2）配送间接费用

配送间接费用是指配送运输管理部门为管理和组织配送运输生产所发生的各项管理费用和业务费用，具体包括以下内容：

① 配送运输管理部门管理人员的工资及福利费。

② 配送运输部门为组织运输生产活动所发生的管理费用及业务费用，如取暖费、水电费、办公费、差旅费、保险费等。

③ 配送运输部门固定资产的折旧费、修理费用。

④ 直接用于生产活动，构成营运成本但不能直接计入成本项目的其他费用。

上述车辆费用和配送间接费用构成了配送运输成本项目。配送运输成本在配送总成本构成中所占比例很大，应进行重点管理。

2. 配送运输成本的核算

配送运输成本的核算是指将配送车辆在配送过程中所发生的费用，按照规定的成本计算对象和成本项目计入配送运输成本。具体核算方法如下：

（1）工资及职工福利费：根据"工资分配汇总表"和"职工福利费计算表"中各车型分配的金额计入成本。

（2）燃料：根据"燃料发出凭证汇总表"中各车型耗用的燃料金额计入成本；配送车辆

在本企业以外的油库加油,其领发数量不作为企业购入和发出的处理,应在发生时按照配送车辆领用数量和金额计入成本。

(3)轮胎:轮胎的外胎采用一次返销法,根据"轮胎发出凭证汇总表"中各车型领用的金额计入成本;采用按行使胎公里摊销法的,根据"轮胎中摊提费计算表"中各车型应负担的摊提额计入成本;发生轮胎翻新费时,根据付款凭证直接计入各车型成本或通过摊销方式分期摊销;内胎、垫带根据"材料发出凭证汇总表"中各车型成本领用金额计入成本。

(4)修理费:辅助生产部门对配送车辆进行保养和修理的费用,根据"辅助营运费用分配表"中分配各车型的金额计入成本。

(5)折旧:根据"固定资产折旧计算表"中按照车辆种类提取的折旧金额计入各分类成本。

(6)运输管理费:配送车辆应纳的运输管理费,应在月终计算成本时编制"配送车辆运输管理费计算表",并据此计入配送成本。

(7)车船税、行车事故损失和其他费用:如果是通过银行转账、商业汇票、现金支付的,根据付款凭证等直接计入有关的车辆成本;如果是在企业仓库内领用的材料物资,根据"材料发出凭证汇总表""低值易耗品发出凭证汇总表"中各车型领用的金额计入成本。

(8)营运间接费用:根据"营运间接费用分配表"计入有关配送车辆成本。

3. 配送运输成本计算表

物流配送企业月末应编制配送运输成本计算表,以反映配送总成本和单位成本。配送运输成本计算表的格式如表8-1所示。

表8-1 配送运输成本计算表

编制单位　　　　　　　　　　　　　　　年　　月　　　　　　　　　　　　单位:元

项目	配送车辆合计	配送营运车辆		
		甲型车	乙型车	丙型车
一、车辆费用 　工资 　职工福利费 　燃料 　轮胎 　修理费 　折旧 　运输管理费 　行车事故损失				
二、营运间接费用				
三、配送运输总成本				
四、周转量(千吨·公里)				
五、单位成本				
六、成本降低量				
七、成本降低率				

(1)配送运输总成本是指成本计算期内成本计算对象的成本总额,即各个成本项目金额之和。

(2)单位成本是指成本计算期内各成本计算对象完成单位周转量的成本额。

(3)成本降低额反映本年度该配送运输成本与上年度该配送运输成本的差额,即与上年相比是否节约的一项指标。可用计算公式表示如下：

成本降低额＝上年度实际单位成本×本期实际周转量－本期实际总成本

成本降低率是指成本降低额与以本期周转量计算的上年总成本的比率。它是反映该配送运输成本降低幅度的一项指标。可用计算公式表示如下：

成本降低率＝成本降低额／上年度实际单位成本×本期实际周转量×100%

（二）仓储配送成本的计算

1. 仓储配送成本项目

配送仓库的仓储成本要作为配送环节成本核算的内容，仓储成本按支付方式可以分为两类：（1）对外支付的保管费，主要是指仓库租赁费，它可以全额直接计入仓储配送成本。（2）企业内部发生的配送仓储保管费用。

2. 仓储成本的核算

仓储成本的核算是指将配送中心仓储活动在配送生产过程中所发生的费用，按照规定的成本计算对象和成本项目计入配送仓储成本。

其具体核算方法如下：

（1）材料消耗费：根据配送部门"材料发出凭证汇总表"的金额全额计入配送仓储成本。

（2）工资及福利费：根据"工资分配汇总表"和"职工福利费分配表"，按人数比例计算出配送仓储部门应分摊的费用，然后计入配送仓储成本。

（3）燃料动力费：根据"燃料动力消耗凭证汇总表"，按面积比例计算出配送仓储部门应分配的份额，计入配送仓储成本。

（4）保险费：根据"保险费用凭证汇总表"，按面积比例计算出配送仓储部门应分配的份额，计入配送仓储成本。

（5）修缮维护费：根据"辅助营运费用分配表"，按面积比例计算出配送仓储部门应分配的份额，计入配送仓储成本。

（6）仓储搬运费：根据"辅助营运费用分配表"按面积比例计算出配送仓储部门应分配的份额，计入配送仓储成本。

（7）仓储保管费：根据配送部门的"固定资产折旧计算表"，按面积比例计算出配送仓储部门应分配的份额，计入配送仓储成本。

（8）仓储管理费：根据配送部门的"管理费用汇总表"，按面积比例计算出配送仓储部门应分配的份额，计入配送仓储成本。

（9）低值易耗品：根据配送部门的"低值易耗品发出凭证汇总表"，按仓储费用比例计算出配送仓储部门应分配的份额，计入配送仓储成本。

（10）资金占用费：根据"财务费用汇总表"，按仓储费用比例计算出配送仓储部门应分配的份额，计入配送仓储成本。

（11）税金：根据"应付税金汇总表"，按仓储费用比例计算出配送仓储部门应分配的份额，计入配送仓储成本。

3. 仓储成本计算表

物流配送企业编制配送仓储成本计算表，以反映配送仓储总成本。其格式如表8-2所示。

表 8-2　仓储成本计算表

编制单位　　　　　　　　　　　　年　月　　　　　　　　　　　　单位：元

项目	合计	配送仓库	
		甲仓库	乙仓库
仓库租赁费			
材料消耗费			
工资津贴费			
燃料动力费			
保险费			
修缮维护费			
仓储搬运费			
仓储保管费			
仓储管理费			
低值易耗品			
资金占用费			
税金			
仓储成本合计			

（三）分拣成本的计算

分拣成本是指分拣机械及人工在完成货物分拣过程中所发生的费用。

1. 分拣成本项目

（1）分拣直接费用

① 工资：指按规定支付给分拣作业工人的标准工资、奖金、津贴等。

② 职工福利费：指按规定的工资总额和提取标准计提的职工福利费。

③ 修理费：指分拣机械进行保养和修理所发生的工料费用。

④ 折旧：指分拣机械按规定计提的折旧费。

⑤ 其他：指不属于以上各项的费用，如分拣工人的劳保用品费等。

（2）分拣间接费用

分拣间接费用是指配送分拣管理部门为管理和组织分拣生产，需要由分拣成本负担的各项管理费用和业务费用。

2. 分拣成本的核算

配送环节分拣成本的核算是指将配送过程中所发生的费用，按照规定的成本计算对象和成本项目计入分拣成本。其具体核算方法如下：

（1）工资及职工福利费：根据"工资费用分配法"和"职工福利费计算表"中分配的金额计入分拣成本。

（2）修理费：辅助生产部门对分拣机械进行保养和修理的费用，根据"辅助营运费用分配表"中分配的分拣成本金额计入分拣成本。

（3）折旧：根据"固定资产折旧计算表"中按照分拣机械提取折旧的金额计入分拣成本。

(4) 其他：根据"低值易耗品发出汇总表"中分拣成本领用的金额计入分拣成本。

(5) 分拣间接费用：根据"配送管理费用分配表"计入分拣成本。

3. 分拣成本计算表

物流配送企业月末应编制分拣成本计算表，以反映配送分拣总成本。分拣成本计算表的格式如表 8-3 所示。

表 8-3 分拣成本计算表

编制单位　　　　　　　　　　　　　年　月　　　　　　　　　　　　单位：元

项目	合计	分拣品种	
		甲货物	乙货物
一、分拣直接费用 　　工资 　　福利费 　　维修费 　　折旧 　　其他			
二、分拣间接费用			
分拣总成本			

（四）配装成本的计算

配装成本是指在完成配装货物的过程中所发生的各种费用。

1. 配装成本项目

（1）配装直接费用

① 工资：是指按规定支付给配装作业工人的标准工资、奖金、津贴等。

② 职工福利费：是指按规定的工资总额和提取标准计提的职工福利费。

③ 材料：是指配送过程中消耗的材料，如包装纸、包装箱、包装塑料等。

④ 辅助材料：是指配装过程中耗用的辅助材料，如标志、标签等。

⑤ 其他：是指不属于以上各项的费用，如配装工人的劳保用品费等。

（2）配装间接费用

配装间接费用是指配送配装管理部门为管理和组织分拣生产，需要由配装成本负担的各项管理费用和业务费用。

2. 配装成本的核算

配装成本的核算是指将配装过程中所发生的费用，按照规定的成本计算对象和成本项目计入配装成本。其具体核算方法如下。

（1）工资及职工福利费：根据"工资费用分配法"和"职工福利费计算表"中分配的金额计入配装成本。

（2）材料费用：根据"材料发出凭证汇总表"中分配的配装成本的金额计入配装成本。

（3）辅助材料费用：根据"材料发出凭证汇总表""领料单"中配装业务领用的金额计入配装成本。

（4）其他：根据"低值易耗品发出汇总表""领料单""发出材料汇总表"中配装业务领用的金额计入配装成本。

（5）分拣间接费用：根据"配送管理费用分配表"计入配装成本。

3. 配装成本计算表

物流配送企业月末应编制配送环节配装成本计算表，以反映配送配装总成本。配装成本计算表的格式如表8-4所示。

表8-4 配装成本计算表

编制单位　　　　　　　　　　　　　　年　　月　　　　　　　　　　　　单位：元

项目	合计	配装品种	
		甲货物	乙货物
一、配装直接费用 　工资 　福利费 　材料费 　辅助材料费 　其他			
二、配装间接费用			
配装总成本			

（五）流通加工成本的计算

1. 流通加工成本项目

（1）直接材料费用

流通加工的直接材料费用是指产品流通加工过程中直接消耗的材料、辅助材料、包装材料及燃料和动力等的费用。

（2）直接人工费用

流通加工成本中的直接人工费用是指直接进行加工生产的工人工资及按比例计提的职工福利费。

（3）制造费用

流通加工制造费用是物流中心设置的生产加工单位，为组织和管理生产加工所发生的各项间接费用。主要包括流通加工生产单位管理人员的工资及福利费，生产加工单位房屋、建筑物、机器设备等的折旧和修理费，生产单位的固定资产租赁费、机物料消耗、低值易耗品的摊销、取暖费、水电费、办公费、差旅费、保险费、检验费，季节性停工和机器设备修理期间的停工损失，以及其他制造费用。

2. 流通加工成本的核算

（1）直接材料费用的核算

根据"材料发出凭证汇总表"及"动力费用分配表"来确定计入流通加工直接材料成本项目的份额。

（2）直接人工费用的核算

根据当期"工资费用分配表"及"职工福利费用计算表"来确定计入流通加工直接人工

成本项目的份额。

(3) 制造费用的核算

制造费用的核算是通过按加工单位设置制造费用明细账来进行的，由于流通加工环节的折旧费用、固定资产修理费用占成本比例较大，其费用归集核算尤其重要。

3. 流通加工成本计算表

物流配送企业月末应编制流通加工成本计算表，以反映配送单位流通加工总成本和单位成本。流通加工成本计算表的格式如表 8-5 所示。

表 8-5　流通加工成本计算表

编制单位　　　　　　　　　　　　　年　　月　　　　　　　　　　　单位：元

项目	合计	流通加工品种	
		甲产品	乙产品
直接材料			
直接人工			
制造费用			
合计			

三、配送成本的控制

配送成本的控制就是在满足一定的配送目标的前提下，寻求顾客服务水平与配送成本之间的平衡：在一定的配送成本下尽量提高顾客服务水平，或在一定的顾客服务水平下使配送成本最小。

（一）配送成本不合理的原因

配送成本控制要实现配送成本优化的目的，首先须找出导致配送成本不合理的原因。常见配送成本不合理的原因如下：

(1) 资源筹措的不合理：配送是通过大规模的资源筹措来降低成本的，如果资源量不够，就不能达到降低配送成本的目的，如配送量计划不准。

(2) 配送设备落后：配送中心设备落后会造成效率低下，企业信誉降低，如货物分拣错误。

(3) 库存决策不合理：容易造成积压或客户缺货损失，如库存量过大或过小没有充分考虑客户的位置，导致运输的成本过高。

(4) 配送路线选择不当：没有充分考虑客户的位置，导致运输的成本过高。

(5) 配送价格不合理：配送价格高于客户自己进货价格或低于营运成本，都是不合理的表现。

(6) 经营观念的不合理：是指企业唯利是图，以抢占客户利益为利润点的行为，例如在企业资金短缺时占用客户资金，在产品积压时强迫客户接货等。

(7) 配送成本管理不到位：对配送成本不重视或监管不力，导致企业配送成本长期降不下来。

2024年1月，国务院发布《关于促进即时配送行业高质量发展的指导意见》。

《意见》针对当前城市配送行业短板给出解决方案，提高劳动者保障力度，提高工作安全和食品安全，同时降低企业合规经营成本，从而推动城市配送产业的长期繁荣发展。

（二）配送成本控制的措施

配送成本的控制方法与策略要有一定的创新和发展，除了用标准成本、目标成本控制法以外，具体的措施如下。

1. 加强配送运作的综合性管理

（1）加强配送的计划性。在配送活动中，临时配送、紧急配送或无计划的随时配送降低了设备、车辆的使用效率，大幅度增加配送成本。为了加强配送的计划性，应建立客户的配送计划申报制度。

（2）加强配送相关环节的管理。配送活动是一系列相关活动的组合，加强配送相关环节的管理，就是要通过采用先进、合理的技术和装备，加强经济核算，改善配送管理来提高配送效率，减少物资周转环节，降低配送成本。

（3）采取共同配送，实现规模效益。在实际配送活动中，配送往往是小批量、多频次的运输，单位成本高，而共同配送是几个企业联合起来集小量为大量，共同利用同一配送设施进行配送，对连锁企业来说是实现规模效益的一种有效办法。

2. 合理选择配送策略

一般来说，要想在一定的服务水平下使配送成本最小可以考虑以下策略：

（1）混合策略。合理安排企业自身完成的配送和外包给第三方物流完成的配送，能使配送成本最低。

（2）差异化策略。企业可按产品的特点、销售水平，设置不同的库存、不同的运输方式以及不同的储存地点，忽视产品的差异性会增加不必要的配送成本。

（3）延迟策略。延迟策略是指为了降低供应链的整体风险，有效地满足客户个性化的需求，将最后的生产环节或物流环节推迟到客户提供订单以后进行的一种经营策略[《物流术语》(GB/T 18354—2021)]，基本思想就是对产品的外观、形状及其生产、组装、配送应尽可能推迟到接到顾客订单后再确定。一旦接到订单就要快速反应，因此采用延迟策略的一个基本前提是信息传递要非常快。

实施延迟策略常采用两种方式：生产延迟（形成延迟）和物流延迟（时间延迟）。配送中的加工活动，如贴标签、包装、装配等可采用生产延迟，发送时可采用物流延迟。

（4）标准化策略。标准化策略就是尽量减少因品种多变而导致的附加配送成本，尽可能多地采用标准零部件、模块化产品。采用标准化策略要求厂家从产品设计开始就要站在消费者的立场去考虑怎样节省配送成本，而不要等到产品定型生产出来了才考虑采用什么技巧降低配送成本。

京东物流成本的降低

京东物流的亏损一直为人们所关注，效率与成本控制，也是过去多年来京东物流 KPI 的关键词。但 2016 年、2017 年、2018 年，京东的履约成本在收入中占比分别为 7%、7.1%、6.9%，2019 年第一季度这一数字下降至 6.7%，2019 年第二季度更是降至 6.1%。

2019 年第二季度京东净收入 1503 亿元人民币，创单季收入新高。京东盈利情况表现良好的两大因素均与京东物流有关：一是过去几年布局的业务开始盈利平衡甚至盈利，比如京东物流；二是四年前京东物流就开始大举进入三到六线城市，实施"4624 计划"，即除一、二线城市做到订单 24h 送达之外，在全国范围内做到"千县万镇"四到六线城市从下单到收货 24h 内送达。刚开始订单密度较小，因此物流成本较高，随着低线城市布局完善，特别是物流开放后大量外部订单进入，物流成本大幅度下降。

2019 年 11 月，京东物流已在全国布局 25 座亚洲一号智能仓、超过 70 个机器人仓、数个分拣中心，订单处理能力超 100 万，支持京东 92% 的自营订单实现 24h 达、90% 行政区县实现 24h 达，京东智能仓处理订单量同比增长 108%。在每一个包裹背后都有着复杂的链条，不仅应用了最新的 5G 技术成果，还融合了 AI、IoT 等技术。这些技术为物流行业，以及整个产业带来了更多的可能性，让有限的四面墙之内的空间，产生了无限可能，做到了科技引领，提升全流程效率。

京东物流过去的第一条增长曲线是供应链物流，包括仓、运、配、快递、冷链、大小件等物流服务。目前京东物流正处于第二条曲线中，依靠物流科技，包括无人技术、价值供应链、云仓等应用为业务带来明显的增效降本。未来，业务全球化将是第三条增长曲线的重要组成部分。

任务执行

步骤一：理解配送成本差异的原因

小新通过对外卖配送的观察和与外卖小哥的交流，已经认识到配送费用差异的主要原因在于配送模式的不同。专送模式和众包模式在骑手收入、平台补贴、商家补贴等方面存在显著差异，这些差异直接导致了配送成本的不同。小新意识到，除了用户直接支付的配送费和商家活动减免外，配送模式的选择也是影响配送成本的重要因素。

步骤二：分析物流成本核算的共通性

小新进一步认识到，无论是外卖配送还是快递行业，物流成本核算都遵循着相似的原理和方法。两者都涉及运输、分拣、包装、人力等多个环节的成本支出。虽然具体项目和细节可能有所不同，但成本核算的基本原则是一致的，即全面、准确地记录和计算物流过程中产生的各项费用。

步骤三：类比推导快递成本支出项目

基于对外卖配送成本的理解，小新可以类比推导出快递行业的成本支出项目。快递行业同样涉及多个环节，包括收件、分拣、运输、派送等，每个环节都会产生相应的成本。具体来说：从货物的流程上看主要包括：

（1）提货费：从商家仓库提货的费用，平摊到每件计算出单件费用。比如总的提货费为 500 元/车，每车装货 500 件，得到单件提货费用为 1 元/件。

（2）分拣费用：货物进入仓库，要按照区域进行分拣操作，这个过程的费用支出包括仓库租金、分拣员工资、分拣设备折旧费用等，同样可以计算出平摊到每件的费用。

（3）分拨运输费：货物要下发站点，这个过程会产生费用，计算过程同（1）。

（4）配送费用：货物到达站点将会进行配送，产生配送费用，即付给投递员的配送费用。如果为自营站点，需考虑站点租金支出。

（5）退货、换货、破损产生的费用：如果货物破损或者退货、换货会产生额外费用，可以计算出平摊到每件的成本。

（6）商家考核费用：如果产生了客户投诉，商家会有一定的考核金额，这个也是有一定比例的，一般也核算进成本中。

成效考量

成效考量考核表

班级		姓名		学号	
任务名称		智慧配送成本分析			
评价项目	评价标准	分值/分	自评（30%）	互评（30%）	师评（40%）	合计
考勤	旷课、迟到、早退、请假	8				
职业素养	制订计划能力强，严谨认真	6				
	主动与他人合作	6				
	采取多样化手段解决问题	6				
	责任意识、服从意识	6				
学习过程	能够准确计算并汇总配送成本	15				
	能够分析配送成本的构成及影响因素	15				
	能制订并执行有效的成本控制措施	15				
完成情况	按时提交任务活动	5				
	任务活动完成程度	5				
	任务活动的答案准确性	5				
	创新意识	8				
得分		100				

任务二　智慧配送绩效评估

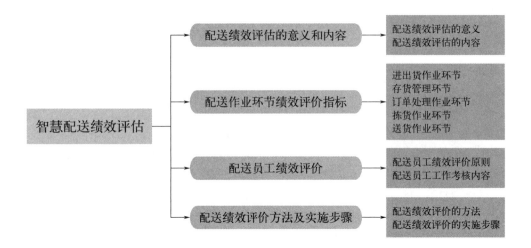

目标导向

通过本任务的学习，可以达成以下目标：

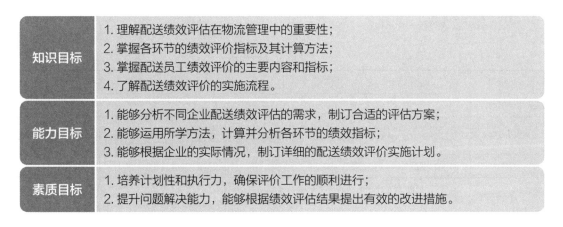

任务引领

低成本战略是沃尔玛的看家本领，在配送运作过程中尽可能降低成本，把节省后的成本让利于消费者，是沃尔玛一贯的经营宗旨。其配送中心降低成本的系列方法为：合理设置配送中心与卖场的位置、配送中心的规模化运作、充分应用先进的物流信息技术、顺畅的配送作业流程和快速高效的配送运作系统。

一般来说物流成本占整个销售额10%左右。经济学家斯通博士在对美国零售企业的研究中发现，在美国的三大零售企业中，商品配送成本占销售额比例沃尔玛是1.3%，凯马特是8.75%，希尔斯则为5%。

灵活高效的配送系统使得沃尔玛在激烈的零售业竞争中技高一筹。请总结沃尔玛配送中心的低成本运作是如何实现的？同时思考对我国零售企业配送中心的运作有何启示。

 知识建构

一、配送绩效评估的意义和内容

(一) 配送绩效评估的意义

1. 促进企业绩效持续改进

配送绩效评估体系作为企业管理的重要组成部分,旨在通过系统、全面地评价配送内部流程作业和外部客户服务的质量与效率,及时发现运营中的瓶颈与不足。这一过程不仅促进了流程安排的精细化调整与作业方式的创新优化,还通过有效的业绩评价与行为反馈机制,激励员工不断提升工作绩效,从而推动企业整体绩效的持续改进与提升。

2. 提供管理决策依据

通过对配送企业整体运行效果的深入评价,配送绩效评估为企业高层管理者提供了丰富的数据信息与洞察视角。这些数据不仅揭示了企业在同行业竞争中的优势与劣势,还为拟定和调整企业战略、设定明确目标、规划实施计划以及合理配置投入预算等关键决策提供了科学、客观的依据,确保了企业管理决策的精准性与有效性。

3. 用于人力资源安排

在人力资源管理领域,配送绩效评估同样发挥着不可替代的作用。通过客观、公正地评价员工与团队对企业发展的贡献,企业能够制订出更加合理、公平的奖惩政策、薪酬调整方案以及职务变动计划。这些措施不仅有助于激发员工的积极性与创造力,还为企业招聘合适人才、优化工作分配以及制订长远的人力资源规划提供了有力的支持。

(二) 配送绩效评估的内容

1. 配送作业质量

配送作业质量是衡量企业服务水平的重要标准之一。其评估内容主要包括货物送达客户时的货物完好率、货物误差率、准时送货率、送货准确率以及无误交货率等关键指标。这些指标全面反映了企业在货物处理、运输及交付等各个环节的作业质量水平,为企业持续改进服务质量提供了明确的方向。

2. 配送作业成本

配送作业成本的控制与优化是企业提升经济效益的关键所在。其评估内容涵盖了配送费用占货物价值比率、平均配送费用、单位货物运输成本、平均装卸成本、平均流通加工成本以及百公里运输消耗等多个方面。通过对这些成本指标的深入分析,企业能够识别出成本增加的关键因素,并采取相应的成本控制措施,以实现成本的有效降低与经济效益的持续提升。

3. 配送作业效率

配送作业效率的高低直接关系到企业的市场竞争力和客户满意度。其评估内容主要包括订单响应时间、收发货时间、车辆利用率、运力利用率、平均配送速率、单位时间配送量以及进出货时间占比等关键指标。这些指标全面反映了企业在订单处理、货物分拣、运输及交付等各个环节的作业效率水平,为企业优化作业流程、提升作业效率提供了有力的支持。

4. 配送作业安全

配送作业安全是企业不可忽视的重要方面。其评估内容主要包括配送作业过程中的工伤事故频率、安全行车间隔里程等关键指标。这些指标不仅反映了企业在安全管理方面的水平与能力，还为企业制订更加科学、合理的安全管理制度与措施提供了依据。通过加强安全管理、提升员工安全意识与技能水平等措施，企业能够确保配送作业的安全进行，保障员工与客户的生命财产安全。

5. 客户服务效果

客户服务效果是衡量企业服务水平与客户满意度的重要标准之一。其评估内容主要包括客户抱怨率、客户意见处理率以及客户满意度等关键指标。这些指标全面反映了企业在客户服务方面的表现与成效，为企业改进服务质量、提升客户满意度提供了明确的方向。通过建立健全客户服务体系、加强客户沟通与反馈机制等措施，企业能够不断提升客户服务水平与质量，赢得客户的信任与支持。

> **素质园地**
>
> 智慧物流配送体系是一种以互联网、物联网、云计算、大数据等先进信息技术为支撑，在物流的仓储、配送、流通加工、信息服务等各个环节实现系统感知、全面分析、及时处理和自我调整等功能的现代综合性物流系统，具有自动化、智能化、可视化、网络化、柔性化等特点。发展智慧物流配送，是适应柔性制造、促进消费升级，实现精准营销，推动电子商务发展的重要支撑，也是今后物流业发展的趋势和竞争制高点。根据国务院《物流业发展中长期规划（2014—2020年）》和"'互联网+'行动计划"，及商务部《关于促进商贸物流发展的实施意见》（商流通函〔2014〕790号），现提出智慧物流配送体系建设实施方案：
>
> （一）建立布局合理、运营高效的智慧物流园区（基地）。
> （二）建立深度感知的智慧化仓储管理系统。
> （三）建立高效便捷的智慧化末端配送网络。
> （四）建立科学有序的智慧化物流分拨调配系统。
> （五）建立互联互通的智慧化物流信息服务平台。
> （六）提高物流配送标准化、单元化水平。
> （七）提升物流企业信息管理和技术应用能力。

二、配送作业环节绩效评价指标

智慧配送作业环节绩效评价指标主要分为五个方面：进出货作业环节、存货管理环节、订单处理作业环节、拣货作业环节、送货作业环节。评价指标如图8-2所示。

（一）进出货作业环节

1. 人员效率

每人每小时处理进货量 = 考核期总进货量 /（进货人员数 × 每日进货时间 × 工作天数）

每人每小时处理出货量 = 考核期总出货量 /（出货人员数 × 每日出货时间 × 工作天数）

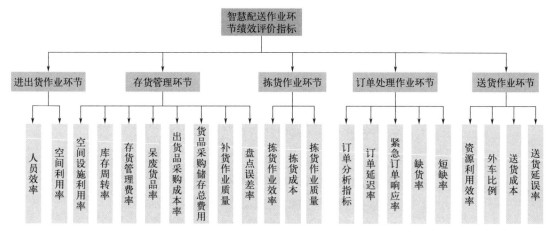

图 8-2 智慧配送作业环节绩效评价指标

$$进货时间率 = 每日进货时间 / 每日工作时数$$
$$出货时间率 = 每日出货时间 / 每日工作时数$$

如果进出货共用一批人员，则可合并计算：

$$每人每小时处理进出货量 = 考核期总进出货量 / (进出货人员数 \times$$
$$每日进出货时间 \times 工作天数)$$
$$进出货时间率 = 每日进出货时间 / 每日工作时数$$

2. 空间利用率

$$站台使用率 = 进出货车次装卸货停留总时间 / (站台泊位数 \times 工作天数 \times 每天工作时数)$$
$$站台高峰率 = 高峰车数 / 站台泊位数$$

（二）存货管理环节

1. 空间设施利用率

$$储区面积率 = 储区面积 / 配送中心建筑面积$$
$$储位容积使用率 = 存货总体积 / 储位总容积$$
$$单位面积保管量 = 平均库存量 / 可保管面积$$
$$平均每品项所占储位数 = 料架储位数 / 总品项数$$

2. 库存周转率

$$库存周转率 = 出货量 / 平均库存量 = 营业额 / 平均库存金额$$

3. 存货管理费率

$$存货管理费率 = 库存管理费用 / 平均库存量$$

4. 呆废货品率

$$呆废货品率 = 呆废货品件数 / 平均库存量 = 呆废货品金额 / 平均库存金额$$

5. 出货品采购成本率

$$出货品采购成本率 = 出货品采购成本 / 营业额$$

6. 货品采购储存总费用

$$货品采购储存总费用 = 采购作业费用 + 库存管理费用$$

7. 补货作业质量

$$补货数量误差率 = 补货误差量 / 补货量$$
$$补货次品率 = 补货不合格 / 补货量$$
$$补货延迟率 = 延迟补货数量 / 补货量$$

8. 盘点误差率

$$盘点数量误差率 = 盘点误差量 / 盘点总量$$
$$盘点品项误差率 = 盘点误差品项数 / 盘点实际品项数$$

(三) 订单处理作业环节

1. 订单分析指标

$$日均受理订单数 = 考核期总订单数量 / 工作天数$$
$$每单平均订货数量 = 出货量 / 订单数量$$
$$日均商品单价 = 营业额 / 订单数量$$

2. 订单延迟率

$$订单延迟率 = 延迟交货订单数 / 订单数量$$
$$订单货件延迟率 = 延迟交货量 / 出货量$$

3. 紧急订单响应率

$$紧急订单响应率 = 未超过 12h 出货订单数量 / 订单数量$$

4. 缺货率

$$缺货率 = 接单缺货数 / 出货量$$

5. 短缺率

$$短缺率 = 出货品短缺数 / 出货量$$

(四) 拣货作业环节

1. 拣货作业效率

$$人均每小时拣货品项数 = 订单总品项数 / (拣货人员数 \times 每天拣货时数 \times 工作天数)$$
$$人均每小时拣货件数 = 订单累计总件数 / (拣取人员数 \times 每日拣货时数 \times 工作天数)$$
$$批量拣货时间 = 每日拣货时数 \times 工作天数 / 拣货分批次数$$

2. 拣货成本

$$每订单投入拣货成本 = 拣货投入成本 / 订单数量$$
$$每件货品拣货成本 = 拣货投入成本 / 拣货单位累计件数$$
$$单位材积投入拣货成本 = 拣货投入成本 / 出货品材积数$$

3. 拣货作业质量

$$拣误率 = 拣取错误笔数 / 订单总笔数$$

（五）送货作业环节

1. 资源利用效率

$$人均送货量 = 送货量 / 送货人员数$$
$$平均每辆车送货量 = 送货总材积 / （自车数量 + 外车数量）$$
$$车辆作业率 = 送货总次数 / [（自车数量 + 外车数量）\times 工作天数]$$
$$平均每车次送货吨公里数 = 送货总距离 \times 送货总重量 / 送货总车次$$
$$空驶率 = 空车行驶距离 / 送货总距离$$

2. 外车比例

$$外车比例 = 外车数量 / （自车数量 + 外车数量）$$

3. 送货成本

$$送货成本比率 = （自车送货成本 + 外车送货成本）/ 送货总费用$$
$$每公里送货成本 = （自车送货成本 + 外车送货成本）/ 送货总距离$$
$$每材积送货成本 = （自车送货成本 + 外车送货成本）/ 出货品材积数$$
$$每车次送货成本 = （自车送货成本 + 外车送货成本）/ 送货总车次$$

4. 送货延误率

$$送货延误率 = 送货延误车次 / 送货总车次$$

三、配送员工绩效评价

（一）配送员工绩效评价的基本原则

（1）绩效考核应有统一标准。
（2）考核标准应体现不同岗位的特点。
（3）要有确定的考核机制：
① 考核工作多长时间进行一次；
② 谁来进行考核；
③ 考核方法的确定；
④ 考核必须与奖惩相结合。

（二）配送员工工作考核的基本内容

如图 8-3 所示为配送员工工作考核的基本内容。

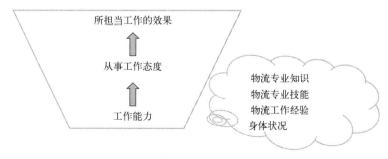

图 8-3 配送员工工作考核的基本内容

四、配送绩效评价的方法及实施步骤

（一）配送绩效评价的方法

配送绩效评价的方法是关键绩效指标法。关键指标有一个重要的 SMART 原则：
S 代表具体（specific）；
M 代表可度量（measurable）；
A 代表可实现（attainable）；
R 代表相关性（relevant）；
T 代表有时限（time-bound）。
关键指标确立的要点在于流程性、计划性和系统性，其具体的操作流程如下：
第一步：确定业务重点。
第二步：分解出考核组或个人 KPI。
第三步：设定评价标准。
第四步：审核关键绩效指标。

（二）平衡计分卡法

平衡计分卡主要评价内容共有财务、客户、内部运作、学习与发展四项指标。配送中心需要对关键因素进行选择以及对某些关键因素进一步分解。如表 8-6 所示。

表 8-6　平衡计分卡

四个角度	战略重点	关键因素
财务	达到物流与配送中心价值最大化	销售总量、利润总额、存货周转率、库存天数、现金流
客户	满足客户（门店）合理需求	客户保有率、新客户开发率、门店满意度、供应商满意度
内部运作	在合理的成本下，高效率地运作	平均响应时间、最短响应时间、配送时间柔性、配送生产率
学习与发展	员工的学习能力、工作信息化程度、研发与投入	员工满意度、员工保持率、员工培训次数、研发费用增长率、信息系统更新投入率

（三）标杆法

标杆法是企业真实地衡量自己的物流配送水平、找出配送作业及管理差距、提高物流配送作业及管理水平的重要工具。运用标杆法评价及改进企业配送绩效的步骤如下：
第一步：确定关键的配送绩效管理指标；
第二步：确定企业配送绩效管理的标杆；
第三步：确定企业物流管理绩效的真实水平及差距；
第四步：制订配送绩效改进方案；
第五步：实施绩效改进方案并监控方案实施效果。

（四）配送绩效评价的实施步骤

1. 确定绩效评价指标

了解公司的配送目标和要求，以此为基础确定绩效评价指标。

2. 收集数据

收集与绩效评价指标相关的数据,包括配送员的个人信息、配送目标完成情况、行驶里程记录等。数据收集可以通过配送管理系统、GPS 设备等方式进行。

3. 数据清洗和整理

对收集到的数据进行清洗和整理,确保数据的准确性和完整性。可以通过数据分析工具进行数据处理和整理,如 Excel、Python 等。

4. 计算配送绩效指标

根据收集到的数据计算配送绩效指标。

5. 绩效评价结果分析

根据计算得出的绩效指标,对配送绩效进行分析。可以通过比较不同配送员之间的绩效指标来评估个人绩效水平,并与公司的绩效目标进行对比。

6. 编制绩效评价报告

根据绩效评价结果,编制绩效评价报告。报告中应包括绩效指标的计算方法、评价结果的分析、存在的问题和建议等内容。

7. 绩效评价结果反馈和改进

将绩效评价结果反馈给相关配送员,并讨论可能的改进措施。可以与配送员进行面对面的讨论,或通过邮件、电话等方式进行沟通。

8. 持续跟踪和更新

绩效评价是一个持续的过程,需要定期进行跟踪和更新。可以设立定期的评价周期,定期对配送绩效进行评价,并根据评价结果进行改进。

以上是配送绩效评价的实施步骤。通过确定绩效评价指标、收集数据、清洗和整理数据、计算绩效指标、分析结果、编制报告、反馈和改进、持续跟踪和更新等步骤,可以有效评估配送绩效,并为改进配送流程提供参考。

任务执行

步骤一: 低成本运作的实现

沃尔玛物流配送中心一般设立在 100 多家零售店的中央位置,也就是配送中心设立在销售主市场。这使得一个配送中心可以满足 100 多个附近周边城市的销售网点的需求;另外运输的半径既比较短又比较均匀,基本上是以 320km 为一个商圈建立一个配送中心。

沃尔玛各分店的订单信息通过公司的高速通信网络传递到配送中心,配送中心整合后正式向供应商订货。供应商可以把商品直接送到订货的商店,也可以送到配送中心。有人这样形容沃尔玛的配送中心:这些巨型建筑的平均面积超过 11 万 m^2,相当于 20 多个足球场那么大;里面装着人们所能想象到的各种各样的商品,从牙膏到电视机,从卫生巾到玩具,应有尽有,商品种类超过 8 万种。沃尔玛在美国拥有 62 个以上的配送中心,服务着 4000 多家商场。这些中心按照各地的贸易区域精心部署,通常情况下,从任何一个中心出发,汽车可在一天内到达它所服务的商店。

在配送中心，计算机掌管着一切。供应商将商品送到配送中心后，先经过核对采购计划、商品检验等程序，分别送到货架的不同位置存放。当每一样商品储存进去的时候，计算机都会把他们的方位和数量一一记录下来；一旦商店提出要货计划，计算机就会查找出这些货物的存放位置，并打印出印有商店代号的标签，以供贴到商品上。整包装的商品将被直接送上传送带，零散的商品由工作人员取出后，也会被送上传送带。商品在长达几公里的传送带上进进出出，通过激光辨别上面的条形码，把他们送到该送的地方去，传送带上一天输出的货物可达20万箱。对于零散的商品，传送带上有一些信号灯，有红的、有黄的、有绿的，员工可以根据信号灯的提示来确定商品应该被送往的商店，并将相同信号灯的商品放到一个箱子当中，以避免浪费空间。

配送中心的一端是装货平台，可供130辆卡车同时装货，另一端是卸货平台，可同时停放135辆卡车。配送中心24h不停地运转，平均每天接待的装卸货物的卡车超过200辆。沃尔玛用一种尽可能大的卡车运送货物，大约有16m加长的货柜，比集装箱运输卡车还要更长或者更高。在美国的公路上经常可以看到这样的车队，沃尔玛的卡车都是自己的，司机也是沃尔玛的员工，他们在美国的各个州之间的高速公路上运行，而且车中的每立方米都被填得满满的，这样非常有助于节约成本。

公司6000多辆运输卡车全部安装了卫星定位系统，每辆车在什么位置、装载什么货物、目的地是什么地方，总部都一目了然。因此，在任何时候，调度中心都可以知道这些车辆在什么地方，离商店还有多远，他们也可以了解到某个商品运输到了什么地方，还有多少时间才能运输到商店。对此，沃尔玛精确到小时。如果员工知道车队由于天气、修路等某种原因耽误了到达时间，装卸工人就可以不用再等待，而可以安排别的工作。

灵活高效的物流配送使得沃尔玛在激烈的零售业竞争中技高一筹。沃尔玛可以保证，商品从配送中心运到任何一家商店的时间不超过48小时，沃尔玛的分店货架平均一周可以补货两次，而其他同业商店平均两周才能补一次货；通过维持尽量少的存货，沃尔玛既节省了存储空间又降低了库存成本。

步骤二：对我国零售企业配送中心的启示

沃尔玛的成功既可以说是优秀的商业模式与先进的信息技术应用的有机结合，也可以说是沃尔玛对自身的"商业零售企业"身份的超越。

通过以上对沃尔玛的分析研究可以发现，沃尔玛给人们留下印象最深刻的，是它的一整套先进、高效的物流和供应链管理系统。沃尔玛在全球各地的配送中心、连锁店、仓储库房和货物运输车辆，以及合作伙伴（如供应商等），都被这一系统集中、有效地管理和优化，形成了一个灵活、高效的产品生产、配送和销售网络。为此，沃尔玛甚至不惜重金，专门购置物流卫星来保证这一网络的信息传递。

沃尔玛的成功经验可能对我国相当多的企业有点遥不可及，且不说沃尔玛拥有自己的卫星和遍布全球的大型服务器，仅仅是沃尔玛的每一台货物运输车辆上都拥有卫星移动计算机系统这一点，我国企业就难以效仿。同样，维持这一庞大网络的IT投入和升级管理费用也并不是多数企业可以承担的。

我国已经有不少企业正在加紧信息化建设，其中有部分企业也在实施和应用供应链管理系统，但收效却很难与沃尔玛相比。原因在于某些供应链管理软件更多地是由IT技术人员和程序员来开发,而代表了世界先进水平的管理思想和理念却很难模仿。另一方面,我国企业在构建全国范围内的供应链管理系统时,可能会遇到经验、人员、资金上的困难,更多的情况是面临着国内企业基础管理较弱、整体信息化程度不高的问题。在"沃尔玛现象"而引发的全球物流与供应链管理建设潮流中,我国逐步成为世界的制造中心,正在迎来一个物流管理与供应链管理发展的好机遇。

成效考量

成效考量考核表

班级		姓名		学号		
任务名称			智慧配送绩效评估			
评价项目	评价标准	分值/分	自评（30%）	互评（30%）	师评（40%）	合计
考勤	旷课、迟到、早退、请假	9				
职业素养	制订计划能力强,严谨认真	7				
	主动与他人合作	7				
	采取多样化手段解决问题	7				
	责任意识、服从意识	7				
学习过程	理解配送绩效评估在物流管理中的重要性	10				
	掌握各环节的绩效评价指标及其计算方法	10				
	掌握配送员工绩效评价的主要内容和指标	10				
	了解配送绩效评价的实施流程	10				
完成情况	按时提交任务活动	5				
	任务活动完成程度	5				
	任务活动的答案准确性	5				
	创新意识	8				
得分		100				

篇三

智慧仓储与配送新技术应用

项目九

智慧仓储与配送新技术应用

任务一 人工智能技术的应用

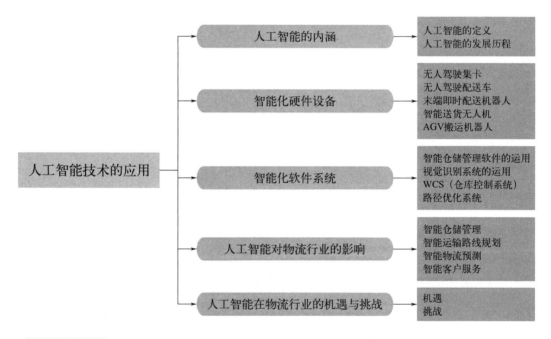

目标导向

通过本任务的学习，可以达成以下目标：

| 知识目标 | 1. 了解人工智能的含义与发展历程；
2. 掌握多种智能化设备的特点与用途；
3. 熟悉多种智能化软件系统运作原理；
4. 了解人工智能未来发展面对的挑战与趋势。 |

能力目标	1. 能够根据实际作业场景，选择合适的物流软件系统； 2. 能够根据实际作业场景，选择合适的人工智能设备。
素质目标	1. 培养爱岗敬业、吃苦耐劳和团结协作等良好的职业道德； 2. 培养质量意识、安全意识、环保节约意识，树立社会责任心。

任务引领

在"618"和"双11"购物节，电商订单交易额都会成倍增长，需要在仓库站点完成配送的包裹数也倍增，这种倍增对于物流交互体系的压力毋庸置疑，随着人力成本的提升，依靠传统的人海战术已经越来越难以解决工作量倍增问题。京东等电商企业已经开始采用基于大数据的人工智能和自动化技术来解决人效问题。在京东"亚洲一号"系列仓库中，投入使用了大量的自动化立体仓库（AS/RS）、输送线、自动分拣机等物流自动化设备，全面改变了目前仓储的运行模式，极大提升了效率，降低了人力消耗。在这些人工智能和自动化设备背后，大数据支撑的算法是核心和灵魂。

小王是物流管理专业大一学生，今年参与了双11电商购物节发现从下单到收货仅用了一天时间，他听说这都得力于运用了 AGV 等人工智能设备，于是迫切想知道 AGV 小车的工作过程。

知识建构

一、人工智能的内涵

（一）人工智能的定义

人工智能（artificial intelligence，AI）亦称智械、机器智能，指由人制造出来的机器所表现出来的智能。通常人工智能是指通过普通计算机程序来呈现人类智能的技术，是研究、开发用于模拟、延伸和扩展人的智能的理论、方法、技术及应用系统的一门新的技术科学。人工智能是计算机科学的一个分支，它企图了解智能的实质，并生产出一种能以人类智能相似的方式做出反应的智能机器或系统。

通俗来讲，人工智能就是探索研究用各种机器人来模仿人类与其他人类思维相关联的认知功能，比如学习和解决问题，使人类的智能得以物化与延伸的一门学科。它借鉴了仿生学思想，用数学语言抽象描述，用以模仿生物体系和人类的智能机制。目前主要的方法有神经网络、进化计算和粒度计算三种。

（二）人工智能的发展历程

人工智能的发展历程可划分为以下六个阶段（图9-1）：

一是起步发展期：1956年到20世纪60年代初。人工智能概念提出后，相继取得了一批令人瞩目的研究成果，如机器定理证明、跳棋程序等，掀起人工智能发展的第一个高潮。

二是反思发展期：20世纪60年代到70年代初。人工智能发展初期的突破性进展大大提升了人们对人工智能的期望，人们开始尝试更具挑战性的任务，并提出了一些不切实际的研发目标。然而，接二连三的失败和预期目标的落空（例如，无法用机器证明两个连续函数之和还是连续函数、机器翻译闹出笑话等），使人工智能的发展走入低谷。

三是应用发展期：20 世纪 70 年代初到 80 年代中。20 世纪 70 年代出现的专家系统模拟人类专家的知识和经验解决特定领域的问题，实现了人工智能从理论研究走向实际应用、从一般推理策略探讨转向运用专门知识的重大突破。专家系统在医疗、化学、地质等领域取得成功，推动人工智能走入应用发展的新高潮。

四是低迷发展期：20 世纪 80 年代中到 90 年代中。随着人工智能的应用规模不断扩大，专家系统存在的应用领域狭窄、缺乏常识性知识、知识获取困难、推理方法单一、缺乏分布式功能、难以与现有数据库兼容等问题逐渐暴露出来。

五是稳步发展期：20 世纪 90 年代中到 2010 年。由于网络技术特别是互联网技术的发展，加速了人工智能的创新研究，促使人工智能技术进一步走向实用化。1997 年国际商业机器公司（简称 IBM）深蓝超级计算机战胜了国际象棋世界冠军卡斯帕罗夫，2008 年 IBM 提出"智慧地球"的概念，以上都是这一时期的标志性事件。

六是蓬勃发展期：2011 年至今。随着大数据、云计算、互联网、物联网等信息技术的发展，泛在感知数据和图形处理器等计算平台推动以深度神经网络为代表的人工智能技术飞速发展，大幅跨越了科学与应用之间的"技术鸿沟"，诸如图像分类、语音识别、知识问答、人机对弈、无人驾驶等人工智能技术实现了从"不能用、不好用"到"可以用"的技术突破，迎来爆发式增长的新高潮。

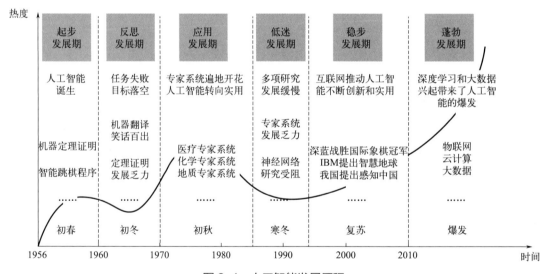

图 9-1　人工智能发展历程

二、智能化硬件设备

（一）无人驾驶集卡

实现卡车无人驾驶，需要依据实际应用场景研发传感器、硬件设施和软件系统等产品。目前，无人驾驶集卡的整体解决方案由自动驾驶、远程驾驶车管平台、车路协同、5G 通信、自动充电六大系统组成，车辆具备多种驾驶模式，可适应不同场景及特殊环境。虽然公路无人驾驶从技术实现到普及应用仍有一定距离，但该项技术发展潜力巨大，是助推智慧物流发展的可行路径。

无人驾驶集卡具备全程自动驾驶、精准停车、自动避障行驶、自主编队行驶、自适应弯道巡航等功能，并配备多重安全系统设计，以确保车辆安全、高效行驶。同时，无人驾驶集卡还具有部署快速、灵活通用等优势特点。实际应用中，无须破坏道路铺设磁钉，能够在不改变现有成熟的运输和通关模式基础上，仅将原牵引车辆更换为无人驾驶集卡，便可快速实现集装箱、散货等多种货物形式的智能化运输。图9-2为无人驾驶电动集卡。

图9-2　无人驾驶电动集卡

（二）无人驾驶配送车

无人驾驶配送车将自动驾驶技术应用在配送车上，能实现快递、零售、消防、公安等各种场景的无人物料配送，如图9-3所示。如智行者蜗必达无人配送车、京东物流的L4级自动驾驶无人配送车、阿里巴巴/菜鸟的无人配送车和配送平台。

无人驾驶配送车在安装摄像头、激光雷达、毫米波雷达的同时，还自主研发了相应的智能控制器。基于自主研发的技术架构，无人驾驶配送车集成了深度学习计算能力、强大的通用计算能力和适应复杂用户需求的接口定制能力，既方便根据用户需求快速接入相关硬件，也具有更高的信息安全水平。而基于时空

图9-3　无人驾驶配送车

对准的多源传感器深度融合感知技术，无人驾驶配送车可以不依赖于GNSS（卫星导航系统），便能实现室内外高精度定位的无缝切换。

（三）末端即时配送机器人

图9-4　末端即时配送机器人

智能配送机器人配送解决方案，系统性地满足了末端配送各环节需求，让无人配送成为可能。末端即时配送机器人通过使用激光和提前绘制的路线进行训练，不仅可以沿着预设路线移动，还可以识别路径中的障碍物，根据行人、车辆和其他不可预测的情况修改自身行动轨迹，如图9-4所示。通过引入SLAM技术以及环境感知技术，机器人则可以实现动态避障和路径轨迹规划，自动转向等功能，以满足不同物流配送场景。

（四）智能送货无人机

基于城市空间的动态发展和日益增长的陆路交通，物流运输急需缩短交货时间，同时适应各类客户的新需求。无人机用于末端配送可以解决多式联运、物流运输"最后一公里"的衔接问题，可以降低运输成本、提升物流效率。实际上，在一些特殊场景，如灾害发生、疫情防控、地形限制等，无人机配送具有更明显的优势。

智能送货无人机能够突破物流运输路线、自然地形的限制，实现直线运输，如图9-5所示。两点之间直线距离最近，无人机在空中运行路径近乎直线，运输距离

图9-5　智能送货无人机

短,几乎无视地形限制,没有传统快递物流的运输路线局限性。

(五) AGV 搬运机器人

AGV 是智能引导车(automated guided vehicle)的简称,是指装备有电磁或光学等自动导引装置,能够沿规定的导引路径行驶,具有安全保护以及各种移载功能的运输车。当前,随着人工智能技术的发展及应用,AGV 搬运机器人已经逐渐替代传统的手动搬运车,成为货物搬运中最为常用的一种工具和设备。

带电磁感应的 AGV 机器人通过电磁感应在地面对小车行驶进行引导,使其按照设置好的路线进行行驶,以完成货物的装卸和搬运工作,在小车行驶的路线上还会设置相应的电线,使在线路中通过的高频电流形成电磁场,从而对小车的行驶进行控制。而带激光装置的 AGV 机器人,是通过其装置中自带的激光扫描器,由工作人员在 AGV 运行途中进行激光定位标志设置后,利用激光装置进行光束发射,并对反射的激光光束进行接收,以实现小车行驶方向的有效控制,最终达到搬运和装卸货物的目的。

与传统的货物搬运车相比,智能化货物搬运 AGV 机器人不仅具有更为突出的操作便利性优势,而且能够通过智能手机控制,对机器人的货物搬运情况进行管理,有效节省了传统搬运车进行货物搬运过程中的人工辅助环节,并且其操作界面也更加简单,具有较好的美观性,在物流仓储与货物搬运中应用的优势十分突出,如图 9-6 所示。

图 9-6　AGV 搬运机器人

三、智能化软件系统

(一) 智能仓储管理软件的运用

智能仓储管理软件(WMS)是整个智能仓库的大脑和指挥官,它让仓储设备有序高效地进行着仓储存取、搬运工作,使用人工智能通过大数据分析所有在库货位的出入库数据,把出库频率高的放到临近出库口处,实现高效出库,在空闲时段智能地整理库区的货物;使用人工智能神经算法,让所有的输送变得有序高效,让货物在最短最优的路径中得到最高效的出入库,如图 9-7 所示。

(二) 视觉识别系统的运用

视觉识别是人工智能的重要组成部分,眼睛是人类感知世界的重要器官,而要让机器智能,必须给机器安装上眼睛。仓储视觉系统相当于机械手的眼睛,在搬运、拆垛、码垛工作中起到重要作用。混合码垛一直是仓储方面的重大难题,货物的品类、大小、重量不一,导致货物很难抓取,并且很难摆放。而使用视觉识别系统来获取来货的三维大小,经过算法分析,可获取最优码垛方式,再配合机械手进行抓取,根据视觉算法和排列算法获取最优摆放位置。同时,也可以使用视觉识别系统来分析托盘货物的一个码垛垛型,通过算法智能地进行拆垛工作。

(三) WCS(仓库控制系统)

WCS 是实现自动化设备动作管理的控制系统,负责 WMS 与自动化设备之间的信息转译与传递,控制设备按照设计的运行方式进行工作。需要特别注意的是,虽然 WMS 更加关

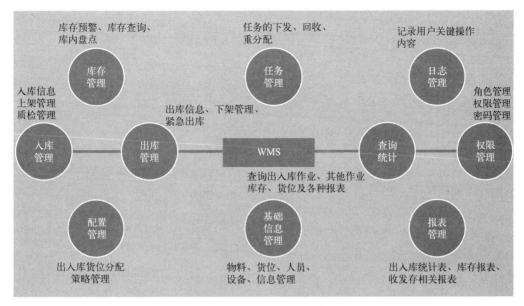

图 9-7 仓储管理软件

图 9-8 堆垛机或者穿梭车及其配套货架

江于仓储管理和订单履行，WCS 只负责设备动作控制，但是依旧有一些部分边界不是特别清楚。比如，当使用堆垛机或者穿梭车及其配套货架（图 9-8）作为存储设备时。

每次商品上架或者拣选与归位，周转容器（托盘或货框）的存取计算模块，既可以放置到 WMS 下面，又可以放置到 WCS 下面。如果放置在 WMS，只需要将明确的指令传递给 WCS，由 WCS 控制设备到相应的货位完成操作；而如果放置在 WCS，那么整个自动化存储设备对于 WMS 来说，就相当于一个黑箱子，WMS 只要通知 WCS 所要获取的周转容器编码即可，WCS 会控制设备完成周转容器的取出和存储，并将信息通知 WMS。通常，WCS 对设备的控制逻辑和优化算法，会直接影响设备更大产能的实现。

（四）路径优化系统

路径优化系统作为物流行业配送端的智能化产品，运用数据、场景、技术和算法对人、车、货进行合理调度，在实现路径优化的基础上来降低成本，从而实现整个行业的降本增效，并通过大数据等技术实现车货的高效匹配，减少空驶损耗，优化运输线路，提高配送效率，从而提升用户体验。

对客户而言，优化配送路线不仅可以带给客户更高效快速的收货体验，节约的运输成本也使消费者真正受益。

对企业来说，首先，可以减少配送时间和配送里程，提高配送效率，提高车辆利用率，降低配送成本；其次，可以加快物流速度，能准时、快速地把货物送到客户的手中，提高客户满意度；最后，使配送作业安排合理化，提高企业作业效率，有利于企业提高竞争力与效益。

对社会来说，它可以节省运输车辆，减少车辆空载率，降低了社会物流成本，对其他企业尤其是生产企业具有重要意义。与此同时，还能缓解交通紧张状况，减少噪声、尾气排放等运输污染，对民生和环境也有不容忽视的作用。

京东自主研发的智能路径优化系统是运用大数据、AI等智慧技术及算法技术打造的决策系统，将实际业务的多种参数融入算法技术当中，根据参数来匹配配送员的订单和用户的货物，实现最短的配送路径，满足客户的精准需求，这些具体参数及考虑因素包括：

（1）用户的消费习惯：如客户习惯当面签收，相比站点代收而言，可能会增加配送时间；或者客户购买有冷冻商品，需要优先配送；

（2）收货地址：如可根据客户收货地址的分布情况进行配送区域划分；或通过收货地址判断是否为写字楼，结合配送时间评估交付时间；

（3）配送员坐标：退货取货时按配送员实际距离取货点位置由近及远确定配送人员；配送人员实际位移和指定路径的符合情况等；

（4）配送员配送习惯：配送距离远近先后顺序、配送履约率、配送员平均骑速、小路优先、右拐优先等。

配送员通过手持一体机，根据订单类型和配送时效计算出可视化的配送地图，给出最佳配送建议和预估时间，指导人员完成配送。在当前多时效的配送场景下，京东利用智能优化路径规划系统，使京准达订单的配送员平均配送能力提高到过去的2倍，这意味着在现有配送员的情况下能够满足更多的客户配送需求。

未来这一智能优化路径还会采用增强学习和迁移学习等深度学习技术，随着算法求解速度的提升和数据库的增加，未来的路径规划结果会越来越精确，不同场景的用户需求，无论是农村，还是社区、写字楼密布的区域，都能满足，实现配送线路的智能化。

京东物流智能路径优化系统的上线，意味着物流行业的竞争正在加速，各类黑科技的硬件和全面提升配送效率的系统，相辅相成，成为未来物流行业升级的重要基础。

四、人工智能对物流行业的影响

（一）智能仓储管理

人工智能技术在仓储管理中的应用可以提高仓库的自动化程度和运作效率。通过使用机器学习算法和传感器技术，智能仓储系统可以实时监测货物的进出、储存位置和状态，并根据需求进行动态调整，人工智能技术还可以根据历史数据分析，提前预测和规划仓储需求，减少人力资源的浪费。智能仓储管理的应用不仅提高了物流企业的生产效率，还可以减少人为错误和损失，降低了运营成本。

（二）智能运输路线规划

人工智能技术在运输路线规划中的应用可以大幅提高物流配送的效率和准确性。利用人工智能技术的算法，可以分析海量的交通数据、天气信息以及实时路况，根据实际情况智能选择最佳的运输路径避开拥堵路段和交通事故，减少运输时间和成本。同时，智能运输路线规划还可以根据实时需求和仓储情况进行动态调整，提高运输配送的灵活性和准确性。

（三）智能物流预测

人工智能技术在物流预测中的应用可以提高运输物流的准确性和可预测性。通过对历史数据的分析和建模，人工智能可以预测未来的需求、交通状况以及供应链的变化，帮助物流企业做好准备和调整，利用人工智能技术的预测模型，物流企业可以更好地规划和配置资源，提前调配车辆和货物，降低运输成本和滞销风险，提高物流供应链的效率和竞争力。

（四）智能客户服务

人工智能技术在客户服务中的应用可以提高物流企业的服务质量和用户体验。利用自然语言处理技术和机器学习算法，人工智能可以变为智能客服机器人，为用户提供更加个性化和高效的服务。智能客服机器人可以根据用户需求，及时查询物流信息、解答问题，提供物流方案和建议，有效地降低了客服人员的工作负担，提高了客户满意度。

五、人工智能在物流行业的机遇与挑战

随着科技的不断发展和普及，人工智能（AI）逐渐渗透到各行各业。物流行业作为一个与人们日常生活息息相关的领域，也开始广泛应用人工智能技术。这种应用既带来了众多的机遇，又面临着一系列的挑战。

（一）机遇

1. 提高物流效率

人工智能可以通过大数据分析和机器学习，更加准确地预测货物运输的需求，合理安排运输路线和运力，减少运输耗时和成本。同时，人工智能还可以提高货物的分拣与仓储效率，减少人工错误和疏漏，提高仓储利用率。

2. 优化供应链管理

人工智能技术可以有效地协调供应链中的各个环节，通过自动化的方式进行供需匹配和物流调度，进一步降低供应链的成本和风险。此外，人工智能还能够实现供应链的可视化管理，使企业能够更好地监控和控制整个供应链的运行情况。

3. 提升客户体验

借助人工智能技术可以实现物流信息的实时跟踪并准确预测送达时间，从而提高用户的满意度和信任度。此外，人工智能还可以通过智能客服系统提供个性化的服务，为客户解答问题并提供解决方案，提升客户的体验和忠诚度。

（二）挑战

1. 技术难题

人工智能技术的应用需要具备强大的计算能力和存储能力，对硬件设备的要求较高。同时，人工智能的算法和模型还要不断地进行优化和训练，需要庞大的数据集和专业的人才支持。因此，人工智能的应用在物流行业也面临着技术难题和资源压力。

2. 隐私安全

物流行业涉及大量的个人和企业信息，包括货物运输信息、客户信息等。人工智能的应用必然会涉及数据的收集和处理，这就对数据的安全性和隐私性提出了更高的要求。如何保护个人和企业的隐私，防范数据泄漏和黑客攻击，是人工智能在物流行业应用中需要解决的重要问题。

3. 人才培养

人工智能在物流行业中的应用需要专业的技术人才来支持和推动。然而，目前人工智能领域的优秀人才仍然稀缺，需求与供给的不平衡也给物流企业的应用带来了一定的挑战。因此，如何培养和引进高水平的人工智能人才成为物流企业发展中的一个关键问题。

人工智能在物流行业的应用带来了诸多机遇和挑战。合理地应用人工智能技术，可以提高物流的效率、优化供应链管理，提升客户体验。然而，人工智能的应用也面临着技术难题、隐私安全和人才培养等挑战。只有克服这些挑战，完善人工智能技术的应用，才能真正实现物流行业的智能化发展，提升整个行业的竞争力和服务水平。

任务执行

步骤一：启动

启动 AGV 小车之前，必须确保其处于可用状态。首先，需要检查电量是否充足，以确保 AGV 小车能够正常工作。接下来，需要开启 AGV 小车自主控制系统，包括激活导航系统、通信设备等。

步骤二：任务接收

AGV 小车能够接收各种不同类型的任务指令，例如搬运货物、传递物料等。在任务接收阶段 AGV 小车会判断任务的类型，并获取任务所需的参数。这包括物料信息、起始位置、目标位置等。

步骤三：路径规划

为了能够高效地完成任务，AGV 小车需要进行路径规划，如图 9-9 所示。路径规划算法会考虑任务要求和环境信息，生成合适的行驶路径。这个过程涉及地图信息的获取，障碍物的检测和避让等。

步骤四：任务执行

在执行任务时，AGV 小车会根据路径规划方案进行行驶，如图 9-10 所示。在行驶过程中，AGV 小车会实时检测环境变化，如障碍物的出现。如果有需要，AGV 小车会进行避让操作。完成任务所需的搬运、传递等操作也会在此阶段完成。

步骤五：任务完成

当 AGV 小车到达目的地后，会执行相应的操作以完成物料搬运任务。这可能包括将物

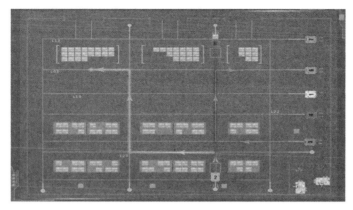

图 9-9　AGV 小车路径规划

图 9-10　AGV 小车作业中

料卸下、传递给其他设备等。一旦任务结束，AGV 小车将返回待命状态，等待新的任务。

总结起来，AGV 小车工作流程包括启动、任务接收、路径规划、任务执行和任务完成等多个步骤。每个步骤都有其重要性和必要性，只有在所有步骤都顺利完成的情况下，AGV 小车才能高效地完成各种物料搬运任务。

成效考量考核表

班级		姓名		学号		
任务名称		人工智能技术的应用				
评价项目	评价标准	分值/分	自评（30%）	互评（30%）	师评（40%）	合计
考勤	旷课、迟到、早退、请假	7				
职业素养	制订计划能力强，严谨认真	5				
	主动与他人合作	5				
	采取多样化手段解决问题	5				
	责任意识、服从意识	5				
学习过程	能够根据实际情况选择合适的智能化设备	15				
	能够根据实际情况选择合适的软件系统	15				
	能够利用人工智能技术提升物流搬运效率	20				

完成情况	按时提交任务活动	5				
	任务活动完成程度	5				
	任务活动的答案准确性	5				
	创新意识	8				
	得分	100				

任务二　物流大数据的应用

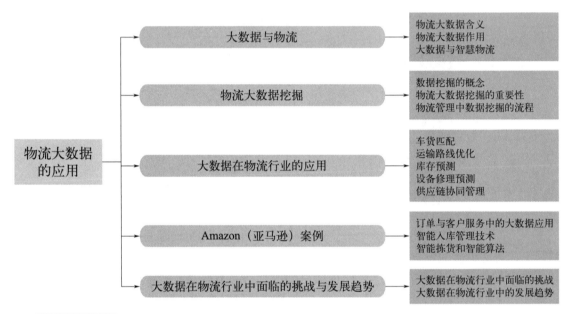

目标导向

通过本任务的学习，可以达成以下目标：

知识目标
1. 了解物流大数据的概念；
2. 掌握物流数据的数据挖掘步骤；
3. 了解大数据技术对物流行业的作用；
4. 了解大数据在物流行业面临的挑战与趋势。

能力目标
1. 能够使用现代信息技术和工具（例如 Excel 数据透视表）进行基础的物流数据分析；
2. 能够从海量物流数据中挖掘出有效信息，辅助物流管理优化。

素质目标
1. 培养数据分析能力；
2. 提升团队协作能力。

任务引领

随着科技的飞速发展和互联网的兴起，大数据分析已经成为各行各业的一种重要工具。

物流行业作为一个信息密集型行业，也在积极应用大数据分析来提升运营效率、降低成本，并满足客户的需求。

某物流公司是一家跨国物流服务供应商，致力于为全球客户提供高效可靠的物流解决方案。该公司每日处理大量的货物运输任务，涉及全球各地的货物仓储、运输和配送。作为这家公司的决策管理者，面对如此庞大的运营规模和复杂的供应链网络，应该如何利用大数据分析技术来实现运营优化和效率提升呢？

知识建构

随着信息技术的迅猛发展，大数据已经成为推动现代社会发展的重要力量。在物流行业中，大数据具有广阔的应用前景和巨大的潜力，为物流企业提供了更高效、更智能的运营和管理方式。

一、大数据与物流

（一）物流大数据含义

"大数据"的经典定义可以归纳为4个V：海量的数据规模（volume）、快速的数据流转和动态数据体系（velocity）、多样的数据类型（variety）和巨大的数据价值（value）。物流大数据，指的是物流运输过程中——运输、仓储、包装、装卸、流通等各个环节涉及的数据信息。通过物流大数据分析可以提高运输与配送效率，减少物流成本，有效满足客户降本增效的服务需求。

（二）物流大数据作用

物流大数据对于物流企业来讲具有以下三个方面的重要作用。

1. 提高物流的智能化水平

通过对物流数据的跟踪和分析，物流大数据可以根据情况为物流企业做出智能化的决策和建议。在物流决策中，大数据技术应用涉及竞争环境分析、物流供给与需求匹配、物流资源优化与配置等。在竞争环境分析中，为了达到利益的最大化，需要对竞争对手进行全面的分析，预测其行为和动向，从而了解在某个区域或是在某个特殊时期，应该选择的合作伙伴。在物流供给与需求匹配方面，需要分析特定时期、特定区域的物流供给与需求情况，从而进行合理的配送管理。在物流资源优化与配置方面，主要涉及运输资源、存储资源等。物流市场有很强的动态性和随机性，需要实时分析市场变化情况，从海量的数据中提取当前的物流需求信息，同时对已配置和将要配置的资源进行优化，从而实现对物流资源的合理利用。

2. 降低物流成本

由于交通运输、仓储设施、货物包装、流通加工和搬运等环节对信息的交互和共享要求比较高，因此可以利用大数据技术优化配送路线、合理选择物流中心地址、优化仓库储位，从而大大降低物流成本，提高物流效率。

3. 提高用户服务水平

随着网购人群的急剧膨胀，客户越来越重视物流服务的体验。通过对数据的挖掘和分析，以及合理地运用这些分析成果，物流企业可以为客户提供最好的服务，提供物流业务运作过程中商品配送的所有信息,进一步巩固和客户之间的关系,赢得客户的信赖,培养客户的黏性,避免客户流失。

(三)大数据与智慧物流

智慧物流就是以大数据处理技术为基础,利用软件系统把人和设备更好地结合起来,不断提升系统智能化水平,让人和设备能够发挥各自的优势,达到系统最佳的状态,并且不断进化。

在"互联网+"的大环境下,智慧物流成为业界的一致追求,智慧物流的基础就是大数据相关的技术。以大数据为基础的智慧物流,在效率、成本、用户体验等方面将具有极大的优势,也将从根本上改变目前物流运行的模式,"双11"就是典型的案例。

二、物流大数据挖掘

数据挖掘技术是实现物流信息挖掘、利用的重要前提和基本工具,在当前大数据环境下,比较先进和常用的数据挖掘技术有多种,例如决策树算法、神经网络算法、聚类分析法、时间序列分析、关联分析等。

(一)数据挖掘的概念

在互联网的背景之下,数据繁多,尤其是对于物流企业而言,做好数据挖掘工作至关重要。但是由于数据相对较多,而且相对多样化,同时数据信息变化也比较快,但是部分信息具有价值,而部分信息没有价值,这就需要进行数据挖掘作业。所谓数据挖掘是指从大量的、模糊的、随机的数据中来提取尽可能有价值的相关知识和信息。

(二)物流大数据挖掘的重要性

1. 能够满足企业的多样化需求

随着物流行业竞争日益加剧,只有借助数据挖掘这种先进的技术,应用大数据相关的平台对各种信息进行收集和整理,才能够真正地选取出有价值的信息,节省空间,能够使得企业更加科学合理地规划相关的物流项目,从而满足企业的多样化需求。

2. 能够解决当下物流行业发展中存在的问题

数据挖掘能够使数据库内的信息数据更加具有价值,尤其是能够及时地分析和诊断物流企业在推进各项业务时存在的问题和现状,从而为企业决策提供更加有价值的信息。

3. 能够全面提高企业的运行效益

借助数据挖掘技术能够对物流信息系统的各个模块进行分析和整理,为财务管理、运输管理、销售管理以及采购管理等相关的重要管理工作提供技术保障,提供相关的数字依据,从而满足物流企业的基本发展需求,实现更好更快发展。

(三)物流管理中数据挖掘的流程

1. 确定待挖掘的数据源

随着物流行业的不断壮大和发展,物流企业掌握的客户信息和业务数据越来越多,这些信息数据具有量大面广的特点,其中既有大量的冗杂信息,也有许多重要客户的核心信息,而物流企业需要挖掘和利用的正是这部分核心信息,这些信息与物流客户的消费行为决策息息相关,物流企业通过对这些信息的有效挖掘和分析,可以发现其中的关键性联系,并有针对性地调整和优化客户服务方案，进而在留住老客户的同时，为企业吸纳更多的新客户。当然，在实际操作中，要想从庞大的数据库中准确地定位目标数据，物流企业就需要利用先进的数据挖掘技术对信息数据进行关联分析。

2. 做好数据准备工作

数据准备是数据挖掘的重要前提，一般由数据的集成、选择、预处理三个环节构成。数据集成即从各操作性数据库、文件及遗留系统中提取有用数据，然后对数据进行集成处理；数据选择即在技术人员指导下，收集需要分析的目标数据，剔除其中的冗余信息，以提高数据品质，为后续高效开展数据挖掘工作奠定基础；预处理是数据挖掘之前的最后一道准备工序，也就是通过缩减、转化等方式对选定数据进行进一步的处理。以物流配送的路径选择为例，物流企业需要为每一辆配送车辆规划专门的客户路径，这就要求物流企业在综合考虑车辆利用程度、车辆运输能力、货物规格、运送成本、利润高低等多方面因素的基础上，围绕相关数据进行一系列的集成、选择及预处理操作，这样才能开展后续的数据挖掘工作，达到提高物流配送效率、降低货物运输成本的目的。

3. 选择合适的数据挖掘技术

在确定待挖掘数据源并做好数据准备工作的基础上，便可以根据要解决的具体问题来选择相应的数据挖掘技术，对数据进行迭代挖掘，从中发现隐藏的、新颖的模式。当然，数据挖掘需要先建立相应的数据挖掘模型，建模之后除需要深度挖掘的部分之外，其他部分一般是可以自动完成的。在构建数据挖掘模型时，最关键的工作就是确定学习算法和算法参数，也就是选取合适的挖掘工具及分析方法。例如，在选择和规划仓储位置时，可以采用关联分析法；在选择配送路径时，可以采用演化分析法；在市场调研方面，可以采用聚类分析法；在选择物流中心时，可以使用分类与预测工具。

4. 数据解释及评价

受各方面因素的限制，通过数据挖掘所得到的知识集并非全部都有意义，因此还应根据实际情况，对挖掘出来的信息进行科学地评价、筛选及检验，以确保最终提交给决策者的信息是经得起推敲的有效信息。数据解释及评价就是对数据挖掘得到的结果进行评价和分析，以确定其是否具有存入知识库的价值，一般通过人机交互及专家经验评判的方式完成该过程，具体的评价方法会因采用的数据挖掘技术而异。数据解释及评价是一个不断重复的过程，直到最终得出的数据令人满意为止。

三、大数据在物流行业的应用

针对物流行业的特性，大数据应用主要体现在车货匹配、运输路线优化、库存预测、设备修理预测、供应链协同管理等方面。

（一）车货匹配

通过对运力池进行大数据分析，公共运力的标准化需求和专业运力的个性化需求之间可以产生良好的匹配，同时，结合企业的信息系统也能全面整合与优化。通过对货主、司机和任务的精准画像，可实现智能化定价、为司机智能推荐任务和根据任务要求指派配送司机等。

从客户方面来讲，大数据应用会根据任务要求，如车型、配送公里数、配送预计时长、附加服务等自动计算运力价格并匹配最符合要求的司机，司机接到任务后会按照客户的要求进行高质量的服务。在司机方面，大数据应用可以根据司机的个人情况、服务质量、空闲时间为他自动匹配合适的任务，并进行智能化定价。基于大数据实现车货高效匹配，不仅能减少空驶带来的损耗，还能减少污染。

（二）运输路线优化

通过运用大数据，物流运输效率将得到大幅提高，大数据为物流企业间搭建起沟通的桥梁，物流车辆行车路径也将被最短化、最优化定制。

美国 UPS 公司使用大数据优化送货路线，配送人员不需要自己思考配送路径是否最优。UPS 采用大数据系统可实时分析 20 万种可能路线，3 秒找出最佳路径。

UPS 通过大数据分析，规定卡车不能左转，所以，UPS 的司机会宁愿绕个圈，也不往左转。根据往年的数据，因为执行尽量避免左转的政策，UPS 货车在行驶路程减少 2.04 亿的前提下，多送出了 350000 件包裹。

（三）库存预测

互联网技术和商业模式的改变带来了从生产者直接到顾客的供应渠道的改变。这样的改变，从时间和空间两个维度都为物流业创造新价值奠定了很好的基础。大数据技术可优化库存结构和降低库存存储成本。

运用大数据分析商品品类，系统会自动分解用来促销和用来引流的商品；同时，系统会自动根据以往的销售数据进行建模和分析，以此判断当前商品的安全库存，并及时给出预警，而不再是根据往年的销售情况来预测当前的库存状况。总之，使用大数据技术可以降低库存存货，从而提高资金利用率。

（四）设备修理预测

美国 UPS 公司从 2000 年就开始使用预测性分析来检测自己全美 60000 辆车的车队，这样就能及时地进行防御性的修理。如果车在路上抛锚，损失会非常大，因为那样就需要再派一辆车，会造成延误和再装载的负担，并消耗大量的人力、物力。

以前，UPS 每两三年就会对车辆的零件进行定时更换，但这种方法不太有效，因为有的零件并没有什么毛病就被换掉了。通过监测车辆的各个部位，UPS 如今只需要更换需要更换的零件，从而节省了好几百万美元。

（五）供应链协同管理

随着供应链变得越来越复杂，使用大数据技术可以迅速高效地发挥数据的最大价值，集成企业所有的计划和决策业务，包括需求预测、库存计划、资源配置、设备管理、渠道优化、生产作业计划、物料需求与采购计划等，这将彻底变革企业市场边界、业务组合、商业模式和运作模式等。

良好的供应商关系是消灭供应商与制造商间不信任成本的关键。双方库存与需求信息的交互，将降低由于缺货造成的生产损失。通过将资源数据、交易数据、供应商数据、质量数据等存储起来用于跟踪和分析供应链在执行过程中的效率、成本，能够控制产品质量；通过数学模型、优化和模拟技术综合平衡订单、产能、调度、库存和成本间的关系，找到优化解决方案，能够保证生产过程的有序与匀速，最终达到最佳的物料供应分解和生产订单的拆分。

在改革创新的时代，新技术的发展和应用既带来挑战，也带来机遇。随着以人工智能、大数据、5G为代表的前沿技术不断跨越瓶颈，数字化已成为当前推进国家治理体系和治理能力现代化的重要驱动力，成为促进政府管理和社会治理模式创新的新引擎，重要性不断凸显。

四、物流大数据运用案例——Amazon（亚马逊）

Amazon是全球商品品种最多的网上零售商，坚持走自建物流方向，其将集成物流与大数据紧紧相连，从而在营销方面实现了更大的价值。由于Amazon有完善、优化的物流系统作为保障，它才能将物流作为促销的手段，并有能力严格地控制物流成本和有效地进行物流过程的组织运作。

Amazon在业内率先使用了大数据、人工智能和云技术进行仓储物流的管理，创新地推出预测性调拨、跨区域配送、跨国境配送等服务。

（一）订单与客户服务中的大数据应用

Amazon开创了完整的端到端的5大类服务：浏览、购物、仓配、送货和客户服务等。

（1）浏览。Amazon基于大数据分析技术来精准分析客户的需求。通过系统记录的客户浏览历史，把顾客感兴趣的库存放在离他们最近的运营中心，方便客户下单。

（2）购物。不管客户在哪个角落，Amazon都可以帮助客户快速下单，也可以很快知道他们喜欢的商品。

（3）仓配。Amazon运营中心最快可以在30min之内完成整个订单的处理。大数据驱动的仓储订单运营非常高效，订单处理、快速拣选、快速包装、分拣等一切过程都由大数据驱动，且全程可视化。

（4）送货。Amazon的物流体系会根据客户的具体需求时间进行科学配载，调整配送计划，实现在用户定义的时间范围内精准送达。Amazon还可以根据大数据的预测，提前发货，赢得绝对的竞争力。

（5）客户服务。Amazon利用大数据驱动客户服务，创建了技术系统来识别和预测客户需求。根据用户的浏览记录、订单信息、来电问题，定制化地向用户推送不同的自助服务工具，大数据可以保证客户能随时随地电话联系到对应的客户服务团队。

（二）智能入库管理技术

在Amazon全球的运营中心，从入库这一时刻就开始使用大数据技术。

（1）入库。Amazon采用独特的采购入库监控策略，基于自己过去的经验和所有历史数据的收集，来了解什么样的品类容易坏，坏在哪里，然后给其进行预包装。这都是在收货环节提供的增值服务。

（2）商品测量。Amazon的Cubi Scan仪器会对新入库的中小体积商品进行长宽高和体积的测量，并根据这些商品信息优化入库。这给供应商提供了很大的方便，客户不需要自己测量新品，这样能够大大提升新品上线速度。Amazon数据库存储下这些数据，在全国范围内共享，这样其他库房就可以直接利用这些后台数据进行后续的优化、设计和区域规划。

(三)智能拣货和智能算法

Amazon 使用大数据分析实现了智能拣货,主要应用在以下几个方面。

1. 智能算法驱动物流作业,保障最优路径

Amazon 的大数据物流平台的数据算法会给每个人随机地优化他的拣货路径。系统会告诉员工应该去哪个货位拣货,并且可以确保全部拣选完之后的路径最少。通过这种智能的计算和智能的推荐,可以把传统作业模式的拣货行走路径减少至少 60%。

2. 图书仓的复杂的作业方法

图书仓采用的是加强版监控,会限制那些相似品使之尽量不要放在同一个货位。批量的图书的进货量很大,Amazon 通过对数据的分析发现,穿插摆放可以保证每个员工拣货的任务比较平均。

3. 畅销品的运营策略

Amazon 根据后台的大数据,可以知道哪些物品的需求量比较高,然后会把它们放在离发货区比较近的地方,有些是放在货架上的,有些是放在托盘位上的,这样可以减少员工的负重行走路程。

4. 智能随机存储

随机存储是 Amazon 运营的重要技术,但是随机存储不是随便存储,而是有一定的原则性的。随机存储要考虑畅销商品与非畅销商品,还要考虑先进先出的原则,同时随机存储还与最佳路径有重要关系。

随机上架是 Amazon 的运营中心的一大特色,实现的是见缝插针的最佳存储方式。看似杂乱,实则乱中有序。乱是指可以打破品类和品类之间的界限,把它们放在一起。有序是指库位的标签就是它的 GPS,这个货位里面所有的商品其实在系统里面都各就其位,非常精准地被记录在它所在的区域。

5. 智能分仓和智能调拨

Amazon 的智能分仓和智能调拨拥有独特的技术优势,Amazon 中国的 10 多个平行仓的调拨完全是在精准的供应链计划的驱动下进行的,它实现了智能分仓、就近备货和预测式调拨。

全国各个省市包括各大运营中心之间有干线的运输调配,以确保库存已经提前调拨到离客户最近的运营中心。整个智能化全国调拨运输网络很好地支持了平行仓的概念,全国范围内只要有货用户就可以下单购买,这是大数据体系支持全国运输调拨网络的充分表现。

6. 精准库存预测

Amazon 的智能仓储管理技术能够实现连续动态盘点,对库存预测的精准率可达 99.99%。在业务高峰期,Amazon 通过大数据分析可以做到对库存需求的精准预测,在配货规划、运力调配,以及末端配送等方面做好准备,从而平衡了订单运营能力,大大降低爆仓的风险。

7. 可视化订单作业,包裹追踪

Amazon 实现了全球可视化的供应链管理,在中国就能看到来自大洋彼岸的库存。Amazon 平台可以让国内消费者、合作商和 Amazon 的工作人员全程监控货物、包裹位置和

订单状态。从前端的预约到收货到内部存储管理、库存调拨、拣货、包装，再到配送发货，送到客户手中，整个过程环环相扣，每个流程都有数据的支持，并通过系统实现对其的可视化管理。

五、大数据在物流行业中面临的挑战与发展趋势

（一）大数据在物流行业中面临的挑战

1. 数据安全与隐私保护

在大数据应用过程中，物流企业需要处理海量的数据，同时也面临着数据泄漏和隐私泄漏的风险。因此，物流企业需要加强对数据的保护，采取相应的安全措施，确保数据的安全性和隐私性。

2. 数据质量与准确性

大数据应用的效果和价值很大程度上取决于数据的质量和准确性。物流企业需要确保数据的真实性和完整性，避免因为数据错误而导致的决策错误。

3. 技术和人才需求

大数据应用需要先进的技术和专业的人才支持。物流企业需要不断引进和培养相关领域的专业人才，提升技术实力，保持竞争力。

（二）大数据在物流行业中的发展趋势

1. 数据整合与共享

随着物流行业信息化水平的不断提高，物流企业之间的数据整合与共享将成为大趋势。通过共享数据，物流企业可以建立起更加精准和完整的供应链管理体系，提高整体的运营效益。

2. 人工智能与大数据的结合

人工智能技术在物流行业的应用也越来越广泛，结合大数据技术可以为物流企业提供更加智能化和自动化的解决方案。例如，基于大数据的预测模型可以为物流企业提供准确的货物追踪和预测，提高运输过程的可视化和可预测性。

3. 物联网与大数据的融合

随着物联网技术的不断发展，物流行业中的各个环节都将与物联网相连接，形成一张复杂的物联网网络。通过与大数据技术的融合，物流企业可以实现对整个物流过程的全方位、实时监控，为物流管理提供更强大的支持。

任务执行

步骤一：数据收集与整合

该物流公司开展了一次全面的数据收集与整合工作，通过连接各类物流相关系统和数据源，如订单管理系统、仓储管理系统、运输管理系统等，将这些分散的数据汇总到一个集中的数据仓库中。数据仓库对于大数据分析来说是至关重要的，它为后续的数据分析提供了一个全面的数据基础。

步骤二：数据清洗与处理

物流行业的数据非常庞杂和复杂，包括客户信息、运输信息、仓储信息、路线信息等。在进行大数据分析前，首先对数据进行清洗和处理。清洗数据主要涉及去除异常数据、补充缺失值、统一格式等以保证后续分析的准确性和一致性。

步骤三：运输路径优化

物流行业中运输路径是一个重要的优化方向。通过对历史运输数据的大数据分析，结合路况、天气等外部因素的影响，该物流公司可以找出最优的运输路径，以减少运输时间和成本，并提供更快速、可靠的物流服务。

步骤四：库存管理优化

库存管理对于物流公司来说是一项重要的任务，关系到成本和供应链的流畅性。大数据分析可以帮助物流公司准确预测需求，并根据需求进行库存规划和管理。通过分析历史订单数据、销售数据和市场趋势，物流公司能够合理分配库存，并避免过剩或缺货的情况。

步骤五：风险预警与故障排查

物流行业中存在各种风险和故障，如交通拥堵、装卸延误、设备故障等。通过大数据分析，该物流公司可以实时监测和预警潜在风险，以便及时采取相应措施。同时，利用历史数据分析，可以找出故障的根本原因，进行故障排查和预防。

通过上述大数据分析实践，该物流公司取得了显著的效果。运输路径优化降低了运输成本和时间，提高了服务质量；库存管理优化减少了库存费用和缺货情况；风险预警与故障排查使得公司能够更加稳定可靠地运营。这些实践充分证明了大数据分析在物流行业的巨大潜力和价值。

 成效考量

成效考量考核表

班级		姓名		学号		
任务名称			物流大数据的应用			
评价项目	评价标准	分值/分	自评（30%）	互评（30%）	师评（40%）	合计
考勤	旷课、迟到、早退、请假	7				
职业素养	制订计划能力强，严谨认真	5				
	主动与他人合作	5				
	采取多样化手段解决问题	5				
	责任意识、服从意识	5				
学习过程	能够掌握基础的数据处理方法	20				
	能够掌握大数据在物流行业中发挥的作用	15				
	能够通过海量物流数据挖掘出有效信息	15				
完成情况	按时提交任务活动	5				
	任务活动完成程度	5				
	任务活动的答案准确性	5				
	创新意识	8				
得分		100				

项目十

智慧仓储与配送实践

任务一 智慧云仓认知

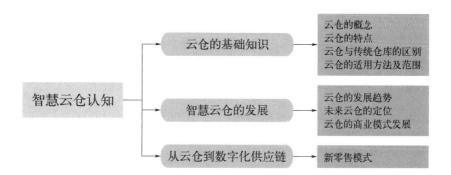

目标导向

通过本任务的学习，可以达成以下目标：

知识目标	1. 掌握云仓的基本概念； 2. 理解云仓的特点； 3. 掌握云仓的适用方法； 4. 掌握云仓与传统仓库的区别及模式。
能力目标	1. 能够对云仓有新的认知，同时对云仓的适用范围有自己的观点； 2. 能够掌握云仓的适用范围及优势。
素质目标	1. 培养开拓创新的能力； 2. 提升团队协作能力。

任务引领

小军是某仓储企业的一名新入职的实习员工。今天，经理给他布置了一个任务：电商行业竞争异常激烈，运营推广、售后服务、仓库管理等多个环节消耗了大量的资源。特别是在仓储管理方面，诸如活动期间的爆仓、发货时效低下、库内作业混乱以及差错率高等问题一直困扰着电商企业，这些都限制了它们的发展和经营规模的扩大。

经理要求小军依托"云仓配"这一新兴的服务模式，分析云仓的优势，探讨如何通过云仓服务提高电商企业的竞争力，并更好地服务客户。面对这样一个挑战，小军应该如何着手呢？

知识建构

云仓，即电商仓储，对于电商卖家来说，云仓储公司是他们最理想的合作伙伴。简而言之，云仓就是将仓储和配送相关的问题交给云仓储公司来管理，电商卖家只需专注于店铺的销售和运营，从而提升店铺的销售业绩。

云仓不仅仅解决了仓储和配送的问题，对于大多数中小型电商卖家来说，还有诸多好处。租赁仓库需要一笔不小的支出，且需投入大量精力进行运营和管理，这对电商卖家来说无疑是不小的负担。特别是在面对电商大促时，订单量骤增，常常使电商卖家应接不暇，发货速度和准确率无法得到保障，导致消费者差评率和退货率增加，给店铺带来巨大损失。云仓公司配备了专业的仓储人才和先进的仓储管理系统，两者相辅相成，为电商提供了专业化的仓储管理体系，保障了发货的准确性，有助于提高店铺的 DSR 评分。同时，云仓公司拥有丰富的应对大促活动的经验，仓库多毗邻快递分拨中心，无论是配送服务还是配送速度，都不会因大促活动而打折扣。在价格方面，由于云仓公司与快递公司有更紧密的合作关系，价格相对更优惠，部分电商店铺甚至能享受免仓租政策，大大降低了成本，进一步扩大了利润空间。

总的来说，云仓不仅解决了电商卖家的仓储和配送难题，还通过专业化管理和优势资源，大幅提升了店铺的运营效率和利润。

一、云仓的基础知识

（一）云仓的概念

云仓是一种现代化的仓储物流模式，它结合了云计算技术和现代管理方法，联通全国各大仓库管理系统后台端口，将所有仓库数据集合，分流、整合全国仓库的所有货源，即通过互联网技术实现了对仓储设施和物流过程的高度集成和智能化管理，最终目标是要整合社会资源，真正实现物流、商流、资金流、信息流合一。

广义上来说，云仓是一种基于大数据平台的仓库储存方式，通过大数据分析来优化货物的储存过程，并且将互联网与传统仓储行业相结合，形成一个高效的物流生态圈。

而狭义的云仓特指为电子商务卖家提供的仓储服务，即电商卖家将仓储和配送业务外包给专业的云仓服务提供商，以便专注于自身的销售和运营。

（二）云仓的特点

1. 专业化管理

采用先进的仓储管理系统（WMS），实现智能化管理，包括库存监控、订单处理、数据分析等，确保操作的高效性和准确性。

2. 灵活租赁

提供灵活的租赁模式，卖家可以根据业务需求调整仓储空间，按需付费，避免资源浪费。部分云仓公司提供免仓租政策，降低电商卖家的运营成本，增强竞争力。

3. 高效运营

云仓公司具备处理大规模订单的能力，特别是在电商大促期间，能够快速响应，确保发货速度和准确率。许多云仓仓库靠近快递分拨中心，缩短配送时间，提高物流效率，确保及时交付。

4. 成本优势

通过集约化管理和规模效应，云仓公司能够提供更具竞争力的仓储和配送服务，降低电商卖家的运营成本。与快递公司建立紧密合作关系，享受优惠的物流费率，进一步降低配送成本，为电商卖家节省费用。

5. 智能化管理

云仓管理系统能够生成详尽的数据分析和报告，帮助电商卖家优化库存管理、销售策略和运营效率。实现对库存的实时监控，电商卖家可以随时了解库存状态，及时进行补货或调整，避免缺货或积压。

6. 全面服务

云仓不仅提供仓储和物流服务，还提供订单处理、客户服务等一站式解决方案，全面支持电商业务运营。通过专业化和系统化的管理，云仓能够显著提升电商业务的运营效率，让卖家更专注于核心业务发展。

（三）云仓与传统仓库的区别

云仓的概念是利用云技术和现代管理方式，依托仓储设施实现在线交易、交割、融资、支付、结算等一体化的服务。云仓由专业公司管理，提供灵活租赁、专业服务和先进技术，能快速响应订单高峰，降低成本，并提供数据分析支持；而传统仓库由电商卖家自主管理，成本高，灵活性低，技术落后，应对高峰期能力差，且缺乏全面的服务和数据支持。云仓和传统仓储的主要区别有以下4点：

1. 仓储品类差异

传统仓储储存的货物品类是相对单一的，而云仓则不同，它集中了多品类的货物。以往接到订单后，需要到不同的仓库去分别取货，最后集中到一起，这样的结果是取货出库的时间即流通的时间比较长。而云仓则不同，它将货物集中在同一仓库的不同库位上，改变了以往仓储的方式。通过订单或自动或人工拣选，形成最终包裹。也是由于电商货物体积重量相对较轻，使得该方案可以实施。

2. 管理方式差异

传统仓与云仓最大的区别是管理方式和要求上的不同。传统仓主要的管控集中于库内的安全和库存的数量。而云仓的管理方式和要求则要比传统仓大很多。除了必须满足的库内安全和库存数量,云仓更讲求仓内作业的时效以及精细化的管理。如果云仓的作业流程中入库的速度变慢则会影响电商前端的销售速度;若出库的速度变慢则会影响到客户的整体体验。在网络购物环节,提交订单之后,系统会从距离客户最近的仓进行发货,拣货到待出库的时间基本在十分钟左右,而且每一步都会在后台给予显示,这个对消费者就是一个极佳的购物体验。速度快,而且准确率高。

3. 装备与技术层面的差异

除了管理要求精细化外,如何才能提高整体流程的效率呢?这就要应用到云仓的自动化的装备和信息化的软件。和传统仓储不同,云仓由于其发货的特点是多批次小批量,所以为了保证其整体的正确率,需要综合利用软件系统和硬件装备。软件方面,有 WMS 仓储管理系统以及 RFID 的条码信息化处理软件;硬件方面,有自动分拣机、巷道堆垛起重机等一系列自动化设备。这些都是传统仓库所不完全具备的,也是主要的差异所在。

4. 成本差异

云仓比传统仓储更能有效处理季节性生产普遍存在的产品淡、旺季储存问题,能够更加有效地利用设备与空间。许多企业将其自有仓库数量减少到有限几个,而将各地区的物流转包给云仓服务公司。通过这种自有仓储与云仓相结合的网络,企业在保持对集中仓储设施的直接控制的同时,利用云仓来降低直接人力成本,扩大市场的地理位置。而且云仓企业同时处理不同货主的大量商品,经过拼箱作业后可通过大规模运输大大降低运输成本。

(四)云仓的适用方法及范围

云仓作为现代电商物流管理的重要组成部分,适用方法和范围涵盖了多个关键方面。

首先,适用方法包括通过详细的业务需求分析来确定最佳的云仓布局和运作策略。这包括评估日均订单量、销售高峰期、产品种类和库存需求等因素。通过精确的需求分析,企业可以确保选择适当的仓储空间规模和物流服务水平,以支持其业务的稳健发展。

其次,云仓适用的范围涵盖了全国乃至全球的物流网络。企业可以选择将商品存储在就近的分仓中,以实现快速配送和降低物流成本。这种就近仓储的策略不仅能够缩短订单交付时间,还能提升客户体验,特别是在满足消费者对快速配送和及时服务的日益增长的需求时尤为重要。

另外,云仓还能通过提供智能化的仓储管理和物流技术来优化运营效率。先进的仓储管理系统(WMS)和物流自动化技术,如自动化拣货系统和智能包装设备,能够显著提升订单处理的速度和准确性。这些技术的应用不仅简化了仓储操作流程,还能有效降低人力成本,提高仓储空间利用率。

最后,云仓的适用范围还涉及应对市场变化和需求波动的灵活性。特别是在电商行业中,由于订单量的不确定性和促销活动的突发性,云仓能够通过灵活的仓储策略和及时的供应链调整,快速响应市场需求变化,确保库存的及时供应和高效的订单处理能力。

二、智慧云仓的发展

仓配一体化服务是一种全新的电商仓配模式,通过"一地入仓、全国分仓、就近配送",帮助电商企业以更快、更省、更好的方式服务客户。传统的仓储和快递方式已难以满足电商企业的客户需求,而新型电商仓配一体化服务的出现,将为电商经营者解决诸多困扰,成为提升电商核心竞争力的重要因素。智能化系统在多个电商平台（如客户官网、天猫、淘宝、京东、一号店、亚马逊、易贝、速卖通等）中发挥着重要作用。该系统能够自动配载线路、生成拣货单、管理货架位置，实现顺路线一次拣货和相同商品的一次拣货。同时，智能扫描分拣能够匹配订单，防止漏拣、多拣和错拣。依托系统，拣货、分拣的效率以及包裹作业和派送的准确率大大提高；入仓扫描智能分配上架位置，大幅节省人力，提高了存储空间的利用率。

云仓配的优势体现在：优势一，就近一地入仓、全国分仓。客户入"云仓"最近的分仓后，云仓的干线班车负责将货品按客户要求，运输到全国的指定分仓，并入仓、上架，客户将减少一地对多仓的多项费用。优势二，分仓服务、时效提升。本地发货本地，本地发货外地，距离有长短，产生时间快慢问题，云仓提前预置货品，分仓发货，优化了本地到外地的运输过程，提升时效、提升购物体验、降低货品破损率（删除了多余搬运环节）。优势三，仓配一体化体系的综合服务模式。仓配一体是将"仓库＋仓内人员作业＋落地配"综合在一起的一条龙第三方服务，借助强大的系统，来完成订单产生到客户收件的整体过程。

不可否认的是，人们现在的生活已经被"云"覆盖了，从每一笔订单的发货地址，到各种信息的处理方式，无处不体现着"云"的价值，但作为普通人的我们很难理解"云"技术到底是以怎样一种方式在影响和改变我们的生活。云仓是物流仓储的一种，但是不同于传统仓、电商仓，云仓中"云"的概念来源于云计算，所以云仓是利用云计算以及现代管理方式，依托仓储设施进行货物流通的全新物流仓储体系产品。未来云仓的趋势一定是最大限度上满足客户的需求。客户需求主要是两点：高效且准确。下单后直接出库，通过快物流系统以预约的时间送至消费者面前。想实现这一构想，需要大数据的支持和仓储智能化的发展。

（一）云仓的发展趋势

为适应电子商务市场的发展，传统仓储物流企业开始向电子商务物流转变，快递企业推出高效率、低成本的仓配一体化运营服务产品，而拥有自建仓储和配送团队的电商平台更是借助仓配一体化来保证客户体验。仓配一体化已经成为电商物流和第三方服务公司的新方向。因此各环节的企业也应该去思考如何将仓配一体化稳健地深耕，如何实现供应链的计划把控，以及如何做好自身的定位。越来越多的云仓将引入自动化设备，如自动分拣机、机器人搬运系统和自动化货架，提升仓储和配送的效率，降低人力成本；利用人工智能分析客户行为和需求，提供个性化的仓储和配送方案，提高客户满意度和忠诚度；云仓将加快全国乃至全球范围内的仓储网络布局，建立更多的分仓点，确保货物能够快速就近配送，提升物流时效；实施循环利用和可持续发展策略，推动废弃物的回收利用和资源的再生，提升企业的社会责任形象。

（二）未来云仓的定位

为满足不断变化的市场需求，并利用最新的技术进步来提供更高效、更智能的物流服务，未来的云仓将更加注重技术的应用和服务的创新，以满足日益增长的消费者期望和适应不断变化的市场条件，致力于构建一个高效、智能、可持续发展的物流生态系统。通过采用最新的技术手段和管理理念，云仓将成为连接生产商、零售商和消费者的高效桥梁，推动整个物流行业的进步和发展。

（1）智能化与自动化：未来的云仓将利用物联网（IoT）、大数据、人工智能和机器学习等先进技术,实现仓储作业的高度自动化,并采用智能拣选机器人、自动化输送线、无人机等技术提高作业效率和准确性,通过智能算法优化库存管理、预测需求,减少库存积压和缺货现象。

(2)高效与准确的服务:未来的云仓需要快速响应客户需求,实现订单的快速处理和出库,并提供准时配送服务,利用智能物流系统确保货物按时送达。

(3)多元化服务:未来的云仓可根据不同的客户需求,提供定制化的仓储解决方案,支持多种业务模式,并提供增值服务,如包装、贴标、退货处理等。

(4)灵活性与扩展性:通过多仓库网络布局,未来的云仓能够实现全国乃至全球范围内的快速配送,也可根据季节性变化和市场趋势灵活调整仓储容量和服务,还能提供弹性仓储空间,以适应不同规模的企业需求。

(5)可持续发展:云仓主张采用环保材料和节能设备,未来还将持续实施绿色物流策略,促进资源的有效利用。

(6)客户需求为中心:未来,云仓将重点关注客户需求的变化,不断调整服务以满足市场需要,也会更加强调用户体验,通过数据分析洞察消费者行为,以期提供优质的客户服务和支持。

(7)技术创新:未来的云仓还将持续探索新的技术应用,如利用区块链技术提高供应链透明度。利用虚拟现实(VR)和增强现实(AR)技术进行远程操作和培训,并采用5G通信技术提升物流网络的连通性和数据传输速度。

(8)产业协同:未来的云仓会加强与上下游企业的合作,构建紧密的供应链生态系统,并与其他物流服务商、电商平台、制造企业等形成战略联盟。

(三)云仓的商业模式发展

目前,物流的重要环节朝着信息化管理、自动化技术、智能化系统的方向发展。有关智能仓储的科学研究呈现爆发式提高,智能仓储已变成一个愈来愈受欢迎的话题。

2013年,"云仓"的概念刚刚被提及。到了2014年,各类云仓就已经相继推出并开始实施。各大电子商务公司竞相开始筹备,合理布局云仓基本建设,相继构建自身的物流运输管理体系,例如阿里巴巴、苏宁易购、京东商城等早已开始执行云仓储物流发展战略。单仓方式显而易见被抛弃,如今电子商务公司诸多,市场竞争非常激烈,可以做大的电商,其物流经营规模必定面向全国各地。

三、从云仓配到数字化供应链

在新的零售模式变革下,电商和传统渠道的模式在整合的过程中正在向前推进。再加上现在延伸出很多如直播电商、社区团购去中心化的电商平台,流量载体越来越碎片化,也需要新供应链服务驱动上游供应链变革。从未来趋势来看,云仓绝对不只是局限于目前的"仓配一体化",最终是要实现从"仓配物流执行"到"数字化供应链运营"的角色转变。云仓的核心在于数据,即物流链条相关方所有的数据上云并共享。厂商实现按需生产,卖家便于调整销售策略,物流企业可以优化仓储备货、中转运输。比如通过云端直接调取的销售数据得出最佳的生产方案,真正实现按需生产、合理生产,减少资源浪费,并进一步避免库存过剩以及资金周转不灵;商家也可以根据所有的客户需求来调整销售策略,达到利益的最大化。

分析认为，未来云仓布局会由原来的主要节点城市下沉至三、四线城市，进行市区前置仓布局。理论上讲，任何一个业态下的企业需要仓储，都可以根据订单需求实现最佳的仓储存储配置，并实现共享存储，从而保证物流服务体验。

总的来看，我国的零售端正在向C2B（消费者到企业）和全渠道转变，这样的趋势下对供应链管理提出了更高的要求，未来市场需要一个能打通整个供应链上下游，并能用大数据驱动贯穿始终的科技供应链企业，具备基于技术驱动的"仓干配"综合性物流企业正在展示出综合物流布局的实力。未来需要思考的是，怎么样能够在多级仓网之间进行协同，怎么样实现库存的共享和管理，怎么样从配送视角、库存视角更好连接整个仓网，提升供应链的服务能力，带给客户更好的交付体验。各项业务在科技能力的赋能下，已形成了较强的协同效应，客户黏性增强，综合物流服务商的优势更加凸显。

任务执行

小军，作为新晋的实习员工，需要深入分析云仓配服务的优势，并提出具体步骤，帮助电商企业解决仓储管理中的问题，提高竞争力，更好地服务客户。以下是详细的分析和建议：

步骤一：了解当前电商仓储的痛点

小军需要全面了解电商仓储的痛点和挑战。包括：
（1）活动爆仓：在促销活动期间，订单量激增，仓库难以应对，导致爆仓现象频发。
（2）发货时效低：由于订单量大、流程复杂，发货速度慢，影响客户满意度。
（3）库内作业混乱：仓库内部管理混乱，货品摆放不合理，影响拣货效率。
（4）差错率高：拣货、包装和发货过程中差错率高，导致客户收到错误商品，退换货增加。

步骤二：分析云仓配服务的优势

小军需要分析云仓配服务的主要优势：
（1）仓配一体化：云仓配服务将仓储与配送无缝结合，实现"一地入仓、全国分仓、就近配送"的模式。这样不仅可以缩短配送时间，还能减少多仓调拨的费用和时间成本。
（2）智能化管理：通过先进的仓储管理系统（WMS）和订单管理系统（OMS），实现订单处理、库存管理、拣货和包装的自动化和智能化，减少人工干预，提高效率和准确性。
（3）灵活应对大促：云仓具备应对大促活动的丰富经验，可以提前备货，并通过合理调配资源，应对订单高峰，避免爆仓现象。
（4）降低成本：云仓服务提供商与物流快递企业有紧密合作关系，可以享受更优惠的物流价格，甚至免除部分仓租费用，大幅降低运营成本。
（5）高效退换货管理：优化退换货流程，提高退换货处理效率，减少客户等待时间，提高客户满意度。

步骤三：制订实施方案

基于云仓配服务的优势，小军可以制订具体的实施方案：
（1）选择合适的云仓服务提供商：评估并选择具备全国或区域覆盖能力、先进管理系统和良好信誉的云仓服务提供商。确保其能够提供高效、稳定的仓储和配送服务。
（2）系统对接与数据同步：确保电商平台与云仓系统的无缝对接，实现订单、库存、物流信息的实时同步。通过技术团队的支持,确保系统兼容性和数据的准确性。

(3)优化库存管理:利用云仓的智能管理系统,优化库存管理流程。包括入库检查、条码扫描、上架管理等,确保库存的准确性和可用性。同时,结合销售数据和市场预测,合理备货,减少库存积压和缺货现象。

(4)提升拣货和包装效率:引入自动化拣货系统和智能包装设备,提高拣货和包装的效率和准确性。通过智能化设备和系统,减少人工操作中的错误,提高订单处理速度。

(5)就近配送和快速发货:根据订单分布和客户位置,将商品提前预置在各分仓,实现就近配送,缩短配送时间。与多家快递公司合作,选择最优配送方案,确保快速发货。

(6)灵活应对大促活动:在大促活动前,根据销售预测提前备货,确保库存充足。大促期间,增加仓储和配送人员,加强资源调配,确保订单高效处理,避免爆仓现象。

(7)优化退换货流程:建立高效的退换货管理体系,确保退换货流程简便快捷,减少客户等待时间,提高客户满意度。

步骤四:持续监控和优化

小军需要建立持续监控和优化机制:

(1)数据分析:通过数据分析工具,监控销售、库存、订单处理等各项关键指标,及时发现问题并调整策略。

(2)绩效评估:定期评估仓储和配送绩效,发现并解决瓶颈问题,持续提升运营效率。

(3)客户反馈:收集客户反馈,了解客户需求和满意度,不断优化仓储和配送服务,提高客户体验。

(4)培训和改进:对仓储和配送人员进行定期培训,增强其操作技能和服务意识,确保服务质量的持续提升。

成效考量

成效考量考核表

班级		姓名		学号		
任务名称		智慧云仓认知				
评价项目	评价标准	分值/分	自评(30%)	互评(30%)	师评(40%)	合计
考勤	旷课、迟到、早退、请假	7				
职业素养	制订计划能力强,严谨认真	5				
	主动与他人合作	5				
	采取多样化手段解决问题	5				
	责任意识、服从意识	5				
学习过程	能够了解云仓的基本概念	10				
	能够了解云仓的各项特点	10				
	能够掌握云仓的适用方法	10				
	能够掌握云仓与传统仓库的区别及模式	10				
	能够对云仓有新的认知,同时对于云仓的适用有自己的观点	10				

完成情况	按时提交任务活动	5				
	任务活动完成程度	5				
	任务活动的答案准确性	5				
	创新意识	8				
	得分	100				

任务二 电商配送管理

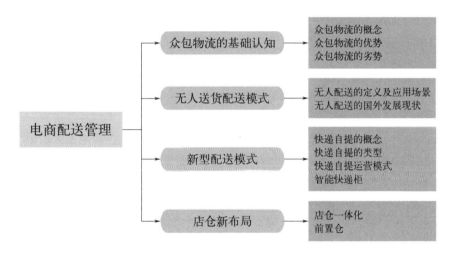

目标导向

通过本任务的学习，可以达成以下目标：

知识目标
1. 了解众包物流的概念及优劣势分析；
2. 理解无人配送的定义及应用场景；
3. 掌握无人配送的国内外发展现状；
4. 理解店仓一体化的设计核心及概念。

能力目标
1. 能够结合资料分析前置仓的功能优势；
2. 能够参考京东众包，理解众包物流的运营内容；
3. 能够积极思考探索电商配送未来的发展趋势。

素质目标
1. 培养对配送创新模式的探索能力，培养不断创新的意识；
2. 借助科技发展思考提升配送管理效率的方法，努力成为专业实践能力强的高级专门人才。

任务引领

中国的电子商务发展迅速，催生了物流配送的迅猛发展，据国家邮政局发布的统计公报，2023年全国快递业务量完成1320.7亿件，同比增长19.4%，日均业务量达到3.6亿件。

不断增长的业务量和订单量将给末端带来极大的配送压力。但目前来说，配送人员工作量大（平均工作效率为100单/日/人）、工作时间长（每月平均27天，每天平均11个小时），可见，单纯依靠人工进行货物配送，已经无法完全解决当下物流配送"最后一公里"所面临的问题。因此多家大平台和众多的初创公司开始探索如何使用无人车、无人机、配送机器人来提升"末端配送"的效率。

麦肯锡预测，未来10年，80%的包裹交付都将自动进行配送。现如今，中国的物流仍然在持续进化，自动驾驶、仓储机器人、无人机送货正在快速发展，世界物流环境正迅速发生转变。请举例说明无人送货的具体形态，并详细描述包裹送达用户手中的具体流程。

知识建构

一、众包物流的基础认知

（一）众包物流的概念

众包一词最早来源于美国，美国人将此定义为：一个公司或机构把由员工执行的事务，以自愿的方式外包给非特定的公众网络的做法。众包物流就是基于互联网平台将应该分配给专职配送员的配送工作转包给企业之外的非专业群体来做。

在我国，较早引进众包物流这一理念并用于运营的公司就是如今大家所熟知的人人快递。谢勤作为"吃螃蟹的第一人"，于2011年5月就成立了以P2P众包模式为主要运营模式的人人快递，通过整合社会闲散人力资源，开展"最后一公里"配送等一系列服务，实现产品点对点直达全城。

众包物流作为一种新兴的第三方配送模式，其主要流程是由各类O2O商户发单、兼职配送员抢单后，将货物送到消费者手中的配送形式，能够有效提升外卖等企业的配送能力和服务水平。正如市面上比较盛行的人人快递、京东到家、达达，以及一些类似于美团外卖的电商平台等，皆采用众包物流的配送模式。众包物流的本质其实就是"互联网+物流"，在这种模式下，人们只需在智能手机上完成注册、接单、配送，即可按完成订单数量获得酬劳。

（二）众包物流的优势

1. 人力资源配置最优化

众包模式合理利用了社会的闲散劳动力，优化社会可利用资源。以京东众包为例，作为创新型的社会化物流体系，将原应分配给专职快递员的配送工作，经由互联网平台转包给兼职人员来做，最大限度地利用了社会闲置的人力资源，实现资源配置最优化。

2. 物流成本最小化

传统物流配送模式的成本较为固定，且支付给物流人员的费用较高，而众包模式则可通过对物流配送人员的需求预测，适时调整配送人员数量，达到降低物流成本的目的。成立于2015年的UU跑腿，融合了"互联网+跑腿"的特点，正是采用社会化的众包模式，打通了需求者与闲散者之间信息沟通的障碍，在为城市内个人与商户提供更高效的物流及跑腿服务的同时，也一定程度降低了物流成本。

3. 社会效益最大化

众包物流模式最大限度地整合了社会可利用资源，并应用于电商平台"最后一公里"的整个物流体系。它为失业者创造了大量就业机会，一定程度上维护了社会稳定。同时，也改变了人们的生活方式以及物流企业的运营模式，对我国物流市场的发展创新具有重要的实践意义。

（三）众包物流的劣势

1. 服务质量问题

虽然一些大型众包物流企业在制订规章时都有相应的规范、体系，但由于配送人员多为兼职，准入门槛较低，且缺乏系统化、专业化培训，因而在配送过程中，时常会出现因操作失误或保管不当而导致货物的损坏，因接单后未能及时配送等违反约定的情况也时有发生。

2. 技术水平问题

众包物流对技术的要求相对较高，若想更好地完成订单和定价的动态结合，必定会驱使企业在软件系统和硬件设施等方面做出更优质的提升。

3. 法律与安全机制不够完善

各大众包平台的兴起，使得众包物流行业竞争加剧，不法分子可能会利用此行业的法律与安全机制尚不健全这一漏洞，扰乱行业及市场秩序，从而达到非法目的。

二、无人送货配送模式

（一）无人配送的定义及应用场景

无人配送是指在物品配送过程中，没有或仅有少量人工参与，通过机器替代人工或以人机协作的方式进行物品配送。这种配送方式不仅能够有效降低末端配送成本、提高配送效率，还能减少二氧化碳排放，满足客户日益提高的配送要求，提高顾客满意度，并顺应末端配送电动化、无人化的发展方向。无人配送主要应用于以下几个领域：

1. 快递领域

（1）无人机在快递公司的应用逐渐增加，例如顺丰、京东等快递公司在逐步增加并完善无人机配送点；

（2）外卖平台如饿了么、美团也在进行无人机配送试点。

2. 医学领域

无人机用于配送生物样本、血液、检验样本、病理切片、紧急药物、手术物资及其他医疗物资。例如，杭州开通了无人机配送服务，并完成了与浙江大学医学院附属第二医院的首次配送。

3. 商超领域

无人配送车已接入达达无人配送开放平台，并服务于山姆会员商店、七鲜超市、永辉超市，在真实场景中实现常态化应用。

4. 餐饮领域

无人配送技术能满足餐饮业的配送需求，例如使用无人驾驶汽车、无人机和地面机器人等多种类型的载体进行食物配送。

5. 特定场景应用

无人配送可根据应用场景的距离范围分为三类：

（1）10～100m：适用于酒店、写字楼、商场等室内环境，这些场所人员流动大、环境多变，对机器人的性能要求较高；

（2）100～1000m：适用于社区、园区等场景，这些场景通常是户外但较为封闭的空间，相比室内环境，光线强度变化较大，环境复杂度更高、路况也更复杂；

（3）1000m 以上：适用于城市间、城际间的长距离配送，比如使用无人机进行偏远地区或特殊环境下的配送。

（二）无人配送的国外发展现状

随着人工智能、5G、物联网和大数据技术的不断发展，越来越多的企业瞄准了无人配送这一领域。亚马逊作为这一领域的先行者，早在 2013 年就提出了无人机送货计划，并在 3 年后使用快递无人机 Prime Air 成功完成了首单配送。与此同时，美国初创公司 Workhorse 也推出了 Horse Fly 送货无人机，在无人机送货领域取得了显著进展。成立于 2014 年的美国无人配送车创业公司 Starship Technologies，其研发的 Starship 机器人配备了 9 个摄像头和完整的避障系统，能够完全自主执行配送任务，该机器人能够以 6.4km/h 的速度行驶，每次可运送约 20 磅（约 9kg）的物品。此外，美国硅谷的初创公司 Nuro 近年来也推出了全自动无人配送车 R-1，这款配送车不仅适用于低速园区或人行道，还能在大多数城市的道路上行驶。另一家美国机器人创业公司 Marble 与 Yelp 合作，推出了机器人配送外卖服务，用户通过 YelpEat24 下单后，便可以选择由机器人送餐上门。其他类似的无人配送车还包括美国 Robby Technologies 公司的 Robby 机器人和日本机器人开发创业公司 ZMP 发布的 CarriRo Deli。

在国内，京东、菜鸟、苏宁、顺丰、美团等本身自带物流配送业务的巨头公司纷纷通过自研＋合作的方式入局无人配送领域。一方面，其开发的产品已经成型，并在各应用场景进行测试运营。另一方面，建立合作，构建平台，将其本身业务优势结合无人配送技术，和初创公司共同打造高效、便捷、优质的无人配送物流体系。

虽然国内无人配送技术的起步略晚于国外，但拥有显著的场景优势。首先，国内物流业务的需求规模巨大，远超其他国家。其次，由于人口密度较高，使得每单配送的距离相对较短，这降低了对无人配送设备可持续工作能力的要求，使其更容易满足当前技术水平的需求，便于快速落地实施。最后，在移动互联网技术的推动下，公众对新兴技术的接受度不断提高，这也为无人配送产品的广泛应用创造了更多的可能性。

三、新型配送模式

（一）快递自提的概念

快递自提是一种基于电子商务发展而兴起的新型业务模式，它结合了线下物流、快递和仓储服务，旨在为用户提供一种便捷的快递包裹收发方式。这种模式下，消费者可以选择在指定的自提点自行领取包裹，而不是等待快递员送货上门。其中，快递自提点通常是由电子商务公司或者物流公司在线下设立的，为客户提供一个安全、方便的地点来自行提取包裹。

（二）快递自提的类型

目前常见的快递自提有三种类型：

第一种是依托商业实体的营业场所建立的包裹自提点。例如，与便利店、加油站、临街商铺、地铁合作建立的自提点。例如，苏宁易购和 HM 门店都支持线上下单，线下门店取货，既是服务点又是自提点，综合发挥线上线下优势；另外，京东商城和 WOWO 便利店开展合作，提供了包裹自提服务，并且都获得了消费者的喜欢。

第二种是物流公司或者电商企业独立建立与运营的专门的自提点。在国内，这种自提点最早起源于邮政物流依托原有的邮政营业厅开展的自提服务，这些邮政营业厅地段较好、干净、整洁、服务质量好，给人以规范专业的服务印象。国内的物流企业和电商企业也开始打造这样的自提点来提升自身形象。这类自提点往往位置环境好，装修规格大体一致，标识醒目更易识别，设有专人规范操作和管理。而且这类物流或电商企业设立与运营的专门的自提点使消费者退货方便快捷，获得了消费者极大的肯定。

第三种是在公共区域（如地铁站、小区、写字楼等）安置智能自提柜存放包裹。物品被送到自提柜之后，短信自动提醒消费者物品已送达。短信中包括取货订单号、提货码和二维码，取货时只需要输入订单号与提货码或者直接扫描二维码，完成身份验证，即可提取，但如果未付款则需按提示完成支付后便可打开柜子提取包裹。

（三）快递自提运营模式

快递自提点从运营模式上来看，前两种自提点都有人看管包裹，甚至有专人规范操作管理，所以称为有人值守式；第三种与前两种相反，故称为无人值守式。这三种快递自提点具体操作存在一定的差异，因此他们的特点也不尽相同。下面分析三种快递自提点模式的优缺点。

模式一：快递公司与便利店、超市等实体的营业场所合作建立的自提点。快递公司和商家进行合作对自提点进行建设，该建设成本通常由快递公司承担。另外，商家在看管快递包裹的同时还要经营自己的生意，快递包裹丢失或被错拿也是常发生的事，因此会导致消费者的不满。但是在合作的过程中，快递公司客户自提货物也会给商家带来额外的收入。操作流程也简单，找到自己的包裹，核对信息签字取走。而且消费者的快递包裹往往会被送往距离消费者最近的自提点，由消费者自己选择合适的时间去取包裹，因此配送效率也得到了一定的提高。

模式二：快递企业或者电商企业独自建立并且运营的专门自提点。需要专业化的物流管理人才，而且建设成本高，需投入的资金大，风险较高，这类型的自提点相对比较适合业务量大，资金雄厚的电子商务企业。但是，专门的自提点对物流的规范性强，人员操作规范，服务质量也高，信息反馈及时。最重要的是让消费者的退货变得方便快捷，深受大家的欢迎。

模式三：智能自提柜模式。智能自提柜的前期投入较大，适用范围较小，难以满足业务量大的地区，对老人们来说操作有困难。但是从长远来看成本较低，它能 24h 便民自提，方便安全，绿色环保，并且能很好地保护消费者的隐私。

（四）智能快递柜

1. 智能快递柜的概念

智能快递柜，如图 10-1 所示，是一种联网的储物系统，该产品由储物终端与平台管理系统组成，具备智能存件、智能取件、远程监控、信息管理、信息发布等功能，能将快递公司、收件方、管理方等相关各方无缝对接，实现集中存取、指定地点存取、24h存取、信息发布等功能，存取全程监控，有效防止纠纷，快件信息得到保护，存取快件更安全、便捷。

2. 智能快递柜的发展

随着生活节奏的加快，人们愈发看重快递的时效性。智能快递柜具备全天24h自助取件功能，快递员和消费者都可以更自由地选择配送、收货时间，提升了快递投递服

图10-1 智能快递柜

务效率，确保了快件的时效性；另外，智能快递柜将快件进行规范存放，寄件人不需要与快递员面对面的接触，也可以起到保护消费者隐私、人身安全的作用。

智能快递柜在我国的发展是从2010年中国邮政设立的第一台智能包裹投递终端后开始的，之后智能快递柜行业进入公众视野。2012—2015年间，大量企业随着资本的热捧入局，行业站上风口并最终形成了快递系、电商系和第三方企业三大阵营，如图10-2所示。快递系以中邮速递易、丰巢为代表，旨在加强末端配送控制力，打造快递产业链；电商系以京东、苏宁为代表，希望通过加强末端配送多样性，提高客户体验，增强客户黏性；第三方企业如江苏云柜、日日顺、上海富友等，该类企业希望能够占领市场，获取超额利润。从国家宏观政策方面来看，自2013年10月起，国家邮政局就发布了《关于提升快递末端投递服务水平的指导意见》鼓励企业积极去探索和推广智能投递。2020年2月6日国家邮政局新闻发布会指出，要积极推广定点收寄、定点投递、预约投递、智能快递箱等模式。

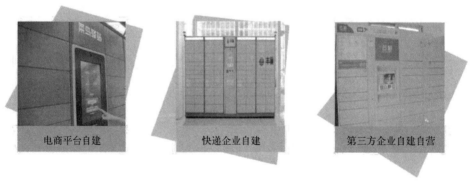

图10-2 智能快递柜运营模式

3. 智能快递柜运营模式

（1）电商平台自建。电商企业为了实现线上线下的对接，进一步完善用户体验，建立自己的自提柜。以京东自提柜为代表的智能快递柜采取免费使用的方式为用户提供自提服务，旨在提升电商企业自有物流的服务质量，从而增加客户黏性，提高市场占有率。但由于智能快递柜投入巨大，不是所有企业都有实力自建智能快递柜。

（2）快递企业自建智能快递柜。快递企业建立自己的智能快递柜，是为了强化自身快递末端服务水平，提高快递员工作效率，同时提升客户的服务体验。其中最具代表性的就是由多家快递公司共同组建的丰巢。对于快递企业来说，智能快递柜可以节省人力成本，提高投递效率，所以，快递企业建设智能快递柜旨在降低运营成本。

（3）第三方企业自建自营智能快递柜。第三方企业主要依靠自己丰富的软件开发经验和成熟的科研团队建立智能快递柜，作为快递公司与用户之间的中介，收取一定的租用费用。如云柜、近邻宝等。其通过销售、租赁设备以及出租货柜等获得收益。其实，前两类快递柜在运营过程中，除了满足自身快递业务需求外，多出来的箱体，也对其他快递企业开放，兼具第三方职能。

四、店仓新布局

（一）店仓一体化

1. 设计核心

店仓一体化是将实体店设计成"实体店和仓库"合二为一的店铺模式。这样的实体店既具备销售功能，也能承担仓储功能。设计之初，这类实体店便采用仓储式货架和库存管理设计，确保商品的货位和库存实时回传调度。在线下，实体店如同传统门店运营，具备完整的销售功能；在线上，则作为标准的仓储进行作业。这一模式使人员和场地得到了复用，大幅提升了效率。同时，传统仓库的入仓、出仓、装卸等环节被省去，减少了货品损耗。通过整合各项资源，公司整体运营成本显著降低，利润得以增加。此外，线上线下的融合使得线下实体店的营收基本能够覆盖所有日常运营成本，而线上部分则成为额外的利润来源。

如今的物流配送正向"点对点、分钟级"快速发展，店仓一体化成为新零售竞争中的关键因素。通过这一模式，企业能够更高效地管理库存和配送，快速响应市场需求，提高客户满意度，进而在激烈的市场竞争中占据优势。

2. 盒马鲜生的"店仓合一"探索

2016年1月，阿里巴巴的自营生鲜类商超盒马鲜生在上海金桥广场开设了第一家门店，面积达4500m^2，成绩斐然，年坪效高达5万元，是传统超市的3～5倍。2018年9月，盒马鲜生首度披露运营盈利数据，运营1.5年以上的盒马鲜生门店，单店坪效超过5万元，单店日均销售额达80万元，远远超过传统超市。

盒马鲜生是如何做到高效运转、业绩斐然的？其实就是实施"仓店一体化"的新零售运营模式，仓即是店，店即是仓，全面颠覆传统电商。常规电商用全国仓或远仓做配送，而盒马选用高大上的近地门店做仓，做到店仓一体化。

（1）门店货架即为线上虚拟货架，让顾客对购物环境、商品品类和品质、服务质量有更真切的感受，增强客户的信任感，线下门店所带来的极佳消费体验也能将用户引导至线上平台，保证了较高的用户留存率。

（2）建立线上生鲜商品最近的冷藏配送基地，让每个线下门店都变成一个个小仓库，成为线上消费的前置仓，实现商品从门店极速配送，做到"从－18℃到60℃的全温层配送，让冻品到手不会化，外卖到家还冒着热气"。

（3）盒马鲜生定位为以大数据支撑的线上线下融合的新零售模式，在卖场顶部设置了传送带，线上订单通过自动传送带传至配送仓，做合并订单、打包工作，确保10min之内完成拣货装箱，然后交给配送员统一送出，做到门店附近3km范围内可实现最快30min送达。据悉，消费者在盒马门店内看到的任一生鲜产品都可在线上APP找到同款，并下单邮寄到家，实现消费者"所见即所得"的愿望。

（4）到盒马体验店的消费者会被指导安装盒马APP，引导线下消费者线上下单，实现线下体验线上下单的闭环消费模式。为了扫清线上、线下对接的阻碍，盒马鲜生还通过电子标签等手段将线上、线下销售的产品统一管理，包括所有商品的变价、促销、积分和库存等信息，在适应全渠道销售的同时，形成了线上线下消费的完整闭环。

（二）前置仓

1. 前置仓的定义

前置仓是一种仓配模式，也被称为微仓、卫星仓、云仓。前置仓相较于传统末端仓库，在距离上离消费者更近，在规模上更小。它的实质是一个中小型仓库配送中心，它允许中央仓库的总部只供应"最后一公里"。

在国外与前置仓模式相似的是"迷你仓"模式，即B2C或小B的商业模式，由专业物流公司提供代保管、代运营、租赁等服务。在国内前置仓模式的品类以生鲜为主，前期主要由每日优鲜等生鲜电商试用，目前京东生鲜、云集电商，以及如朴朴超市、叮咚买菜等都是这一模式的实践者。

通过对目前前置仓模式的企业的前置仓面积、数量、分布情况、SKU，以及配送效率、配送时间的总结，可以发现一些共性：前置仓涉及品类以生鲜为主，面积大约在100～300m^2，SKU数量在1500上下，覆盖1.5～3km范围，1～2h送达，末端一般为自营配送。

从前置仓的商业表现形式来看，前置仓的运营模式可总结为两种，一种是"仓配＋门店"的形式，即企业通过自建或者与便利店、夫妻店合作的模式，既可以利用门店进行线下售卖和体验，又可将其当作仓库，由于距离客户近能及时向客户配货，如苏宁小店；另一种是"仓配"形式，即自建或租赁仓库作为自己的前置仓，仅有仓配功能，无线下售卖和体验功能，典型的企业如每日优鲜。

2. 前置仓的特点

（1）距离客户近

前置仓一般位于社区、学校、商务区内，相较于传统末端仓库远离消费者的特征，前置仓极大地缩短了与客户的距离，缩短了配送时长，降低了配送成本，提高了客户体验感。

（2）辐射范围有限

由于前置仓的主要品类为生鲜品，整个流通过程为冷链物流，在从前置仓到客户这一段距离，采用以去冷媒化为主、冷媒化为辅的形式进行配送，生鲜品的易腐易损耗性对配送时间要求极高，配送时间与损耗值成正比，对生鲜品质影响极大，导致了前置仓辐射范围的有限性。

（3）选址相对灵活

明显区别于便利店以及传统末端仓库，前置仓的功能主要为拣选、短暂仓储等，无直接对外销售功能，选址要求较少，相对灵活。比如便利店中发展较好的7-11，其选址更偏好于交通便利、人流与客流量大的繁华地区。而前置仓的选址重点在于离消费者近，但是可以充分利用闲置与偏僻物业、地下室等资源，也因此租金成本更低。

（4）初期资金投入高

由于前置仓主要品类为生鲜产品，其不同于常温消费品，对温度、湿度、新鲜度等的要求更高，因此前置仓区别于普通末端仓库。生鲜产品的鲜活易腐性，对运输仓储设备提出了更高的要求，因此前置仓需要配备齐全的冷链设备以及保鲜设备，资金投入相对高，但也因此抬高了行业门槛，长远来看，对行业的规范性起到了良好的示范作用。

3. 前置仓的作用

以下将从三方面来阐述前置仓在企业整个物流系统中所起到的作用。

（1）提高资源利用率，降低成本

前置仓模式可以有效降低冷链物流的成本，从前置仓到客户的距离短，目前企业的前置仓布局以 1.5～3km 为主，承诺送达时间一般不超过 2h，通过缩短时间达到配送去冷媒化的效果。

（2）提高设备利用率，减轻交通负担

利用前置仓模式可以实现规模效应，集合离散的客户需求，通过批次配送降低成本，避免零星送货造成的不经济，减轻交通负担且降低空气污染、保护环境。

（3）提高客户满意度，减少损耗

从前置仓到客户的距离短，由于配送工具一般为摩托车，交通限制较少，因此可以在短时间内完成商品的交付，提高了用户购物的便利性，良好的购物体验同时带来了客户忠诚度以及复购率的提升，在社区建立大量前置预冷仓一方面降低了冷链成本，另一方面使分销更快，颠覆了传统认为物流"更快则更昂贵"的观念。

4. 前置仓的优劣势分析

（1）前置仓的优势

① 及时性。前置仓模式使得商品的配送更加及时，消费者下单后，都是从最近的仓库发货，也就是附近的零售店发货，可以在短时间内送到客户手里。

② 冷链生鲜配送速度快成本低。关于前置仓模式，是指靠近消费者的小型仓储单位，所以一般都是设置在消费者附近的。所以不管是订单响应的速度还是配送的成本，相比来讲，前置仓模式都是具有很大的优势的。

（2）前置仓的劣势

① 订单的不确定性，导致损耗的不确定性，同时还存在如何补货的问题。

② 由于每个地段的消费者差异，存在品类运营差异，价格差异，一个城市多个区域尚且如此，扩展到全国，例如华北跟华东的消费者口感是不一样的，复杂度就会大大上升。前置仓是强运营的活，每一个前置仓辐射的 3km 的情况都不大一样。

任务执行

一、亚马逊的无人配送

在无人送货领域，无人机是最典型且最优的配送工具。无人机可以实现直线飞行，不受地形限制，不需要像汽车一样绕道行驶。美国的亚马逊公司是这一领域的先驱者。2013 年，贝索斯提出了名为 Prime Air 的无人机快递项目，初期主要用于派送书籍、食品和其他小型商品，这项服务能让客户在网购下单 30min 内收到包裹。

除了无人机快递，亚马逊还推出了无人送货机器人。这种机器人像一台超市购物车，更像一个流动的快递储物柜。它的速度与人步行相当，能够自动绕过障碍物，并按照设定的路线行走。机器人安装有防盗装置以防止被抢劫，当货物送到目的地后，取件人只需输入密码就可以提取快递。如果用户安装了亚马逊的智能门铃并进行授权，这个机器人甚至可以直接进入用户家中并自动存放货物。

二、京东的无人配送

无人送货这项技术已经成了物流行业的标配，用无人机替代汽车送货至少能让物流费用降低70%。京东在西安的无人机配送站的目标是：在四川和陕西等地建100多座无人机的机场，计划做到24h之内将偏远村庄优质农产品送到中国所有大中城市去，并把省内的物流成本降低70%。

京东无人配送车在2016年9月份已经宣布进入路测阶段，10月份进行大规模运营。京东配送机器人的工作原理是通过双目的传感器进行路线优化以后，可以自如地穿梭在校园的道路间，自动躲避障碍物，全程无人跟踪导航，实现针对城市环境下办公楼、小区便利店等订单集中场所进行批量送货，将大幅提升京东的配送效率。据了解，最新一代的第三代小型无人车可以放置五件快件，承重100kg，充电一次能走20km，一个小时内可以完成18个包裹的配送。

三、苏宁的无人送货车

2018年苏宁无人送货车正式运营，在北京苏宁小店黄渠店正式投入无人送货车，开始为周边客户送货。服务半径为3km，为迎合世界杯的热点，推出了啤酒、炸鸡、烤串等看球必备小吃配送，提供全天候的送货服务。

苏宁推出的无人送货车，名字叫作"卧龙一号"。参考诸葛亮发明了木牛流马，改变了古代的运输方式，现苏宁无人送货车正式运营，引发了末端物流的革命性变化。"卧龙一号"长8寸，整车重量轻便，续航里程在8h以上。它工作的核心原理基于多线激光雷达，通过多线激光雷达+GPS+惯导等多传感器融合定位，就能开启它的智能化送货之路。利用激光雷达和视觉识别技术，能够避开行人和障碍物，根据实际情况调整路线，可乘电梯，完成"最后的100m"送货服务。苏宁有计划研发"四条腿"送货机器人，不仅可以选择搭乘电梯，还可爬楼，针对复杂的实际送货情况做出更加良好的应对方案。

成效考量考核表

班级			姓名		学号	
任务名称			电商配送管理			
评价项目	评价标准	分值/分	自评（30%）	互评（30%）	师评（40%）	合计
考勤	旷课、迟到、早退、请假	7				
职业素养	制订计划能力强，严谨认真	5				
	主动与他人合作	5				
	采取多样化手段解决问题	5				
	责任意识、服从意识	5				
学习过程	能够了解众包物流的概念及优劣势	10				
	能够理解无人配送的定义及应用场景	10				
	能够掌握无人配送的国内外发展现状	10				
	能够理解店仓一体化的设计核心及概念	10				
	能够结合资料分析前置仓的功能优势	10				

完成情况	按时提交任务活动	5				
	任务活动完成程度	5				
	任务活动的答案准确性	5				
	创新意识	8				
得分		100				

任务三 冷链配送管理策略与实践

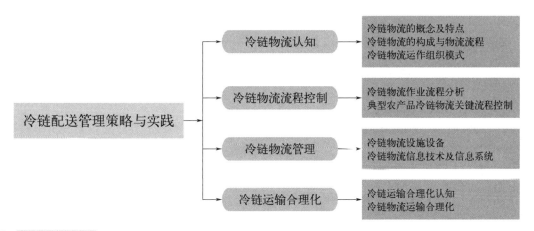

目标导向

通过本任务的学习，可以达成以下目标：

知识目标	1. 能够描述冷链物流的定义及特点； 2. 了解冷链物流的构成及流程； 3. 能够了解冷链物流主要设施设备、信息技术的应用； 4. 了解冷链运输合理化原理。
能力目标	1. 能够掌握冷链物流的构成及流程并进行冷链物流流程控制； 2. 能掌握冷链信息技术及其在冷链物流中的应用。
素质目标	1. 培养爱岗敬业、吃苦耐劳和团结协作等良好的职业道德； 2. 培养 5S 理念及严谨、认真、精益求精的职业素养。

任务引领

即将进入冷链物流行业的小瓜，通过调研了解到先进的冷链技术对果蔬类农产品运输有着划时代的意义。可在农产品原产地设立标准化的低温环境下的果蔬分选线，并通过冷链物流信息化技术，配合社会化冷链运输资源，打造果蔬产地到销地城市的冷链干线运输服务，配合销地城市的生鲜农产品配送中心，形成一体化的物流系统，保证全程不出现断链。那么，冷链物流管理过程中，除了运输线路设计、运输包装等方面的知识，还需具备哪些专业知识和技能呢？

 **知识建构**

在当今全球化的市场环境中，冷链物流已经成为连接生产者与消费者的重要桥梁。随着消费者对食品质量和安全性的日益关注，以及政府对食品安全法规的严格要求，冷链配送的重要性日益凸显。

考虑到因农业经济不断发展，农业结构更加合理化，农产品品种布局也更加区域化，反季节生鲜农产品流通正逐步增加，且种植规模大、运输距离长成为农产品流通的突出特点。因此我国发展现代化农业需要更高水平的农产品物流服务，特别是在农产品生产地区大量的生鲜农产品在短时间内集中上市以及农产品反季节销售的日益增多，需要加快发展生鲜农产品跨区域的冷链运输。

一、冷链物流认知

（一）冷链物流的概念及特点

1. 冷链物流

冷链物流泛指冷藏冷冻类食品在生产、贮藏运输、销售，到消费前的各个环节中始终处于规定的低温环境下，以保证食品质量，减少食品损耗的一项系统工程。它是随着科学技术的进步、制冷技术的发展而建立起来的，是以冷冻工艺学为基础、以制冷技术为手段的低温物流过程。

2. 冷链物流特点

（1）复杂性

为了确保生鲜农产品在冷链物流过程中的品质，必须严格控制其在冷藏运输过程中的储藏温度和整个运输时间。冷链物流系统相对于常温物流系统，技术要求更高。不同农产品对温度控制和储存时间的要求各不相同。此外，冷链物流的基础设施建设和设备技术相对复杂，对整个供应链信息系统和信息化程度的要求也较高，这些因素共同凸显了农产品冷链物流的复杂性。

（2）时效性

生鲜农产品易腐烂且在常温环境下难以储存的特性，要求冷链物流的每个组成部分必须及时有效地工作。流通过程中必须按照相应的时间节点进行运输，整个冷链的每一个环节都必须协调运作，环环相扣，以缩短整体流通时间，提高运作效率。

（3）高成本

冷链物流的发展需要大量资金投入基础设施建设，前期投资巨大。由于生鲜农产品在流通过程中必须处于特定的温度环境下，因此必须使用低温运输工具，安装全程温度控制设备，建设冷链仓储物流中心，采用先进的信息管理系统和高效的管理方式。这使得农产品冷链物流的成本远高于其他物流系统。例如，从广州到北京运输荔枝，普通车运输成本为700～800元/吨，而冷藏车运输成本为1200～1400元/吨。

（4）规范化

冷链物流涉及多个环节和多种技术，因此需要严格的规范和标准来保证操作的一致性和安全性。各国和地区通常会制定冷链物流的行业标准和法规，涵盖温度控制、设备使用、操作流程等方面，以确保食品安全和质量。

（5）信息化

冷链物流的高技术要求和复杂操作流程使其具有较高的风险。如果任何一个环节出现问题，都可能导致产品质量受损，甚至导致食品安全事故。因此，冷链物流需要建立严格的风险管理和应急预案体系，及时处理突发事件，确保产品安全。

（二）冷链物流的构成与冷链物流流程

1. 冷链物流构成

农产品冷链由冷冻加工、冷冻贮藏、冷藏运输及配送、冷冻销售四个方面构成。

（1）冷冻加工：先对生鲜果蔬做产后预冷以及对肉、禽、鱼、蛋进行冷却与冻结，然后在低温环境中对农产品处理加工。这个环节上主要涉及冷却、冻结、速冻装置和分拣加工。

（2）冷冻贮藏：包括农产品的冷却和冻结贮藏、气调贮藏。在此环节主要涉及各类冷藏库／加工间、冷藏柜、冻结柜及家用冰箱等。

（3）冷藏运输及配送：包括农产品的中、长途运输及短途配送等物流环节。主要冷藏运输工具有冷藏车、铁路冷藏集装箱、铁路冷藏车厢、冷藏船等。温度的变化容易使生鲜农产品在流通阶段造成生鲜农产品质量的下降。因此冷藏运输工具的温度要维持在生鲜农产品所要求的特定温度。

（4）冷冻销售：包括各种冷链农产品进入批发零售环节的冷冻储藏和销售。主要涉及冷藏／冷冻陈列柜和储藏柜。该环节农产品易产生温度的波动且波动幅度较大。

2. 冷链物流流程

如图10-3所示为冷链物流流程图。

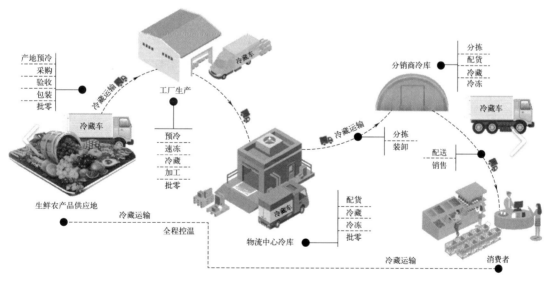

图 10-3　冷链物流流程图

（三）冷链物流运作组织模式

1. 冷链物流一般运作组织模式

冷链物流运作组织模式一般因农产品类别不同而不同，中间需生产加工、流通加工或简单处理。产地与农户有关的果蔬类、部分家畜禽等初级农(副)产品的冷链物流组织结构如图 10-4 所示。通过生产商的加工环节、批发商与零售商的流通环节,农户种植养殖的多种产品通过冷链物流的运作最终送达消费者手中。

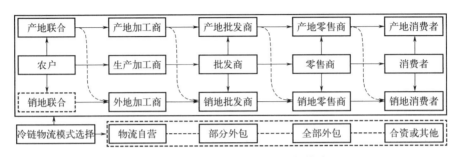

图 10-4 冷链物流一般运作组织模式

2. 不同类别冷链物流运作组织

(1)果蔬类冷链物流运作组织。从冷链物流运作角度来看,果蔬的冷链物流运作组织如图 10-5 所示。果蔬类产品通过产地储藏(或销地储藏)后,通过流通加工和运输环节,进入销地配送中心(或批发市场),然后通过分销商自提或批发商配送的方式进入到超市门面、个体商贩零售终端,消费者通过到超市、菜市场等方式购置回家。在这一流程中,运输与仓储是整个冷链物流运作的关键,通过商流与物流环节,最终完成了从田间到餐桌的过程。

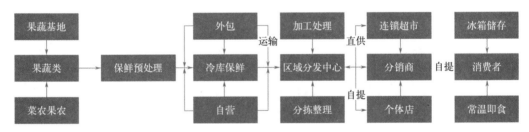

图 10-5 果蔬类冷链物流运作组织

(2)花卉类冷链物流运作组织。一般花卉生产基地通过简单加工和运输包装,通过保鲜与快速运输,把花卉运输至交易地,通过交易市场的商流,把花卉卖给专业用户、花店等销售终端。在此过程中,其冷链物流过程包括保鲜运输、仓储、流通加工、配送等各环节。其物流业务可以是自营的,也可以外包实现,具体物流运作组织如图 10-6 所示。

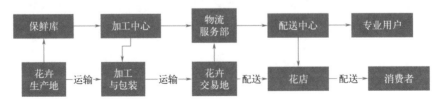

图 10-6 花卉类冷链物流运作组织

(3)畜禽肉、冷藏冷冻食品、鲜活水产品类冷链物流运作组织。根据物流中心(配送中心)的设置不同,形成了多种运作模式,其冷链物流的组织过程如图 10-7 所示,是一种比较理想的模式。根据调研，目前多数屠宰厂和冷藏冷冻食品、水产品加工企业，一般都有自己的冷藏冷冻库，以平衡供应、生产与销售各环节。

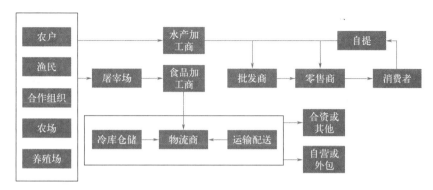

图10-7　畜禽肉、冷藏冷冻食品、鲜活水产品类冷链物流运作组织

（4）乳制品冷链物流运作组织。乳制品是乳类制品的简称，亦称奶制品、奶类食品或奶食品，是以乳类为基本原料加工而成的食品。除各种直接使用奶制成的饮料外，还包括通过发酵获得的食品（如奶酪、奶油等）以及对奶进行干燥或者提炼后获得的高浓度制品（如奶粉、炼乳等）。乳制品冷链物流是以新鲜奶和酸奶等为代表的低温奶产品等在奶源基地采购、生产加工、包装、储藏、运输与配送、销售直到消费的各个环节都处于较适宜的低温环境中运行的一种冷链物流，以保证奶制品的品质，防止奶制品变质和污染。

乳制品冷链物流主要运作组织过程如图10-8所示。在乳制品冷链物流运作中，物流可以外包，也可以自营，这与企业自身的战略要求相一致。比如光明乳业采用自营冷链物流，而蒙牛乳业除冷库多数作为生产厂功能之一进行自建外，运输等环节全部外包给第三方物流。在供应链管理上，上游加工企业与奶源基地更加紧密，通过自建牧场等方式，加强对奶源的控制，通过对分散农户小规模生产采用合作经营等方式进行监管。下游通过运输与配送的全程监控，有效提高乳制品冷链物流的温度与时间管理水平。

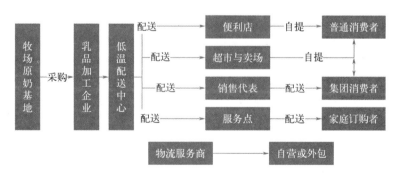

图10-8　乳制品冷链物流运作组织

二、冷链物流流程控制

（一）冷链物流作业流程分析

冷链物流具体运作时，不仅有仓储与运输等比较大的功能环节，更有诸多精细作业需要协调与控制。果蔬类冷链物流作业流程与控制要点如图10-9所示，在该流程中，如果把果蔬类换成其他物品，相关仓库功能进行调整，就形成了相应的冷链物流作业流程。

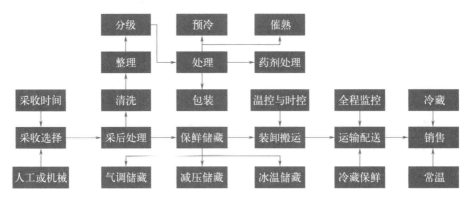

图 10-9　果蔬类冷链物流作业流程与控制要点

(二) 典型农产品冷链物流关键流程控制

1. 冷冻食品冷链物流作业控制

冷冻食品冷链物流关键流程——运输、装卸搬运、储存与包装。

(1) 运输环节作业组织与控制。运输设备应具备必要的制冷能力与隔热保温性能,确保运输期间厢体达到 -18℃及以下的温度要求;运输设备厢体内壁应清洁、卫生、无毒、无害、无污染、无异味;运输设备性能应符合国家要求,定期保养和融霜,发现设备异常应停止使用,及时维修;应配置温度自动记录设备全程记录运输过程中厢体内温度,或配置外部能直接观察的测温设备,运输设备宜配置温度异常报警装置。

(2) 装卸搬运环节作业组织与控制。运输设备厢体应在装载前进行预冷,应预冷到 -10℃以下或达到双方约定的预冷温度;冷冻食品应按不同目的地对冷冻食品加以筛选和分组,根据"后卸先装"的顺序装载,容易串味的食品不应混装运输,装卸应严格控制作业环境温度和时间,保证食品温度不高于 -12℃;货物堆积要紧密,与厢壁周围应留有缝隙,货物与后门之间宜保留至少 10cm 距离,厢体顶部和货物之间宜留出至少 25cm 距离,使用固定装置防止货物移动,保持冷气循环;运输途中厢体应保持在 -18℃以下,运输过程中最高允许升温到 -15℃,但装卸后应尽快降至 -18℃以下。每次运输作业结束后,将温度记录写入运输单证或作为运输单证附件,提交给相关方。承运方运输温度记录应保持 1 年以上。

(3) 储存环节作业组织与控制。储存冷库要有足够的容量和适当的制冷设备,保证冷库温度达到 -18℃以下,产品进出冷库时库温波动控制在 ±2℃以内;大、中型冷库宜建有低温穿堂和封闭式站台,并配有与运输车辆对接的密封装置;各冷藏区应配置温控检测装置;应定期检查并记录冷库温度,库温记录档案至少保存两年;定期除霜、清洁、消毒和维护保养,防止交叉污染。冷库作业要求,应记录每批冷冻食品的入库时间和温度,保留记录 1 年以上;到货冷冻食品温度高于 -12℃或高于双方约定的最高温度时,不应接收,收货方应及时通知货主;遵守"先进先出"原则。没有货架设施的冷库,货垛应置于托板上,不应直接接触地面;存储产品应以不影响冷气循环的方式放置,不应与墙壁、顶棚或地坪直接接触应定期监测冷库温度,必要时检测相对湿度,发现即将过期或已变质食品应立即通知管理人员或货主。

(4) 包装环节作业组织与控制。包装应具有良好密闭性和低水蒸气渗透性;坚固完整,防湿,有足够的耐压强度,封口严密,不易散包,便于运输和装卸;运输包装上宜采用《包装储运图示标志》中"温度极限"标志或以文字注明储藏、运输温度。

2. 冷藏食品冷链物流作业控制

冷藏食品物流作业控制的关键流程——运输、储存与包装。

（1）运输环节作业组织与控制要点。运输工具要有制冷能力与隔热保温性能；符合食品卫生要求，应配置温度自动记录设备全程记录，或配置外部能直接观察的测温设备；记录点时间间隔不宜超过 15min；厢体内不应放置具有尖角、棱角等的物品，以免刺破食品包装物造成污染；运输设备定期检查、校正和保养，及时进行维修。冷藏运输作业要求预冷；冷藏条件接近的多种食品可拼装运输；但具有强烈气味的食品和容易吸收异味的食品、产生较多乙烯气体的食品和对乙烯敏感的食品、不同加工状态的食品不应进行拼装；冷藏食品的堆积排列应稳固，必要时可使用支架、栅栏等固定装置防止货物移动；货物与厢壁、厢门之间应留有缝隙，货物与厢体顶部的距离应不少于 15cm，在装载和卸货前，应检测冷藏食品温度，装卸货期间食品温度升高幅度不超过 3℃；承运方应记录冷藏运输期间的厢体内部温度、冷藏食品检测温度和时间、装卸货时间，并保留记录 1 年以上；卸货前，如果检测到的食品温度超过规定，应拒收；检测冷藏食品温度，以冷藏食品中心温度为准，如果无法测量冷藏食品中心温度，经相关方同意，可测量食品包装表面温度代替食品中心温度。

（2）储存环节作业组织与控制要点。冷库与作业工具要求，冷藏间应配置温度、湿度监测装置；冷库内的监测装置应定期校检并记录；冷库作业工具应根据冷藏食品的种类区分使用，防止交叉污染；应定期对冷库设备和系统进行检查、维护；应定期对库房、作业工具、周围环境等进行清洁、消毒，并达到相关食品卫生要求。仓储作业要求，记录每批食品的入库时间、入库温度、储存期间温度变化和冷库的温湿度等，并保留记录 1 年以上；堆码地点不宜置于库门附近或人员出入频繁的区域；库房温度波动幅度不应超过 ±2℃；在食品进出库时，库房温度升高不应超过 3℃；冷库作业人员应定期检查；冷藏食品出库时，应遵循"先进先出"原则；入库的食品应新鲜、清洁，经检验合格，未经冷却或温度高于规定的食品，应先进行冷却，达到要求的冷藏温度后方可入库；具有强烈挥发性气味和异味的食品、要求不同冷藏条件的食品、需经特殊处理的食品、容易交叉污染的食品应专库储存，不应混放，避免串味或相互污染。

（3）包装环节作业组织与控制要点。包装不耐压冷藏食品时，应在包装容器内加支撑物或衬垫物，以减少食品的震动和碰撞。包装易失水冷藏食品时，应在包装容器内加塑料衬。冷藏食品运输包装应采用《包装储运图示标志》（GB/T 191—2008）规定的"温度极限"标志或用文字直接标明食品应保持的最低温度和最高温度。

3. 生鲜果蔬冷链物流作业控制

生鲜果蔬采摘后，其组织中仍进行着活跃的新陈代谢。所以保证果蔬的高质量运输与储藏不仅要控制乙烯，还要控制 CO_2、水汽和呼吸产生的热量等。

（1）采摘处理储藏运输保鲜作业。远离乙烯源，正确设置温度、湿度等；果蔬应在理想的时间和成熟度状态下采摘，采后处理应细心拣选、整理和清洗（择菜）；销售终端应尽量保持在低温环境下销售，如在常温下，应通过洒水、阴凉处保鲜等措施进行销售，如果出现萎缩枯死等情形应及时进行有效处理。

（2）生鲜果蔬冷链运销作业。冷链运销包括产地预冷、冷藏运输、销地冷藏周转、商场冷藏和货架低温保鲜等系列环节。果品预冷时间一般 12～14h，途中安全运输温度为 1～10℃，短距离运输 5～15℃。

（3）生鲜果蔬冷链冷储保鲜作业。注意温度、湿度、气体、防腐；库房打扫干净，提前打开降温至-2～0℃；库房消毒，预冷至-2～0℃，长期储藏的温度为-1～0℃（±0.5℃）；经常检查温度变化，做好通风换气工作。

三、冷链物流管理

（一）冷链物流设施设备

1. 冷冻加工设备

冷冻加工设备种类很多，各有不同的冻结装置，包括空气式冻结装置、接触式连续冻结装置、浸渍式连续冻结装置、液化气式连续冻结装置等类型，各有不同的特点。

（1）空气式冻结装置

空气式冻结装置是以空气为中间媒体，冷热由制冷剂传向空气，再由空气传给食品的冻结装置。其类型有鼓风型、流态化型、隧道型、螺旋型等。

（2）隧道式连续冻结装置

隧道式连续冻结装置是使用最多的冻结装置。产品在一个长形的、四周有隔热装置的通道中由输送带携载产品通过隧道，冷风由鼓风机吹过冷凝管道再送到隧道中穿流于产品之间。一般冷气进入隧道的方向与产品通过的方向相反，具有良好的冻结条件。为配合适当的冻结温度，输送带的速度由变速装置任意可调。为提高效率，可采用自动开关隧道门，自动装载食品，根据冷冻需要分组供应能量以减少损耗。适用于分割肉、鱼、调理食品、冰激凌、面食类等形态比较小的食品的冻结。

（3）螺旋式连续冻结装置

螺旋式连续冻结装置是食品由输送带输入，进入旋转桶状冻结区，经冷风冷冻再由输送带送出的冻结装置。螺旋式连续冻结装置以立体结构为特征，冻结速率快，占地面积小，是大中规模冷冻食品工厂广泛选用的冻结装置。适用于肉禽、水产等各类调理食品及点心类娇嫩易损食品的冻结。

（4）接触式连续冻结装置

接触式连续冻结装置是用盐水等制冷剂冷却空心金属板等，金属板与食品的单面或双面接触降温的冻结装置，其类型有板式、带式、滚筒式等。由于不用鼓风机，动力消耗低、食品干耗小、品质优良、操作简单。适用于水果、蔬菜、鱼、肉、冰淇淋等的冷冻，水产冷冻工厂在小型鱼虾类的冷冻中应用特别普遍。其缺点是冻结后食品形状难以控制。

（5）浸渍式连续冻结装置

浸渍式连续冻结装置是用盐水等作制冷剂，在低温下将食品直接浸在制冷剂中或将制冷剂直接喷洒于食品上，使之冻结的冻结装置。其制冷剂有液态氮、盐水、丙二醇等。因制冷剂直接与食品全面接触，所以冻结时间短，比空气式快2～3倍，食品干耗小、色泽好。适用于大型鱼类、屠体的冻结。特别是对于冻结变性较大、品质显著变差的食品，如豆腐类柔软多水的食品更为适宜，且口感润滑。实践中，尽管要求使用的冷冻液无毒、无异味、经济等，但还是存在着食品卫生问题，故一般不适用于预包装食品的冻结。

（6）液化气式连续冻结装置

液化气式连续冻结装置是利用沸点很低的制冷剂如液氮及二氧化碳等在极低温下变态吸热蒸发或升华的特性，将食品急速冻结的超急速冻结装置，其类型有隧道式和螺旋式。液氮的使用方法有液浸、喷淋、蒸汽冷凝等。目前,广泛使用的最有效的方法是喷淋法。

(7) 流态化单体连续冻结装置

流态化单体连续冻结装置是冷风从下向上通过颗粒食品,使食品在网带床面上形成气流,呈悬浮浮动状态,随传送带转动带走的冻结装置。其冻结速度快,仅需数分钟,适用于玉米、豌豆、扁豆、水果、虾仁等粒状、片状、丁状的单体冻结。

2. 冷冻储藏设备

冷藏柜是农产品冷链物流常见的设备,一般均采用人性化设计,高效节能,柜温均匀,性能稳定,节省电能消耗,运行稳定、可靠。

3. 冷冻运输设备

冷链农产品的冷冻运输设备种类很多,主要有以下几类:

(1) 冷藏汽车

冷藏汽车实际上为冷藏保温汽车,分为冷藏车和保温汽车两大类。冷藏车是指具有隔热车厢并设有制冷装置的汽车。保温汽车是指具有隔热车厢,适用于短途保温运输的汽车。冷藏车按制冷装置制冷方式的不同可以分为机械冷藏车、冷冻板冷藏汽车、液氮冷藏汽车、干冰冷藏车等。

(2) 冷藏火车

冷藏火车分为机械制冷冷藏火车和干冰制冷冷藏火车。机械制冷冷藏火车分为柴油发动机和非柴油发动机两种,前者可以单辆与一般货物车厢编列运行,后者一般不能单辆与一般货物车厢编列运行。干冰制冷冷藏火车在冷藏火车使用干冰制冷时,将干冰悬挂在车厢基部或直接放在冷链农产品上,干冰升华从而降低车厢内的温度。

(3) 冷藏船

冷藏船主要用于渔业,尤其是远洋渔业。远洋渔业的作业时间长,有的长达半年以上,必须用冷藏船将捕捞物及时冷冻加工和冷藏后方能运回码头。此外,易腐食品也必须用冷藏船完成运输。冷藏船分为冷冻母船、冷冻运输船和冷冻渔船三种。

(4) 冷藏集装箱

冷藏集装箱是具有良好隔热、气密,且能维持一定低温要求,适用于各类易腐食品的运送、储存的特殊集装箱,专为运输要求保持一定温度的冷冻货或低温货而设计。它分为带有冷冻机的内藏式机械冷藏集装箱和没有冷冻机的外置式机械冷藏集装箱,适用于装载肉类、水果等货物。冷藏集装箱造价较高,营运费用较高,使用中应注意冷冻装置的技术状态及箱内货物所需的温度。

4. 冷冻销售设备

冷冻销售是农产品冷链物流的重要环节。这个环节常用的冷链设备主要是指各式销售冷柜,具体包括卧式敞开式冷冻陈列销售柜、立式多层敞开式陈列销售柜、卧式封闭式冷冻陈列销售柜、立式多层封闭式陈列销售柜和半敞开式陈列销售柜等。

(二) 冷链物流信息技术及信息系统

1. 现代冷链中的主要信息技术

信息技术是现代冷链物流的神经系统,通过系统信息平台的支撑,以实现对企业全部资源进行战略协同管理，降低冷链物流成本，提升冷链物流企业的市场竞争力，提高冷链物流企业管理水平，冷链物流中的主要信息技术有：

（1）信息采集与跟踪技术

① 条形码技术

条形码技术是物流供应链管理的基础，是实现冷链物流监控系统现代化的重要技术手段，属于自动识别范畴。它是随着电子技术的进步，尤其是计算机技术在企业现代化生产和管理领域中的广泛应用而发展起来的，是信息数据自动识别与输入的重要方法和手段。条形码技术具有简单、速度快、准确率高、可靠性强等特点。在物流系统中，条形码技术主要应用于销售信息系统、仓库管理系统、分拣配送系统，它的广泛应用对物品标识系统的规范化、标准化，并实现与国际标准兼容，以推进企业计算机应用和管理现代化，提高企业在国际市场的竞争力具有深远的意义。

② 射频识别技术

射频识别（RFID）是一种可以通过无线电信号识别特定目标并读写相关数据，通过空间耦合（交变磁场或电磁场）实现无接触信息传递，无须识别系统与特定目标之间建立机械或者光学接触的非接触自动识别技术。冷链物流系统利用 RFID 技术，将温度变化记录在带温度传感器的 RFID 标签上，对产品的生鲜度和品质进行细致、实时地管理（如图10-10所示）。RFID 技术在物流管理领域被广泛应用，与条形码技术相比，该技术不易受环境影响，自动化程度较高，耐用且性能可靠，并且识别的速度比较快，有成为条形码技术替代品的趋势。

RFID 标签可以唯一地标识货物，将 RFID 技术和计算机技术、网络通信技术等技术相互结合，在货物的采购中，可降低采购成本，提高采购的效率。同时，RFID 技术在仓储环节中可以保证货物库存等相关信息的准确性和可靠性，提高库存空间利用率。最后，利用 RFID 技术可以提高货物配送速度，降低差错率，为物流企业节约配送成本。

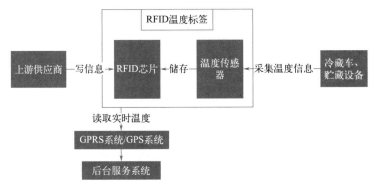

图 10-10 RFID 标签工作原理示意图

③ 卫星定位技术

卫星定位系统是一种使用卫星对某物进行准确定位的技术，它从最初的定位精度低、不能实时定位、难以提供及时的导航服务，发展到现如今的高精度 GPS 全球定位系统，实现了在任意时刻、地球上任意一点都可以同时观测到 4 颗卫星，以便实现导航、定位、授时等功能。例如，我国的北斗卫星导航系统实现导航、定位、授时等功能，包括空间部分、地面控制部分、用户设备部分三大部分，是冷链物流信息技术的重要方面。

在冷链物流监控系统中，通过卫星定位技术，可以迅速准确地掌握货物的位置、名称、数量及状态，可以根据货物具体情况变化向目标发出实时调度指令。其与物联网技术的结合，使消费者可以在线了解货物的相关信息。同时，物流运输过程中的车辆定位及调度、运输物品监控、线路选择、货物装卸策略及配送可视化都可以运用卫星定位技术进行有效管理，结合决策分析，有助于物流企业有效地降低成本、提高运输效率。

④ GIS 可视化技术

地理信息系统（GIS）以地理空间数据为基础，采用地理模型分析方法，实时地提供多空间的和动态的地理信息，是一种用于地理研究和地理决策服务的计算机系统。冷链物流系统在监视终端采用地理信息技术（GIS）来把监控目标显示在可视化的数字地图上，实现对车辆运输可视化监控和实时动态管理，合理选择运输路线。同时在冷链物流信息化体系中，GIS 可视化技术还广泛应用于现代信息化仓库的保障、物流中心位置规划等方面。

现代物流各环节因素都与地理位置有着密切的联系，GIS 可视化技术在物流领域中的应用主要为为货物运输选择最佳路线及运输方式，合理调配和使用各种资源，加强对各环节的控制和管理，提高物流业的效率，实现高质量的服务水平。GIS 可视化技术与物流管理技术的集成将是现代物流发展的必然趋势。

（2）信息传输与交换技术

冷链物流信息化系统通过各种网络（数字数据网、广域网、局域网等）来完成电子数据交换（EDI）通信，应用计算机网络技术实现冷链物流信息化系统与其他系统的信息共享和信息交互要求，确保信息传输与交换的开放性与可扩展性。

EDI 技术是一种在公司之间传输订单、发票等作业文件的电子化手段。EDI 技术广泛应用于订单管理、库存管理等，使异构系统间互联互通更为流畅，大大加快冷链食品采购效率、降低库存成本、实现信息传输的无纸化，提高物流系统运作效率和企业服务质量。

（3）信息处理技术

① 数据挖掘技术

冷链物流业作为数据密集型企业具有大量的数据，如进出历史记录、运输数据、仓储库存数据、实时温度数据和服务记录等，这些数据正是数据挖掘的基础。数据挖掘技术有助于了解运输全局，优化货物分配模式，改进运输效率降低库存成本取得更高的核心竞争力，降低冷链物流成本。

② 信息标准化

信息标准化是将各种信息按照具体的标准进行加工处理，提高信息的可靠性、通用性。冷链物流是一个庞大的系统，比常温物流的建设投资要大很多，易腐食品的时效性要求冷链各个环节具有更高的组织协调性，需要各个环节都有一个统一规范的标准引导。而所有的这些都对冷链物流标准提出了迫切的要求。冷链物流信息标准化是使现代冷链物流走向规模化、全球化的基础。

2. 冷链物流信息化系统

（1）冷链物流信息化系统的架构

当前我国冷链物流业的发展和冷链物流信息化市场正进入一个快速发展时期，冷链物流业和冷链物流信息化的发展依赖于对冷链的进一步的有效管理。冷链物流是一系列相互关联的作业，在生产、贮藏、运输、包装、配送、消费等过程中，加强温度控制以保证冷链产品的质量与安全,所以冷链物流信息化系统的架构应该以温度控制为中心,围绕冷链物流信息化系统信息交互和冷链物流信息化系统作业流程展开,在信息交互平台和作业流程平台基础上通过对冷链物流信息化系统深度集成,完成对冷链物流系统信息化的架构(如图10-11所示)。

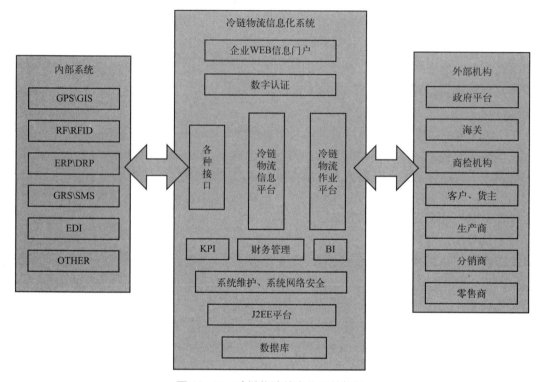

图10-11　冷链物流信息化系统架构

(2)冷链物流信息化系统构建

冷链物流信息化系统的构建,对低温控制、基础设施、仓储系统、运输系统、配送系统、包装系统和销售系统的要求都很高,如在冷冻肉运输过程需要时刻监控储藏车的温度,这不仅要求建设高标准运输管理系统和全程监控系统,同时还需要储、运、装等各个管理系统的较好配合,在强调作业管理的同时冷链物流信息化系统更注重信息交互和作业流程的协同。因此,构建冷链物流信息化系统最为关键的是构建两个基础性的平台,一个是冷链物流信息交互平台,另一个是冷链物流作业流程平台。

① 冷链物流信息交互平台

冷链物流全程监控平台是基于RFID技术的温度监控平台,通过全程跟踪物流,提高冷链管理的透明度,提高整个供应链管理水平,降低供应链管理成本,改变原有的业务模式,带来更多的商业机会。

冷链物流信息数据交互平台是给冷链物流企业提供综合服务的平台,使冷链物流上下游企业、政府管理部门、相关职能部门的信息能够及时、准确地传递。通常应具有内外政策法规、冷链物流需求与供给等信息的采集、发布、查询和维护等功能。

构建冷链物流在线电子商务交易平台,能够保障交易的安全,提高冷链物流企业间交易效率,降低企业经营成本。该类平台一般包括电子结算、网络安全(身份认证、数据加密和专用虚拟网络等)、电子合同和网上缴税等功能。

接口管理是构建冷链物流信息化系统的基本模块,通过约定交换数据标准,制订标准接口,提高企业整个信息化体系架构的各应用系统相对独立,降低系统间的重合度。在增加各个应用系统内部的灵活性的同时,降低单个应用系统的调整对相关系统的影响,从而提高了整个架构的稳定性,实现各信息平台的交互共享和有效使用。

② 冷链物流作业流程平台

订单管理系统一般包括订单档案管理、订单分类管理和订单状态跟踪管理等功能。订单完成的水平高低直接决定了冷链物流的服务水平,订单处理作业效率很大程度上体现着物流中心的运作效率。

仓储管理是冷链物流信息化体系不可或缺的功能之一,冷链物流仓储管理不同于一般的仓储管理,它强调针对不同的物品采用不同的温度贮藏,强调商品的流动性,强调与其他管理系统的协调配合。仓储管理系统包括进货管理、库存管理、退货管理、出库管理、流通加工等功能。

冷链运输是冷链管理的主要部分。冷链运输成本高而且包含了较复杂的移动制冷技术和保温箱制造技术,冷链运输管理包含更多的风险和不确定性。冷链运输管理系统,能够实现各种运输方式间的信息整合,建立以信息共享为基础的综合运输体系。做好冷链运输信息化的关键是要做好冷链运输过程中的温度控制与记录、运输路线的合理化选择、配载控制和多温度运输管理。与之相对应的冷链运输管理系统一般包括配送管理、基于 RFID 技术的温度监控功能、基于 GIS/GPS 运输路线优化管理、运输设备管理和运输成本管理等功能。

销售管理系统帮助冷链物流企业对分销渠道进行管理,解决销售和生产脱节的矛盾,以便企业管理者及时准确地依据系统提供的业务统计汇总数据进行评估,做出及时正确的决定,管理控制整体的冷链物流销售业务。销售管理系统一般包括配送网络建设、销售渠道分析、销售终端的温度控制和批发、零售的温度控制能力分析等功能。

决策支持系统通过及时搜集和挖掘商流、物流、资金流、信息流等各方面数据,在各类统计模型基础上对其进行处理分析,为企业各方面的管理决策提供依据,从而提高管理层决策的准确性和合理性。

四、冷链运输合理化

(一)冷链运输合理化认知

1. 冷链物流运输合理化概念

冷链物流运输合理化是指在保证货物流向合理的前提下,在整个运输过程中,确保运输量,以适宜的运输工具、最少的运输环节、最佳的运输线路、最快的运输速度、最低的运输费用将物品从原产地运送到指定地点的运输活动状况。

2. 冷链物流运输合理化的意义

(1)冷链物流运输合理化,可以保证运输工具的合理运用,以最小的消耗达到最大的盈利,提高了各种运输工具的能力和效率,可以有效解决市场的运输需要。

(2)冷链物流运输合理化,可以保证一条最优的运输路径以最快的运输时间、最短运输距离和最简的运输环节到达货物运输目的地,这样就减少了货物在流通过程的货损和货差,提高了商品的运输质量,使货物能及时供给市场,以达到货物的预期经济效益。

（3）冷链物流运输合理化，可以保证合理运用人力、物力、财力，减少运输过程中的许多浪费现象（包括多余库存、多余动作、无效等待、过度加工等运输浪费现象），节约运力和劳动力，也可以追加商品附加价值，减小商品的价值量，降低商品价格。

3. 冷链物流运输合理化的影响因素

（1）影响运输合理化的外部因素

国家通过系列规章制度或经济政策来调节和干预物流运输活动，通过限制承运人所能服务的市场或确定他们所能收取的价格来规范其行为，通过支持研究开发或提供诸如铁路、公路、水路或航空交通控制系统之类的通行权来促进承运人开展业务活动；资源分布，我国地大物博，资源丰富，但分布不平衡，这在很大程度上影响了运输布局的合理化；国民经济结构的变化；运输网布局的变化；运输决策的参与者。

（2）影响运输合理化的内部因素

影响冷链物流运输合理化的内部因素主要是运输距离、运输环节、运输工具、运输时间、运输费用。

① 运输距离。在运输过程中，运输工具周转率、运输时间、运输货损、运费等运输的若干技术经济指标，都与运输距离存在正比例关系，运输距离长短是运输是否合理的一个最基本的影响因素。

② 运输环节。在运输前需要进行货物的装卸、搬运、包装等工作，每道环节都会影响运费的金额和运输的货物损耗率。

③ 运输工具。运输工具主要是由运输方式决定的，还要根据不同的商品特点，对运输工具进行优化选择，选择最优的运输工具。

④ 运输时间。运输是运输过程中花费时间较长的环节，运输的及时与否，会影响货物的销售情况，所谓"时间就是金钱，效益就是生命"而速度就是效益的重要影响因素，因此，运输时间的缩短对整个运输过程有着不可忽视的作用。

⑤ 运输费用。运费在全部物流费用中占有最大比例，运费的降低可以提高物流系统的竞争力。它是衡量物流经济效益的重要指标，也是组织合理运输的主要目的之一。

（二）冷链物流运输合理化

1. 冷链运输方法合理化

① 冷藏运输，冷藏运输是指通过一定的制冷方式，让运输工具保持低于外界气温的温度，使货物保持在适宜的温度条件下的运输方法。

② 气调运输，气调运输是指运输过程中通过对运输环境中空气成分、浓度及温湿度条件的控制和调节，保证货物的新鲜度和质量的运输方法。

③ 通风运输，通风运输是指在运输过程或部分区段需开启门、窗、通风孔或吊起运输工具侧板进行通风的运输方法。

④ 保温运输，保温运输是指不采用任何制冷、加温措施，仅利用车体的隔热结构，使易腐货物本身蓄积的冷量或热量以较为缓慢的速度散失，在一定时间内维持低于或高于外界气温的温度，保持车内适宜温度的一种运输方法。

⑤ 防寒运输，防寒运输实质上是指加强隔热性能的保温运输，但只用于寒季运送易发生冷害或冻害的易腐货物。

⑥ 加温运输。加温运输是指由运输工具提供热源（开启电热器或燃烧火炉），使车内保持高于外界气温的适宜温度以运输易腐货物的一种方法。

2. 冷链运输时限合理化

① 运输时限合理化。托运人托运冷藏货物时，应当提供最长允许运输时限和运输注意事项，并在合同或运单中注明。

② 装车工作合理化。鲜活易腐农产品在装车前，必须认真检查车辆及设备的完好状态，注意清洗和消毒。装车时应根据不同货物的特点，确定其装载方法。如为保持冷冻货物的冷藏温度，可紧密堆码；水果、蔬菜等需要通风散热的货物，必须在货件之间保留一定空隙；怕压的货物必须在车内加隔板，分层装载。

③ 配载合理化。配载运送时，应对货物的质量、包装和温度要求进行认真检查，要求包装合乎规范，温度符合规定，装卸合乎要求。应根据货物的种类、运送距离、运送地点和运送季节确定相应的运输服务方法，及时地组织适宜车辆进行装运。

④ 及时运输合理化。及时运输是鲜活易腐货物运输的特殊要求。应充分发挥公路运输快速、直达的特点，协调好仓储、配载、运送各环节，及时送达。

3. 冷链运输条件合理化

不同热状态的鲜活易腐货物不得按一批运输；运输鲜活易腐货物时应在货物运单上的"货物名称"栏内填记货物名称，并注明其品类序号、热状态及容许运输期限，容许运输期限必须大于所规定的运到期限三日以上方可承运。运输鲜活易腐货物时，货物的质量、温度、包装和选用的运输车辆均须符合"鲜活易腐货物运输条件表"和"鲜活易腐货物包装表"的规定。

不同水果的包装应符合水果各自的特点，如葡萄、枇杷、荔枝等娇嫩水果，容器不宜过大，内部必须平整光滑，并加入适当的充填材料，避免擦伤或压坏。为便于水果发散呼吸作用产生的热量及二氧化碳等气体，包装均须留有缝隙。水果的堆码，视季节不同，应适当地在货件之间留有通风道，以利于空气循环。例如，蔬菜主要是由南往北运，南方蔬菜含水量高，组织细嫩，呼吸热大，易于腐烂，要求的技术条件高。托运前要求质量良好，凡发现有干缩、压坏、泥污、霉斑等现象时均不适宜发运。

4. 冷链物流承运作业过程合理化

（1）检查货物运单：①易腐农产品的名称和热状态。②货物的容许运输期限：铁路容许运输期限至少须大于货物运到期限3天。③易腐农产品的运输方法，例如：途中制冷或途中不制冷。④易腐农产品运输的办理限制，易腐货物与非易腐农产品不得按一批货物托运，可按零担办理的易腐农产品为常温运输的易腐货物，例如：柑橘、苹果。

（2）易腐农产品运到期限确定。易腐货物在承运后，应尽可能缩短货物的容许运输期限，尽快将货物运到目的地。

（3）易腐农产品承运质量检查。检查热状态及卫生状态，如未冷却货物检查是否污染、发霉、腐烂、色泽、气味是否正常；植物类鲜活货物检查是否存在机械损伤、成熟度如何、是否拖泥带水；冻结货物检查温度是否符合要求。

（4）易腐农产品承运检查的证件：政府限令、证明文件。例如：进出口物资应有商务部或受商务部委托的省级地方商务主管部门签发的许可证；需检疫的易腐货物，需要检疫机构出具的检疫证明。

（5）易腐农产品承运注意事项。发站承运易腐货物后，应在货物运单、票据封套、车牌、列车编组顺序单内分别填记红的"三角K"字标记，以引起有关工作人员的注意，加速运输工具取送、编挂和运行，加快有关作业。红色"三角K"字标记代表"快""快运"。

5. 冷链物流配送过程合理化

（1）以低温农产食品为例，拣货至出货暂存区。低温农产食品从冷冻库或冷藏库拣货出来后，会被放置于出货暂存区。一般情况下，冷冻库的温度在 −23 ~ −25℃，食品的中心温度一般在 −18℃ 左右，冷冻品出货暂存区的温度要求在 0℃ 左右，且冷冻食品在暂存区的存放时间不宜超过 0.5h。冷藏库的温度一般在 2 ~ 8℃，食品的中心温度在 4℃ 左右，冷藏品的出货暂存区的温度一般要求在 10 ~ 15℃ 左右，同时冷藏品也不宜在出货暂存区放置超过 1h 的时间。由于对温层的需求不同，冷冻食品与冷藏食品不宜在同一温层的出货暂存区暂存。

（2）装车前准备工作。低温运输车辆于装车前，应首先将车厢内温度降低，一般冷冻品车厢温度降至 −10℃ 以下时方可进行装车，冷藏车温度降至 7℃ 以下、冻结点以上时方可进行装车。同一温层车辆不可既装冷冻品又装冷藏品，除非该冷藏车为双温层车辆。冷藏车降温时间与车辆的性能及所需降至的温层相关，一般情况下开始降温时间应与拣货时间相配合。最好的状态是，冷藏车厢体温度降到指定温度时，低温农产食品刚拣货完成搬运至出货暂存区。

（3）装车。低温车辆降温至指定温度时，应将后车厢门打开，车辆缓慢后靠至码头门罩达到与码头库门紧密衔接状态后，再打开码头库门，调整码头调节板至车厢体。在此过程中，低温车辆应保持制冷机组正常运行，继续处于降温状态。冷冻车辆一般将车厢内温度降至 −18℃ 以下，并在运送过程中保持此低温。生鲜食品应使用物流容器配送，比如使用笼车或栈板装车，这样做第一可在最短时间内装车完成，一般 10 ~ 15min，第二可最大限度地减少装卸车过程中对生鲜食品造成的损耗；第三避免生鲜食品与车厢体接触，以减少污染。装车完成后，应首先收回码头调节板、关闭码头库门，再将低温车辆驶离，关车厢门，依指定路线出货配送。

（4）运输环节。低温车辆离开生鲜加工物流中心后，制冷系统应保持正常运转状态，全程温度应控制在指定的温度范围内。比如：冷冻产品运输车辆全程温度应保持在 −18℃ 以下，冷藏产品运输车辆全程温度应保持在 2 ~ 8℃，冷藏车温度具体依产品而定。配置较好的冷冻（藏）车一般有 GPRS 装置与温度跟踪记录系统，可让业主时时能追踪到车辆的动向及车厢内的温度控制情况。

（5）抵达目的地。低温车辆到达目的地后，至目的地理货人员开启车厢门卸货前，车辆的制冷系统应保持正常运转状态，并保证车厢内的温度达标。一般目的地很少规划有卸货码头、密闭设施及调节设备，在目的地卸货应快速进行。

（6）验收。验收在开启冷冻（藏）车厢门时就已开始。打开车厢门，首先应检测车厢内的温度是否符合要求，再快速卸货，当生鲜食品进入目的地冷冻库或是冷柜后，再验食品的数量、质量、中心温度等。

任务执行

小瓜了解到：果蔬类产品无论是进入到商超体系还是批发市场，均在良好的冷藏环境中存放。冷链物流是生鲜农产品电子商务发展的必然基础，是保证食品安全的重要节点。冷链物流是冷藏冷冻类食品在生产、贮藏运输、销售,到消费前的各个环节中始终处于规定的低温环境下,以保证食品质量,减少食品损耗的一系列系统工程。它是随着科学技术的进步、制冷技术的发展而建立起来的,是以冷冻工艺学为基础、以制冷技术为手段的低温物流过程。

公司的刘经理是冷链运输方面的专家,对刚刚接手冷链业务的小瓜进行指导培训。小瓜深刻理解了冷链技术对冷链物流的重要性,冷链物流技术的应用,可以有效延长生鲜贮存期,比一般普通冷藏长一到几倍,可将生鲜贮藏至合适价位上市出售,获得高利润;通过在流通环节控制生鲜的温度,可减少微生物生长和食品腐败,减少损耗;通过气体调节方法,抑制果蔬采后呼吸状态,可达到果蔬保鲜的效果,还可以通过气体调节方法,使库内生鲜处于休眠状态,使其出库后仍保持原有品质。小瓜对所学知识进行了梳理,农产品冷链物流主要涉及以下几个方面的知识和技术:

1. 温控保温

恒温冷库:对储藏物品的温度湿度有精确要求的冷库,包括恒温恒湿冷库。

气调冷库:它既能调节库内的温度、湿度,又能控制库内的氧气、二氧化碳等气体的含量,使库内果蔬处于休眠状态,出库后仍保持原有品质。所谓气调保鲜就是通过气体调节方法,达到保鲜效果的方法。气体调节就是将空气中的氧气浓度由21%降到3%~5%,即保鲜库是在高温冷库的基础上,加上一套气调系统,利用温度和控制氧含量两个方面的共同作用,以达到抑制果蔬采后呼吸状态的冷库。

2. 冷链仓储

冷链仓储一般用于生鲜农产品。在一定温度下,通过仓库对商品与物品的储存与保管,通过对所需的传输机械设备、器具等的使用,实现对生鲜农产品的储存、分类、拣选、包装、配送。冷藏、冷冻物品的卸货时间不应超过规定要求,装卸时要进行物品温度检测,且卸货作业中断时,要及时关闭运输设备厢体门,保持制冷系统正常运转,保证卸货期间物品温度升高控制在允许范围内。

3. 冷链传输

在一定温度下,通过对所需的传输机械设备、器具等的使用,达到对生鲜农产品的分类拣选、包装的目的。

4. 冷链装卸

冷链装卸时要进行物品温度检测。冷藏、冷冻物品卸货时需要按规定要求,对卸货车辆与卸货仓库进行密封处理,保证在卸货期间将物品温度升高控制在允许范围内。且卸货作业中断时,要及时关闭运输设备厢体门,保持制冷系统正常运转。

5. 冷链信息化控制

信息技术是现代冷链物流的神经系统,利用系统信息平台,易于实现企业全部资源的战略协同管理,降低冷链物流成本,提升冷链物流企业的市场竞争力,提高冷链物流企业的管理水平。

冷链物流信息化系统关键技术包括以下几个方面的内容:信息采集与跟踪技术、信息传输与交换技术、信息处理技术。

6. 冷链运输

冷链运输是冷链物流的一个重要环节，冷链运输成本高，而且包含了较复杂的移动制冷技术和保温箱制造技术，冷链运输管理包含更多的风险和不确定性。冷链运输，是指在运输全过程中，无论是装卸搬运，还是变更运输方式、更换包装设备等，都使所运输货物始终保持一定温度的运输。冷链运输方式可以是公路运输、水路运输、铁路运输、航空运输，也可以是多种运输方式组成的综合运输方式。

7. 冷链检疫检验

冷链检疫检验需要建立规范有序的食品检疫检验工作，安排专人管理运输量大、距离远和污染概率高的运输工具，做好常规的清洗、消毒等卫生处理，并落实冷链物流的实时监控和温度记录工作，确保食品在运输过程中质量状态符合要求，保障进口食品安全卫生。

成效考量

成效考量考核表

班级		姓名		学号		
任务名称		冷链配送管理策略与实践				
评价项目	评价标准	分值/分	自评（30%）	互评（30%）	师评（40%）	合计
考勤	旷课、迟到、早退、请假	7				
职业素养	制订计划能力强，严谨认真	5				
	主动与他人合作	5				
	采取多样化手段解决问题	5				
	责任意识、服从意识	5				
学习过程	能够准确描述冷链物流的定义及特点	10				
	能够了解冷链物流的构成及流程	10				
	能够了解冷链物流主要设施设备、信息技术的应用	10				
	能够准确了解冷链运输合理化原理	10				
	能够掌握冷链物流的构成及流程并进行冷链物流程控制	10				
完成情况	按时提交任务活动	5				
	任务活动完成程度	5				
	任务活动的答案准确性	5				
	创新意识	8				
得分		100				

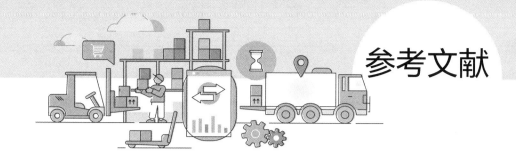

参考文献

[1] 柳荣. 智能仓储物流、配送精细化管理实务 [M]. 北京：人民邮电出版社，2020.

[2] 刘华，胡彦平. 物流仓储与配送实务 [M].2 版. 北京：清华大学出版社，2018.

[3] 柳荣. 新物流与供应链运营管理 [M]. 北京：人民邮电出版社，2020.

[4] 党争奇. 智能仓储管理实战手册 [M]. 北京：化学工业出版社，2020.

[5] 王先庆. 智慧物流：打造智能高效的物流生态系统 [M]. 北京：电子工业出版社，2019.

[6] 王喜富，崔忠付. 智慧物流与供应链信息平台 [M]. 北京：中国财富出版社，2019.

[7] 魏学将，王猛，等. 智慧物流概论 [M]. 北京：机械工业出版社，2021.